高齢社会の道案内

ジェロントロジー入門

<「生・活（いきいき）」知識検定試験 公式テキスト>

生活・福祉環境づくり21・日本応用老年学会 編著
東京商工会議所 協力

社会保険出版社

〈生き活き高齢社会〉のつくり方

NPO法人　生活・福祉環境づくり21
専務理事　　川　瀬　健　介

<はじめに>

　日本は今、平均寿命の延伸による65歳以上の人口の増加と、出生率の低下による少子化の進行の2つの要因から、高齢化率（65歳以上のいわゆる"高齢者"の人口が総人口に占める割合）が世界第1位という突出した状況にあります。

　日本の高齢化の最も大きな特徴は世界に例を見ないといわれるその進行速度で、急速な高齢化に対応する諸々の環境整備が追いついていないという問題を抱えています。しかし、こういった状態に手をこまねいているわけにはいきません。国や地方自治体、企業や関係諸団体、また我々一般生活者まで、それぞれの立場でできることから、問題解決にあたっていく必要があります。

　考えてみれば、社会の高齢化は経済力や医療、栄養の水準を表した国力そのものであり、多くの経験値の蓄積による知的資産の増加であると理解することもできます。高齢化が老齢化とイコールではないということ、新たなニーズが発生するところにこそ、新産業が生み出される可能性が開けるということ、そして、近年のコミュニティの崩壊や人と人とのつながりの希薄化を再検証するほど、新たな地域活性化の重要性が増すこと、など。高齢社会を活性化するヒントはまだまだ潜んでいそうです。

　現在を生きる我々は、この大いなる社会構造の変化をメリットとして捉えられるよう、知恵を出し合うとともに、自らの考え方を＜次なる可能性の埋まった高齢社会バージョン＞に切り替え、自分たちのできる範囲でお互いに支え合いながら「心豊かに生き活きと暮らせる社会」を築いていかねばなりません。そのための一歩が、さまざまな可能性の芽が育つ"私たちの高齢社会"に対する共通知識と共通理解です。同じ知識と思いでつながる、さまざまな世代の人材を輩出したい、という時代の要求がジェロントロジー（老年学）の知識を中心にまとめられた本書に繋がっているのです。

　まずご一読ください。その上で、知識をお仕事や生活に活かしていくために、「「生・活」知識検定試験」にチャレンジしてください。合格者には合格証を付与させていただくとともに、国家資格や一部の民間資格取得と併せて、ウェルビーイング資格認定委員会が認定する民間資格＜ウェルビーイング・コンシェルジュ＞の認定・登録をいたします。

　すべての方が安心・安全に生き活きと暮らせる高齢社会の実現に向けて、是非あなたのお力をお貸しください。

ジェロントロジー（老年学）を土台に、社会に役立つ知識を集大成

人間総合科学大学保健医療学部学部長・大学院　教授
日本応用老年学会　理事長　　柴　田　　博

＜はじめに＞

　本書は、これからの高齢社会を支え合うすべての世代に向けた"事典"である一方、ジェロントロジーのテキストにもなる一冊です。一冊の中に、基礎、応用、実用のすべてがコンパクトにまとめられております。

　ジェロントロジーは20世紀の初めに登場した、極めて新しい学問です。周知のように、ルネサンスにより、新しい学問の夜明けを迎えました。しかしその後の学問の発展は、タテ割り、タコツボ化という弊害をもたらしました。

　ジェロントロジーは、このような学問の隘路を取り除くために生まれた学問です。学問間の壁を取り除き、統合化することにより、成熟社会の問題を解決するというミッションを担って、ジェロントロジーは誕生したわけです。

　ジェロントロジーには次のような課題があります。①人間は、精神的、身体的にどのように加齢変化するかを研究、②中高年者に内在する、経済、生活、健康などの問題の所在を探る、③哲学、文学、歴史学、宗教学など人文分野の研究、④以上、①②③を社会に役立てるための応用、⑤世代間問題の探求。

　この中で、④の応用の面が特に遅れています。このことを痛感し、私たちは2006年、日本応用老年学会を設立しました。今回、NPO法人 生活・福祉環境づくり21と共同で東京商工会議所の協力を得ながら、このテキストを編纂しました。このテキストのほとんどの編集委員は、日本応用老年学会の理事を務めております。

　応用老年学には、産業老年学という分野も含まれ、シニアマーケットの開拓、シニア向けサービス・商品の開発にはジェロントロジーに精通することが必要です。

　教育老年学も応用老年学の一分野です。初等・中等教育にジェロントロジーを取り入れることは生徒の人間や社会に対する理解を深め、自身の人生設計に対しても寄与するところ大です。高等教育、生涯学習（教育）のためにもジェロントロジーを学ぶことが必須です。本テキストは、先に述べたジェロントロジーの課題にすべて応えられるように、しかも、基礎から実用に至る段階を踏まえながら学ぶように工夫されています。

　高齢者の大多数は自立して生き活き活動しています。しかし中には、虚弱で支援を受けている方もいます。一部には障害の方もいます。これらのすべての方々とそれを取り巻く方々に本テキストは役立つと確信しています。

　事業や教育・学習のための教材としてはもちろん、家庭の中に常備し、必要に応じて活用していただく座右の書として役立つことを願っております。

NPO法人　生活・福祉環境づくり21
日本応用老年学会　　　　　　　　（編著）

テキスト編集委員会
■委員長

柴田　博　　人間総合科学大学保健医療学部 学部長／大学院 教授
　　　　　　　日本応用老年学会 理事長

北海道大学医学部卒業。東京大学医学部第四内科医員、東京都老人総合研究所副所長（現名誉所員）などを経て、2002年より桜美林大学大学院教授（現名誉教授）。2011年より現職。医学博士。日本応用老年学会をはじめ4学会の理事、4つの公益財団法人の役員。『中高年健康常識を疑う』（講談社選書メチエ）など。

■編集委員（五十音順）

安藤　孝敏　　横浜国立大学教育人間科学部 教授

早稲田大学大学院文学研究科博士後期課程満期退学。東京都老人総合研究所研究助手、横浜国立大学助教授を経て、2008年より現職。日本老年社会科学会理事、日本応用老年学会理事。『改訂・新社会老年学』（共著・ワールドプランニング）など。

長田　久雄　　桜美林大学大学院老年学研究科 教授

早稲田大学大学院修了。医学博士。東京都老人総合研究所、東京都立保健科学大学（現首都大学東京）教授を経て、2002年より現職。日本老年社会科学会理事長。『認知症のADLとBPSD評価測度』（共著・ワールドプランニング）など。

川瀬　健介　　NPO法人 生活・福祉環境づくり21 専務理事

法政大学経営学部卒。東京商工会議所入所。検定事業部長、人材・能力開発部長を経て理事待遇に。NPO法人 生活・福祉環境づくり21 常務理事兼務を経て、2012年より現職。

佐藤　眞一　　大阪大学大学院人間科学研究科 教授

早稲田大学大学院文学研究科博士後期課程満期退学。東京都老人総合研究所研究員、明治学院大学教授などを経て、2009年より現職。医学博士。日本老年行動科学会前会長。『老いとこころのケア—老年行動科学入門』（共編著・ミネルヴァ書房）など。

白澤　政和　　桜美林大学大学院老年学研究科 教授

大阪市立大学大学院博士課程修了、社会学博士。大阪市立大学助手・講師・助教授・教授を経て、大阪市立大学名誉教授、日本学術会議第21期会員、日本ケアマネジメント学会理事長。『ケースマネジメントの理論と実際』（中央法規）など。

鈴木　隆雄　　国立長寿医療研究センター 研究所長

札幌医科大学卒業、東京大学大学院博士課程修了（理学博士）。札幌医科大学助教授、東京都老人総合研究所副所長などを経て、2009年より現職。日本老年医学会、日本骨粗鬆症学会会員。『超高齢社会の基礎知識』（講談社現代新書）など。

平林　規好　　札幌学院大学大学院地域社会マネジメント研究科 客員教授

1989年から作家活動。多摩美術大学客員教授、さがみはら都市みらい研究所専門研究員、人間総合科学大学講師などを経て、2013年より現職。日本応用老年学会理事、健康づくり公共政策委員会委員長、北海道成熟社会総合フォーラム委員。

藤原　佳典　　東京都健康長寿医療センター研究所 研究部長

京都大学大学院医学研究科修了（医学博士）。東京都老人総合研究所研究員などを経て、2011年より現職。日本応用老年学会理事、日本世代間交流学会副会長。『ソーシャル・キャピタルで解く社会的孤立』（共著・ミネルヴァ書房）など。

山﨑　泰彦　　神奈川県立保健福祉大学 名誉教授

横浜市立大学卒。社会保障研究所（現国立社会保障・人口問題研究所）研究員、上智大学教授、神奈川県立保健福祉大学教授などを経て、2013年より現職。社会保障審議会委員。『社会福祉』（メヂカルフレンド社）など。

渡辺　修一郎　　桜美林大学大学院老年学研究科 教授

愛媛大学大学院医学研究科修了（医学博士）。愛媛大学医学部助手、東京都老人総合研究所主任研究員、桜美林大学大学院助教授を経て、2008年より現職。日本応用老年学会理事。『老年学要論—老いを理解する—』（共著・建帛社）など。

■編集委員以外の執筆者・ご協力・一部監修 (五十音順)

雨師　みよ子	㈳大阪府看護協会 地域看護事業部長
池本　真二	聖徳大学人間栄養学部長
今井　幸充	日本社会事業大学大学院 福祉マネジメント研究科 教授
岩井　ますみ	イリデセンス主宰 カラーコーディネーター
岩田　肇	アクサ生命保険㈱ 広報部マネージャー
岡　浩一朗	早稲田大学スポーツ科学学術院 教授
小倉　毅	㈱ヤマシタコーポレーション 企画部課長
河合　和	㈶シニアルネサンス財団 事務局長
北村　秀敏	山野学苑 法人事務局 法人事務局長
篠原　里代子	㈱サンフォーレ 社長室 ジェネラルマネジャー
島内　晶	群馬医療福祉大学社会福祉学部 准教授
高田　定樹	大阪樟蔭女子大学学芸学部被服学科 教授
鴇田　一夫	つながりのデザイン研究所 代表取締役、福祉住環境コーディネーター協会理事
富田　孝好	日本労働者協同組合連合会 常任理事
萩原　真由美	㈱社会保険出版社 顧問
橋本　京子	日本フィットネスヨーガ協会 主任講師
平野　浩彦	東京都健康長寿医療センター研究所 専門副部長
堀内　裕子	シニアライフデザイン 代表
村　千鶴子	東京経済大学現代法学部 教授、弁護士
八ツ井　慶子	生活マネー相談室 代表、ファイナンシャル・プランナー
山岡　昌之	日本摂食障害治療研究所 所長
山田　静江	NPO法人 ら・し・さ副理事長、ファイナンシャル・プランナー
渡辺　光子	NPO法人 福祉・住環境人材開発センター 理事長、日本認知症コミュニケーション協議会 理事長

高齢社会の道案内 ジェロントロジー入門

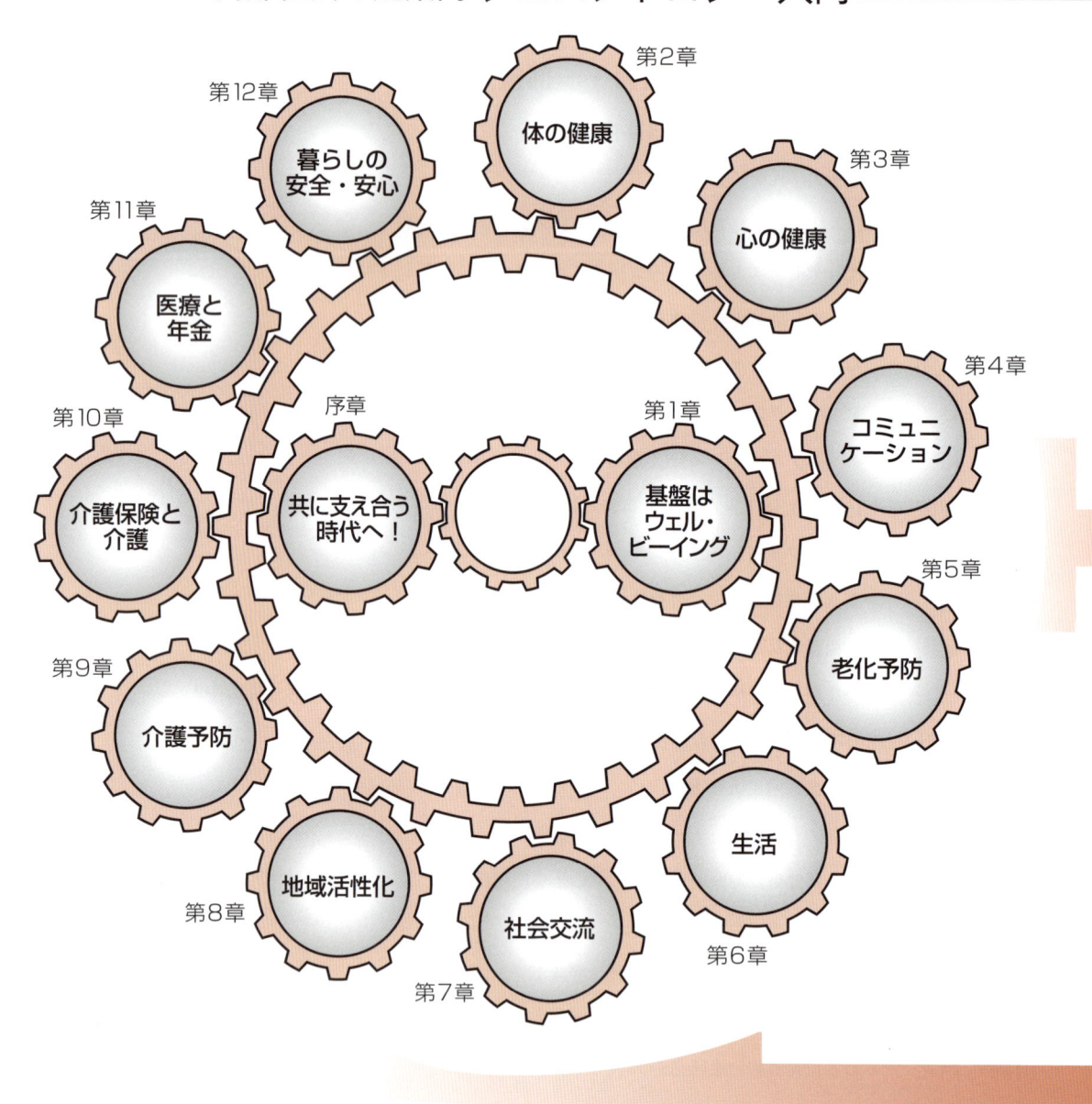

- 第2章 体の健康
- 第3章 心の健康
- 第4章 コミュニケーション
- 第5章 老化予防
- 第6章 生活
- 第7章 社会交流
- 第8章 地域活性化
- 第9章 介護予防
- 第10章 介護保険と介護
- 第11章 医療と年金
- 第12章 暮らしの安全・安心
- 序章 共に支え合う時代へ！
- 第1章 基盤はウェル・ビーイング

高齢社会は、大変な社会ではなく、新たな可能性のある社会。
そのために必要なすべての知識を、やさしく網羅。
さまざまな分野の人と知恵がうまく回ったとき、
温かく、力強いニッポンになる！──
本書は、これを実現する、本邦初の実用的エンサイクロペディアです。

老いも、若きも、共に支える温かい高齢社会へ!!

熟年世代（70・80代以上）へ
この世代こそ、社会の底力。これからも心豊かに、社会の知恵袋として生き続けるヒントを掲載。

実年世代（40・50・60代）へ
仕事にも、親の介護にも、自らの将来にも。これからの働き方と役割を発見するヒントを掲載。

若年世代（10・20・30代）へ
支えれば、支えられるもの。"心の時代"に温かい人生の先輩に学ぶ心得を掲載。

- 福祉・介護分野の方々へ
- 医療・保健分野の方々へ
- 地域行政の方々へ
- ボランティアの方々へ
- シニアビジネスを担う方々へ

幅広く、多くの分野の方々に役立つ知識が、ここに集約！

＜「生・活」知識検定試験　受験のおすすめ＞

　本書は、2012年度から会場検定として施行されている「「生・活」知識検定試験」の公式テキストとしての役割を担い、検定試験の問題はこのテキストから出題されます。そこで、この検定試験の趣旨と目的をここでご説明いたします。

　一人ひとりが楽しく、心豊かに、はつらつとした人生を全うするために知っておくべき知識を、世代を超えた多くの人が共有する、そのことによって、お互いに思いやり、支え合う心をベースとした＜生き活き高齢社会＞を築いていきたい。「「生・活」知識検定試験」はそんな想いから企画されました。

　＜生き活き高齢社会＞のキーワードは、
「健康」、「安心・安全」、「楽しさ」そして「支え合い」、「生きがい」です。

　誰もの暮らしの中に、これらのキーワードがしっかりと根付き、穏やかで楽しい日々になることを目指して、テキストは構成されています。この検定試験に取り組むことで、年齢に関係なく充実した人生を過ごしていただくために必要な知識が身につくのです。

　しかし、それだけではありません。

　この知識は、我が国の高齢化に対する諸環境整備にあたる、国や地方自治体の担当者をはじめ、福祉系の仕事を核としたあらゆるビジネス分野に携わる方々にとっても必携の知識となるでしょう。
　国家資格や＜生き活き高齢社会＞づくりに貢献するための資格をお持ちの方には、この検定試験に合格することで、申請により新たに「ウェルビーイング・コンシェルジュ」という民間資格を認定し登録させていただきます。

　多くの方が、「ウェルビーイング・コンシェルジュ」として、これから高齢社会を迎える世界各国のお手本となるような、＜生き活き高齢社会＞づくりに協働していただけることを願ってやみません。

　　　　　　　　　　　　　　「生・活」知識検定委員会　　川瀬　健介

これからの福祉と、シニアビジネスの共通一次

「生(いき)・活(いき)」知識検定

【試験概要】　※詳細につきましては、ホームページ（http://www.sfk21.gr.jp/ikiiki/）をご確認ください。

受験資格	学歴・年齢・性別・国籍による制限はありません。
出題方法	四肢択一式
試験時間	90分
出題数	50問
合格基準	50問（100点満点）中、35問（70点）以上の正解により合格です。
出題範囲	「生(いき)・活(いき)」知識検定試験公式テキストから出題
受験料	4,000円＋消費税
試験日	年3回開催（予定）
受験地	全国6都市（札幌・東京・横浜・名古屋・大阪・福岡）

※個人申込の場合は、ホームページ（http://www.sfk21.gr.jp/ikiiki/）からお申し込みいただくか、裏面の申込登録書に必要事項をご記入の上、FAX（03-3283-7984）にてお申し込みください。
※団体申込の場合は、企業・学校・グループ単位（20名以上）でお申し込みいただきます。詳細につきましては、ホームページ（http://www.sfk21.gr.jp/ikiiki/）をご確認ください。

【お問合せ先】
特定非営利活動法人　生活・福祉環境づくり21内「生(いき)・活(いき)」知識検定試験事務局
　　TEL：03-3283-7946　　Mail：ikiiki@sfk21.gr.jp

【当検定合格者の取得資格とウェルビーイング・コンシェルジュの資格取得方法】
「生(いき)・活(いき)」知識検定試験は、高齢社会でコンシェルジュとして機能することができる人材の育成を目指しています！

「生(いき)・活(いき)」知識検定試験
老年学の基礎とこれからの社会を豊かに生きる知識を学ぶ

→ ウェルビーイング資格認定委員会が認定した資格保持者や検定合格者である

ウェルビーイング・コンシェルジュ
なんらかの国家資格、または介護・福祉、環境、シニアライフやライフプラン等の資格・検定など、ウェルビーイング資格認定委員会が認定した専門知識の持ち主
これまでの専門知識に老年学の知識を上乗せし、シニアマーケットで更に活躍

ウェルビーイング・ピア
高齢社会の活性化に向けて、必要な知識を持った仲間
高齢社会を主体的に生き、地域を活性化する底力に！

「生_{いき}・活_{いき}」知識検定試験　申込登録受付　行
FAX：03-3283-7984

「生_{いき}・活_{いき}」知識検定試験　申込登録書

※太枠内をすべてご記入ください。

氏　名	
ふりがな	
住　所 ※会社住所での登録はご遠慮ください。	〒
電話番号	※入金確認に使用しますので市外局番より正確にご記入ください。
年　代 ※該当するものを○で囲んでください。	10代　　20代　　30代　　40代 50代　　60代　　70代以上
試験日 ※ご希望の試験日をご記入ください。	月　　　　日
受験地 ※ご希望の受験地を○で囲んでください。	札幌　　東京（八重洲）　　東京（池袋） 横浜　　名古屋　　大阪（梅田）　　福岡

キリトリ線

特定非営利活動法人　生活・福祉環境づくり21
〒100-0005　東京都千代田区丸の内3-2-2
東京商工会議所ビル3階
TEL：03-3283-7946
FAX：03-3283-7984

＜高齢社会・日本＞はあなたを必要としています！

○日本の高齢化の特徴はそのスピードの速さ！

⇒さまざまな面で高齢化に対応する環境の整備が追いついていない状況

＜「生（いき）・活（いき）」知識検定試験＞は、
　　　　　高齢社会における人材面での環境整備を推進するしくみです。

●高齢社会を自分たちの活動で元気にする
［ウェルビーイング・ピア］になろう！

　高齢社会の活性化に向けて必要な知識を持った仲間という意味を込めて、検定試験合格者を「ウェルビーイング・ピア」と呼称します。高齢社会を主体的に生き、地域を活性化していく底力として期待されます。

●それぞれの専門分野で高齢社会マーケットの専門家になる
［ウェルビーイング・コンシェルジュ］になろう！

　検定試験合格者で、高齢社会に対応した他の資格保持者や検定試験合格者の方は申請により「ウェルビーイング・コンシェルジュ」と認定します。これまでの専門知識にジェロントロジーの知識を上乗せすることにより、活躍の場を高齢社会あるいは高齢者にも対応したものに広げていただくとともに、地域活性化やシニアマーケットの拡大などでの活躍が期待されます。

○ウェルビーイング・ネットワーク構想へのご参画も期待！

＜ウェルビーイング・ネットワーク構想＞とは

　NPO法人 生活・福祉環境づくり21（SFK21）が取り組んでいる＜ウェルビーイング・ネットワーク構想＞は、日本全国において数多くの地域支え合い拠点（ウェルビーイング・ステーション）を機能させ、それらをネットワーク化することにより、日本列島を貫く＜生活者同士の共助・互助の仕組み＞を創り上げていこうという構想です。

　この構想には、既に活動している地域拠点（コミュニティカフェなど）にも加わっていただくとともに、新たな地域拠点づくりを推進し、それぞれの拠点が持続可能になるように、企業の力も導入していきます。地域拠点の設置によって、地域の実情に合わせたさまざまな課題解決に向けた動きが可能になるとともに、そのネットワーク化により、遠く離れた地域同士でも情報交換が容易となり、先進事例の一般化を図ることができます。

ウェルビーイング・ネットワーク構想推進による効果

○個人にとって⇒新たな就労の途の実現に
　　　　生きがいづくり・健康寿命の延伸
　　　　生活していく上での安心・安全の保障
○地域にとって⇒コミュニティの再生による地域活性化に
　　　　生涯教育・市民活動の体系化・見える化
　　　　地域資源の掘り起こし、地域における課題解決
○日本にとって⇒経済活性化に
　　　　社会保障政策の一助として機能
　　　　その他、諸課題の解決

詳細については、http://www.sfk21.gr.jp/ をご参照ください。

目次

ジェロントロジー入門　「生・活（いきいき）」知識検定試験 公式テキスト

〈生き活（いきいき）き高齢社会〉のつくり方 ………………………………………… 2
ジェロントロジー（老年学）を土台に、社会に役立つ知識を集大成 … 3
テキスト編集委員・編集委員以外の執筆者・ご協力・一部監修 …… 4
高齢社会の道案内　ジェロントロジー入門 ………………………… 6
「生・活（いきいき）」知識検定試験　受験のおすすめ ………………… 8
「生・活（いきいき）」知識検定試験の概要 …………………………… 9
「生・活（いきいき）」知識検定試験　申込登録書 …………………… 10
〈高齢社会・日本〉はあなたを必要としています！ ………………… 11

序章　支えられる時代から、共に支え合う時代へ　　17

1　これからの社会と高齢者の価値 ……………………………………… 18
2　高齢社会をデータで見ると …………………………………………… 22
3　高齢世代の思いと活動能力 …………………………………………… 26
4　高齢者の経済力と消費力 ……………………………………………… 30
[序章 要点整理] ……………………………………………………………… 32

第1章　幸せな高齢社会の基盤、ウェル・ビーイング　　33

1　キーワードはウェル・ビーイング …………………………………… 34
2　これからの高齢者の健康と老化のかたち …………………………… 36
3　ウェル・ビーイングの3つの条件 …………………………………… 38
4　ウェル・ビーイングを支える老年学 ………………………………… 42
[第1章 要点整理] …………………………………………………………… 44

第2章　知っておきたい「生・活（いきいき）」知識　＜体の健康編＞　　45

1　老化とは ………………………………………………………………… 46
2　老年症候群とは ………………………………………………………… 48
3　高齢期の疾病、その特徴と対策 ……………………………………… 50
4　体の健康チェックと病気の早期発見 ………………………………… 60
[第2章 要点整理] …………………………………………………………… 64

目次

第3章 知っておきたい「生・活」知識 ＜心の健康編＞　65

1. 高齢期の心理 …………………………………………………… 66
2. 高齢期の認知と記憶 …………………………………………… 68
3. 高齢期の感覚・知覚と知能 …………………………………… 70
4. 高齢期の心の病 ………………………………………………… 72
   [囲み] 死と死別 ………………………………………………… 76
5. 心の健康チェックと心の病の早期発見 ……………………… 78
   [囲み] 心の病と自殺のサイン ………………………………… 82

[第3章 要点整理] ………………………………………………… 84

第4章 知っておきたい「生・活」知識 ＜コミュニケーション編＞　85

1. 世代を超えて理解し合うために ……………………………… 86
2. 変化する人間関係とコミュニケーションの質 ……………… 90
3. 心の通じるコミュニケーションを！ ………………………… 92
4. 言葉を超えたコミュニケーションと笑顔の効用 …………… 94

[第4章 要点整理] ………………………………………………… 96

第5章 知っておきたい「生・活」知識 ＜老化予防編＞　97

1. 食生活 …………………………………………………………… 98
   [囲み] 知っておきたい血中成分と老化の関係 ……………… 104
2. 運動習慣 ………………………………………………………… 106
   [囲み] これが生活体力のものさし！ ………………………… 111
3. 生活リズム ……………………………………………………… 112
4. ストレスコントロールと心の健康 …………………………… 114
5. 休養 ……………………………………………………………… 116
6. 積極的休養 ……………………………………………………… 120
7. お酒とタバコ …………………………………………………… 126
8. 上手な医者のかかり方 ………………………………………… 130
9. 健康診断 ………………………………………………………… 132
10. 薬の安全な利用法 ……………………………………………… 134
11. 健康食品やサプリメントの利用法 …………………………… 136
    [囲み]「一病息災」の知恵 …………………………………… 140

[第5章 要点整理] ………………………………………………… 142

目次

第6章 知っておきたい「生(いき)・活(いき)」知識 ＜生活編＞ 143

1. おしゃれ心とカラーセラピー ... 144
2. 美容のセラピー ... 146
3. つくる楽しみ、食べる楽しみ ... 150
   [囲み] 食べる楽しみをいつまでも！ ... 154
4. 高齢者の生活と住宅の工夫 ... 156
5. 「マネー」とライフプラン ... 166
6. 「保険」の知識 ... 170
7. エンディングノートのつくり方 ... 174

[第6章 要点整理] ... 182

第7章 知っておきたい「生(いき)・活(いき)」知識 ＜社会交流編＞ 183

1. つながりが消えた今 ... 184
2. つながりをつくるには ... 186

[第7章 要点整理] ... 190

第8章 知っておきたい「生(いき)・活(いき)」知識 ＜地域活性化と新しいビジネス編＞ 191

1. 地域デビューしよう！ ... 192
2. 広がる地域コミュニティビジネス ... 194
   [囲み] 集う、楽しむ、元気になる、「場所」づくり 世代間交流の試みと心身のリセット ... 198

[第8章 要点整理] ... 200

第9章 知っておきたい「生(いき)・活(いき)」知識 ＜介護予防編＞ 201

1. 介護予防 ... 202
2. 低栄養の予防 ... 204
3. 運動器の機能向上 ①筋力向上のために ... 206
   運動器の機能向上 ②転倒予防 ... 208
   運動器の機能向上 ③尿失禁の予防・改善 ... 212
4. 認知症予防 ... 214
5. 口腔ケア ... 216
6. 閉じこもり予防 ... 218
7. うつへの対処 ... 220

[第9章 要点整理] ... 222

第10章 知っておきたい「生・活」知識 ＜介護保険と介護編＞　223

- 1　介護保険制度の仕組みと利用方法 …………………… 224
- 2　在宅で利用できる、介護保険のサービス …………… 226
- 3　介護保険での施設入所サービス ……………………… 230
- 4　認知症の人への介護の方法 …………………………… 232
- 5　在宅でのターミナルケアの方法 ……………………… 236

[第10章 要点整理] ……………………………………………… 238

第11章 知っておきたい「生・活」知識 ＜医療と年金編＞　239

- 1　日本の公的医療保険制度の仕組み …………………… 240
- 2　現在の高齢者医療制度の仕組み ……………………… 242
- 3　高齢社会と公的医療保険制度の課題 ………………… 244
- 4　医療費適正化のために ………………………………… 246
- 5　公的年金の概要 ………………………………………… 248
- 6　ねんきん定期便 ………………………………………… 250
    - [囲み] 知っておきたい個人年金の基礎知識 …………… 253

[第11章 要点整理] ……………………………………………… 254

第12章 知っておきたい「生・活」知識 ＜暮らしの安全・安心編＞　255

- 1　高齢者虐待とは ………………………………………… 256
- 2　悪質商法とは …………………………………………… 260
- 3　振り込め詐欺にご用心 ………………………………… 264
- 4　成年後見制度の仕組み ………………………………… 268
- 5　地域の"つながり"と"見守り力"を高めよう!! ……… 274

[第12章 要点整理] ……………………………………………… 276

索引 ………………………………………………………………… 277

序章

支えられる時代から、共に支え合う時代へ

1 これからの社会と高齢者の価値
2 高齢社会をデータで見ると…
3 高齢世代の思いと活動能力
4 高齢者の経済力と消費力

序章　支えられる時代から、共に支え合う時代へ

1 これからの社会と高齢者の価値

> **学習のポイント**
> 世界のトップランナーとして、本格的高齢社会の幕を開けたニッポン。よりよい明日をつくるため、まず必要なのは、高齢者へのイメージを刷新することです。

①若さとは――、老いとは――

「青春」　　サムエル・ウルマン　作山宗久（訳）（一部抜粋）[※1]

青春とは臆病（おくびょう）さを退ける勇気、

安きにつく気持を振り捨てる冒険心を意味する。

ときには、二十歳の青年よりも六十歳の人に青春がある。

年を重ねただけで人は老いない。

理想を失うとき初めて老いる。

この詩の作者サムエル・ウルマンは、1840年にドイツに生まれたユダヤ人。10代で両親とともにアメリカに移住し、その半生にわたって実業家でありながら教育者として活動し、晩年に数篇の詩を残した、幻の詩人といわれた人物です。上で引用した詩「青春」は、晩年、死と向かい合いながら人生の光と影を静かに、しかし力強く受け止めていたウルマン78歳のときの作品といわれています。70代後半という年齢になって、なお「年を重ねただけで人は老いない。理想を失うとき初めて老いる。」と後の世代の人々に向けて書き残したその言葉に感銘を受けた知識人や財界人は日本にも多く、松下幸之助もその一人であったことはよく知られています。

若さとは――。老いとは――。その答えは100人の人生があれば、100通りあるはずですが、人生の一日一日を積み重ねていく大切さ、尊さを知り得る中高年以降の世代ほど、彼が残したこの言葉の重厚さに心打たれるものがあるのではないでしょうか。

[青春の詩と青春の会]

この詩は1945年にアメリカの雑誌『リーダーズ・ダイジェスト』に、"HOW TO STAY YOUNG"というタイトルで掲載され、その後、我が国にて連合国軍最高司令官を務めたマッカーサー元帥が座右の銘として執務室に掲げていたことから、日本でも広く知られるようになったものです。

そして、1982年に故・宇野收氏（元・東洋紡績株式会社社長）が日本経済新聞に「青春」の一部を紹介すると、大きな反響を呼び、1985年には財界人を中心にこの詩に共感した人々が集まって、「青春の会」を発足。今も多くの人に慕われている詩です。

※1 サムエル・ウルマン　作山宗久（訳）『青春とは、心の若さである。』角川文庫

② 8割以上の高齢者は自立している

今から四半世紀前に、東京近郊の30〜59歳の住民に、高齢者に対する偏見がどの程度かを尋ねた調査がありました。質問表はアメリカ・デューク大学のパルモア教授のつくったもので「パルモアのクイズ」と呼ばれているものです。その結果、回答者の62.3％は「大多数の高齢者（65歳以上）には記憶喪失、見当識障害、痴呆症などの老化現象が見られる」という命題は正しいと答えたのです。

その後も依然として我が国では、高齢者というと、「弱者」「助けを必要とする者」というイメージが浸透している傾向があります。しかし、実際には、65歳以上の高齢者の8割は自立し、社会貢献ができるほどの能力を持っていることが、近年の研究から明らかになっています。

【図1】は、シュロックのモデルを基に、日本人の実態に合わせてつくられた高齢者の生活機能（老化度）の正規分布モデルです。これを見ても、日常の生活機能に「障害（要介護）」がある者はわずか5％で、部分的サポートが必要な「虚弱（要支援）」者が15％と、両方合わせても全体の20％にすぎません。

【図1】高齢者の生活機能（老化度）の分布モデル

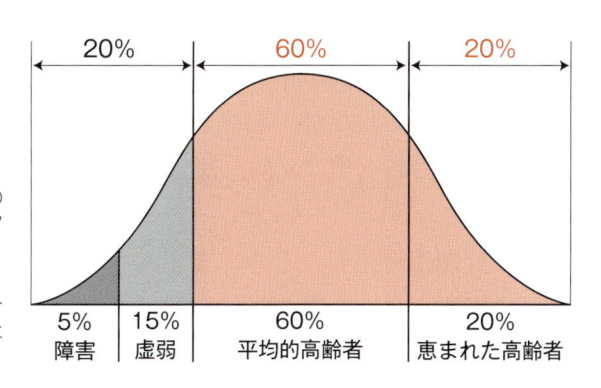

※ 1980年のシュロックのモデルを日本に合わせてアレンジ

出典：柴田博『生涯現役スーパー老人の秘密』技術評論社 2006

20%	60%	20%
5％障害 / 15％虚弱	60％平均的高齢者	20％恵まれた高齢者

実際に、現在の日本の「要介護」と「要支援」認定者の合計は約15％です。これに未申請者を入れると20％近くになると推測されており、残りの80％の高齢者は自立していると考えられます。高齢者のほとんどは弱者で、助けを必要としているというイメージと現実との間には、大きなズレがあるのです。

これからは、これらの人々が社会に貢献する大きな力となるでしょう。それが本格的高齢社会を心豊かに、そして人間味あふれる社会にしてゆく礎となります。

[生活機能の正規分布モデル]

生活機能の正規分布とは、「障害（要介護）」の人や、「虚弱（要支援）」の人の割合から、恵まれた高齢者や平均的高齢者といえる人がどのぐらいの割合で分布しているのかを見るためのものです。

そこで、左の【図1】のように、生活機能の低い方から高い方への分布が左右対称の正規分布曲線を描くと仮定すると、障害（5％）と虚弱（15％）の合計の20％が、恵まれた高齢者と見なされ、残りの60％が平均的な高齢者と見なされます。

[自立とは]

介護など福祉分野における「自立」とは、ADL(日常生活動作)やIADL(手段的日常生活動作)などが行え、自己決定をして生活できることを意味しています。また、自立して生活できるよう、できない部分を手助けすることを「自立支援」といいます。

※ ADL（36頁参照）
※ IADL（36頁参照）

③これからは、自助・互助・共助・公助の四本柱で

　自立と共生の全体図を包括的に示す枠組みはかつて、自助・共助・公助とするのが一般的でした。しかし、2009年に発行された「地域包括ケア研究会報告書」では、自助・共助・公助に、互助を加え4つのカテゴリーにすることが提言されました。

　今後はこの4つのカテゴリーの枠組みが一般的となっていくと考えられます。報告書による定義は以下の通りです。

自助：自ら働いて、又は自らの年金収入等により、自らの生活を支え、自らの健康は自ら維持すること。

互助：インフォーマルな相互扶助。例えば、近隣の助け合いやボランティア等。

共助：社会保険のような制度化された相互扶助。

公助：自助・互助・共助では対応できない困窮等の状況に対し、所得や生活水準・家庭状況等の受給要件を定めた上で生活保障を行う社会福祉等。

出典：地域包括ケア研究会『地域包括ケア研究会　報告書』2009

　従来の自助・共助・公助の3つの分類では、家族による支援、地域社会の支援、社会保障がそれぞれどこに分類されるのかが明確ではありませんでしたが、この4つの分類では、家族による支援は互助、地域社会の支援は互助、社会保障は共助とであることが明確になりました。

　何か問題が発生したとき、まず本人の自助努力が求められます。これに家族や友人、隣人などのインフォーマルなサポートつまり互助が続きます。インフォーマルなサポートには個人レベルのものもあれば、地域の自治組織のものも含まれます。

　予防・介護・医療は今の日本では社会保険システムの中で提供されており、共助に位置づけられています。提供されるサービスがこの4つの分類のどこに位置するかを見定め、クライアントのニーズに適うよう工夫されることが重要です。

[自立と共生]

「自立」という言葉には、身体的自立、心理的自立、社会的自立、経済的自立など、さまざまな意味が含まれていますが、辞書（三省堂国語辞典）によれば「自分だけの力で行動し、生活すること」となっています。

一方、「共生」は「種類の違うもの同士が助け合って、一緒に生活すること」となっています。

それぞれの自立が尊重されながら、互いに助け合うこと。これが自立と共生の示すところです。戦後50年間の日本の福祉が保護介入型であったのに対し、これからは自立支援型の社会福祉を目指していくことが行政にも、そして私たち一人ひとりにも課せられている命題です。

これからは右記の四本柱が相互にうまく機能していくことが大切です。

④社会へのかかわりが、高齢者自身の生活満足度を充足

ミシガン大学のアントニッチとアキヤマは、高齢者は一方的にサポートを与えられるばかりでは精神的な満足度を高めることはできず、サポートを受けることと与えることのバランスが大切であると、指摘しています。

下に挙げた【図2】は、日本の代表的で一般的な高齢者群の生活満足度の変化について、3年間にわたって調べた縦断研究の結果です。自立高齢者が対象の8割以上を占める集団ですから、サポートを受領する以上に、提供することが生活満足度を高めていることがわかります。自立している高齢者には、社会に向けてサポートを提供する力が十分にあるのです。

言い換えれば、高齢社会における"共助"の大きな力になるのが、高齢者自身の社会へのかかわり、つまり、サポートの提供力であるということがわかります。

【図2】3年後の主観的幸福感への要因

日本の代表的高齢サンプルの縦断研究（JAHEAD）

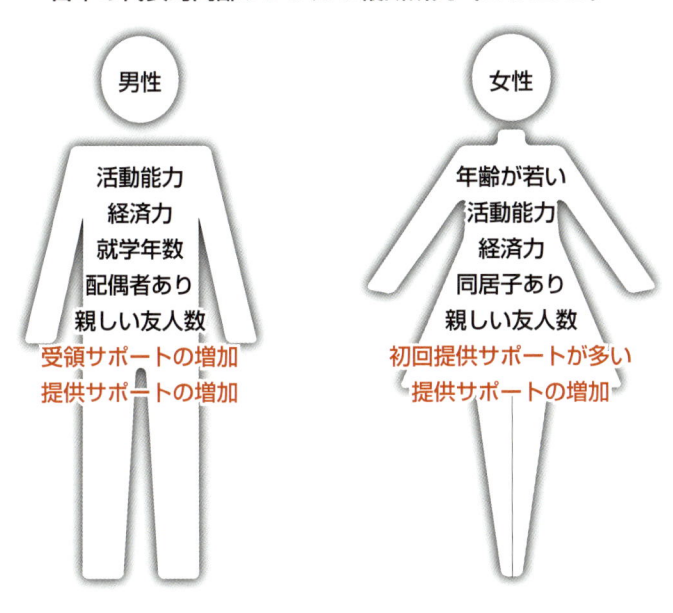

男性
- 活動能力
- 経済力
- 就学年数
- 配偶者あり
- 親しい友人数
- 受領サポートの増加
- 提供サポートの増加

女性
- 年齢が若い
- 活動能力
- 経済力
- 同居子あり
- 親しい友人数
- 初回提供サポートが多い
- 提供サポートの増加

出典：金恵京、柴田博ほか『日本公衆衛生雑誌』46巻532頁1999

[ソーシャル・サポートのバランス]

1970年代の中頃から、高齢者に対するソーシャル・サポートが大切であるということが実証研究によって明らかにされてきましたが、80年代の中頃からは、サポートは不適切な与え方をすれば、相手の威信感情を傷つけたり、自立心を損なったりするマイナス効果もあることがわかってきました。この研究を基に、ソーシャル・サポートの受与バランスを指摘したのが、アントニッチとアキヤマという2人の老年学者です。

[縦断研究（JAHEAD）]

「全国高齢者の生活と健康に関する長期縦断調査」のこと。全国の高齢者を対象とし、心身の健康や生活習慣、家族、友人・近隣関係、社会参加、経済状態などについて、その実態や変化の様子を調査しました。

同じ対象者を繰り返し調査する手法により、高齢者の健康・生活・財産などの変化の状況、その変化をもたらしている要因、高齢者が健康で長生きできる条件などを、現在まで8回にわたる調査で明らかにしてきています。

[主観的幸福感]

生活満足度や抑うつ状態の有無などから見る健康指標の一つ。主観的幸福感が高いと、生活の質（QOL）が高まります。

序章　支えられる時代から、共に支え合う時代へ

2 高齢社会をデータで見ると…

学習のポイント　高齢化社会から、高齢社会へ。この変化の意味を理解し、世界の中の日本、アジアの中の日本という視点から、人口変動の行方を知っておきましょう。

[少子高齢化]
人口高齢化の前提として少子化があるので、少子高齢化という言葉の少子と高齢化は同義反復。人口学的には正しい使い方ではありません。

[平均余命と平均寿命]
ある年齢の人が、その後生存するであろうと思われる年数の平均を「平均余命」といい、「平均寿命」は現在0歳の人が平均何歳まで生存するかをいいますから、つまり0歳からの余命のことです。

① 「少死」＆「少産」が同時進行

　人口学的には、総人口の中の65歳以上の高齢者の割合が大きくなることを高齢化といい、高齢者人口が全人口の7％以上になると「高齢化社会」、14％以上になると「高齢社会」と呼びます。そして現在は、既に高齢者人口の割合が23％を超え、5人に1人が65歳以上の高齢者、10人に1人が75歳以上という「本格的な高齢社会」に突入しています。

　これは、平均寿命が延びる（少死化）のみでは起こりません。出生率の低下（少産）とが相まって、人口の高齢化が起こります。

　我が国の平均寿命、つまり0歳児の平均余命は女性は世界一、男性も年により4〜5位になることもありますが、上位にあります。男女を総合すると世界一の長寿国です。

　その我が国も、半世紀あまり前までは短命国でした。【図3】はスウェーデンと日本の平均寿命の推移を比較したものです。

【図3】
国連のデモグラフィックイヤーブックに基づく日本とスウェーデンの平均寿命の推移

資料：Svanborg A,Shibata Hほか『Acta Medica Scandinavia』218巻5頁 1985

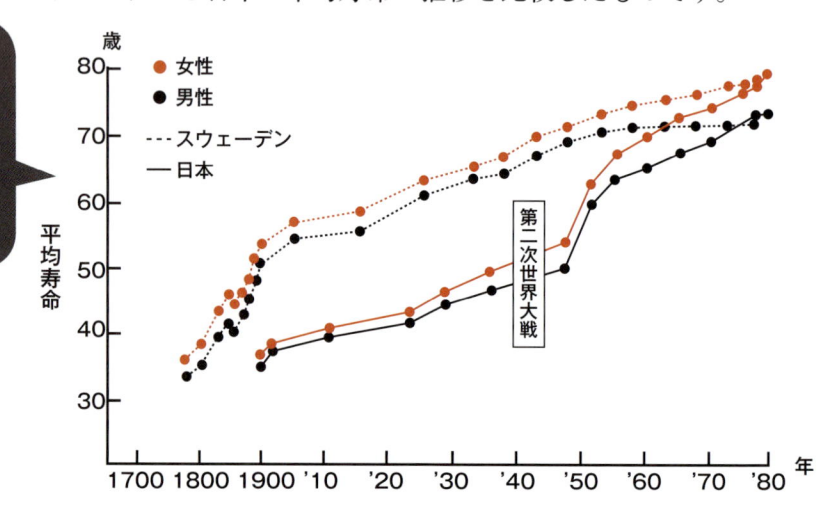

　これは日本がスウェーデンを抜いて世界一の平均寿命を獲得した

時点までの推移の様子ですが、欧米先進国と日本の違いがよく示されています。欧米先進国はほぼこのスウェーデンのような、19世紀の終わりに大きな平均寿命の延びを経験し、その後はじわじわと延伸してくる経過をたどっています。

　この図を見てもわかるように、人類が初めて平均寿命50歳の壁を破ったのは、20世紀の初めです。ニュージーランド、オーストラリア、ヨーロッパの先進国、アメリカ合衆国などが、次々に平均寿命50歳を超えていきました。しかし、その当時まだ日本の平均寿命は30歳代後半に低迷していました。動物性食品や油脂の不足した日本人の栄養状態が短命の原因でした。

②食生活の欧米化で平均寿命が延伸

　第二次世界大戦後、米と食塩の摂取が減少し、乳類や肉類の摂取が増加するにつれ、日本人の平均寿命は驚異的に延伸しました。そして食生活の改善は、1965年以降になると脳血管疾患による死亡率を低下させ、1980年にはついに世界一の長寿国となったのです。

　一方、欧米先進国にも時代とともに食生活の変化は起きていましたが、総エネルギー、脂肪の摂取量の激増により、脳血管疾患による死亡率は激減したにもかかわらず、入れ代わりに、動脈硬化による心疾患の死亡率が激増してきてしまったのです。これに対し、食生活の欧米化が一定のところにとどまり、長い目で見れば中庸の栄養状態となった我が国は、動脈硬化性心疾患の激増という欧米の轍を踏まずにすみました。これが、我が国が平均寿命で欧米諸国を追い抜いた原因です。

③出生率の低下は日本だけでなく、東アジア全体の動き

　社会を高齢化させるもう一つの要因である出生率の低下について、見てみましょう。【図4】（次頁）は合計特殊出生率の推移の国際比較を示しています。この合計特殊出生率が2であれば人口は横ばいとなり、2を上回れば自然増、下回れば自然減となります。しかし、実際には生まれてくる子どもの数は、女性は男性よりやや少なく、出産可能年齢に達する前に死亡する女性もいるので、人口増減のボーダーは、合計特殊出生率2.08くらいと考えられています。

次頁の【図4】でも明らかなように、我が国の出生率は欧米諸国

序章

> **[合計特殊出生率と出生率]**
> 　合計特殊出生率とは、「15歳から49歳の女性の、年齢別出生率を合計した指標。一人の女性が平均して一生の間に何人の子どもを産むかを表す」（大辞泉）数字です。
> 　総人口の男女構成や年齢構成の偏りに影響を受けずに、人口の自然増や減を見るために開発された指標で、高齢社会の進展による人口の増減などを見るときに出生率というと、一般的にこの合計特殊出生率を指すことが多くなっています。

より低いという特徴があります。しかし、韓国の出生率はもっと低く、中国、台湾を含め東アジアでの高齢化が急速に進むと予測されています。

【図4】合計特殊出生率の推移

凡例：日本／アメリカ／フランス／イタリア／スウェーデン／イギリス

資料：UN,Demographic Yearbook. ただし日本は国立社会保障・人口問題研究所『人口問題研究』

[世界の人口と食糧問題]

国連機関の試算によると、2010年現在、世界では約9億2,500万人の人々が飢え、毎日25,000人が飢餓と貧困から死亡しています。これは、世界中の人口のおよそ7人に1人が飢えているということです。
飢餓の原因は自然災害、紛争、HIV/AIDS、慢性的な貧困、経済の低迷、女性差別、食糧価格の高騰など。国連では、2015年までの目標を「極度の貧困と飢餓の撲滅」としています。

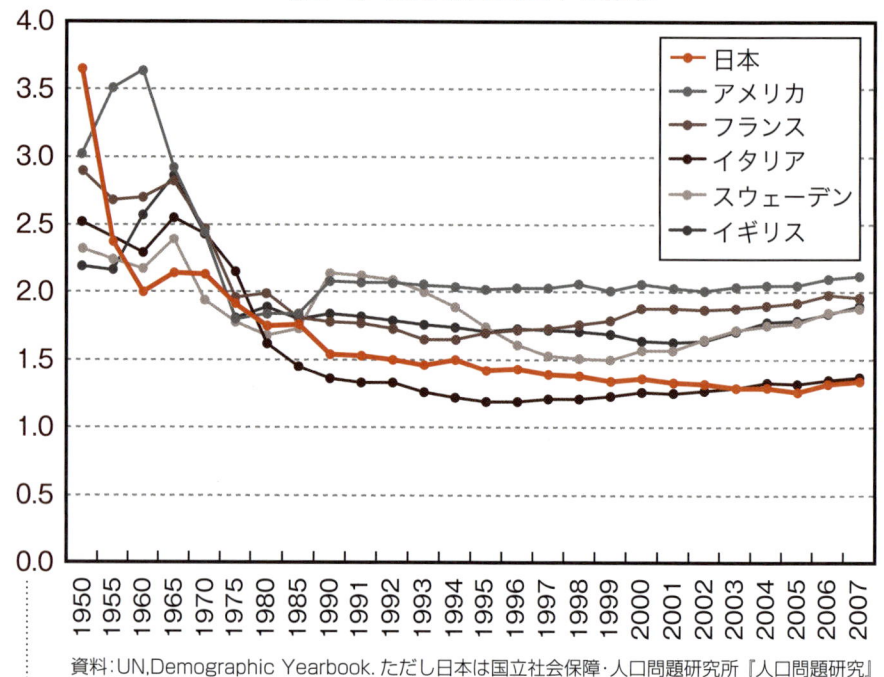

④今や高齢化は、グローバルな問題

　高齢化の問題は常にグローバルな人口学の視点から考える必要があります。地球上の人口は2011年に70億人を突破し、今世紀の中頃には90億人を少し上回るくらいになるだろうと予測されています。これを支えるだけの食糧の生産が可能か、また生態系は大丈夫かが常に問題となっています。

　周知のとおり、今後人口が増加していくのはほとんどが開発途上国です。先進国の人口は増加しないと予測されており、日本のように減少に転ずる国もあります。開発途上国は産業の近代化が遅れているぶん、その国の人口が労働力そのものであり、乳児死亡率も高いため出生数を高く維持しなければならなくなります。インドなどは産業が近代化するにつれ、人口増加の勢いが弱まってきています。

　開発途上国の産業の近代化が進むにつれ、人口の絶対数の増加は緩やかになりますが、それだけ高齢化は進むようになります。

　【図5】は過去、現在、未来の高齢人口の分布を示しています。

2050年を見ると、先進地域の高齢人口割合は平均約26％、これに対して開発途上地域は約15％と、先進地域のほうが高率であることは確かです。しかし、実数に注目すると、実に、高齢人口の8割は開発途上地域で生活することになります。

このように、先進国の問題としてよりも、インフラ整備の進んでいない開発途上国における深刻な問題として、人口の高齢化が論議を集めています。まさに人口高齢化はグローバルな問題です。2002年のスペイン・マドリードで開かれた国連の第2回高齢者問題世界会議が160カ国以上の代表を集めて行われた背景には、このようなグローバルな高齢化の問題が存在しているのです。

序章

[高齢者問題世界会議]
国連による本格的な高齢化問題への取り組みのため行われた会議（第1回1982年・ウィーン、第2回2002年・マドリード）。
2002年の会議では、「高齢化に関するマドリード国際行動計画2002」が採択され、その中で、「すべての高齢者は安全と尊厳の中で年をとり、かつ、完全な権利を有する市民として社会に参加し続けられるべき」としています。

【図5】世界人口の動向と高齢人口の分布

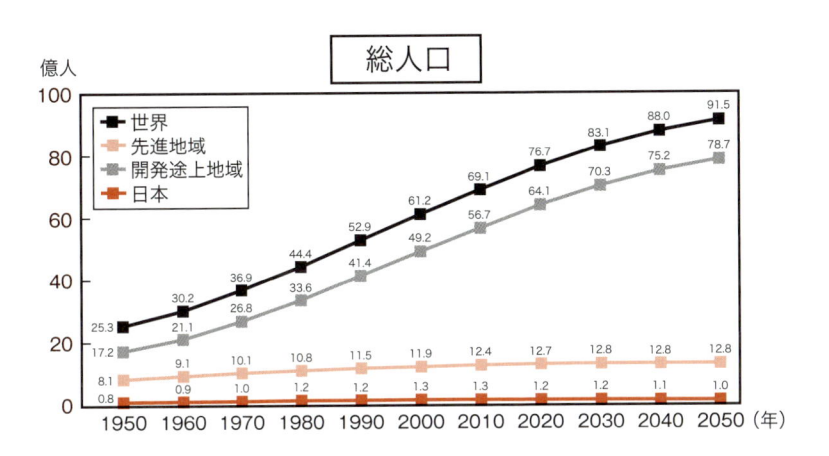

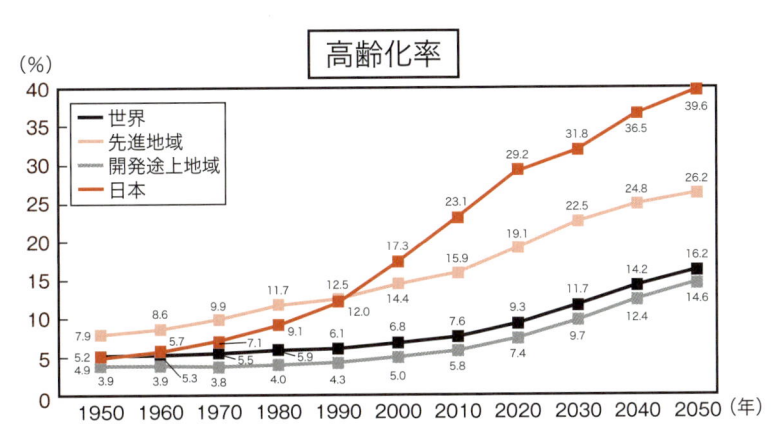

[インフラ整備]
インフラとは、インフラストラクチャーの略で、道路・通信・公共施設など「産業や生活の基盤となる施設」のことです。
インフラ整備とはこれらを整備することで、公共的な環境の整備をいいます。

注：先進地域とは、ヨーロッパ、北部アメリカ、日本、オーストラリア及びニュージーランドからなる地域をいう。
資料：「UN. World Population Prospects : The 2008 Revision」より作成
　　　日本は総務省統計局『平成12年国勢調査最終報告書日本の人口（資料編）』及び国立社会保障・人口問題研究所『日本の将来推計人口（平成18年12月推計）』による

序章　支えられる時代から、共に支え合う時代へ

3 高齢世代の思いと活動能力

学習のポイント　高齢世代と現役世代が相互に理解し合うことで、支え合いの社会が実現します。そのために、まずここで高齢者の思いと能力への理解を深めておきましょう。

①高齢世代のプライドや思いを理解しよう

　若いときには、移動可能な空間が無限にあり、また未来も無限にあります。しかし、加齢に伴い移動できる空間は限られてきます。未来の時間が限られてくると、過去の時間に生きるようになります。半世紀くらい前までは、高齢者が過去のことに思いを寄せるのはネガティブなこととされていました。しかし、ロバート・バトラーは高齢者の過去への振り返りにポジティブな意義を見いだしたのです。これを体系づけたのが「回想心理学」です。最近我が国で広まっている自分史の記録もこの一つです。

　高齢者には長い人生の歴史があります。そのぶん知恵が蓄積し、多くの人に人格の円熟が見られます。高齢者の知識は文字のない社会では絶対的な意味を持ちます。現代の若者には、知恵はコンピューターの中にあり、それを引き出す知識があれば事足りると感じている人もいますが、人間の知恵はもっと尊いものです。

　また、高齢者には、長く生きてきたプライドがあります。それを踏みにじられたときの怒りと失望が大きいのは当然のことです。たとえ認知症を患っていても、つい最近まで長い人生を家族のため、社会のためにささげてきた自負を持っています。多くの高齢者はその自負心をひけらかすことなく、若い人々に一歩譲って静かにたたずんでいるのです。認知症になると、その自負心を傷つけられることにストレートに反応してしまうともいえるのではないでしょうか。

②性格の変化は、認知障害の影響

　優しく冷静だった人が怒りっぽくなったり、ひがみっぽくなった

[回想心理学とバトラーの回想法]

　アメリカの精神科医ロバート・バトラーが創始した心理療法「回想法」から始まりました。高齢者が過去の経験を思い出して再検討することは、自我の統合を図るための手段とされています。回想心理学の手法は、認知症やうつ状態など精神障害のある高齢者の治療手段としても用いられています。

[高齢者のプライド]

　高齢者は、経験を積み、経験に裏打ちされた知恵とプライドを持っています。たとえ体力が衰え、要介護や認知症になっても、それはなくなりません。
　高齢者に対し幼児のように接しているケースがありますが、子ども扱いは高齢者のプライドを傷つけます。高齢者には敬いの心を持って接しましょう。

り。年とともに人格が変わってくると思っている人がいるかもしれませんが、そのような変化の背後には、認知機能の低下が潜んでいることがわかってきました。「頑固になった」「疑り深くなった」などの性格の変化に周囲が困惑させられることが増えてきたら、認知障害の疑いがあります。

また、本人の人格は変わっていないのに、周囲の「隠居気分になってほしい」という期待に沿わないため、人格が「頑固になった」と一方的に誤解を受けている場合も少なからずあります。

世代間の信頼感の回復が急務

「共生」や「共助」（相互扶助）の土台には、高齢者同士はもちろん、世代間の信頼と助け合いが不可欠です。しかし、我が国における世代間の信頼関係や相互扶助の実態は、手放しで喜べるものではありません。その一つの表れが若い世代の国民年金の保険料の未納です。背景には若い世代の支払い能力の問題もありますが、親世代に対する不信や将来への不安から、相互扶助のシステムを受け入れられないという一面もあるといわれています。

財政学者の宮島洋は制度・政策的には世代間は共助し合っていると指摘していますが、そのことが世代間の信頼感に結びついていません。【図6】は、18～24歳の若者の親に対する扶養意識を示したものです。日本の年金システムは賦課方式であり、現役世代に高齢世代への公的扶養の義務を課しているため、個人的扶養意識が低い一面もありますが、このデータはもっと心情的な意味合いを表していると思われます。賦課方式の年金システムを採用しているのは他の先進国も同様です。世代間の情緒的信頼感の喪失は、社会の潤いと活力を奪います。一刻も早い回復が望まれます。

【図6】年老いた親を養うことについて

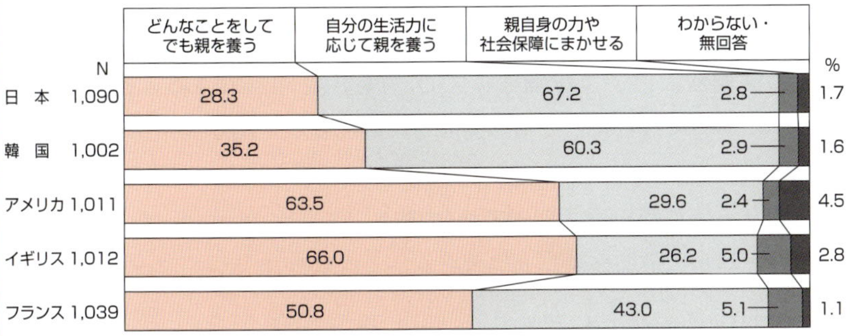

	N	どんなことをしても親を養う	自分の生活力に応じて親を養う	親自身の力や社会保障にまかせる	わからない・無回答	%
日本	1,090	28.3	67.2	2.8		1.7
韓国	1,002	35.2	60.3	2.9		1.6
アメリカ	1,011	63.5	29.6	2.4		4.5
イギリス	1,012	66.0	26.2	5.0		2.8
フランス	1,039	50.8	43.0	5.1		1.1

資料：内閣府『第8回世界青年意識調査』平成21年度

序章

[認知症と人格の変化]

認知症になると、物事の前後関係がわからなくなったり、気分が落ち込んでくる不安や焦燥感から攻撃的になったり、几帳面さがなくなってきたり、といった人格変化がよく見られます。これらの変化を年のせいで人格が変わってしまったと受け止めていると、認知症の発見が遅れます（72～73頁参照）。

[生きる力と性]

高齢者の性の問題（セクシュアリティ）は、我が国では最も遅れたテーマの一つです。ともあれ、人間には男女があり、どのような形であれお互いが意識し合ったり、関係性を保っていくことは高齢者においても自然なことです。

最近では高齢者の性的能力も以前考えられていたよりもよく保たれることを示す研究もあります。しかし、肝要なのは、高齢男女の関係性を狭い意味での性行為に限定することなく、スキンシップや情緒的な交歓など、人生に彩りを添える豊かな交流を大切にしていくことです。

③高齢世代ならではの機能と活動能力

辞書的にいうと、高齢世代の機能とは、高齢世代が持っている特有の働きということになります。有償労働の多くを若い世代に譲った高齢世代には、その世代なりの機能があります。現役を退いたあと、地域活性化のための活動を始める、国内外のボランティア活動を始める、若い世代への伝統文化の伝承に努める、子育て支援・食育・絵本の読み聞かせ活動に参加するなど、高齢世代ならではの機能を果たしている人々が多くいます。

ともあれ、高齢者に求められている最もベーシックな機能は、自分自身の生活機能を維持・増進させることです。一昔前までの高齢者では、これで事足りました。

しかし、高齢者の 社会貢献（プロダクティビティ） が強く求められている今日、それを可能にするより高いレベルの高齢者の生活機能が望まれています。

> 高齢者の生活機能や活動能力を測定するための尺度が【表1】に示した「老研式活動能力指標」です。これは、日常生活機能が自立している人の高次の生活機能を見るためのものです。
>
> 合計点が多いほど高次の生活機能を保っていると同時に、後半、特に、問い（10）以降の答えが「はい」の人は、自らのみでなく他者をサポートする機能も保っています。

[老研式活動能力指標]

元・東京都老人総合研究所（現・東京都健康長寿医療センター）の古谷野亘、橋本廸生、柴田博らが、それまでの生活機能測定尺度ではとらえられなかった高次の生活能力を評価するために開発した13項目の多次元尺度です。特に「社会的役割」に関する活動能力まで測定できるテストとして広く利用されています。

この指標はロートン（36頁参照）の「生活機能の7段階の階層モデル」に基づいてつくられました。

老化と両立しうることは何か

「正常な、というか健康な老化についての研究がようやく始まったのは、80年代後半から90年代にかけてのことだった。現在は、『老化とは何か』という段階を越えて、『老化と両立しうることは何か』という研究に移る新たな転換期に来ているのである。老化が老衰と同義と見なされたそれほど遠い過去でもない時代から、人間の潜在能力がおぼろげながら見えてきて、（中略）老齢にもかかわらずではなく、老齢だからこそ可能なことは何かを語る態勢がようやくできてきた」

元・アメリカ老年学会会長　ジーン・D・コーエン著『なぜあの人はかくも元気なのか？』（真野明裕訳・光文社）より一部抜粋　※同書本文中表記「エイジング」を、上記では「老化」に置き換えています。

【表1】老研式活動能力指標

毎日の生活についてうかがいます。以下の質問のそれぞれについて、「はい」「いいえ」のいずれかに○をつけて、お答えください。質問が多くなっていますが、ごめんどうでも全部の質問にお答えください。

手段的自立について	（1）バスや電車を使って一人で外出できますか	1. はい　2. いいえ
	（2）日用品の買い物ができますか	1. はい　2. いいえ
	（3）自分で食事の用意ができますか	1. はい　2. いいえ
	（4）請求書の支払いができますか	1. はい　2. いいえ
	（5）銀行預金・郵便貯金の出し入れが自分でできますか	1. はい　2. いいえ
知的能動性について	（6）年金などの書類が書けますか	1. はい　2. いいえ
	（7）新聞などを読んでいますか	1. はい　2. いいえ
	（8）本や雑誌を読んでいますか	1. はい　2. いいえ
	（9）健康についての記事や番組に関心がありますか	1. はい　2. いいえ
社会的役割について	（10）友だちの家を訪ねることがありますか	1. はい　2. いいえ
	（11）家族や友だちの相談にのることがありますか	1. はい　2. いいえ
	（12）病人を見舞うことができますか	1. はい　2. いいえ
	（13）若い人に自分から話しかけることがありますか	1. はい　2. いいえ

（注）「はい」という回答に1点を与えて合計得点で算出する。
出典：古谷野亘、柴田博　ほか『日本公衆衛生雑誌』　34巻　109頁　1987

序章　支えられる時代から、共に支え合う時代へ

4 高齢者の経済力と消費力

学習のポイント
今後の国内市場の動向を握る大きな要素ともいえる高齢世代の経済力と消費力。これからのシニアマーケットの意味をここで再確認しておきましょう。

①高齢者の経済力

　高齢者は貯蓄や資産は多いけれど所得は少ないと考えがちです。【図7】に示したように全世帯の平均より高齢者世帯のほうが総所得は少なくなっています。しかし、高齢者世帯では住宅ローンを払い終え、子どもの養育も終えているのが一般的です。持ち家率も高齢者世帯の方に高く、家賃負担も軽くなっています。このようなことを考慮すると、一見高齢者世帯の所得は少ないようですが、実質の経済力はかえって高いかもしれません。

　とはいえ、社会保障や税制の改正により改善してきていますが、一般世帯より、かなり高齢者間の所得格差が大きいのも事実です。今後の大きな課題ではありますが、いずれにせよ、年金制度の確立した先進国においては、高齢者の経済力はかなり大きいものです。このような高齢者をなぜ自分たちが支えなければならないのかという若い世代の不満も一部にあります。ワークシェアリングを含め世代間の経済力のバランスをどのように図っていくのか、高齢社会を運営していく上で大きな課題の一つです。

[＜家計調査＞に見る高齢者の貯蓄と資産]
　総務省の家計調査（平成21年）によると世帯主が65歳以上の世帯の1カ月当たりの可処分所得は16万3,054円、消費支出は19万9,987円で3万6,933円のマイナスです。ただし、持家率は高く85.6%となっています。
　貯蓄は他の年代より高く、2人以上世帯で比較すると60歳以上無職世帯の貯蓄現在高は2,275万円（全体では1,638万円）。負債現在高は61万円（同479万円）となっています。

[ワークシェアリング]
　一つの仕事を複数人で分かち合うこと。従業員1人当たりの就業時間を減らして多数の人の雇用を守りたい場合や、短時間勤務の仕事を設けることで、多くの人に就業の機会を与える場合などに用いられます。

【図7】世帯主の年齢階級別にみた平均所得金額

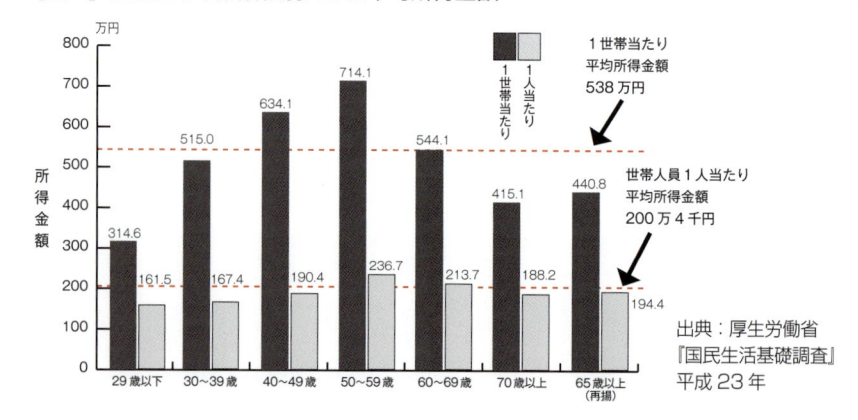

年齢階級	1世帯当たり	1人当たり
29歳以下	314.6	161.5
30～39歳	515.0	167.4
40～49歳	634.1	190.4
50～59歳	714.1	236.7
60～69歳	544.1	213.7
70歳以上	415.1	188.2
65歳以上（再掲）	440.8	194.4

1世帯当たり平均所得金額 538万円
世帯人員1人当たり平均所得金額 200万4千円

出典：厚生労働省『国民生活基礎調査』平成23年

②高齢者の消費行動

　前述したように高齢者は資産と貯蓄を若い世代よりは多く持ち、所得は多少減ってはいても、住宅ローンや子どもの教育費も減っているので、活発な消費行動を営む潜在能力を持っています。年金が所得の7割を占めているので、その後、激減することはなく、これから転職しようという年代よりは安定しているといえるでしょう。

　しかし内閣府の「高齢者の経済生活に関する意識調査」を見ると、2001年から2006年にかけて、「家計にゆとりがあり、全く心配なく暮らしている」とする回答は15.1％から11.5％に減っています。一方「家計が苦しく、非常に心配である」という回答は6.7％から10.6％に上昇しています。

　我が国の高齢者がその経済力の割に消費を手控えるのは、将来の生活への不安があるためともいわれますが、高齢者の消費行動に対する偏見（ステレオタイプ・エイジズムの一つ）もシニア・マーケットの拡大を妨げています。

[ステレオタイプ・エイジズム]
年齢を理由に個人や集団を不利に扱ったり、差別したりすること。偏見や固定観念が背景にあります。

高齢者の消費ニーズ

　若い世代は商品をファッション性で選択する一方で、高齢者は実用性と経済性で選ぶという説もありますが、【図8】に示したように、商品選択基準には若干の年代差はあるにせよ、ほとんど年代による差は見られません。高齢者の消費行動を促すためには、将来の必要経費に対する合理的な試算が行われるとともに、高齢者のニーズに合った商品やサービスが開発される必要があります。

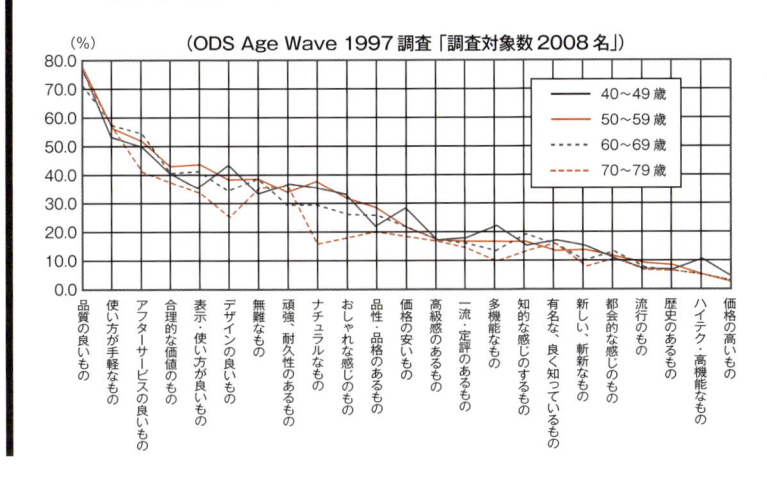

【図8】商品の選択基準
（ODS Age Wave 1997調査「調査対象数2008名」）

出典：柴田博『8割以上の老人は自立している！』ビジネス社 2002

序章　要点整理

- 高齢者の8割は自立しており、社会貢献ができる能力を持っている。

- 「障害（要介護）」と「虚弱（要支援）」の者を合わせても、全体の2割にすぎない。

- 「自立」とは、基本的ADL（日常生活動作）が行え、さらにより複雑なIADL（手段的日常生活動作）も行え、一人で自己決定をして生活できること。

- 「自立支援」とは、自立して生活できるよう、できない部分を手助けすること。

- これからは、「自助」「互助」「共助」「公助」の四本柱が相互にうまく機能していくことが重要。

- 社会的にサポートを受けるだけより、自らも提供できることが主観的幸福感を高めている。

- 65歳以上の高齢者が総人口の7％以上になると「高齢化社会」といい、14％以上になると「高齢社会」という。現在は既に、23％以上になり、本格的な高齢社会に突入している。

- 日本では、食生活の欧米化で第二次世界大戦後、急激に寿命が延伸した。

- 高齢化はグローバルな問題で、特に今後、開発途上国における人口の高齢化が深刻な問題となる。

- 高齢者には、心身の機能が衰えても、それまでの経験に裏打ちされた知恵とプライドがある。

- 高齢者は活発な消費者となる潜在能力を持っている。しかし高齢者の消費行動に対する偏見は、シニア・マーケットの拡大を妨げる一因となっている。

- 「老研式活動能力指標」を用いると、自立している高齢者の社会的役割への活動能力まで見ることができる。

第1章

幸せな高齢社会の基盤、ウェル・ビーイング

1 キーワードはウェル・ビーイング
2 これからの高齢者の健康と老化のかたち
3 ウェル・ビーイングの3つの条件
4 ウェル・ビーイングを支える老年学

第1章　幸せな高齢社会の基盤、ウェル・ビーイング

1 キーワードはウェル・ビーイング

> **学習のポイント**
> 老いも若きも、これからの高齢社会を共に築き、誰もが、温かく安心して暮らせる国にするために、ここで、「ウェル・ビーイング」というキーワードを掲げます。

①ウェル・ビーイングの意味するところ

　よい年のとり方をして天寿を全うすることを意味する用語はさまざまありますが、最も広い意味を持つキーワードが、ウェル・ビーイング（well-being）です。

　辞書で調べてみると、well-being（ウェル・ビーイング）とは、「幸福・福祉・安寧・繁栄」であると書かれています。「よりよく生きる」こと、「自分らしく生きる」ことという解釈を目にすることもあります。要するに、誰もが自分なりに心身ともに安寧で、自分なりに幸福であると感じながら、社会の中で生きていけること、それがウェル・ビーイングです。

　本書では、身体機能が自立している人もそうでない人も、どんな人でも心豊かに暮らせる社会こそ、ウェル・ビーイングであると広くとらえ、幸せな高齢社会を築くキーワードを「ウェル・ビーイング」としたいと思います。

サクセスフル・エイジングから、ウェル・ビーイングへ

1950年、アメリカの老年学の雑誌に初めて「サクセスフル・エイジング」という用語が登場しました。エイジングをポジティブにとらえる研究はここからスタートしています。年をとること、つまり老化とはどのようなことなのか、高齢になるとともに人は何を失い、何を得るのか。寿命が延びるとともに誰もが思うこのような事柄についてのさまざまな考察がここから始まったといえます。

そして1960～70年代になると、サクセスフル・エイジングとは何を指しているのか、「老後はどのような生活を送ることが幸せなのか」について、論争が行われるようになりました。職業も社会活動も生涯現役が幸せであるとした「活動理論」に対し、一定の年齢になったら第一線を退き、豊かな年金を保障されて現役時代にできなかった趣味活動などを行うのがよいとする、安楽いす型引退と呼ばれる「離脱理論」も登場しました。

1980～90年代になると、サクセスフル・エイジングの基準は幸福感ではなく、病気の予防、生活機能の維持、社会参画が重視されるようになりました。しかし、2000年代に入り、精神面の重要性が再び強調され、スピリチュアリティ（霊性）を条件に入れるべきとの主張が強まりました。

このような流れを背景に、WHO（世界保健機関）はアクティブ・エイジングという考え方を、2002年に開催された国連の第2回高齢者問題世界会議で提唱しています。高齢者の生活の質（QOL）を向上させるため、健康、社会参加、安全性を最適化しようという考え方です。比較的新しい概念ですが世界的な広がりを見せています。

このほか、老化研究にはヘルシー・エイジングという概念もあります。欧米諸国に自然発生的に広がったもので、身体、精神、物的環境の快適性を求めており、シニアビジネスやNPOの活動にその根拠を与えています。

一方、アンチ・エイジングはアメリカで生まれた概念ですが、加齢変化を遅らせる立場に立っており、よりよい年のとり方を追求する老年学の概念とは視点が異なる考えです。

20世紀半ばから始まって現在まで数々の議論がなされ、概念が提唱されてきた老年学ですが、「ウェル・ビーイング」という言葉は、これらすべてを包括した上で、これからの日々を人それぞれがあるがままで温かく幸福に送るためのキーワードです。

[国連の 高齢者問題世界会議]
（25頁参照）

第1章　幸せな高齢社会の基盤、ウェル・ビーイング

2 これからの高齢者の健康と老化のかたち

学習のポイント　高齢になれば、何も病気のないことだけが「健康」ではなくなります。一病息災で、最後まで楽しみながら暮らす"新しい老化モデル"にイメージチェンジを。

①高齢者の健康の定義

1984年、WHOの専門委員会は高齢者の健康の定義を「生活機能における自立」とすることを提唱しました。それまでの健康の定義は、死亡率と罹患率（病気の発生や有病率）の大小でした。

しかし、WHOは「高齢者は長生きした結果の存在なので、死亡率や罹患率は大きな問題ではない。年をとれば、病気の一つや二つあるのは当然」だと考え、その人の日常生活あるいは社会生活における自立性を健康の基準としたのです。たとえ病気を抱えていても、それが生活機能に障害を与えない限り健康とみなします。一方、病気がなくとも老化により、自立した生活が不可能となれば健康ではないということになります。

一口に生活機能といってもそのレベルはさまざまです。【図1】はパウエル・ロートンの「生活機能の7段階の階層モデル」を簡略化したものです。右（上）に向かうにつれ、生活機能のレベルが高くなります。基本のADL（日常生活動作）をちょうど真ん中の身体的自立として、その前後の能力を階層づけています。29頁で示した「老研式活動能力指標」は、下から5番目の「手段的自立」、6番目の「知的能動性」、7番目の「社会的役割」を測定するためにつくられた尺度です。生活機能に階層性があることは、高齢者の健康にも階層性のあることを意味します。

【図1】　ロートンの「生活機能の7段階の階層モデル」（簡略版）

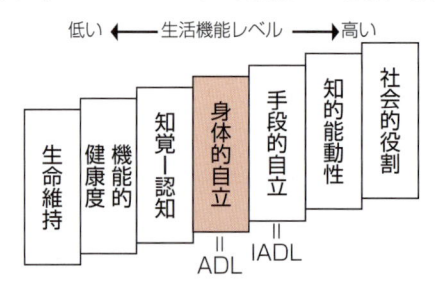

低い ← 生活機能レベル → 高い

生命維持／機能的健康度／知覚―認知／身体的自立 ＝ ADL／手段的自立 ＝ IADL／知的能動性／社会的役割

出典：柴田博『体育の科学』57巻773頁 2007

生活機能
日常生活を自立して暮らせる能力を生活機能といい、高齢者ではたとえ何かしらの病気を持っていても、生活機能が備わっていれば、自立した健康な群に入ります。

ADL（日常生活動作）
食事、排せつ、着替え、入浴、洗面、簡単な歩行など、これらの日常的な身体の基本動作が自立して生活できるかどうかの指標となります。ADLが備わっている状態が「身体的自立」状態です。

IADL（手段的日常生活動作）
ADLに加え、交通機関の利用や電話の応対、買い物、食事の支度、掃除、服薬管理、金銭管理など、より複雑な生活関連動作のこと。IADLが備わっている状態が「手段的自立」状態です。

ロートン
アメリカの老年学者パウエル・ロートン（元・フィラデルフィア老年医学センター所長）は、1972年に右のような高齢者の生活機能のレベルを見るモデルを開発。ほかにも高齢者のQOLを見る尺度の開発や、小規模グループ居住型のケア施設の有用性などを提言しました。

②長生きと老化の過程

　高齢社会が、活力に乏しく障害者や弱者が増えるばかりの社会ではないということに気付いた背景には、2つの老年学の成果があります。1つは、現存する高齢者の実態を調査し、大多数の高齢者は自立した生活を営んでおり、その大多数は社会貢献能力を持っていることが示されたことです。もう1つは、人間は、【図2】に示した「新しい老化モデル」のように老化することが明らかになってきたことです。

　かつては、【図2】に示す「従来の老化モデル」のように、人間は成熟して以降、坂を転げ落ちるように老化（能力も人格も）し、死に向かうと考えられていました。しかし、1980年代に入り、人間は新しい老化モデルに示すように老化し、長生きした場合、健康な期間が延長するという考え方が確立してきました。

　基になっているのが、心理学の「終末低下理論」です。これは、人間は亡くなる比較的直前まで能力が保たれていて、最後に低下するという解釈。特に動作性知能（流動性知能）よりも言語性知能（結晶性知能）のほうが長く保たれます。ただし、死の直前まで保たれるといっても動作性知能は、死の2年前くらいから部分的なサポートが必要となるのが平均的な姿です。

　この終末低下理論に、人口学の直角型老化理論も加わり、現在では、新しい老化モデルが広く受け入れられています。

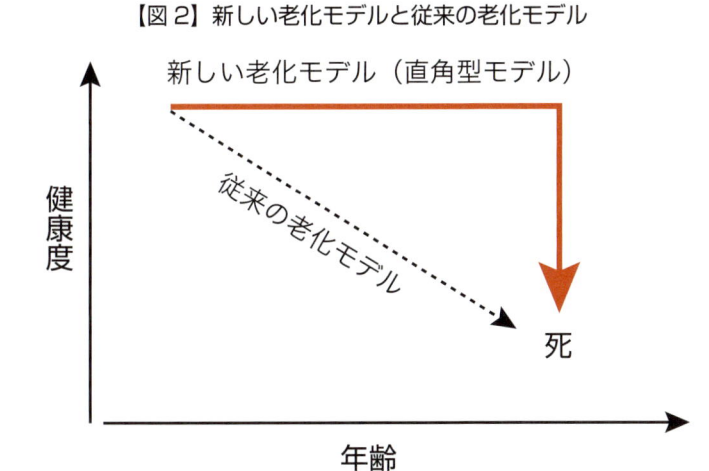

【図2】新しい老化モデルと従来の老化モデル

（縦軸：健康度／横軸：年齢　新しい老化モデル（直角型モデル）／従来の老化モデル→死）

※新しい老化モデルは「直角型の老化」あるいは「終末低下」などと呼ばれています。人間はもともと新しい老化モデルのように老化するものですが、時代とともにこの傾向は強くなっています。

出典：柴田博『8割以上の老人は自立している！』ビジネス社　2002

[動作性知能（流動性知能）と言語性知能（結晶性知能）]

　車を運転中に機敏にブレーキを踏むことや、決まった時間内にある作業やパズルをどれくらいできるかなど、動作的なことに反応する能力が「動作性知能」。その場その場で流動的な対応力が必要なため、「流動性知能」ともいわれます。

　これに対し、言葉を使って物事を判断したり、考えて結論づけたりするような能力が「言語性知能」です。経験や学習が結晶した結果の能力でもあるため、「結晶性知能」とも呼ばれ、身体的機敏性を失っても老年期まで伸び続ける知能といわれています。
（71頁参照）

[人口学の直角型老化理論]

　人口学者のフリーズは、「20世紀の初め頃は生まれた集団の半数が50歳くらいで失われる生存曲線をとっていたが、20世紀の後半になると病気や老化による死亡が、より後年になってから起こるようになる。人間には、100歳より少し上に限界寿命があるので、生存曲線は直角化してくる」といっています。

　このように終末低下理論と人口学の直角型老化理論とが相まって、【図2】に示すような新しい老化モデルを形成するに至ったのです。

第1章　幸せな高齢社会の基盤、ウェル・ビーイング

3 ウェル・ビーイングの3つの条件

> 学習の
> ポイント
>
> 健康なだけでも、長生きするだけでも、健全で幸せとはいえません。これからの社会を生きる者にとって必要なこと。それがウェル・ビーイングの3つの条件です。

①それは、「長寿」「QOLの向上」「社会貢献」の3つ

　よい人生を送り、天寿を全うするためには、何が大切かを考えたとき、その答えは、時代によって変化してきました。まだ平均寿命が欧米に及ばなかった第二次世界大戦直後からしばらくは、もっぱら、成人（老人）病を予防して「寿命を延ばす」ことが目標でした。それが一応達成されると、生命の質ともいえる生活の質「QOL」の向上が課題となりました。そして今、高齢者人口が増え、高齢者の能力が向上するにつれ、高齢者の「社会貢献」が大切な要素となってきています。

　この意味で、ウェル・ビーイングの条件としては、下に示す3つが挙げられます。「長寿」で「QOL」が高ければ高齢者自身のウェル・ビーイング（あるいは、天寿を全うできるよい老後）としては、十分だと考えられていた時代もありました。しかし、最近では、高齢者の「社会貢献」こそ同世代や異世代を支える力となり、高齢者自身のウェル・ビーイングを高めるためにも重要であることが強く認識されてきています。

　これからの高齢社会を温かく幸せな社会にするためには、高齢者の社会貢献活動がなくてはならず、またそれがこれからの人生の時間をウェル・ビーイングに生きていくための手段となることを、高齢者自らが一人ひとり認識していくことが重要です。

[社会貢献と心身の健康]
　有償労働、ボランティア活動を問わず、社会貢献をしている高齢者は、余命も延伸し、認知症や身体障害を発症するのも遅くなることがわかってきました。序章（21頁）で紹介したように、人生や生活に対する満足度も社会貢献によって高められます。

ウェル・ビーイングの条件
- ■長寿
- ■高い生活の質（QOLの向上）
- ■社会貢献（Productivity）

Copyright ©2008　Hiroshi Shibata all rights reserved

②高い生活の質（QOLの向上）を実現するには

まだ飢餓や病気に勝てず、寿命が短かった時代には、誰にとっても、まず寿命を延ばすことが最重要課題でした。しかし、その問題に一応の決着がつくと、生活の質（QOL）が問題となります。

では、何が生活の質を決めているのでしょうか？　国の政策としての介護や支援の対象として見たときにどうなのか。健康や医学的視野で見たときはどうなのか。また、心理学的に見たときにはどうなのか。これらを含む幅広い視点からまとめられたのが【表1】の4つのポイントで、ロートンのまとめた高齢者のQOLの構成概念と呼ばれているものです。

【表1】

生活の質（QOL）にかかわる4つのポイント

1. 生活機能や行為・行動の健全性
   （ADL、IADL、社会的活動など）
2. 生活の質への認知
   （主観的健康感、認知力、性機能など）
3. 生活環境
   （人的・社会的環境、都市工学、住居などの物的環境）
4. 主観的幸福感（生活満足度、抑うつ状態　など）

資料：J.E.Birren ほか編 The Concept and Measurement of Quality of Life in the Frail Elderly, Academic Press 1991

人生のステージでも、各々の構成要素の重みが違ってきます。前期高齢者においては【表1】の1.に挙げた生活機能の自立が大きな意味を持ちます。しかし、人生の終末期にある高齢者では、生活機能が低下していることは当然のことです。むしろ、生活機能が低下していても、4.の主観的幸福感が高いことが肝要なのです。

人間は生まれてしばらくは二足歩行もままならず、他者のケアを受けて生活します。亡くなるときも2年くらい前から心身の部分的ケアを受けるようにできているのです。生まれてすぐ自立歩行ができ、寝込みの期間もなく死亡する牛や馬は文字などの文化をつくれないので、終末期にケアを受けることは人類の特技ともいえるのです。

1章

[QOL (Quality of Life) クオリティーオブライフ]

人々の生活を物質的な面から量的にのみとらえるのではなく、精神的な豊かさや主観的幸福感も含めて、質的にとらえる考え方。医療や福祉の分野で重視されています。生活の質。人生の質。生命の質。QOL。（大辞林より）

[人に迷惑をかけたくない日本人女性たち]

日本の女性は、介助を受けるようになると急に主観的幸福感が低下しがちです。一方、アングロサクソンの女性たちはケアされていても、「天寿を全うする権利がある」と自己主張します。

長い人生から見れば、ケアされるのは極めて短い期間であり、誰にでも訪れるもの。多くの百寿者に共通しているのが、生活機能が低下していても「自分は健康だ」と評価できる主観的幸福感の高さです。

③社会貢献（プロダクティビティ）の意味は——

我が国のみならず、共通の概念として、高齢者は社会からサポートされるのではなく、社会に資する存在であるという考え方に、今、世界は立っています。我が国でも、厚生白書（平成9年版）には、高齢者は「第二の現役世代である」といういい方がなされています。大なり小なり社会に貢献しながら生きてゆく、このような年の重ね方をプロダクティブ・エイジングと呼んでいます。本来プロダクティビティとは生産性という意味ですが、ウェル・ビーイングの観点に立てば、【表2】のような労働や活動で社会に資する役割という意味です。そこで本書では、「社会貢献」という用語を当てています。

社会貢献の中には有償労働も含まれますが、その能力と意欲を持って生活の中の労働力になることも大切です。無償であっても、家事や家庭菜園などのほか、最近では家族介護も大切な労働です。

ボランティア活動には、国内外のボランティア活動から、同世代を支える相互扶助活動、子育て支援や食育などの若い世代へのサポートも含まれます。高齢者ならではの知恵を授ける情緒的サポートは、若い人々にはできないことでもあります。

また【表2】を見ると、保健行動（セルフ・ケア）が社会貢献に入っています。これは、一人ひとりがきちんとセルフ・ケアを心掛けながら健康でいることが医療費や介護費用を抑制するとともに、人として健全に生きる姿を周囲に示すことそのものが社会の役に立つという考え方からきています。

ここに挙げた社会貢献の内容に優劣はありません。一つを行える人は、ほかのことも行えるものと考えられています。

[**プロダクティブ・エイジング**]

ILC（International Longevity Center：国際長寿センター）は、少子高齢化に伴う諸問題を国際的・学際的視点で広く調査研究しながら、政策提言を行う組織です。現在、アメリカ、日本、フランス、イギリスほか世界14カ国に設立され、国際的な連合体として機能しています。

プロダクティブ・エイジングは、ILC米国センターの理事長を長く務め、老年学の父とも呼ばれる故・ロバート・バトラーが1980年代の半ばに提言した概念です。

それまで、依存や介護、社会的コストが必要だととらえられ、弱者扱いされていた高齢者像に大転換をもたらす創造的高齢者論で、高齢者の知恵と人間性こそ社会の生産性に役立つものであるとしました。

【表2】 高齢者の社会貢献（プロダクティビティ）の内容

- ■有償労働（自営や専門的仕事）
- ■無償労働（家庭菜園、家事など）
- ■ボランティア活動
- ■相互扶助
- ■保健行動（Self-care）

出典：柴田博『中高年健康常識を疑う』講談社選書メチエ 2003

④「健康づくり」から「生きがいづくり」へ

　幸せな高齢社会の土台に、健康と生きがいがあることはいうまでもありません。健康づくりや健康増進への働きかけを世界的に「ヘルスプロモーション」といいますが、高齢者にとっての健康は36頁でも説明したように、生活機能の自立を意味しています。そこでヘルスプロモーションというより、「QOLプロモーション」の重要性が高まってきます。

　この概念を図解しているのが【図3】です。横軸は生活機能を支える健康度（生活health）、縦軸が主観的に評価される幸福度、満足度、安寧度（いわゆる生活well-being）の度合いです。横軸の度合いを高めることがヘルスプロモーションで、縦軸を高めていくことがウェル・ビーイングプロモーション、その両方を高めていく斜めの矢印がQOLプロモーションです。

　誰にとっても、この横軸と縦軸が同時に高まるQOLプロモーションはとても大切なことですが、人生の末期には、横軸の生活機能は徐々に左へ移行します。それだけに、縦軸のwell-beingを高めておくことが大切なのです。体の機能が少しぐらい低下してきても、心に「生きがい」のある人でいること。それを忘れずに。

【図3】QOLプロモーション

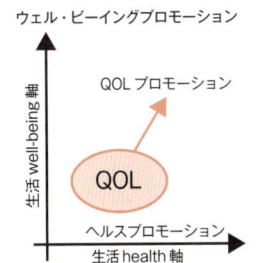

資料：柴田博・杉澤秀博・長田久雄（編）『老年学要論―老いを理解する―』建帛社 2007

[神谷美恵子]

(1914 – 1979)
　国立ハンセン病療養所において、深いまなざしで人を見つめ、人を尊び、40歳過ぎてからの人生をハンセン病患者の治療にささげたことで知られる精神科医。代表的著書『生きがいについて』は1966年の刊行以来、いまだに色あせず、多くの人に感銘を与え続けています。

生きがいあってこそ、幸せに

　我が国には、生きがいという、独得の概念があります。神谷美恵子は著書『生きがいについて』（みすず書房）の中で「人間が最も生きがいを感じるのは、自分がしたいと思うことと義務とが一致したときだと思われる」と述べています。やりたいことと義務（やるべきこと）とはしばしば二律背反するものですが、これが一致するときに生きがいが生まれるというものです。

　そこでQOLと「生きがい」との相関を考えてみると、【図4】のような関係で表すことができます。すなわち、QOLに役割意識とその達成感を加えると日本型の「生きがい」になるのです。

　「長寿」「高いQOL」「社会貢献」を3つの条件としているウェル・ビーイング。本書のこのキーワードこそ、まさに日本型の「生きがい」を示す概念といっても過言ではありません。

【図4】QOLと生きがい

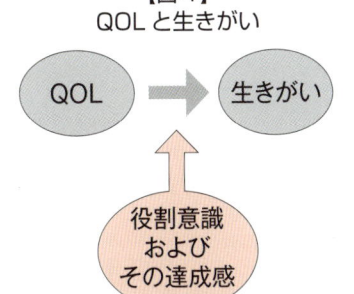

資料：柴田博『8割以上の老人は自立している！』ビジネス社 2002

第1章　幸せな高齢社会の基盤、ウェル・ビーイング

4 ウェル・ビーイングを支える老年学

学習のポイント
これからの社会を築くには、老いることのポジティブな意味を広い視野でとらえた、新しい老年学が必要です。老年学について知っておきましょう。

[老年学（ジェロントロジー）]

1903年、後にヨーグルトの乳酸菌（ブルガリア桿菌）の働きに注目してノーベル賞を受賞したメチニコフにより、ジェロントロジー（gerontology）という言葉が創られました。ギリシャ語の geron を語源とする「geront (o)」（老齢）に学問を意味する「logy」が合わさってこの用語ができたのです。日本語では老年学と訳されています。
彼は同時に死生学（サナトロジー、thanatology）という言葉も創出しています。

[老年学の課題]

①加齢の科学的な研究

②中高年の問題に関する科学的研究

③人文学の見地からの研究（歴史、哲学、宗教、文学）

④成人や高齢者に役立つ知識の応用

⑤世代間問題の研究

①老年学が目指すもの

老年学（ジェロントロジー）は人口学とともに最も新しい学際的な学問です。学際的とは、さまざまな学問が協力し合うことを意味し、学問の壁を取り払うという意味でもあります。

周知のように、ギリシャ時代には学問の上に立つ概念として「哲学」があり、その傘の下に個別の学問が属していました。今でも医学以外の博士を PhD（Doctor of Philosophy）と呼ぶのは、この伝統によるものです。言い換えれば、哲学の下にそれぞれの学問は相互に関連しながら、人間というものを見つめていたのです。

しかし、近代科学がスタートすると、学問は個別の科学として縦割りに進歩し始め、現在に至っています。心身を総合的に把握しようとする心身医学や健康心理学など、再び学問分野が連携し始めたのはつい最近のことです。老年学は、このような諸領域の再統合を図る学問の先駆的役割を担って登場した学問です。

一人の人間の健康や幸福はもちろん、社会全体の健康や幸福も、縦割りで別々の学問の視点からだけでは探ることができません。身体科学も心理学も社会学や経済学も、すべてを視野に入れた、まさに学際的な視野が必要です。老年学が目指しているのは、高齢社会をうまく営み、そこに生活する人々の健康と幸せのための提言をしていくことです。

②人格と能力は生涯発達するもの

1903年に老年学が生まれ、その後半世紀くらいは、もっぱら、身体的な老化の研究が進みました。体の局所である器官、組織、細胞と、さまざまなパーツが老化によって劣化していくことを解明し、

老化によりパーツが劣化するなら、その総和としての人間全体も劣化すると考えていたのです。

しかし、やがて、人間には老化によって喪失するもののみではなく、獲得するものもあることが明らかにされてきました。これが人の心や知恵に目を向けた「生涯発達理論」です。

1900年代も後半になると、心理・行動学の分野から、さまざまな生涯発達理論が展開されてきましたが、人としての「人格」の発達を説いたのが、アメリカの心理学者エリック・エリクソンです。彼は、人生を右に挙げたような8つのライフサイクルに分け、それぞれの時期に成長するための課題と危機があり、危機をうまく乗り越えたとき、人生において大事なものを一つひとつを体得しながら、子どもから成人へ、成人から老人へなっていくと言いました。

この意味で、老人は、一つひとつ得てきたものを積み重ねた上に生きている存在です。たとえ身体機能が低下し、友や配偶者を失って絶望的になっても、これまでの経験と知恵のすべてを統合すれば、それを乗り越えられる英知がわく、それが老人だというわけです。

さらに、この生涯発達理論には、エリクソン亡き後、夫人が書き加えた第9ステージがあります。80歳代以降の高齢期まで生きてきた人には、何ごとに関しても一喜一憂しない超越的視点が生まれるというものです。喜びも、怒りも、生きている楽しみ。そんな超越的な心が育つ年齢こそ、人生で一番奥が深いことを老年学は教えてくれています。

また、人間の生涯発達を「能力」の面から研究したのがポール・バルテスです。彼は、人の能力は生涯発達するという研究を進めた第一人者で、下に示すように、老化による喪失を受容しながら、それを補って余りある発達を追求しました。

加齢と円熟 バルテスの考え

能力の生涯発達理論を展開したバルテスは、名ピアニスト・ルービンスタインを例にとり、加齢とともになぜ演奏が円熟してくるのかを次のように解明しています。

ルービンスタインは、年とともに失われてきた指の俊敏性を演奏のテンポに強弱をつけて速いパートが際立つ演奏法で補い、さらに演奏する曲目を減らして1曲の練習時間を増やし、弱点をカバー。こうして、より円熟した演奏の質を確保したと指摘。これが、能力を生涯発達させていく大人の英知なのです。

1章

[エリクソンの8段階のライフサイクル]
（1902～1994）
人生の8段階における課題と危機、発達テーマを次のように示しています。

1 乳児期
基本的不信を乗り越え、基本的信頼感を身につけると、希望が育つ。

2 幼児期初期
失敗すると恥ずかしいという思いを乗り越え、トイレができる自律性を身につけると、意志が育つ。

3 遊戯期
協調できない罪悪感と自己主張する積極性のせめぎ合いから、目的が育つ。

4 学童期
劣等感に打ち勝ち、勉強への勤勉性が身につくと、適格が育つ。

5 青年期
自分が何者かという迷いにアイデンティティが打ち勝つと、忠誠が育つ。

6 前成人期
孤立せずに、他者や異性との親密さを体験できると、愛が育つ。

7 成人期
自己に停滞せず、次世代を育てようという生殖性が身につけば、世話が育つ。

8 老年期
統合性が絶望に打ち勝つと、英知が育つ。

資料：E.H.エリクソン／J.M.エリクソン　村瀬孝雄・近藤邦夫訳『ライフサイクル、その完結』＜増補版＞　みすず書房　2001

[ポール・バルテス]
（66頁参照）

第1章　要点整理

- 「ウェル・ビーイング」には「幸福・福祉・安寧・繁栄」などの意味があり、「よりよく生きる」こと、「自分らしく生きる」ことでもある。

- 「ADL」は日常生活動作といい、食事、排せつ、着替え、入浴、簡単な歩行など、日常的な身体の基本的な動作を指し、ADLが備わっている状態を「身体的自立」という。

- 「IADL」は手段的日常生活動作といい、外出やショッピング、食事やお金のことまでを含めた、より複雑な生活関連動作のこと。IADLが備わっている状態を「手段的自立」という。

- 今日では「ADL」と「IADL」に障害のないことを自立という。

- 新しい老化モデルである「直角型モデル」は、従来の、年をとると能力も人格も坂を転げ落ちるように老化し、死に向かうと考えられていた老化モデルとは異なり、長生きした場合、健康な期間が死の直前まで延長するという考え方である。

- 「長寿」「QOLの向上」「社会貢献」がウェル・ビーイングの3つの条件である。

- 「QOL」とは、生活の質などと訳されているが、具体的あるいは物質的な面だけでなく、精神的な豊かさや主観的幸福感まで含めた概念である。

- 高齢者の「社会貢献」の内容としては、有償労働、無償労働、ボランティア活動、相互扶助、保健行動などが挙げられ、これらに優劣差はない。

- これからの高齢社会は、「健康づくり」から「生きがいづくり」の時代でもある。

- 老年学（ジェロントロジー）は、すでに始まっている本格的な高齢社会をうまく営み、そこに生活している人々の健康と幸せを達成することを目指している。

- 何歳になっても、人間の能力と人格は生涯発達するもの。これを「生涯発達理論」といい、能力面から発達を追求したのがバルテスで、人格面から発達を説いたのがエリクソンである。

第2章

知っておきたい「生(いき)・活(いき)」知識

体の健康編

1 老化とは
2 老年症候群とは
3 高齢期の疾病、その特徴と対策
4 体の健康チェックと病気の早期発見

第2章　知っておきたい「生（いき）・活（いき）」知識　＜体の健康編＞

1 老化とは

> **学習のポイント**
> 足腰は弱くなり、老眼も始まって…。老化は誰にでもやってくるものですが、ノーマルな老化と病的な老化があります。その違いを理解しておきましょう。

[老化仮説]

現在、以下のような老化仮説が立てられています。
- ●プログラム説
  老化を引き起こす遺伝子によるとする説
- ●テロメア説
  細胞分裂の度に短くなるテロメアが短縮し、細胞の寿命を迎えるとする説
- ●遺伝子修復エラー説
  傷害を受けた遺伝子が修復されず機能が低下するとする説
- ●分子間架橋説
  DNAやたんぱく質などに蓄積する分子間架橋が原因とする説
- ●免疫機能低下説
  免疫力の低下が原因とする説
- ●ホルモン低下説
  ホルモンの分泌低下が原因とする説
- ●体細胞廃棄説
  子孫を残す生殖細胞のエラー修復を優先するために、体細胞のエラー修復が犠牲になることを原因とする説

[長寿遺伝子のオンとオフ]

ヒトの長寿遺伝子サーチュインは誰もが持っていますが、普段はオフで活性化していません。これがオンになっている人が健康で長生きをしていることがわかっており、長寿者の研究から、長寿遺伝子をオンにする生活習慣が解明されつつあります。

①加齢 aging と老化 senescence

生後、青年期頃まで体が大きくなることを成長、機能的な成熟のことを発達といい、成長と発達を併せた意味で広義に発育という語が用いられます。一方、時間の経過とともに生じる身体的変化や生理機能的変化を加齢現象と呼び、特に成熟期以後の体の組織の退化や機能的低下を老化と呼んでいます。老化の特徴は①普遍性：すべての生命体に生じる、②内在性：個体に内在する、③進行性：進行性で後戻りしない、④有害性：個体の機能を低下させる、の4点です。

②生理的老化と病的老化

大きな傷病に罹患せず天寿を全うする過程で見られる老化を生理的老化（ノーマルエイジング）といいます。一方、傷病や栄養、運動、ストレス、大気汚染などの環境的な要因や、遺伝子の損傷などの病的な状態により生理的老化以上に進んでしまう老化を病的老化といいます。生理的老化はすべての人に普遍的にほぼ同程度に見られ、進み方のペースに個人差はあっても、一般的に年とともに右頁のような変化が起きています。

なぜ細胞は老化するのか？

現在、左のような老化仮説が立てられ、さまざまな分子生物学的遺伝子研究が進められています。そして、哺乳類が持っている「サーチュイン（Sirt1）」や、酵母に存在する「サーツー（Sir2）」という遺伝子は、活性酸素の働きを抑え、抗体を活性化して寿命を延ばす遺伝子であることが解明されています。

一般的な生理的老化

外観		しわ、しみ（老人斑）、白髪の増加、脱毛、歩幅の減少、上体の前屈（円背）などが見られやすい。体重は60代までは増加傾向を示すが、高齢期には減少傾向を示す。体重に占める水分の割合は、成人男性で55～65％程度、成人女性で45～60％程度であるが、高齢期には10％程度低下する。
	神経系	安静時の自律神経系の機能はあまり低下しないが、概日リズムの振幅が減り、体温の低下が見られやすい。 体性神経系では、神経細胞数の減少、刺激伝導速度の低下により運動が遅延しやすくなる。
感覚器系		水晶体を厚くする働きが低下し、近くのものが見えにくくなる老視（老眼）が生じる。網膜の感度が低下し、薄暗いところでものが見えにくくなる。 また、瞳孔の反応速度が低下し、明るさの変化に素早く対応できなくなる。 高い周波数を聴く能力が低下する。声を認識しにくくなる。 嗅覚や味覚が低下する。 温痛覚や触覚などの感覚の低下により環境の変化に気付きにくくなる。
	内分泌系	女性ホルモンは50歳頃の閉経後に急激に減少し、更年期障害や骨粗しょう症などを生じやすくなる。男性ホルモンは50代中頃から徐々に減少し、性的機能の低下や抑うつ気分など不定愁訴をきたしやすくなり、男性更年期と呼ばれる。 メラトニンも減少し、睡眠障害をきたしやすくなる。
	血液系	骨髄細胞が減り貧血を生じやすくなる。
免疫系		白血球のTリンパ球が主体となる細胞性免疫機能が低下しやすい。
	呼吸器系	肺活量、1秒量（最初の1秒間で思い切り吐き出せる量）が低下する。
循環器系		最大心拍出量が減少する。心臓弁膜症や不整脈が生じやすくなる。動脈硬化が進み血圧が上昇する。
	筋・骨格系	身長は、70歳から85歳にかけて男性で約2％、女性で約4％短縮する。骨密度や持久力は30歳頃から徐々に低下し、特に女性の骨密度は閉経後に著しく低下する。関節可動域も徐々に縮小し、生活機能を低下させる要因となる。
消化器系		歯の喪失や咀嚼筋力の低下などから、咀嚼力が低下しやすくなる。肝機能の低下により解毒作用が弱くなる。便秘しやすくなる。
	泌尿器系	腎血流量が徐々に低下する。男性では前立腺の肥大により排尿が障害されやすくなる。女性では尿道括約筋の機能低下による腹圧性尿失禁が起きやすくなる。
生殖器系		女性は50歳頃閉経し、受胎能力がなくなる。膣分泌が生じにくくなる。男性では40歳頃より前立腺が徐々に肥大する。完全勃起と射精が起こりにくくなる。

第2章 知っておきたい「生（いき）・活（いき）」知識 ＜体の健康編＞

2 老年症候群とは

> **学習のポイント**
> 高齢になると、日々の健康や活動の幅を狭めるのは、病気よりむしろ、生活機能の低下です。老年症候群と生活機能低下の関連について理解しておきましょう。

①心身機能の低下とともに進行する、老年症候群

　健康を維持するためには、従来の三大死因（がん、心疾患、脳血管疾患）や高血圧、糖尿病などのいわゆる生活習慣病の予防が大切です。しかし高齢期になると、健康を害し、生活の質を低下させる大きな要因は、これらの生活習慣病による直接的な影響より、むしろ、低栄養や筋肉量の低下と骨粗しょう症による転倒・骨折、認知機能の低下による精神活動の変化などが中心となってきます。老年症候群とは、このように加齢に伴って自立を妨げ、要介護状態に導いてしまう身体的及び精神的諸症状や疾患の総称です。

　老年症候群の特徴は、認知障害や歩行能力障害、排せつ機能障害、感覚障害、栄養摂取障害などがそれぞれ重なり合いながら、一連の不具合として進行し、体内の諸器官の生理的機能が低下するとともに体重も減少し、廃用症候群にまで陥りやすいこと。つまり認知機能の働きが衰えたり、足腰の働きが衰えたりすることでさまざまな症状がスパイラル的に生じ始め、肉体的・精神的機能がどんどん低下してしまうことです（右頁図参照）。

②老年症候群の進行を防ぎ、生活機能の自立維持を！

　老年症候群は直ちに生命を脅かす病気ではありませんが、長期的に日常の生活機能を低下させ、自立を障害する原因となり、介護の負担も大きくします。その意味で介護予防やリハビリテーションは老年症候群の予防でもあり、いくつになっても自立した生活を保つためのものです。高齢になれば、病気があっても治すことが最終目的ではなく、老年症候群の進行を防ぎながら、自立した生活機能を長く保ち、生活の質（QOL）を高めておくことが最大の目的です。

［生活機能の自律と自立］
1984年にWHO（世界保健機関）の専門委員会は、高齢期の健康指標としては従来の健康指標である死亡率や有病率はあまり有用でないとし、生活機能の自律と自立の重要性を指摘しています。生活機能とは、人が生きることを総合的にとらえる概念で、心身機能・構造、活動、社会参加のすべてを含む包括用語です。自律とは心身を自分の意思でコントロールできることであり、自立とは、他者に依存することなく生活機能を発揮できることです。

［三大死因の変化とその背景］
日本人の三大死因は、1980年以降、がん（悪性新生物）、心疾患、脳血管疾患でした。ところが、2011年の人口動態統計では、脳血管疾患に代わり肺炎が3位に入りました。高齢期には、体力や免疫力の低下を背景とした誤嚥性肺炎が問題となりやすく、肺炎が死因に占める割合は80歳代以降で特に高くなります。肺炎が死因の3位になった背景には人口の高齢化が影響しているものと考えられます。

＜連鎖的・複合的に生じやすい老年症候群＞

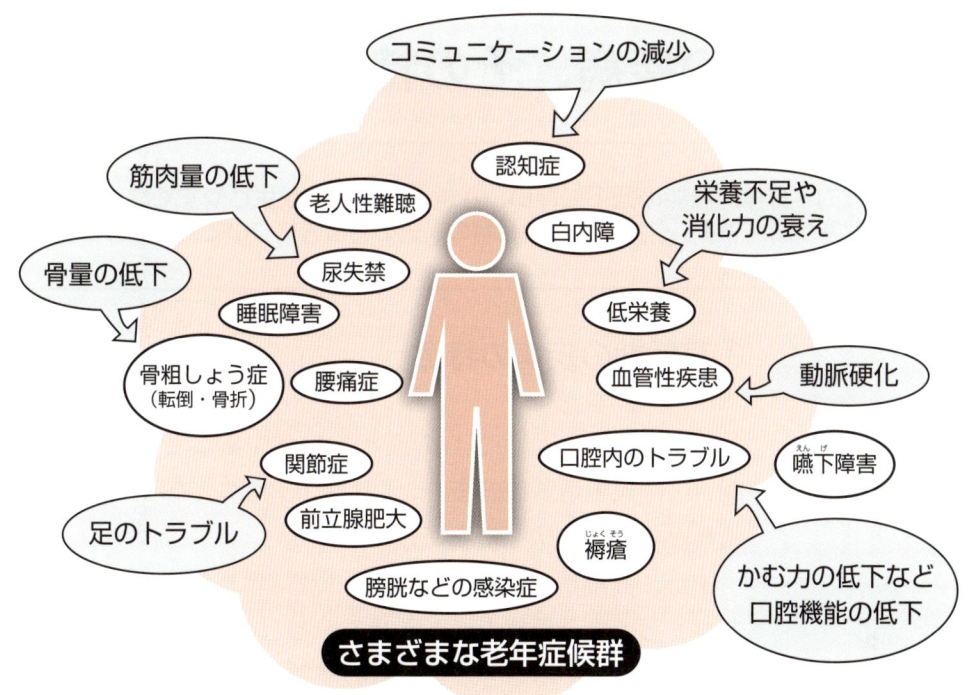

- コミュニケーションの減少
- 筋肉量の低下
- 老人性難聴
- 認知症
- 栄養不足や消化力の衰え
- 白内障
- 骨量の低下
- 尿失禁
- 睡眠障害
- 低栄養
- 骨粗しょう症（転倒・骨折）
- 腰痛症
- 血管性疾患
- 動脈硬化
- 関節症
- 口腔内のトラブル
- 嚥下障害
- 足のトラブル
- 前立腺肥大
- 褥瘡
- 膀胱などの感染症
- かむ力の低下など口腔機能の低下

さまざまな老年症候群

©HIROSHI SHIBATA

　高齢になるとともに生じやすい筋肉量や骨量の低下や、食欲の低下、消化力の衰え、など。さまざまな日常的変化が、上の図のように、多くの不調や疾患を招くようになります。しかも、それぞれが別々の病気ではなく、複合的に連鎖し合って、心身活動を低下させる恐れがあるのが老年症候群の特徴です。

薬の影響による老年症候群に注意！

　高齢になるとともに体内で起きている臓器の萎縮や機能障害、アルブミン濃度の低下、水分量の低下などが影響して、薬の代謝が若い人々のようにいかず、副作用を生じやすくなることがあります。しかも高齢者は上記のようにさまざまな不調や疾患を複合的に抱えて、服用している薬の量が多くなりがち。この両者が原因となって、ふらつきや尿が出にくい、口が渇く、便秘する、胃がもたれる、意識がはっきりしないことがあるなど、さまざまな副作用を生じることがあります。年齢や病気のせいだと見過ごされているうちに、副作用が更にほかの病気を連れてきて、老年症候群を進行させることもあります。この悪循環を防ぐには、多くの診療科を別々に受診したりはしご受診したりするのではなく、一人の主治医に総合的に心身の状態を把握しておいてもらうことが大切です。

[老年症候群と医原病]

　高齢者は複数の病変や症候を同時に持ちやすいものです。しかし、従来は、若い世代と同様に疾患別に診断されることが多かったため、投薬数が多くなり副作用も心配でした。これを改善するために高齢者の陥りやすい疾患や生活機能低下などを老年症候群と定義して、初期診断を行うことの有用性が認められるようになりました。

第2章 知っておきたい「生(いき)・活(いき)」知識　＜体の健康編＞

3 高齢期の疾病、その特徴と対策

学習のポイント

生理的・身体的機能の低下に伴い、さまざまな病気が生じやすくなってきますが、高齢者が訴えやすい自覚症状や高齢期の病気の特徴等について知っておきましょう。

①高齢期の疾病の特徴

年とともに、何かしらの症状を自覚することも多くなり、平成22年『国民生活基礎調査』によれば、65歳以上のほぼ2人に1人は、何らかの自覚症状を持っています。

また、高齢期の疾病の特徴は、「生活習慣病」に加えて、老化を基盤とし、生活機能を低下させるもととなる「老年症候群」が主な問題になってくること。これらの高齢期に多い疾病の特徴を理解した上で、適切に対応していくことが大切です。

【図1】65歳以上の在宅高齢者の自覚症状と通院率

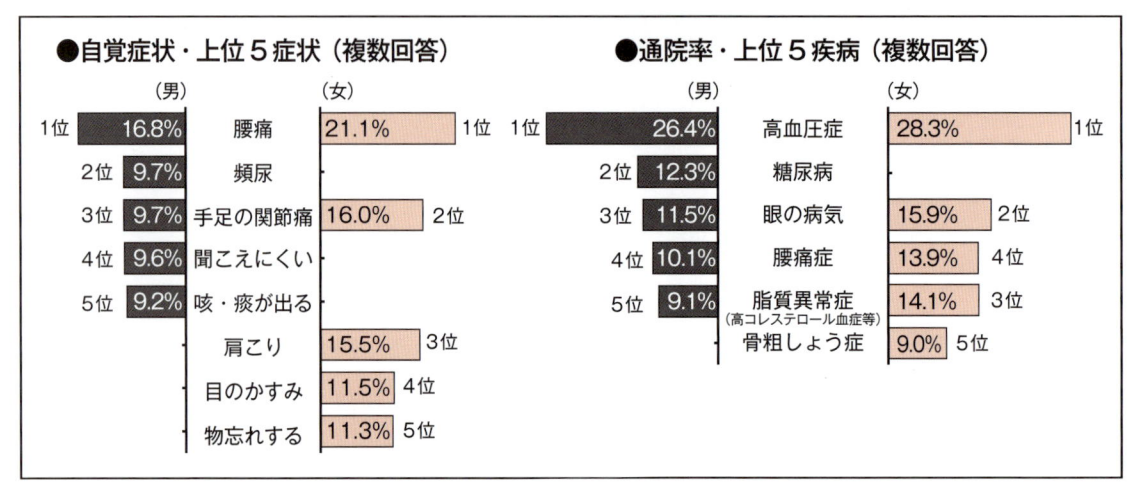

● 自覚症状・上位5症状（複数回答）

（男）
- 1位 16.8% 腰痛
- 2位 9.7% 頻尿
- 3位 9.7% 手足の関節痛
- 4位 9.6% 聞こえにくい
- 5位 9.2% 咳・痰が出る

（女）
- 腰痛 21.1% 1位
- 手足の関節痛 16.0% 2位
- 肩こり 15.5% 3位
- 目のかすみ 11.5% 4位
- 物忘れする 11.3% 5位

● 通院率・上位5疾病（複数回答）

（男）
- 1位 26.4% 高血圧症
- 2位 12.3% 糖尿病
- 3位 11.5% 眼の病気
- 4位 10.1% 腰痛症
- 5位 9.1% 脂質異常症（高コレステロール血症等）

（女）
- 高血圧症 28.3% 1位
- 眼の病気 15.9% 2位
- 脂質異常症 14.1% 3位
- 腰痛症 13.9% 4位
- 骨粗しょう症 9.0% 5位

資料：厚生労働省『国民生活基礎調査』平成22年

高齢者に多い疾病の特徴

1　個人差が大きい
機能・病態の評価を個別に、正確に行い、対応する。

2　複数の疾病や障害を有することが多い（75歳以上で平均3.5個）
常に全身的な観察と管理が必要。

3　潜在的に老化による病変があり、回復力や予備能が低下している
急変・重篤化しやすいため、新たにけがや疾病にかかった際には、特に慎重に経過を見る必要がある。

4　症状や所見、経過が典型的でない。また、薬や他の疾患の合併によってより症状が複雑となる
肺炎などの重大な疾病を見逃さないようにする。食欲不振や無動、意識低下、認知機能低下、失禁などが新たに生じた場合には原因について医学的検査を含めた精査が必要。

5　薬の効果に変動がある
副作用が出やすいこともあれば、反応性が低下し効きにくいこともある。投薬が新たに始まった際、薬の種類が変わった際には、効果がきちんと出ているか、副作用がないか十分に経過を見る必要がある。

6　高度な医療を要する救急疾患（脳・心発作、転倒・骨折、感染症など）が生じやすい
救命救急処置法を身につけて、救急時の対応を訓練しておく必要がある。

7　後遺症を残しやすく、予後が、治療・ケアやリハビリテーションの状況や生活環境などにより大きく影響される
適切な医療・福祉サービスを継続していく必要がある。

8　合併症を引き起こしやすい
脳梗塞によるマヒなどから転倒・骨折をきたしたり、嚥下障害から誤嚥性肺炎をきたしたりするため、常に全身的な健康チェックが必要。

9　うつや認知症様症状、幻覚などの精神症状が見られやすい
精神症状が出現した際には、背景に身体的疾病がないかどうかも精査する。

10　最終的には死を迎える
高齢者を取り巻くすべての人に、死生学や、ターミナルケア能力の向上が必要。

このように高齢期の医療には個別的に臓器を診る医療ではなく、
「全人的医療」と呼ばれる総合的な視点が必要になってきます。
心のケアから生活機能まで視野に入れた「医の心」が大切です。

②自覚症状が多い疾病とその対策

高齢期に多い主な自覚症状

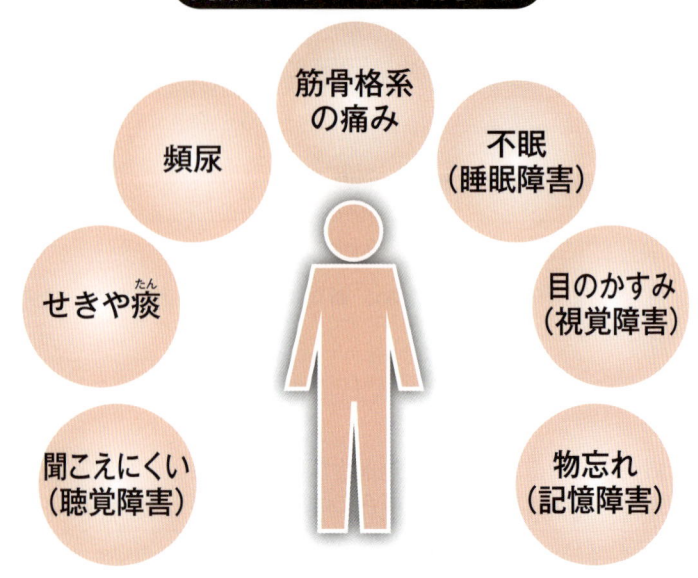

- 筋骨格系の痛み
- 頻尿
- 不眠（睡眠障害）
- せきや痰
- 目のかすみ（視覚障害）
- 聞こえにくい（聴覚障害）
- 物忘れ（記憶障害）

　前述の平成22年『国民生活基礎調査』の結果から、年齢階級別有訴者率（自覚症状のある人の割合）を見ると、年齢が上がるごとに有訴者率が高くなっています。訴えのある自覚症状の内容は、主に上に挙げたようなものが多く、その対策を以下に検討してみます。

1）筋骨格系の痛み

●腰痛

　腰痛が最も多く見られます。変形性脊椎症や骨粗しょう症、過労性腰痛症などの骨・運動器疾患だけでなく、尿路結石や悪性腫瘍、ストレスなどによっても起こるため、原因の精査と原因疾患の治療が最も重要です。急に生じた腰痛は安静が必要です。慢性的な腰痛には原因疾患の種類と程度に合わせ、腹筋や背筋を強化し、脊柱の可動域を保つ運動療法が行われます。骨粗しょう症による腰痛には、十分なカルシウムとビタミンDの摂取、運動、日光浴が推奨されます。喫煙を避け、アルコールやカフェインはとり過ぎに注意を。

●肩こり、手足の関節痛

　首や肩の周りは可動性が大きく、重い頭を支えているため、肩こりなどの痛みが生じやすく、猫背や悪い姿勢は更に肩こりの原因に

[痛み止め]

　ひどい腰痛などの痛み止めによく用いられる鎮痛薬には、消化性潰瘍や腎機能障害などの副作用が生じやすいものがあるため、医師の指示で必要時のみ使用し、素人考えで安易に使わないようにしなければなりません。

なります。ストレッチなどの体操療法や理学療法が行われます。

　手足の一つの関節が痛むのは変形性関節症や痛風発作の場合が多く、複数の関節が痛む場合は、関節リウマチやその他の膠原病によることがあります。整形外科などで早めに診てもらう必要があります。

2）頻尿

　排尿回数が1日8回以上になると頻尿、就寝後の排尿が2回以上になると夜間頻尿といいます。前立腺肥大症によるものが最も多く見られますが、脳血管障害やパーキンソン病などの脳脊髄疾患、膀胱炎などの尿路感染症、糖尿病、水分過剰摂取、利尿剤、寒冷や飲酒などによるものもあります。尿失禁を伴うこともあります。

　治療は原因疾患に対して行われますので、原因の診断がまず大切です。

3）せきや痰

　せきは、寒冷、喫煙、腫瘍による圧迫や気道炎症、精神的緊張などさまざまな原因から起こります。痰を伴う湿性せきは、気管支拡張症や副鼻腔気管支症候群などの慢性気道炎症によることが多く、痰を伴わない乾性せきは、急性上気道炎や喘息、肺・気管支がん、間質性肺炎、心因性咳嗽、ACE（アンジオテンシン変換酵素）阻害薬の副作用などが原因となります。大きな病気が隠れていることもありますから、診断のためには胸部X線写真が重要です。

[せき止め]
湿性せきの治療では、不眠や胸痛などが強くなければ鎮咳薬（せき止め）はなるべく避けます。

4）聞こえにくい（聴覚障害）

　聴覚障害は、人間関係の悪化や社会的孤立、閉じこもり、危険からの回避の遅れなどの原因となります。加齢や騒音、耳垢塞栓、中耳炎の既往、結核治療薬、糖尿病、抗がん剤、メニエール病などが原因となります。加齢性難聴による聴力の低下は高音域から起こり、徐々に会話音域、低音域へ広がっていきます。左右にあまり差はありません。

　聴覚障害の人に話しかける際に遠くで大声を出しても乱暴な話し方になるだけです。できるだけ耳元近くでゆっくり話しかけると、あまり大きな声を出さなくても会話が可能になります。

[補聴器]
　加齢性難聴や騒音性難聴、薬剤副作用による感音難聴の場合は治療の効果があまり期待できません。補聴器の装着などによりコミュニケーション能力を維持することが大切です。
　補聴器には、音質、音色、フィルターなどの調節機能が付いていますから、使用者に合うように根気強く調節することで、使いやすいものになります。

5）物忘れ（記憶障害）

　新しい出来事を記憶するエピソード記憶の獲得と再生は難しくなりますが、意味記憶や手続き記憶はあまり変わりません。加齢のほか、軽度認知障害や老年性記憶障害、アルツハイマー病、脳血管性認知症、うつ病、薬物副作用、また甲状腺機能低下やコルサコフ症候群など、記憶障害を引き起こす病気は数多くあるため、原因を知ることが大切です。そのためにも異常を感じたら受診をしてください。認知症の手前といわれる軽度認知障害などは、早期治療で正常化する場合もあります。

6）目のかすみ（視覚障害）

　視覚障害は視力障害と視野障害に大別されます。視野障害の原因では緑内障や脳疾患が多く見られます。
　視覚障害の多くは水晶体が混濁する白内障によります。白内障は、明るいところが眩しくなる傾向があります。老化による白内障がその多くを占めますが、糖尿病やステロイド剤副作用、老人性縮瞳（しゅくどう）や角膜乱視、網膜細胞の変化なども視覚障害の原因となります。目のかすみや視野の異常を感じたら、受診しておきましょう。

7）不眠（睡眠障害）

　高齢期には深い睡眠が減り、浅い睡眠が増加するため、睡眠の途中で目が覚めやすくなります。また、早い時間から眠くなりやすくなり、夕食後に眠りにつき、早朝に目覚めやすくなります。そのほか、睡眠時無呼吸症候群、薬剤の副作用、不安、うつ状態などからも不眠をきたします。老化による不眠に対しては、昼間の活動量を増やすこと、昼寝を少なくすること、就床時刻を遅らせることなどが有効です。

> 1時間ぐらいはゴロゴロしないと眠れないとか、朝も1〜2時間早く目覚めてしまっても、昼間元気に過ごせれば、心配はいりません。

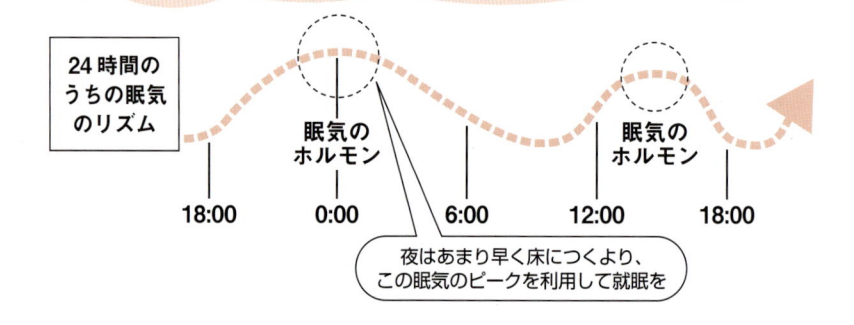

24時間のうちの眠気のリズム

18:00 — 眠気のホルモン 0:00 — 6:00 — 12:00 眠気のホルモン — 18:00

夜はあまり早く床につくより、この眠気のピークを利用して就眠を

[物忘れ外来やドック]
　たんなる年齢による物忘れか、認知症などの始まりか、その他の病気による脳の障害かなどを調べる専門外来やドックが増え、〈MMSE〉という専門の「認知機能検査」などを行っています。

[ドライアイや加齢黄斑変性にも注意を！]
　涙が減って目が乾く、ドライアイが増えています。ストレスや画面の見過ぎのほか、空調で乾燥した空気の中にいる時間が長くなっていることも関係しています。また、加齢とともに視野の中心が欠け、ゆがんで見える加齢黄斑変性も増えています。異常を感じたら受診をするとともに、日頃から目のためにルテインなどの抗酸化成分の補給を。

[緑内障と網膜症]
　緑内障とともに失明の原因の1位を争っているのが、糖尿病による網膜症です。糖尿病の人は治療を怠らず、同時に生活習慣の改善を。

[白内障手術]
　白内障に対しては、社会生活の必要性に応じて手術が行われます。20分程度の安全な手術です。

[入眠剤]
　長期に不眠が続くときには、眠るための薬も有用ですが、高齢者の場合はまずはしっかり昼間の活動量を増やしてみましょう。しかし、入眠剤が嫌だからと、寝酒は禁物です。

③死因になっている代表的な疾病

【図2】主な死因別死亡数の割合

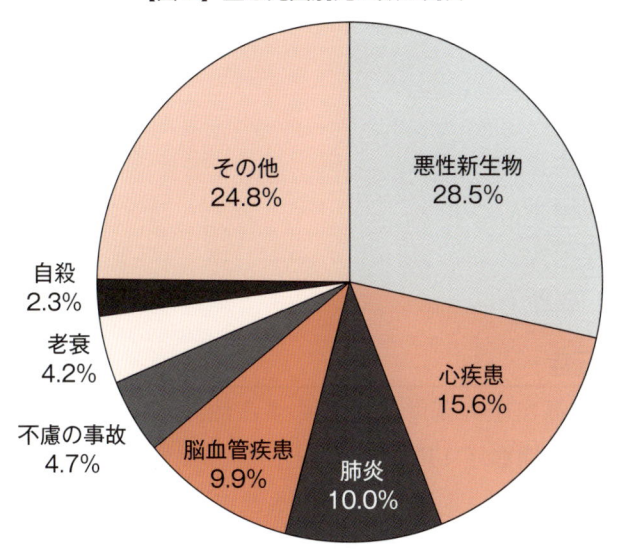

- その他 24.8%
- 悪性新生物 28.5%
- 自殺 2.3%
- 老衰 4.2%
- 不慮の事故 4.7%
- 脳血管疾患 9.9%
- 肺炎 10.0%
- 心疾患 15.6%

出典：厚生労働省『人口動態統計』平成23年

1）悪性新生物（がん）

高齢期の死因の約3割をがんが占めています。男女ともに増加傾向を示しているのが肺がんで、男性の部位別の1位、2位は、「肺がん」「胃がん」と続きます。女性は1位「大腸がん」、2位「肺がん」です。高齢者の胃がんは隆起型の早期がんが多く、ピロリ菌が関与していると思われます。また肝臓がんの約8割はC型肝炎ウイルスの感染によります。

2）心疾患

心疾患による死亡者数は総死亡者数の約16%を占めています。動脈硬化、高血圧、不整脈などにより生じる心不全が多くなっています。心房細動や洞不全症候群などの治療が必要な不整脈も加齢とともに増加します。高血圧、喫煙、高コレステロール血症が心筋梗塞や狭心症などの虚血性心疾患の三大危険因子です。

3）脳血管疾患（脳卒中）

脳血管疾患の年齢調整死亡率は1965年頃をピークに減少傾向とはいえ、いまだ総死亡者数の約10%を占めています。しかも脳血管疾患は、寝たきりの原因の約3分の1を占め、また脳血管性認知症の原因にもなります。

[ピロリ菌]
日本人の40歳以上の約70％には、ピロリ菌の持続感染が見られます。

[脳卒中の危険因子]
男性、高齢、収縮期血圧高値、糖尿病、心房細動などの不整脈、喫煙、飲酒過多、高コレステロール血症に加え、低コレステロール血症も危険因子となります。

④受診率が高い基礎疾患とその対策

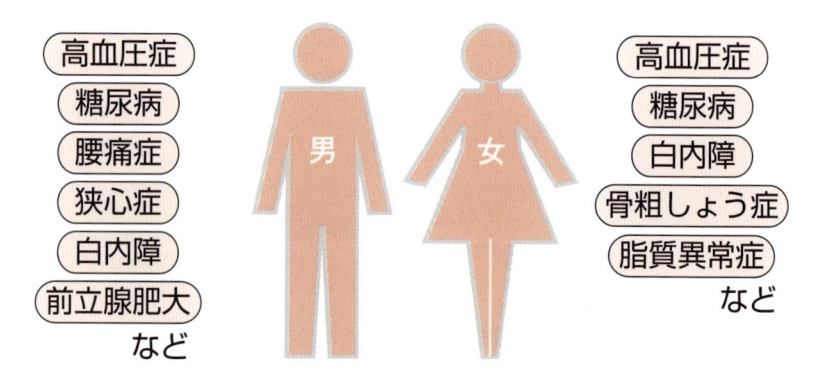

男: 高血圧症／糖尿病／腰痛症／狭心症／白内障／前立腺肥大　など

女: 高血圧症／糖尿病／白内障／骨粗しょう症／脂質異常症　など

1）高血圧症

　世界的に高血圧の基準値を低くする傾向があります。日本高血圧学会は収縮期血圧140mmHg以上、拡張期血圧90mmHg以上を高血圧としています。しかし、この基準では、70歳以上では、男性68.9％、女性64.9％が高血圧ということになってしまいます。

　これに対し、日本人間ドック学会は、収縮期血圧160mmHg以上、あるいは拡張期血圧100mmHg以上を異常としています。これは、高齢者では160mmHg未満／100mmHg未満にまで血圧を下げることに、メリットがあると実証した研究がないことに基づいています。

　高齢になると血管の弾力性が失われ、収縮期血圧は高く、拡張期血圧の低い170mmHg／70mmHgといった血圧が一般的です。こういう血圧も降圧剤の投与で下げ過ぎてしまうと、臓器の血流が低下する恐れもあり、血圧の管理は慎重に行うことが大切です。

　また、もともと血圧が高かったのに低下してきたような場合、心機能が弱ってきている場合もあるので注意が大切です。

【対策】

　高齢者の転倒や脳・心臓発作による事故も、血圧が上昇したときだけでなく低下したときに起こることもあります。降圧剤の過剰投与や極端な減塩は禁物といえます。

　たとえ高血圧のある高齢者であっても、バランスのよい食事と適度な運動をアドバイスして、経過を見てから薬物治療を考えても、遅過ぎることはありません。

2）脂質異常症

　30年くらい前まで、欧米では血中コレステロール値は低いほどよいと考えられていました。しかし、血中のコレステロール値が低

[基準値の目安]

以下に挙げる検査結果から見る基準値は、日本人間ドック学会による数値です。体内の血流や薬物などの代謝力も変化してきている高齢者の場合、中年以降の世代と同じ基準で薬物治療などを続けると、薬物の過剰投与になる場合もあるため、特定健診などの一般的健診で用いられている数字とは異なる基準値で疾病対策を考えています。

血圧

●収縮期血圧（単位：mmHg）

基準範囲	要注意	異常
129以下	130〜159	160以上

●拡張期血圧（単位：mmHg）

基準範囲	要注意	異常
84以下	85〜99	100以上

脂質系検査

●総コレステロール

異常	基準範囲	要注意	異常
139以下	140〜199	200〜259	260以上

160以下は低栄養のサインです！

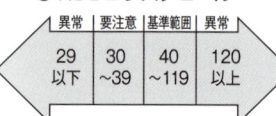

●HDLコレステロール

異常	要注意	基準範囲	異常
29以下	30〜39	40〜119	120以上

●LDLコレステロール

要注意	基準範囲	要注意	異常
59以下	60〜119	120〜179	180以上

●中性脂肪（トリグリセライド）

要注意	基準範囲	要注意	異常
29以下	30〜149	150〜399	400以上

（単位はすべてmg/dℓ）

いと、がん、感染症、脳出血、自殺などが増加し、総死亡率は高くなることが分かってきました。特に高齢者では、血中のコレステロール値が高くとも、心臓病のリスクにはあまりならないことも分かってきました。逆に、血中総コレステロール値が160mg／dℓ以下になると低栄養のサインで、死亡率も、認知症や寝たきりのリスクも高まります。コレステロール値は、高いことより、低過ぎることに対する警戒が必要です。

また、LDLコレステロールを悪玉コレステロールと呼び、低いほどよいとする風潮も見られますが、日本動脈硬化学会の140mg／dℓ以上を異常とする基準は、少なくとも高齢者には当てはまりません。日本人間ドック学会は180mg／dℓ以上を異常としています。

ともあれ、最近の我が国の大規模研究※によれば、LDLコレステロールの低い群ほど総死亡率が上昇しているという結果が出ています。総コレステロール同様、高齢になれば、LDLコレステロールも低過ぎることを警戒したほうがよいようです。同様に、HDLコレステロールは善玉コレステロールと呼ばれ、多いほどよいように受け取られていますが、日本人間ドック学会では、善玉も多過ぎれば注意が必要としています。

さらに、中性脂肪も、高齢になると低過ぎることのほうが心配です。日本動脈硬化学会の基準値150mg／dℓ以上を異常とすると、中高年の男性の半数が異常となってしまいますが、日本人間ドック学会の基準値では、400mg／dℓ以上が異常となっています。

【対策】

コレステロールを気にするあまり油脂類を減らし過ぎることや、食事量を減らして低栄養になることがありますが、それが低コレステロール血症のもとです。食物繊維が豊富な野菜、海藻、きのこなどもしっかりとりながら肉も魚も主食もすべてバランスよく食べ、よく歩くなどの軽い運動を毎日の習慣に。

3）糖尿病

糖尿病は全身の合併症を引き起こします。遺伝的な影響が大きく、高齢者では、食べ過ぎや運動不足に注意していても、糖尿病性網膜症や糖尿病性腎症などの合併症に悩まされている人も多いので、進行を防いで、合併症を発症しない努力がとにかく大切です。

一方、高齢者に対しては、加齢に伴う糖代謝の遅れを糖尿病と診断し、血糖降下剤の過剰投与により、転倒を起こしたり、死亡原因

[低コレステロールに注意！]

高齢期の総死亡率との関連では、コレステロール値が高いことより、LDLや総コレステロール値が低いほうが危険度が大きいことがわかっています。

※ NIPPON DATA

[糖代謝系検査]

●血糖値(FPG)(単位:mg/dℓ)

基準範囲	要注意	異常
99以下	100〜125	126以上

●HbA1c(NGSP)(単位:％)
(ヘモグロビン・エー・ワン・シー)

基準範囲	要注意	異常
5.5以下	5.6〜6.4	6.5以上

[糖尿病の三大合併症]

●糖尿病性網膜症
　年間約3,000人が糖尿病による網膜症で視覚障害に（平成17年厚生労働省調べ）
●糖尿病性腎症
　年間約1万6,000人が糖尿病が原因で人工透析に（平成21年日本透析医学会調べ）
●末梢神経障害
　糖尿病から足先が壊疽になり、年間3,000人以上が足を切断（平成20年日本糖尿病対策推進室調べ）

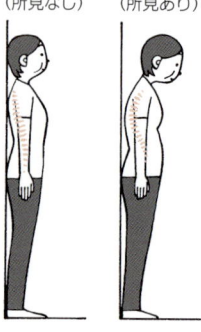

になったりしている例も報告されています。血糖は低過ぎても、腎機能障害や認知力の低下を招きます。注意深いケアが大切です。
【対策】
　高齢者でも糖尿病の治療は食事療法が最も大切です。必要に応じて、薬物やインシュリンを用います。不適切な治療による低血糖は生活機能や認知能力の低下を招き、死亡のリスクを高めます。

4) 骨・運動器疾患

　高齢者で最も高い自覚症状の訴えが筋骨格系の痛みです。その原因は、男性は変形性関節症や関節リウマチなどが多く、女性は骨粗しょう症が多く見られます。骨折は寝たきりの大きな原因になり、脊椎椎体、大腿骨近位部、肋骨の骨折が多く見られます。中でも最も頻度の高いのが脊椎椎体骨折で、70歳代の4人に1人、80歳代の2人に1人に発生。大腿骨頸部/転子部骨折診療ガイドラインでは2010年の大腿骨頸部/転子部骨折患者は約17万人と推計されており、その9割は転倒が原因です。
【対策】
　運動機能の低下、身体疾患、薬剤などの内的要因のほか、段差や履物、滑りやすい床などの外的要因が転倒の原因になっています。本書第9章（208～211頁）に挙げた転倒予防を参考に、日頃から家の中の危険を減らし、身体的にも転倒しにくい筋肉や骨の状態を保つことを心掛けましょう。

5) 腎・泌尿器疾患

　高齢者には、腎硬化症、糖尿病性腎症、閉塞性腎症などによる腎不全も少なくありません。泌尿器系疾患で最も多いのが、男性の頻尿の主原因である前立腺肥大症で、60代以上の男性の50％以上に組織学的な前立腺肥大症が見られます。[※1]
　更に前立腺がんはアメリカではがんによる男性の死因の第2位で、我が国でも増えています。また、女性に多いのが尿失禁で、60歳以上の女性のうち約400万人が該当するといわれています。
【対策】
　腎臓や前立腺の病気で気を付けなければいけないのは、仕事と休養のアンバランスや食生活の偏りです。食事では塩分を控え、水分と緑黄色野菜、きのこ、海藻、果物などを十分にとりましょう。睡眠と休養も十分に。尿失禁の予防や改善には213頁の体操を。

⑤感染症の予防と対策

年齢とともに免疫力が低下しているだけでなく、糖尿病や腎臓・肝臓の病気などの持病から、更に抵抗力がなくなっている人もいます。しかも高齢になると、感染しても発熱やせき、腹痛などの症状が出にくく、気付かないうちに重症化しやすいので、感染症には細心の注意が必要です。特に高齢者にとって肺炎やインフルエンザなどは、直接死因となる病気で、80歳以上の死因の3位が肺炎です。このほか、尿路感染症も多く、男性の10％、女性の20％程度に無症候性細菌尿が見られます。

【対策】

右に挙げた感染症予防の3原則をしっかりと心掛けましょう。また予防のためのワクチンとして、毎年のインフルエンザワクチンのほか、肺炎には肺炎球菌ワクチンが有効。小さい子どもと同様に水ぼうそうのワクチンをもう一度打っておくと、帯状疱疹の予防に有効といわれています。また感染症を重症化させないために日頃からよく様子を観察し、小さな変化でも早期に気付いて受診することです。

⑥その他の高齢期に多い疾患とその対策

膠原性リウマチや甲状腺機能低下症、パーキンソン病など、高齢期に多い病気はまだまだあります。それぞれの病気によって症状の特徴や経過が医学的には解明されていても、疲労感やむくみ、動作の緩慢、筋肉や関節の痛みなどの症状は、年のせいとか、認知症、うつ病などとも間違えられやすいので、見逃さないようにしなければなりません。

医原病（いげん病）

病を癒すはずの医療が障害や病的状態を引き起こすことの総称を医原病といいます。65歳以上の医原病には、手術の合併症や医療過誤、転倒などが多く、医療過誤の中でも薬量過多が最多といわれています。一人で複数の病気を抱えやすい高齢者にとっては、薬の種類や量が多くなりがちですが、6剤以上の投与には注意が必要です。適剤適量を心掛け、極力5剤までにとどめることが望ましいとされています。自らの養生や体力増強より、すぐに医療に頼る傾向も原因の一つです。

[その他の感染症]
ノロウイルス感染症や、疥癬、結核、ヘルペスにも注意を。

[感染症予防の3原則]
1. 手洗い＆うがい
2. 栄養バランス、運動、睡眠、皮膚の保湿と清潔
3. 口腔ケアとかむ力の保持

[老年症候群と医原病の例]

ひざが痛くて歩くのがおっくうになり、家から出ないので食事も簡素になって低栄養に。

↓

軽い脳梗塞も起き、歩きにくく、不安と運動不足から不眠に。入眠剤を服用。

↓

薬の副作用で脱力感やふらつきが生じ、便通も悪くなってきたので便秘薬も。

↓

長時間ベッドに座って過ごす生活から骨粗しょう症の進行とともに椎体の圧迫骨折になり、痛み止めを服用。

↓

薬ばかり増えて体力は低下。徐々に体の機能が衰え、寝たきりになり、嚥下性肺炎で重篤に。こんな悪循環にご用心を！

[自分の体を自分で守り、医原病を防ぐには]

- 適切な医療機関、かかりつけ医の選択
- 不要な検査や治療の防止
- 適正な薬剤使用
- 治療内容と副作用の理解

第2章　知っておきたい「生・活」知識　＜体の健康編＞

4 体の健康チェックと病気の早期発見

> **学習のポイント**
> 体は異常が生じていれば、さまざまなサインを送ってきます。それらのサインを見逃さず、早め早めに対策をとることが健康維持の基本です。

　視覚、聴覚、味覚と嗅覚、皮膚感覚などの五感の働き。呼吸器や消化器などの内臓、骨・関節・筋肉などの運動器の働き。そして脳・神経系の働き。それぞれの働きがすべて調和して、私たちは心身の若さと健康を保っています。日々の健康チェックを！

①目の健康チェック
　視覚で生じやすい変化は老眼です。近くの物が今までより見えにくくなり、目の疲れや肩こりが起こりやすくなるので、身近に作業用の老眼鏡を用意しましょう。また、水晶体（眼のレンズ）の濁りや黄色化により明瞭な視力が得られなくなるのが白内障です。
　右のような症状に気付いた場合には早めに眼科で精密検査を受ける必要があります。

②耳・鼻の健康チェック
　加齢性の難聴は徐々に進むため、本人が自覚できないこともあります。右のような症状があれば、聴力検査により精査する必要があります。125Hzから8,000Hzまで7種類の周波数で聴力を検査しますが、加齢性難聴では特に4,000Hz以上の高音域の聴力低下が著しくなります。耳垢も聴力低下の原因となるので、耳垢の掃除も大切です。
　ほとんどの症状は補聴器によりかなり改善されますが、不適切な装着法や電池の消耗がないかなど補聴器の定期的なチェックも必要です。
　嗅覚は順応しやすいので、室内の換気を頻回に行い、においが充満しないように注意を。
　また、加齢により古くなった食品や腐った食品のにおいも分かりにくくなるため、食中毒のリスクが高くなります。

目の健康チェック
- ☐ 活字に目を近付けていったときに輪郭がぼやける
- ☐ 色がぼやける
- ☐ 眩しいところや暗いところで見えにくくなる
- ☐ 目がかすむ
- ☐ 視野が狭くなる
- ☐ 光源の周りに虹が見える
- ☐ 物が二重に見える
- ☐ 物がゆがんで見える
- ☐ 瞳が白くまたは灰色に濁る
- ☐ 視野の中心が暗く見える
- ☐ 白目が黄色い
- ☐ 白目が充血している
- ☐ 目やにが出る
- ☐ まぶたがむくむ

耳・鼻の健康チェック
- ☐ 高音が聞き取りづらい
- ☐ はっきりと大きな声でないと聞き取りにくい
- ☐ 聞き直しや、耳に手を当てて聞こうとする
- ☐ においを感じにくくなった
- ☐ 鼻が乾く
- ☐ 耳だれがある

60

口腔の健康チェック

- [ ] 塩辛いものや甘いものを食べたがる
- [ ] 口が乾燥している
- [ ] 歯肉が腫れている
- [ ] 歯の付け根が黒ずんでいる
- [ ] 唾液が出にくい
- [ ] 義歯が当たって傷つきやすい
- [ ] 舌や歯肉に白斑ができる
- [ ] 白い舌苔（ぜったい）などが付いている
- [ ] 口が臭い
- [ ] 熱いもの、冷たいものがしみる

③口腔の健康チェック

口腔のケアは、摂食・嚥下機能の強化、誤嚥性肺炎の予防、発声・呼吸機能の強化など高齢期の健康を保つ上で欠かせないものです。

歯が欠落したままにしていると咀嚼能力が低下し、摂取食品にも偏りが生じるので早急に義歯などで補う必要があります。歯や義歯の汚れ、舌苔の有無、口臭の有無などを日常的にチェックしましょう。

また、味覚が低下すると味付けの加減が分かりにくくなり、味の濃いものを好みます。味覚の低下は義歯や口腔内の乾燥、喫煙、薬剤、亜鉛不足などにより生じることがあるので生活習慣にも注意しましょう。

嚥下機能のチェックテスト
反復唾液嚥下テスト（RSST）を行います。これは、触診などで嚥下時の喉頭挙上を確認しながら30秒間で可能な空嚥下の回数を診査するものです。3回以上できれば正常です。

血液の健康チェック

- [ ] 皮膚や粘膜が蒼白になる
- [ ] 動悸や息切れがある
- [ ] 舌がテカテカになる
- [ ] 歯ぐきや鼻からの出血がある
- [ ] 皮下出血がある

④血液の健康チェック

貧血では、皮膚や粘膜が蒼白となったり、動悸や息切れなどが起こったりします。軽い貧血では症状が見られないことが多いため、定期健診で貧血検査を受ける必要があります。

歯ぐきや鼻からの出血、皮下出血などは血小板や凝固系の異常が原因となっていることが考えられるので受診を。

皮膚の健康チェック

- [ ] 皮膚が乾燥している
- [ ] 皮下出血がある
- [ ] 色が変わったり、腫れたりしている
- [ ] 水疱（すいほう）や紅斑がある
- [ ] 爪が割れる、水虫がある
- [ ] かゆみ・痛みがある
- [ ] むくみがある

⑤皮膚の健康チェック

皮膚の変化については、自覚症状だけでなく、入浴の際などに直接あるいは鏡に映して見てチェックします。片側だけの神経痛や発疹は帯状疱疹のことがあります。要介護高齢者については着替えや清拭の際などに全身をチェックしましょう。

⑥運動器（骨・関節・筋肉）の健康チェック

運動機能は、高齢期の健康の指標である生活機能に大きく影響します。自覚症状のほかに、歩くときの姿勢や歩幅、歩行速度、左右の対称性などをチェックします。また、普段から自分の関節がどこまで動くのかをチェックしておきましょう。関節が動く範囲のことを関節可動域（ROM）といいます。

バランス能力のテスト
つかまれる物のそばで、両手を腰に当て、片足を床から5cm程上げ、立っていられる時間を測ります。10秒以上立つことができれば大丈夫です。

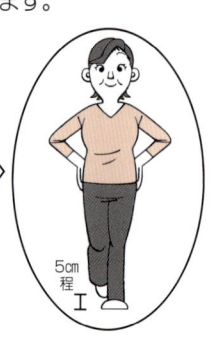

⑦ロコモティブシンドロームのチェック

運動機能障害により自立度が低下し、要支援あるいは要介護になる危険がある状態をロコモティブシンドローム（ロコモ）といいます。
右記の項目のうち一つでも該当すればロコモティブシンドロームの可能性があります。207、210頁などの体操を日常に取り入れてみましょう。また、右記の症状が急に生じたり、痛みを伴ったりする場合などは医療機関を受診してください。

⑧呼吸器の健康チェック

呼吸器の症状では、せきと痰が最もよく見られます。意識的にせきや痰が出せるかどうかも大切です。痰が続く場合は原因について精査が必要です。胸部X線撮影や喀痰中の微生物の検査・細胞診などが行われます。また、バイタルサインとしての呼吸数や、皮膚や粘膜が青紫色となるチアノーゼの有無の確認も欠かせません。肺活量や1秒量検査を受け、加齢に伴い低下しやすい呼吸器の機能も調べてもらいましょう。筋力が低下すると、呼吸機能も低下しやすいので注意しましょう。

⑨循環器の健康チェック

右記のチェックテストを行い自覚症状があれば、臨床検査を必要に応じて受けてください。

運動器（骨・関節・筋肉）の健康チェック

- ☐ 骨や筋肉、関節に痛みや腫れがある
- ☐ ふるえ（振戦）がある
- ☐ つま先歩き、かかと歩きができない
- ☐ 直線上を歩くことができない
- ☐ 正座やあぐらができない
- ☐ 大腿前面を胸に付けることができない
- ☐ 両手を伸ばしたまま横から上まで上げることができない
- ☐ 瓶や飲み物のふたを開け閉めできない
- ☐ 雑巾やタオルをきつく絞ることができない
- ☐ 立ったりしゃがんだりできない

ロコモティブシンドロームのチェック

- ☐ 片足立ちで靴下がはけない
- ☐ 家の中でつまずいたり滑ったりする
- ☐ 階段を上るのに手すりが必要
- ☐ 横断歩道を青信号で渡りきれない
- ☐ 15分くらい続けて歩けない

呼吸器の健康チェック

- ☐ せきや痰が出る
- ☐ 喉に痛みがある
- ☐ 息切れがする
- ☐ 胸痛がある
- ☐ 誤嚥やむせなどの症状がある

循環器の健康チェック

- ☐ 胸や背中に痛みや圧迫感がある
- ☐ 息切れ・息苦しさがある
- ☐ 動悸がある
- ☐ 脈が速い、または脈が遅い
- ☐ めまいがある
- ☐ 失神することがある
- ☐ 足が腫れる・むくむ
- ☐ 歩くと足がだるくなる・痛くなる
- ☐ 顔面蒼白
- ☐ 四肢冷感

脳・神経機能の健康チェック

- [ ] 今日の日付が思い出せない
- [ ] よく通る道で迷う
- [ ] 外出しなくなった
- [ ] 家事を段取り立てて行うことができなくなった
- [ ] 使い慣れた用具が使えなくなった
- [ ] 簡単な計算を間違える
- [ ] 火の消し忘れが目立つ
- [ ] 知っている人や物の名前が出てこない
- [ ] 情緒が不安定になる
- [ ] 同じことを何度も尋ねたり話したりする
- [ ] しびれがある
- [ ] 立ったり歩いたりするとふらつく

消化器の健康チェック

- [ ] 飲み込みにくい
- [ ] むせる
- [ ] 喉が詰まった感じがする
- [ ] 半年前に比べて固いものが食べにくくなった
- [ ] 便が細くなった
- [ ] 口の渇きが気になる
- [ ] 便が硬い、排便が困難
- [ ] 減量していないのに、体重が減ってきた
- [ ] 下痢をする

泌尿器系の健康チェック

- [ ] 突然の激しい痛みが生じる
- [ ] 重苦しい痛み・鈍い痛みがある
- [ ] 1日8回以上の排尿がある
- [ ] 尿がもれる・間に合わない
- [ ] 尿が出にくい

2章

⑩脳・神経機能の健康チェック

高齢期には長期記憶は保たれていても短期記憶の能力は徐々に低下していきますが、訓練で改善されることもわかっています。記憶は、うつなどの精神状態や脱水、薬の副作用、低血糖、貧血、甲状腺機能低下などさまざまな要因によって影響を受けます。記憶に関する自覚症状は、実際の能力より低く評価していることが多いことが知られており、何らかの自覚症状がある場合は認知機能検査を受けることが勧められます。

⑪消化器の健康チェック

消化器の健康を保つには、まず消化の入り口である歯の欠落を補うことが大切です。また、左のチェックの中で嚥下に関する項目に該当するようなときは、61頁に示した嚥下機能のチェックテストを行ってみる必要があります。食欲不振や胃もたれなども消化器の機能低下サインですが、低栄養の原因にもなるので注意を。食欲不振は消化器疾患だけでなく、認知症やうつ病、肺炎や心不全などからも生じやすいので、きちんと食べられているかどうかはとても大切な健康チェックのものさしです。便の状態も重要なサイン。排便困難は大腸の腫瘍や薬の副作用が原因のこともあります。

さらに、体重減少は栄養状態悪化の指標であり、特に意図しない体重減少には、がんなどさまざまな病気や味覚障害、歯の問題まで多くの要因が考えられますから、胸部X線、便潜血、胃や腸の内視鏡検査、甲状腺機能検査、血糖検査などで原因を追求する必要があります。

⑫泌尿器系の健康チェック

泌尿器系の疾患として、男性に多いのは前立腺肥大症です。1日8回以上の排尿となる頻尿などが見られ、また排尿困難や尿閉も見られます。

女性に多いのは、せきやくしゃみ、大笑い、運動などの際に見られる尿失禁。骨盤底筋が弱くなったり、エストロゲンの減少により尿道粘膜が萎縮したり柔軟性が低下したりするために引き起こされる腹圧性尿失禁です。213頁の体操で日頃から意識して肛門を引き締め、骨盤底筋を鍛えてもれを防ぐ訓練が大切です。

第2章　要点整理

- 老化には、生理的老化と病的老化がある。

- 「老年症候群」とは、加齢によって自立を妨げ、要介護状態に導いてしまう身体的・精神的諸症状や疾患の総称である。

- 介護予防やリハビリテーションは、老年症候群の予防でもあり、いくつになっても自立した生活を保つためのものである。

- 高齢者のほぼ2人に1人が何らかの自覚症状をもっており、特に腰痛などの筋骨格系の痛みが多い。

- 高齢期の疾病は、中年期以降から引きずっている生活習慣病と、生活機能を低下させるもととなる老年症候群が主に問題になってくる。

- 高齢期の疾病の特徴として、個人差が大きいこと、複数の疾病を有することが多いこと、典型的な症状が出にくいこと、合併症を引き起こしやすいこと、精神症状が見られやすいことなどが挙げられる。

- 認知の異常や目のかすみ、視野の異常を感じたら、早めの受診が大切。

- 高齢者の血圧は降圧剤で無理に下げず、慎重に血圧管理を行う必要がある。

- 高齢期になったら、コレステロール値は高いことより、低過ぎることに対する警戒が必要である。

- 糖尿病の合併症の主なものには、網膜症、腎症、末梢神経障害の3つがある。

- 骨・運動器疾患の中でも最も多い脊椎椎体骨折は、70歳代の4人に1人、80歳代の2人に1人発生する。

- 高齢期には、男性では前立腺肥大による頻尿や排尿障害、女性では腹圧性尿失禁が起きやすくなる。

- 老化により、身体の水分の割合の減少、深い眠りの減少、高音域の聴力低下、水晶体の混濁による白内障、水晶体を厚くする働きの低下による老眼、細胞性免疫機能の低下などが生じやすくなる。

- 老年症候群の進行により、病気の種類や薬が増え、医原病の悪循環に陥らないように注意しなければならない。

- 運動機能が低下すると骨や関節の痛みが出てくるばかりでなく、自立度が低下し、介護の必要性が高まるロコモティブシンドロームを招く。

第3章

知っておきたい「生・活(いきいき)」知識
心の健康編

1 高齢期の心理
2 高齢期の認知と記憶
3 高齢期の感覚・知覚と知能
4 高齢期の心の病
5 心の健康チェックと心の病の早期発見

第3章 知っておきたい「生・活」知識 ＜心の健康編＞

1 高齢期の心理

学習のポイント
高齢者に対してステレオタイプなイメージを抱いていませんか。「老い」が高齢者に与える影響について理解し、正しい知識を身につけましょう。

①生涯発達とエイジング

　人の加齢に伴う発達的変化を研究する心理学を発達心理学といいます。従来は、成長が著しい、いわゆる乳児期から児童期を「発達」の対象としてとらえることが発達心理学の主流でした。しかし、現在では、人は生涯を通じて変化・発達するものととらえる「生涯発達心理学」が、発達心理学の基本になっています。
　この「生涯発達心理学」を最初に提唱したのが、ポール・バルテスです。彼は、『成長と老化は同時に生じており、発達とはその両者を含む概念である』と定義しました。また、児童・青年の心理特性は、成人期や老年期の心理特性との比較によって、その独自性が明らかになるのであり、青年期以前に関する心理の追究に当たっても、全生涯とのかかわりを前提として成立することを強調しています。
　このように、「受胎から死」までを対象とする生涯発達心理学が徐々に心理学の中で受け入れられるようになって以来、少なくとも心理学では、老いも人間発達の一側面と考えます。これを理解することが、心理学から老いを知る大前提です。

②年齢アイデンティティ

　私たちは、いつから「高齢者になる」のでしょうか。「65歳」からを高齢者とすることが多いのですが、実際に65歳の人が自分を高齢者と感じているでしょうか。自分で感じる年齢感覚のことを主観年齢（subjective age）と呼びますが、実際の年齢（暦年齢）と主観年齢はズレが生じることが知られています【図1】。男女で多少の違いはあるものの、10代後半から20代前半くらいまでは自己高年視（自分の年齢を実際より高くとらえる）傾向があり、それ以

[ポール・バルテス]
1970年代から2000年代にかけて、独自の生涯発達心理学を提唱してきた心理学者。ドイツに生まれ、20代後半〜40代をアメリカで過ごし、1980年にドイツのマックス・プランク人間発達研究所の研究員、その後所長。2006年没。

[エイジング]
一般的に「老化」の意味で使われることが多く、人の一生の後半を指していうもの。その前半は、「成長」になりますが、英語そのままでいえば、年（age）を重ねることをいい、「加齢」となります。加齢は生まれてからすぐに始まっているものとしても考えられ、幼児のときからエイジングは始まっているともいえます。

降自己若年視（実際より若くとらえる）傾向に転じる現象が見られます。その後は30代で2〜4歳ほど暦年齢よりも若いと感じており、40代では5歳、50〜60代では6歳、70〜80代では6〜7歳も若いと感じているとされます。これが各年代の年齢アイデンティティです。

　一般に、老いの指標として、暦年齢が用いられることが多いのですが、実際の年齢が必ずしもその人が感じている老いの指標とはならないことが分かります。しかし、自分が感じている年齢感覚が、実際の年齢と一致していないことは極めて普通のことなのです。そのため、高齢だからという理由だけで他者の行動を推測したり、理解したりすることはとても危険であるとさえいえます。

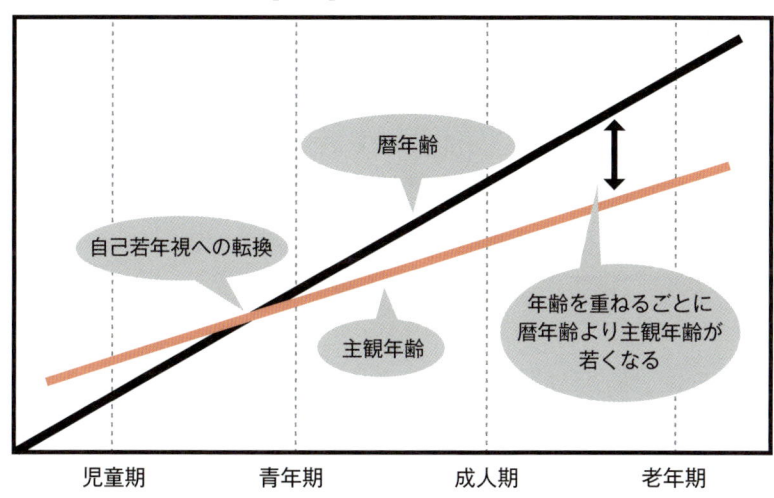

【図1】主観年齢の変化

- 自己若年視への転換
- 暦年齢
- 主観年齢
- 年齢を重ねるごとに暦年齢より主観年齢が若くなる

児童期　青年期　成人期　老年期

資料：佐藤眞一『地域リハビリテーション』4巻 581頁 2009

③賢く生きる―自己の成熟を目指して―

　年とともに、友人や配偶者などの親しい人との死別、定年退職や引退などに伴う社会的役割の喪失という喪失体験を数多く経験します。そのことに加えて、自分自身の肉体的衰え、精神的衰えを感じ、いずれは「自立」ができなくなるという危機に直面します。そのような老年期にどう適応して生きていくか、その重要な要素となるのが、心理的に成熟することです。つまり、成熟したパーソナリティを築いていくことだと考えられます。心理学者のリフは、右に挙げたように成熟したパーソナリティを築くための6つの条件を提示しています。

[**リフ（C.D.Ryff）の6つの条件**]

心理学者リフは、成熟したパーソナリティを形成する下記の6つの条件を提唱。

（1）自己受容
よかったこと、悪かったこと、すべてを含めて人生です。その全部を受け入れることが、老年期という新たな出発になります。

（2）積極的な他者との関係
人を愛する能力、共感性と友好感を持った人格でいることです。

（3）自律性
規範に縛られず、なおかつ自らを律することで、自分自身の考えを日常生活に反映し、行動を決定していくことができます。

（4）環境適応能力
高齢者福祉施設での生活や独り暮らしなど、生活状況が一変する場面に遭遇したときに、いかに適応できるかが幸福感を左右します。

（5）人生における目的
いくつになっても目的を持てる気持ちこそ、人生とは意義深いものであるという感覚に寄与します。

（6）人格的成長
過去の経験や因習に捕らわれることなく、現実の困難に立ち向かい、挑戦していく態度が、成熟したパーソナリティを形成します。

第3章 知っておきたい「生・活」知識 ＜心の健康編＞

2 高齢期の認知と記憶

> **学習のポイント**
> 記憶には加齢による影響を受けるものや、年を重ねることで優れてくるものなどさまざまな種類があります。それぞれの特徴を把握しましょう。

①高齢期の記憶

　高齢期になると、記憶力が悪くなったと感じることが多くなるのではないでしょうか。しかし、記憶には、いくつかの種類があり、それぞれの記憶によっても、加齢による影響は異なります。

　まず、認知症などではない正常な老化過程では、検索の機能に加齢の影響が見られます。これは、例えば、「喉まで出かかっている」という TOT 現象（Tip Of the Tongue）として顕著に現れます。一方、認知症になると、検索機能だけでなく、体験の記憶であるエピソード記憶の働きに障害が出てくることが特徴です。

　記憶には、短期記憶と長期記憶があり、短期記憶とは、一時的に情報を保持しておくための記憶です。一方、長期記憶は、保持期間が長く、ほぼ永続的であり、その容量も無限であるとされています。短期記憶に比べると、長期記憶のほうが加齢の影響が顕著であるといわれています。

　また、私たちの日常の生活では、情報のほとんどは忘却しても差し支えのないものです。しかし、覚えておくことが必要な場合には、忘れないための何らかの仕掛けが必要です。それによって重要な情報が短期記憶から長期記憶に送られ、ほぼ永久に残されることになります。よく用いられるのが、何度も繰り返したり、語呂合わせをしたり、似たもの同士をまとめたりする方法です。このように忘れないで長期記憶として保存するときには、情報を一時的に保持しながら、更に処理をする作動記憶（ワーキングメモリ）が働いていますが、この力が年齢とともに低下しがちになるのは、他の認知機能の低下と連動しているのではないかと考えられています。

　一方で、加齢の影響が少ないとされている記憶には、意味記憶や

［記憶のプロセス］
　人は記憶すべき情報を覚えようとします。これは「記銘（符号化）」と呼ばれます。次に、その覚えたことを「保持（貯蔵）」して忘れずにいる働きが必要です。そして、必要に応じて思い出す、つまり「想起（検索）」して用います。記憶とは、こうした一連のプロセスを指します。

［エピソード記憶］
　過去に起きたイベント（事象）の記憶です。時間や場所、そのときの感情などが含まれます。

［TOT 現象］
　「記憶の中には確かにある（記銘と保持はされている）はずなのに、それが出てこない（想起できない）」という現象のことです。

［マジカルナンバー7］
　記憶能力の多くは電話をかけたり、文章を読んだりするときなどに使用されますが、そのままでは即座に忘れてしまいます。貯蔵されている時間もわずか数10秒からせいぜい数分程度といわれています。短期記憶の容量（一度に覚えられる量）は7個（±2個の個人差あり）であり、この数字は「マジカルナンバー7」として知られています。

手続き記憶などがあります。

さらに現在では、高齢者の記憶に関しては、展望的記憶や回想的記憶（特に自伝的記憶）などについての研究が盛んに行われています。なぜエピソード記憶が担当している比較的近い過去の記憶のほうが薄らいで、遠い過去の記憶のほうはしっかりと覚えているのかなどの研究も行われています。

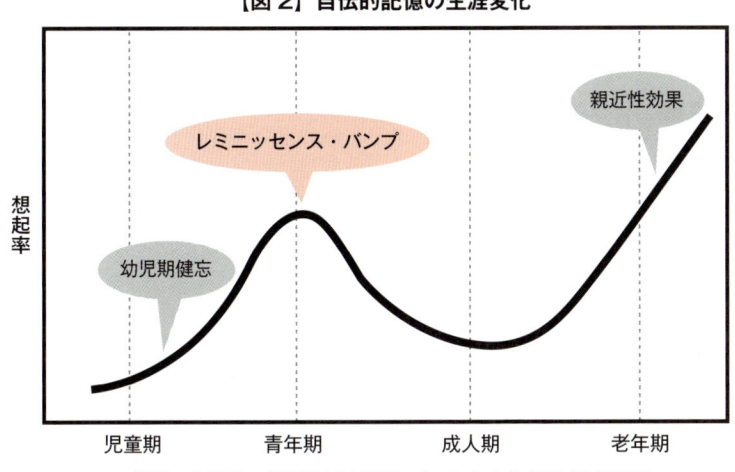

【図2】自伝的記憶の生涯変化

（グラフ：想起率の生涯変化。児童期→青年期（レミニッセンス・バンプ）→成人期→老年期（親近性効果）。幼児期健忘も示される。）

資料：佐藤眞一『地域リハビリテーション』4巻 581頁 2009

記憶は通常、より新しい出来事のほうが想起率が高く（親近性効果）、また20代をピークに若いときの出来事の想起率が高くなります。これをレミニッセンス・バンプといいます。

②高齢期の認知機能

私たちの日常生活はさまざまな刺激にあふれています。しかし、私たちは、すべての刺激に対して注意を向けているわけではなく、必要な情報のみに注意を向け、効率的に記憶をしたり、認知的な活動を行ったりすることができます。例えば、ざわざわした会場の中でも、隣の人と会話をすることができるカクテルパーティー効果と呼ばれる現象がこれに当たります。これは、注意機能と呼ばれる認知機能が関係しています。高齢期になると、この注意機能に加齢の影響が生じることが知られており、何かをやろうとして体を動かしたのに何をしようとしていたのか分からなくなるときがありますが、これも注意機能の低下が関連していると考えられます。

3章

[作動記憶（ワーキングメモリ）]
文章を読みながら理解するといったように、情報を一時的に保持するだけではなく、その処理にもかかわる機能を併せ持っています。

[意味記憶と手続き記憶]
意味記憶は、言葉の意味やものの概念、名前といった知識にかかわる記憶です。手続き記憶には、何らかの技能の学習などが含まれます。

[展望的記憶]
人と会う約束を覚えている、毎食後に薬を忘れずに飲むといった未来のことにかかわる記憶です。この記憶では、高齢者のほうが若年者よりも優れた記憶成績を示したとする研究が多数存在します。

[自伝的記憶]
自伝的記憶は、各個人の生涯にかかわる記憶であるため、その量は膨大であり、主観的であることが特徴です。この記憶に関する研究では、記憶保持時間が短くなるほど想起する頻度が高くなること、記憶保持時間が41～50年（実験参加者が21～30歳の頃のこと）で最も想起される頻度が高くなること（レミニッセンス・バンプ）、そして0～5歳までの記憶がほとんどないこと（幼児期健忘）などが知られています。

[注意機能の種類]
●選択的注意
必要な情報を選択し、注意を向けること。
●注意分割
複数の事柄を同時に並行して行うこと。

第3章 知っておきたい「生・活」知識　＜心の健康編＞

3 高齢期の感覚・知覚と知能

> **学習のポイント**
> 感覚と知覚機能は年とともに低下していくもので、回避することはできません。まず、高齢者がどのような状態であるのかを知ることが大切です。

①高齢期の感覚・知覚

眼、耳などの感覚器から入力される感受性（感覚）とその認識機能（知覚）は、加齢とともに低下します。特に日常生活で気になる視覚、聴覚及び味覚について見てみましょう。

＜視覚＞

視力
視力の変化を見ると、遠視状態にある乳幼児期以降、特に10代から40代半ば頃までは安定していますが、それ以降再び遠視側に移行して「老眼」になります。高齢者の視力低下の原因は、水晶体の混濁と瞳孔径の縮小及び網膜の変形が多数を占めています。

色覚
眼球の水晶体は加齢とともに白濁してくる（白内障）ので、太陽光は黄色みを帯びてきます。

光覚
暗闇への視覚的な慣れを暗順応といいますが、順応できる暗さのレベル（暗順応閾）や順応するまでに要する時間が加齢とともに変化します。加齢に伴う光刺激への反応は、暗闇への順応能力が低下するだけでなく、照明などの明るさを眩しく感じやすくなり、その眩しさから回復する能力も低下します。

視野
網膜機能や視神経の形態的変化、瞳孔の縮小、水晶体の混濁など眼球や神経系の物理的機能低下に伴う視野狭窄のほか、眼窩の落ち込み（眼がくぼむ）や上眼瞼挙筋の筋力低下による眼瞼のたるみ（まぶたが垂れる）によって視野が狭くなり、反応も遅くなります。

[高齢者の視力矯正]

●いつから老眼鏡をかけるべきか？
50代ないし60代以降では、1mを超えないと焦点が合わなくなってきます。そこで30～40cmの手元距離で文字を読むときには、老眼鏡による視力矯正が必要です。

<聴覚>

聴力 聴覚も20代後半以降徐々に低下し、50代以降には急速な衰えが見られます。聴覚の能力は、健康診断などで客観的基準によって測定される純音可聴域値と、日常生活での機能を見る会話了解度によって知ることができます。聴覚機能の変化は高齢になれば誰にでも訪れますが、極度に悪化する場合もあります。難聴者の割合は、70代では3割前後、80歳以上では5割を超えるともいわれています。

<味覚>

味覚 舌の味蕾という味覚細胞の集合体で知覚されます。味覚には、甘・酸・鹹・苦・うまみの5つがあり、この5種類の味覚の加齢変化は少しずつ異なっています。60歳以降急速に鈍麻してきますが、苦みに対する感受性の劣化が最も強く、塩辛さ（鹹）や酸っぱさがそれに続き、最も後まで味覚が残存するのは甘みといわれています。

②高齢期の知能

　従来の研究法（横断法）では、言語性知能（結晶性知能）は比較的維持されるものの、動作性知能（流動性知能）は加齢とともに急激に衰えてしまうとされていました。しかし、新しい研究法（縦断法）では、そのような傾向は認めるものの、知能の低下はそれほど急激ではないことが明らかになりました。加齢に伴う知能の急激な低下の正体は、実は、コホート効果でした。つまり、育った時代によって教育や情報の量が異なることが、影響していたのです。

　もちろん、情報処理スピードなどは、若いほうが速くても、社会的な出来事の意味を深く思考するような能力は経験と知識が必要で、加齢とともに高まります。これが結晶性知能です。

【図3】流動性知能と結晶性知能の生涯発達

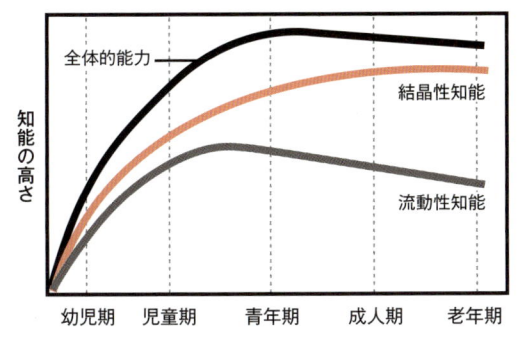

資　料：L.R. Goulet and P.B. Baltes (Eds.) Life-Span Developmental Psychology: Research and Theory. New York: Academic Press.1970

[純音可聴域値]

　純音可聴域では、40代以降にまず周波数の高い高音域の聴力低下が起き始め、60歳以降では高音域の聴力低下が顕著になると同時に中音域も低下し始めますが、低音域はかなり維持されるのが普通です。高齢者は高音より低音のほうが聞き取りやすいのです。

[動作性知能（流動性知能）と言語性知能（結晶性知能）]

　成人の知能の特徴を実証的に示したのが、R.B.キャッテルとその弟子のJ.L.ホーンでした。彼らは知能を、脳の成長とともに発達し、その成長の止まる青年期以降に低下が始まる「流動性知能」と、その後も学習によって発達を続ける「結晶性知能」とに分類しました。結晶性知能は、人生上の危機的な問題に対処する知恵の基礎となる知能、流動性知能とは、新しい環境に適応する知能ともいわれています。
（37頁参照）

[研究法（横断法と縦断法）]

●横断法
　異なる年齢集団を対象として、同一課題を実施し、それぞれの特徴を明らかにして、各年齢間の変化やその基礎にあるメカニズムを明らかにする方法。

●縦断法
　ある個人や同一の対象集団を長期にわたって追跡する方法。

第3章 知っておきたい「生・活(いきいき)」知識 ＜心の健康編＞

4 高齢期の心の病

> **学習のポイント**
> 加齢による変化は高齢者の身体だけではなく、精神にも影響を及ぼします。諸症状について知識を深めて、いざというときに備えましょう。

①認知症

●認知症は病気である

　家族が身内の高齢者の認知症に気付いて、病院に駆け込むときには、すでに中等度程度まで認知症が進んでいることが多いといわれます。ではなぜ、専門家への相談が遅れるのでしょうか？　多くの家族は、「年をとれば誰でもぼけると思っていた」と答えます。一方で高齢者本人は、それなりに生活に適応できているため、家族が騒ぐほどには衰えていないと思い込んでいるようです。

　大きな違いは、認知症は病気であるということです。そして、認知症は年相応の衰えとは異なる加齢過程を通るということです。認知症の症状が進行すると、直前のことすら覚えていません。いくら年をとっても、正常範囲の加齢現象で、そのようなことはあり得ません。

　認知症というのは、脳が広範囲に障害を負うことによって生じる、脳の器質性（脳細胞そのもの）の疾患なのです。加齢とともに増加するとはいえ、認知症になる人は、85歳で28％程度、100歳でも半数程度であり、認知症にならない人のほうが多いのです。

　しかし、本格的な高齢社会となった我が国では、近隣には認知症を患っている高齢者がますます多くなります。これからは地域で認知症高齢者の生活を支え合うことがとても重要であり、人々が偏見のない知識を持つことが、高齢者が暮らしやすいまちづくりにも役立ちます。

●認知症の「認知障害」と「行動・心理症状（BPSD）」

　認知症の症状は、一般的に中核症状である「認知障害」と、それに伴う「行動・心理症状（BPSD）」に分類されます。中核症状とは、

［認知症の定義と種類］

　認知症とは、認知機能が全般的に著しく低下するために、社会生活を送ることが困難になった状態をいいます。原因の約半数がアルツハイマー病、次いで脳血管性認知症とレビー小体病の頻度が高く、これら3種類の原因疾患が8割を占めるといわれます。いずれも今のところ根本的な治療法はないため、慢性化して進行します。

　そのほかにも、脳細胞を広範囲に侵す疾患は認知症を引き起こす可能性がありますが、正常圧水頭症のように早期治療により認知症から回復できるものもありますから、早期の受診が重要です。早期診断によって回復可能かどうかを確認し、そうでない場合は薬物療法や適切なケアによって生活の質（QOL）を高めることが大切です。

認知症と診断された患者に共通して認められる症状のことです。一方、行動・心理症状は、認知症患者によって出現する場合とそうでない場合があるばかりでなく、認知症の進行過程上に現れたり消失したりすることも多く、知覚や思考内容、気分あるいは行動に障害が見られます。

多くの場合、認知症患者の介護を困難にしているのは周辺症状である行動・心理症状です。認知障害（特に記憶障害）の上に、さまざまな個別の心理要因や身体要因、環境要因が重なり、いくつもの行動・心理症状が出現します。例えば、ほかの心身の病気や投与されている薬の影響が出ることもあれば、家族関係や住まいの状態が影響していることもあり、さらにその人の生活歴や性格、感情傾向などが複雑に絡み合って、周辺症状を引き起こしています。

行動・心理症状には、向精神薬による薬物療法が有効な場合もありますが、意欲低下や生活リズムの混乱が生じるなどの副作用の問題があるため、周囲の接し方やケアの仕方を見直して、不安やストレスを減らすことで落ち着くことも多いようです。

3章

[記憶障害]

記憶障害は、最近の出来事を覚えられないエピソード記憶などの近時記憶障害が問題となりますが、認知症の進行とともに深刻さは高まります【表1】。また、他の認知障害としては、失語（言葉が表現出来ない、理解出来ない）、失行（服を着たり食事をしたりなどの簡単な行為が出来ない）、失認（見ているものが何か分からない、色が分からないなど）または実行機能の障害（判断力、計画力などの低下で、買い物や料理などの日常的な行為が出来ない）が生じます。

[行動・心理症状（BPSD）]

認知症患者の神経症状を背景とする行動や心理面に現れる問題を、行動・心理症状（Behavioral and Psychological Symptoms of Dementia：BPSD）と呼ぶようになりました。

妄想、幻覚、興奮・うつ状態、せん妄、性格変化、徘徊、異食・過食、失禁・弄便、睡眠障害などが見られます。

【表1】認知症による記憶障害の進行段階

1　軽度記憶障害
軽度の記憶の欠落が生じるが、本人にとってはあまり問題になりません。
2　中等度記憶障害
記憶障害が顕著になり、日常生活に深刻な影響を及ぼし始めるため、家族や友人によって医療機関に連れてこられます。また本人も介護者を当てにするようになります。親しい人々や友人を忘れ、よく知っている場所でも迷子になり、時間や曜日が混乱し、徐々に日々の出来事を思い出すことが出来なくなります。
3　重度記憶障害
親しい家族も分からなくなったり、作り話や記憶錯誤でますます記憶障害が顕著になったりします。徘徊や火の消し忘れなどもあり、安全を見守る援助が必要です。

資料：Miller & Morris（1993）を改変

②うつ病

うつ病は、生きる欲求が弱まってしまう病気です。「食欲」「睡眠欲」「性欲」と、人とかかわりながら生きていく「集団欲」という、4つの欲求が人間には備わっていますが、うつ病になると、睡眠障害が生じ、食欲もなくなり、異性への関心も消え、人と会ったり話したりする意欲もなくなります。生きるためのすべての欲求が低下してしまうのです。

特に、退職、死別、病気、四肢の衰えなど、ネガティブな出来事に出会うことが多くなる高齢期は、心が孤独になりがちで、日々の楽しみや目標が持てなくなるとうつになりやすく、さまざまな喪失体験から落ち込んでいるだけかと思っていると、うつが始まっていることがありますから、注意が必要です。一時的に2週間ぐらいうつ症状を示しても、その後の数カ月で自然回復することもありますが、悪化や再発を防ぐためにも、落ち込みや下に示したような状態が2週間以上続いている場合には、専門医に相談しましょう。薬のほかに、考え方の癖を修正する認知行動療法といわれる心理療法が有効なこともあります。

［高齢期の心の諸問題］

高齢期は喪失の時代といわれています。心身の健康の喪失、経済的ゆとりの喪失、人間関係の喪失、そして生きる目標の喪失です。若い時に比べて、体の衰えは意欲喪失などに直結してしまいます。

収入の少なくなる老年期には、支出を抑えようとするために心のゆとりも低下しがちです。

退職後は人間関係の幅が縮小し、日常的な会話がほとんどなくなってしまう人さえいます。

これらの喪失をいかに乗り越え、職業や子育てなどから解放された、人生の新たな時期をいかに心豊かに送るかが、高齢社会に生きる私たちの課題といえるでしょう。

しかしながら、自分の力だけでそうした喪失を乗り越えられるとは限りません。近年の高齢者の自殺者数の多さを考えると、医療や福祉の専門家に、支援を求めるのも大切なことです。

うつ症状の3つの特徴

気分・感情の変化

抑うつ気分や悲哀感（訳もなく悲しい気持ち）、罪責感（こんなになってしまってと自分を責める）、不安感（何となく不安）、焦燥感（何とかしなくてはという焦り）、興味の喪失、喜びの喪失（何をやっても楽しくない）などに包まれます。

さらに絶望感や自殺念慮が出現すると自殺の危険が高まりますから、周囲は注意が必要です。

意欲・思考・行動の低下

何もやる気が起きないし、何も出来ない状態に本人も苦しみます。動作も緩慢になり、表情筋の活動が減少するために顔つきも仮面のようになり、判断力も低下して、寡黙になってきます。

このため、認知機能の低下による認知症と混同されやすいのですが、一般的にうつ病の人はつらさを訴えたり、自分を責めたりします。しかし、認知症の人は自分を健康だと思っており、自責の念はありません。

体の訴え

睡眠障害、食欲減退、性欲減退がよく認められる身体症状です。睡眠障害は、早朝に目が覚めてしまう中途覚醒が大半ですが、寝就けない、起きられない（過眠）など人によって違います。

また、検査をしてもどこも悪いところが見つからないのに、動悸や頭痛、腰痛に苦しめられたり、体のあちこちに不調が現れたりしているときはうつの可能性があります。精神症状の前に、体の症状として出てくるうつも少なくありません。

③妄想

妄想とは、訂正不能で確信的な誤った思考内容をいいます。いつも自分ばかりが標的にされていると思い込む被害妄想や、人に嫌われているとか悪く思われているなど関係性を邪推する関係妄想が圧倒的に多いといわれています。不安感が募り、幻覚を生じることもあります。

統合失調症、脳腫瘍、認知症などによるほか、他の精神障害とは関係なく妄想のみが持続的に現れることもあります。背景にある何らかの不安によって妄想が増強されることが多いため、不安を減らし、対人交流の促進によって解消に努めることが大切です。

高齢期に多い妄想

慢性的な妄想
70歳以上の女性によく見られ、そのうち約40％は難聴で、未婚や独居などの感情的な問題を抱える人に多く見られます。

独り暮らしによる妄想
交流の少ない独居女性高齢者に多い妄想で、被害妄想や物盗られ妄想、あるいは「誰かが家に侵入した」などと訴えます。しかし、施設に入所して対人交流が再開すると消失するため、勝ち気な反面、心配性な感情の不均衡が社会的孤立によって顕在化したと理解できます。

皮膚感覚や体感による妄想
皮膚寄生虫妄想（ダニなどが皮膚に寄生している）や、慢性体感幻覚症（口腔内などの体感異常）、またアルコール依存症に見られる妄想などがあります。

そのほかにも、せん妄（軽度の意識混濁によって注意の集中困難や失見当識や記憶障害が生じ、幻覚や興奮を伴う状態）、適応障害（過度の対人的ストレスなどによって引き起こされる苦悩や情緒障害などの神経症）、アルコール依存とそれに伴う孤独死など種々の問題が存在します。

こんな初期サインに注意を！

以下のような変化に気がついたら、心の健康に気をつけてあげましょう。

【表情が乏しくなった】
微笑まない、泣かない、怒らない。そんなときは、うつ病や軽い意識障害が疑われます。

【動きが減った】
体に問題がなければ、うつ病で意欲が低下していることが考えられます。

【独り言を言う】
誰かに向かって会話しているようなら、認知症などで幻聴が聞こえている可能性があります。

【だらしなくなった】
着替えや化粧の意欲がないときはうつ病が、仕方がわからないようなら、認知症が疑われます。

死と死別

①死と死ぬこと、そして「あなたの死」

　死（death）を考えることと、死ぬこと（dying）を考えることは異なります。

　ウラジミール・ジャンケレヴィッチ（フランスの哲学者）によれば、第三人称の死であるdeathは、葬送や墓などの社会現象や文化現象、あるいは人口統計学上の数値、医学や老年学における問題であって、死の主体は代替可能です。

　一方、第一人称の死であるdyingは、代替不能な「私」の死であり、死後の問題を含まず、「自分は死ぬだろう」という未来形しか持たない死です。第一人称の死は、本人の死生観が重要な役割を果たします。自分の死をどのようにとらえ、どう対処するか、そしてそのことを他者にいかに伝えるか。本人次第です。

　更に第二人称の死は、家族や恋人、親友など、掛け替えのない「あなたの死」です。第二人称の死に出会う「私」には、「あなた」をどのようにケアするかという責務と、掛け替えのない「あなた」を失う悲哀にどう立ち向かうかという、切実な人生の課題が現れます。第二人称の死とどう立ち向かったかという経験が、第一人称の死、すなわち自分の死に対する姿勢に強く影響するはずです。

②死別とみとり

　病気や障害あるいは老いのために、死を見つめながら生きていく時間には、残りの生を共有してくれる家族や友人、知人だけでなく、医師や看護師、介護士などが必要です。一人で迎えるには、死は私たちにとって重過ぎる課題です。これらの人々に支えられてこそ死を迎えられるのです。

　また、掛け替えのない「あなた」をみとる側にとっても、第二人称の死は大きな課題を投げ掛けます。作家の柳田邦男は、精神の病との戦いの果てに自死を試みた次男が脳死状態に陥り、その死をみとった記録『犠牲（サクリファイス）―わが息子・脳死の11日』において、苦悩の中で息子の死を第二人称の死ととらえ、息子の死と自分との関係を考え抜きます。そして、息子の臓器提供を決意するのです。このプロセスにこそ第二人称の死が凝集され、彼の記録は、脳死問題の当事者としての問題提起の書となっています。

③キューブラー・ロスの「死の受容までの5段階」

　キューブラー・ロスは、約200名の末期がん患者への面接に基づいて、死に向かう人の心理的な5段階のプロセスを記述しました。ただし、5段階は必ずしも第1段階から順に体験されるわけではなく、すべてが体験されるというわけでもありません。

〈第1段階〉否認	予期しない衝撃的な死の予告を聞かされたとき、そのショックを認めず回避しようとするために、まず否認が起こる。
〈第2段階〉怒り	否認が維持できず、死という現実を認めざるを得なくなると、自分が病気であること、死が近づいていることに対して、怒りがこれに取って代わるようになる。健康な他者への恨みや羨望が現れる。
〈第3段階〉取り引き	神や運命に対して、自分がどうしたら延命できるかの取り引きを始める。
〈第4段階〉抑うつ	怒りが静まり、否認や取り引きが無駄であることを知って、抑うつや絶望感に襲われる。
〈第5段階〉受容	苦痛との闘いが終わると、やがて訪れる自分の死を静かに見つめることのできる受容の段階に入る。「長い旅路の前の最後の休息のとき」である。

④みとりの場

　1977年を境に、死に瀕する者たちの居場所は自宅から病院へと移っていきました。現代の我が国で、自宅でみとられる人は10数％しかいません。約8割は病院で死を迎えているのです。

　ところが、高齢者人口の増加によって、病院だけでは死を受け入れることが困難になってきました。老人保健施設が創設されたのも、介護保険制度ができたのも、いずれも高齢の入院患者が多くなってしまったことが大きな理由でした。実際に、病院での死亡率は2005年の79.8％から徐々に低下して、2011年には76.2％になっています。しかし、その減少分がすべて自宅でのみとりになったわけではありません。介護保険制度の改定により、政策的に高齢者福祉施設でのみとりを促進していることが大きく影響しているものと思われます。しかし、高齢者福祉施設の数には限界があります。社会的なみとりの場をどのように準備するかは、これからの高齢社会の重要な課題といえるでしょう。

第3章 知っておきたい「生・活」知識　＜心の健康編＞

5 心の健康チェックと心の病の早期発見

> **学習のポイント**
> 高齢者の心身は老化やストレスなどにより、常に変化しています。
> チェックリストを活用して、高齢者の心身状態を把握しましょう。

[ストレッサーとホメオスタシス]

例えば恐怖というストレッサーに見舞われると、誰でも心臓の鼓動が速まり、血圧が上がり、手には汗をかきます。胃が収縮して痛むこともあります。しかし、恐怖が収まれば、これらも治まります。このとき働いているのがホメオスタシスです。

①心の健康とストレス度チェック

私たちの心と体は、常に安定した状態を保つ仕組みを持っています。この仕組みを「ホメオスタシス」といい、さまざまなホルモンや神経が、恒常性維持のために働いています。人間関係や孤独感、不安感、あるいは大切な人との死別など、種々の原因がストレッサーとなり、心身に影響しますが、適切な対処ができて、ホメオスタシスが回復すれば、それは健康の証しです。しかし、強過ぎるストレスや慢性的なストレスで、ホメオスタシスが働きにくくなると、下に示したような身体的症状などが現れます。

●身体症状で見るストレス度　　　●行動特性で見るストレス度（タイプA傾向）

どちらも、半分以上当てはまると、要注意です

次の各質問であなたに当てはまる場合に○印をつけてください。	次の各質問であなたに当てはまる場合に○印をつけてください。
(　) 下痢をよくする	(　) 早口でしゃべる
(　) 鼻水がよく出る	(　) 忙しそうに動きまわる
(　) 筋肉が緊張している	(　) 食べるのが早い
(　) 高血圧だといわれた	(　) ことの進み具合が遅いと我慢できない
(　) 動悸がする	(　) 興味のないことに耳を貸す暇はない
(　) じっとしていられない	(　) 何もすることがないと、かえって落ち着かない
(　) 失神したことがある	(　) 1つのことに長く集中できない
(　) 脈が速い	(　) 何ごともさっさとやってしまおうとする
(　) 足にぴりぴり感がある	(　) 人と張り合ってしまう
(　) 震えが止まらないことがある	(　) 自分や人の成績がひどく気になる
(　) 胃の具合が悪い	
(　) よくトイレに行く	
(　) 瞳孔が広がった状態である	

このタイプの行動特性を持った人は、ストレスを招きやすく、心臓病になりやすいといわれているので、要注意です。

（制作：佐藤眞一）

参考：中野敬子『ストレス・マネジメント入門―自己診断と対処法を学ぶ―』金剛出版 2005

②脳の健康と記憶力チェック

中高年になれば人の名前が出てこないなど、度忘れを自覚するものですが、直前に体験したこと自体を忘れ、しかも忘れてしまった自覚のないのが認知症です。こうした日常の記憶体験に基づく、記憶についての自己認識のことを「メタ記憶」といいます。このメタ記憶の程度を測定できるのが、下のチェックです。

チェックに示されたようなことがないほど、自己の記憶力にまだ自信がある状態ですが、健常高齢者の平均点は41.1点という研究結果が出ています。目安としては、記憶力低下の自覚が出てきているといえるのが34点以下です。

[認知症チェック]

スクリーニングテストとして有名なのは、世界標準で使用されている「MMSE」です。時間と場所の見当識や、記憶の直後再生と遅延再生、ワーキングメモリのほか、認知症患者で低下しやすい項目を調べます。

●メタ記憶の自信度尺度（MSSC）

以下の質問を読んで、普段のあなたにどのくらい当てはまるか、右側の1～4の当てはまる番号に1つだけ○をつけてください。

		よくある	たまにある	あまりない	まったくない
1	予定していたことをすっかり忘れてしまう。	1	2	3	4
2	すでにしたことなのに、気づかずにまたしてしまう。	1	2	3	4
3	知っている人の名前がでてこない。	1	2	3	4
4	話しているうちに、言おうとしていたことを忘れてしまう。	1	2	3	4
5	必要な物を持っていくことを忘れる。	1	2	3	4
6	頻繁に予定を確かめる。	1	2	3	4
7	ある出来事がいつのことだったのか思い出せない。	1	2	3	4
8	機械の操作が覚えられない。	1	2	3	4
9	同じ相手に再度同じことを話している。	1	2	3	4
10	しょっちゅう物を探している。	1	2	3	4
11	テレビドラマの筋書きがわからなくなる。	1	2	3	4
12	頼まれていたことなのに、言われてはじめて思い出す。	1	2	3	4
13	大事なことを言うのを忘れてしまう。	1	2	3	4
14	人の話の内容がわからなくなる。	1	2	3	4
15	行ったことのある場所で、道に迷ったり、間違った方向に行ってしまう。	1	2	3	4
	合計　　　　　　点	計	計	計	計

認知症になると、こうした記憶の失敗についての自覚がなくなってくるため、メタ記憶自体がゆがんできます。

（制作：島内晶・佐藤眞一ら）

③心と体のエイジングチェック

　平均寿命に占める健康でいられる時間のことを健康寿命といいます。日本人は、健康寿命も世界一です。しかし、高齢になるにつれて健康寿命が脅かされ、場合によっては介護が必要な状況を招く危険性も増大します。老化や低栄養による身体的虚弱、転倒による骨折、尿失禁や認知症などは、老年症候群と呼ばれる介護が必要な症状です。健康長寿は誰もが願うものです。そのためには自分の心身の状態を科学的な方法で測定し、早くから備えておくことが必要です。

　ここでは現・東京都健康長寿医療センター研究所（旧・東京都老人総合研究所）が開発した、介護予防健診「おたっしゃ21」をご紹介します。

[老年症候群]
　老化に加えて低栄養状態から身体が虚弱になったり、筋肉や関節機能の低下から転倒して骨折するなど。そのほか、尿失禁や認知症による精神心理活動の低下、閉じこもりなどさまざまな身体的精神的トラブルが相互に関連して進行し、要介護状態に陥りやすい諸症状を老年症候群といいます（48～49頁参照）。

「おたっしゃ21」

採点方法

　回答欄の右側（網掛け）に○印が付いた場合に、その右の採点欄の数字に○印を付けます。「虚弱」「転倒」「尿失禁」「低栄養」「軽度認知症」の危険性が判定されます。それぞれの点数を加算して合計値を算出します。「虚弱」「転倒」「尿失禁」が5点以上の場合と「低栄養」「軽度認知症」が4点以上の場合にはトレーニングが必要になります。

要介護状態に陥らないために…

（虚弱）（転倒）（尿失禁）（低栄養）（軽度認知症）

のリスクチェックです

注：「おたっしゃ21」では、体力測定による判定が重要です。体力測定をしないで正確な判定を行うことはできません。

● 介護予防健診「おたっしゃ21」　　　　3章

	質問	回答		虚弱	転倒	尿失禁	低栄養	軽度認知症
1	ふだん、ご自分で健康だと思いますか？	非常に健康 まあ健康な方だと思う	あまり健康ではない 健康でない	1		1		
2	現在、3種類以上の薬を飲んでいますか？	いいえ	はい		1			
3	この1年間に入院したことがありますか？	いいえ	はい	1			2	
4	この1年間に転んだことがありますか？	いいえ	はい		3	1	2	
5	現在、転ぶのが怖いと感じますか？	いいえ	はい		2	1		
6	日常の移動能力についてですが、ひとりで外出（遠出）できますか？	はい	いいえ	3	1	1		2
7	ひとりで1キロメートルぐらいの距離を、続けて歩くことができますか？	はい	いいえ	1				
8	ひとりで階段の上り下りができますか？	はい	いいえ		1			
9	物につかまらないで、つま先立ちができますか？	はい	いいえ	1	1	1		
10	トイレに行くのに間に合わなくて、失敗することがありますか？	いいえ	ときどきある	1	1	3		
11	尿がもれる回数は、1週間に1回以上ですか？	全くない	1週間に1回未満 1週間に1回以上			1 2		
12	あなたは、趣味や稽古ごとをしますか？	はい	いいえ	1			2	
13	肉類、卵、魚介類、牛乳のうち、いずれかを毎日、1つ以上食べていますか？	はい	いいえ	1	1		1	
14	現在、食事づくりを1週間に4～5日以上していますか？	はい	いいえ	1			1	
15	これまでやってきたことや、興味があったことの多くを、最近やめてしまいましたか？	いいえ	はい		1	1		
16	貯金の出し入れや公共料金の支払い、家計のやりくりができますか？	はい	いいえ	2		1	1	2
17	自分で電話番号を調べて、電話をかけることができますか？	はい	いいえ	1		2		2
18	薬を決まった分量、決まった時間に、ご自分で飲むことができますか？	はい	いいえ					2
19	あなたの握力は、29kg以上（男性）、19kg以上（女性）ですか？	右 kg 左	はい　いいえ	2	2	2	2	
20	目を開いて片足で立つことができる時間は、20秒以上（男性）、10秒以上（女性）ですか？	秒	はい　いいえ	2	2		2	
21	5mを普通に歩くとき、4.4秒未満（男性）、5秒未満（女性）ですか？	秒	はい　いいえ	3	3	2	3	

出典：東京都健康長寿医療センター研究所（東京都老人総合研究所）発行『いつまでもイキイキ生活』より

心の病と自殺のサイン

●自殺は防ぐことができます

　2011年中の自殺者数は3万370人※。その中でも、60歳以上の自殺者数は1万1,585人※と約38％を占めています。自殺をする人は、数々のサインを周囲に発しています。そのサインに気付いてあげることが大切。また、高齢者は自分の健康のことを考えたり、年をとるにつれてやってくる喪失体験がうつ病を招いたりして、自殺の原因になっていることも。あなたやあなたの周りは大丈夫ですか？

※資料：警察庁『自殺統計』平成23年

「死にたい気分」になっているときはうつ病が原因です。

- ☐ わけもなく疲れ果てて、生きているのがつらい
- ☐ 以前は普通にできていたことが、おっくうでやる気がしない
- ☐ 自分が役に立つ人間だと思えない
- ☐ これまで楽しめたことも、今は楽しめない

↓

1つ以上当てはまる状態が2週間以上続いていたら、「うつ病」かもしれません……

うつ病とアルコールとの悪循環に注意！

　ほとんどの人が自殺の直前にうつ病などにかかっています。しかし、落ち込みなどの精神症状より、体の症状が前面に出ているときにはうつ病とは気付きにくく、受診が遅れがちです。原因不明の体の不調が続いているときには、うつ病が潜んでいる可能性があるので注意を。

　また、うつ状態による不眠や抑うつ気分をアルコールで紛らわしていると、うつ状態の悪化につながります。お酒より、薬でぐっすり眠ることが大切です。

大丈夫？
あなたの周りに、自殺のサインを発している人はいませんか？

＜言葉のサイン＞
- [ ] 死にたい、自殺したい、らくになりたい
- [ ] もう、これ以上、耐えられない
- [ ] 事故で死んだら、どんなにらくかと思う

＜表情のサイン＞
- [ ] 以前と表情が変わり、暗く、思いつめた様子
- [ ] ときどきボーッとして、何かを考えている様子や行動

＜行動のサイン＞
- [ ] 遺書を書く
- [ ] 自殺未遂をする
- [ ] 自殺の計画を立てたり準備をしたりする
- [ ] 自殺に関する書籍やインターネットで情報を集める
- [ ] 身辺の整理をして、友人・知人に別れを告げる
- [ ] 飲酒の頻度・量の増加
- [ ] 引きこもり、人との接触を避ける
- [ ] 自暴自棄になり、危険な行動（無謀運転、交通事故、大けがなど）をとる
- [ ] 表情が暗かった人が、奇妙に明るく振舞う

※中央労働災害防止協会『職場のメンタルヘルス対策—実践的アプローチ—』を参考に作成

↓

こんなサインに気付いたら、
まず、ただ話を聞いてあげながら、
励ましたり、叱ったりせず、
受診を促すか、家族に連絡しましょう。

指導・監修：日本摂食障害治療研究所 所長　山岡昌之

こころの健康相談 統一ダイヤル
TEL 0570-064-556
※PHS電話、IP電話、プリペイド式携帯電話、列車公衆電話、海外からは接続できません。
※平成25年3月現在、42都道府県・政令指定都市（北海道、岩手県、青森県、宮城県、福島県、茨城県、栃木県、群馬県、埼玉県、千葉県、東京都、神奈川県、石川県、福井県、山梨県、長野県、静岡県、愛知県、滋賀県、京都府、大阪府、兵庫県、奈良県、和歌山県、広島県、山口県、徳島県、愛媛県、福岡県、佐賀県、長崎県、熊本県、宮崎県、鹿児島県、沖縄県、札幌市、さいたま市、京都市、大阪市、堺市、神戸市、熊本市）に共通の電話番号が設定されています。
　相談に対応する曜日・時間は都道府県によって異なります。なお、他県・政令指定都市には、体制が整い次第、順次設定が行われます。

※つながらない場合は、「いきる・ささえる 相談窓口」をご利用ください。
http://ikiru.ncnp.go.jp/ikiru-hp/ikirusasaeru/index.html

自殺予防 いのちの電話
0120-738-556
毎月10日
AM8：00〜翌AM8：00（24時間）
●無料です。携帯電話、PHS、公衆電話からもかけられます。

自殺予防 総合対策センター
・自殺対策の情報発信と調査研究の拠点
・電話 042-341-2712（内線6300）
・受付時間：平日9:00〜17:00
http://ikiru.ncnp.go.jp/ikiru-hp/index.html

日本司法支援センター 法テラス
TEL 0570-078374
・受付日時：平日9:00〜21:00
　　　　　　土曜9:00〜17:00
　（日曜祝祭日・年末年始休業）
http://www.houterasu.or.jp/

第3章　要点整理

- 「生涯発達心理学」の登場以来、心理学では、老いも人間発達の一側面と考える。

- 高齢期になると、実際の年齢より自分で感じる感覚年齢である「主観年齢」を若いととらえる「自己若年視」の傾向のほうが強い。

- 高齢期を賢く生きるには、心理的に成熟することが重要。それには成熟したパーソナリティを築いていくことが必要だと考えられている。

- 認知症は、記憶の検索機能だけでなく、「エピソード記憶」の働きに障害が出てくることが特徴である。

- 高齢期の知能は、結晶性知能は比較的保たれても、流動性知能は急激に衰えてしまうとされてきたが、それほど急激に知能は低下しないことが分かった。

- 認知症の症状には、中核症状である「認知障害」と、それに伴う「行動・心理症状（BPSD）」がある。BPSD は人により出ないことがあったり、現れたり消失したりすることがある。そして多くの場合、問題となるのは BPSD である。

- 高齢期になるとネガティブな出来事に出会うことが多いため、心が孤独になりがちで、うつになりやすい。気分・感情の変化や意欲・思考・行動の低下、体の訴えなどの様子が2週間以上続くようなら、専門医に相談すべき。

- 妄想とは、訂正不能で確信的な誤った思考内容をいう。被害妄想や関係妄想が多いが、不安感が募り、幻覚が生じることもある。

- 死に向かう人の心理的なプロセスを記述したのが、キューブラー・ロスの「死の受容までの5段階」である。

- 現在、わが国では約8割の人は病院で死を迎え、自宅でみとられている人は10数％。社会的なみとりの場をどう用意するか、高齢社会の重要な課題である。

- 要介護状態に陥るリスクを見る尺度として、介護予防健診「おたっしゃ21」が用いられている。

- 自殺者数は年間3万人前後で推移しており、うち、60歳以上の人が40％近くを占めている。

第4章

知っておきたい「生・活(いき いき)」知識

コミュニケーション編

1 世代を超えて理解し合うために
2 変化する人間関係とコミュニケーションの質
3 心の通じるコミュニケーションを！
4 言葉を超えたコミュニケーションと笑顔の効用

第4章 知っておきたい「生・活(いきいき)」知識 <コミュニケーション編>

1 世代を超えて理解し合うために

学習のポイント　老いも若きも、他と協調し、理解し合うためのコミュニケーションが苦手になってきている日本人。世代間の理解を深めるためにも、コミュニケーション力を。

①高齢者に対するコミュニケーションを見直そう

[高齢者への話し方の注意]

- ベビートークは不要！
- 大声でどなりかけないほうが聞こえる
- 年寄り扱いせず、普通に話しかけてよい

　最近、問題視されているのが、高齢者に対する言葉遣いや話し方、態度、しぐさなど、高齢者の尊厳を損なう「保護するようなコミュニケーション」です。

　一般に、高齢者に対して、名前ではなく「おじいちゃん」「おばあちゃん」と呼んだり、小さな子どもに話しかけるような話し方（第二のベビートークという）をしたり、手や腕をなでながら接したりしがちです。これらは「高齢者はコミュニケーション能力が劣り、無力で保護される対象である」という誤った先入観や思い込みに基づいているものであり、高齢者の人格を無視した言語行動につながっています。

　一方、高齢者はそうした扱いに不満を持っているものの、相手に遠慮して受け入れるうちに、次第に無力で保護される対象としての言語行動をとるようになり、ますます周囲の「保護するようなコミュニケーション」を増長させるという悪循環を生んでいます。

　双方が尊重し合えるコミュニケーションを実現するためには、若年者が高齢者に対する正しい認識を持つ必要があると同時に、高齢者自身も保護される「好かれるお年寄り」という役割を演じるのではなく、きちんとした自己主張をしていく必要があります。

②若年者と高齢者、互いに違いを認め合うこと

　高齢者は「何度も同じ話をする」「話が長い」「人の話を聞かない」というイメージを持っている若年者は少なくありません。こうした先入観や思い込みが年寄り扱いという画一的な対応につながり、双方のコミュニケーションをゆがめる原因だといわれています。

しかし、若年者の立場からすると、ベテラン世代の対応もコミュニケーションをとる際の大きな悩みであることがわかっています。

例えば、自分が知らない話に対しては興味を示さず相づちさえ打たない、共通の話題があっても「私は今までこうやってきた」「これで失敗したことはない」というように過去の知識や体験に基づいて話を展開する、新しい提案があると価値観の相違を理由に頭ごなしに否定するといった具合です。

世代間ギャップを埋めるためには、まずは高齢者層と若年者層では時代背景や生活環境、人間関係、価値観が異なるのは当然のことだという認識をもつことが大事です。教養や知性をお互いに認め合い、話を傾聴する姿勢を持つことがコミュニケーションを円滑にします。若年者に尊敬されるような、魅力的な高齢者になりましょう。

③語彙能力は依然として高い高齢者

言語能力とは、「話す・聞く・読む・書く」ことに関する能力で、この4つに共通しているのが「語彙」の能力です。

言語能力は、加齢とともに低下する傾向にありますが、唯一、増加するのが語彙数です。高齢者は、難しい言葉や最近ではあまり使わなくなった言葉など、実に多くの言葉を知っています。カタカナで書く外来語の語彙数は、若年者のほうが多いと思うかもしれませんが、実は、年代による差はあまりありません。しかも、漢字と平仮名の語彙数を推定すると、高齢者は若年者の25％程度多く知っていることがわかっています。

特に最近の若年者は、熟語の意味を知らなかったり、言い回しがうまくできなかったりするので、高齢者が語彙能力を生かし、その場で教えれば、コミュニケーションがうまくとれるでしょう。

【表1】高齢者群と若年者群における推定語彙数

	和語　漢語	カタカナ語	総計
前期高齢者群	71,400	5,300	76,700
後期高齢者群	70,600	5,000	75,600
若年者群	55,500	5,000	60,500

資料：谷口幸一・佐藤眞一編著『エイジング心理学～老いについての理解と支援』北大路書房 2007

[加齢と言語能力]

●話す
　言いたいことはわかっているのに思うように言葉が出てこない、すなわち言葉を喚起するのが難しい状態を「喚語困難」と呼びます。加齢に伴い、特に人の名前を思い出すことが苦手になるようです。

●聞く
　加齢に伴い徐々に聴力が低下すると、人の話が聞き取りにくくなります。特に普段聞き慣れない言葉の聞き取りが悪くなり、また、雑音が混ざると格段に聞き取りにくくなるため、会話を阻害します。

●読む
　漢字熟語の読みやすさは、熟語の出現頻度や個人の読書経験によって異なります。音読の速さは若年者が勝りますが、黙読の速さは高齢者も若年者も同じくらいで、加齢による黙読能力の低下はほとんど認められません。

④エイジズムをなくすこと

　エイジズム（高齢者差別）は性差別、人種差別に次ぐ第三の差別といわれています。これには、高齢者への偏見であるステレオタイプ、差別の態度、差別の行為や制度などが含まれます。高齢者を否定的にとらえるエイジズムの逆に、高齢者を無条件であがめたり、優遇したりする肯定的エイジズムもあります。これは、若年者や社会全体の力を奪い、結局高齢者にとってもマイナスとなります。エイジズムを克服するには認識を変えると共に、高齢者の実態を改善することも大切です。

Fraboni エイジズム尺度の質問項目
65歳以上の高齢者についてお聞きします。以下の1～19の各項目について、「そう思う」「まあそう思う」「どちらともいえない」「あまりそう思わない」「そう思わない」でお答えください。

- ● 1　多くの高齢者（65歳以上）はけちでお金やものを貯めている。
- ● 2　多くの高齢者は、古くからの友人で固まって、新しい友人をつくることに興味がない。
- ● 3　多くの高齢者は過去に生きている。
- ● 4　高齢者と会うと、ときどき目を合わせないようにしてしまう。
- ● 5　高齢者が私に話しかけてきても、私は話をしたくない。
- ● 6　高齢者は、若い人の集まりに呼ばれたときには感謝すべきだ。
- ● 7　もし招待されても、自分は老人クラブの行事には行きたくない。
- ● 8　個人的には、高齢者とは長い時間を過ごしたくない。
- 　 9　ほとんどの高齢者は運転免許を更新すべきではない。
- ●10　高齢者には地域のスポーツ施設を使ってほしくない。
- ●11　ほとんどの高齢者には、赤ん坊の面倒を信頼して任すことができない。
- ●12　高齢者はだれにも面倒をかけない場所に住むのが一番だ。
- ●13　高齢者とのつきあいは結構楽しい。＊
- 　14　最近日本の高齢者の苦しい状況を聞くと悲しくなる。＊
- 　15　高齢者が政治に発言するように奨励されるべきだ。＊
- 　16　ほとんどの高齢者はおもしろくて個性的な人たちだ。＊
- ●17　できれば高齢者と一緒に住みたくない。
- ●18　ほとんどの高齢者は、同じ話を何度もするのでイライラさせられる。
- 　19　高齢者は若い人より不平が多い。

資料：谷口幸一・佐藤眞一編著『エイジング心理学～老いについての理解と支援』北大路書房2007

注1) ●印は、原田謙らが作成した「日本語版 Fraboni エイジズム尺度（FSA）短縮版」の14項目を示している。

注2) ＊は逆転項目を示している。

注3) 否定的な項目では、「そう思う」5点、「まあそう思う」4点、「どちらともいえない」3点、「あまりそう思わない」2点、「そう思わない」1点を配点し、肯定的な項目（＝逆転項目）では1点から5点を配点し、単純加算して得点化する。

[判定法]

得点が高いほどエイジズムが強く働いています。無意識のエイジズムを排除してこそ、世代を超えた理解とサポート関係が成立します。

英会話より、"老会話"？

"老会話"とは、老親を含めた高齢者を相手に悪戦苦闘する「しゃべりの悩み」を解消するコミュニケーション術のこと。指南するのはフリーアナウンサーで、老若男女の「しゃべりの研究」をしている梶原しげる（東京成徳大学客員教授・日本語検定審議委員）氏。彼の著書『老会話』（東洋経済新報社）によれば、ものの言い回しやタイミングを少し変えるだけで、なかなかすっと通じない高齢者とのやりとりによるイライラも解消。例えば、次のような具合で——。

●親に電話するとき
・用件だけを手短に伝えようとするのは間違い
・一方的に上から押し付けるような言い方をしない
・親の理解度を測りながら、穏やかに、ゆっくり話す

●高齢者に話しかけるとき
・話しますよ、という合図を送ってから話し始める
・急な話題転換を避けること
・褒めることで高齢者は前向きな気持ちになる
・きっかけは、健康の話題から

高齢の父母を持つ世代はもちろん、高齢者施設で働く介護福祉関係者から、スーパー、コンビニをはじめとした高齢者と対面する接客業、サービス業の人々、その他あらゆるシニアマーケットに携わる人々や経営戦略を考えている人々にまで、著者の言葉を借りれば、これからは、「英会話より老会話」が大切な時代でもあります。

4章

[エイジズム尺度]

「エイジズム」は、1968年にアメリカの国立老化研究所の初代所長、ロバート・バトラーがつくった概念で、高齢者虐待問題とともに世界的に広まりました。1990年には Fraboni（フラボニ）がエイジズム尺度の質問項目を開発。さらに日本では2003年に、注1）に挙げた桜美林大学加齢研究所の原田らが「日本語版 Fraboni エイジズム尺度（FSA）短縮版」を開発。我が国では現在一般的にこれが用いられています。

[老会話実践編]

左に挙げた書籍『老会話』から、具体例を一つ。

あるコンビニでのシーン。ヨーグルトを買ったお客に若い店員が「プン、すかー？」「プン、すかー？」と聞いている。どうやら「スプーンは入れますか？」と言っているようだが、ぶっきらぼうでよく聞き取れません。こんなとき老会話なら、実物を目の高さで見せながら、「おさじをおつけしましょうか？」と尋ねます。

このような接客法こそ、これからの高齢社会に必要な会話に間違いありません。

第4章 知っておきたい「生(いき)・活(いき)」知識 〈コミュニケーション編〉

2 変化する人間関係とコミュニケーションの質

学習のポイント
日々触れ合う人の数が減り、特定の人間関係の中だけで過ごす人も多くなります。それでも心豊かに生きるためのコミュニケーションのポイントは？

①年々狭くなる、高齢者の家族・友人・隣人関係

　祖父母、息子夫婦、その子どもなどが一緒に住む大家族から核家族へと変わり、現在は、夫婦のみの暮らしや独り暮らしが増えています。結婚した子ども夫婦と同居する人も減り、介護が必要となったときや配偶者を失くしたときに、初めて同居するほうが一般的。こうして年々、話し相手が少なくなっていきます。

●配偶者との関係は…
　夫婦関係よりも子育てや介護問題などに時間をとられ、夫婦間の満足度が徐々に低下。このように中年期に満足度が低い夫婦は、高齢期に入ってから離婚する確率が高いようです。もちろん生活史や経験を共有しながら、夫婦としての絆が深まっていくのが一般的です。

【表2】高齢者の会話頻度
60歳以上の高齢者の実態調査の結果、毎日会話している高齢者は9割を超えます。ただし、家族形態が独り暮らしの人を見ると、毎日会話している人は75.8％と、日頃の会話が少なくなっています。

〈会話の頻度〉
あなたは、ふだんどの程度、人（同居の家族を含む）と話をしますか。
電話やEメールも含めてお答えください。

60歳以上	毎　日	2日～3日に1回	1週間に1回	1週間に1回未満・ほとんど会話しない	わからない
総　数	91.6	5.1	1.4	1.8	0.0
単身世帯	75.8	14.8	3.7	5.7	―

資料：内閣府『高齢者の経済生活に関する意識調査』平成23年度版

● 子どもとの関係は…

　全体的には、親子の交流頻度は低下してはいません。むしろ親の都合に合わせて、子どもはきちんと支援をしています。特に配偶者の喪失から立ち直る際には、子どもの存在が大きく影響します。

　しかし、たとえ子どもとの交流が少なくても、生きがい感が大きい人は、交流が少ないぶん「自由」で「解放的」と感じているのに対して、生きがい感が少ない人は「裏切られた」と感じ、失望につながっています。

● 友人・隣人との関係は…

　趣味などを通して友人や近所の人たちと積極的に交流することは、何かあったときの精神的な支えになります。ただし、現実には友人や隣人がサポートしてくれるという期待感は少なく、大事なことは配偶者や子どもに頼む傾向があります。

②高齢期の社会性とコミュニケーション能力の関係

　老後のイメージは人さまざまです。今までとは違う新しい生活を始めたいという「変化志向」、自由気ままにのんびり暮らしたいという「悠々自適志向」、人間関係のわずらわしさを避けたいという「人間関係縮小志向」、自己主張するよりも周囲の意見に合わせて穏やかに生きたいという「同調志向」。大きく分けると、この4つがあるのではないでしょうか。

　これらは生活環境に応じて変化します。中でも「変化志向」と「同調志向」を併せた生き方が社会性を広げ、コミュニケーション能力を維持します。新たな発見を求めながらも、上手に仲間をつくっていく生き方、それが味のあるコミュニケーション能力を保つ秘訣といえそうです。

[助けられ上手と助けられ下手]

　家族や友人、隣人との会話の機会が減り、高齢者が孤立しがちな現在、孤独死などを減らすためには近隣や地域での助け合いが欠かせません。そのためにはまず高齢者自身が「他人に迷惑をかけたくない」という意識を捨て、助け助けられる気持ちで暮らすこと。お互いさまの気持ちの復活が助けられ上手の秘訣です。

　また子どもにも「世話にはならない」などと見栄を張らないこと。いずれ世話になる可能性があるのですから。

＜社会性と老後観＞

人間関係縮小志向
わずらわしさから自由に

変化志向
いつまでもワクワクと

同調志向
これからも多くの仲間と

悠々自適志向
気ままにのんびり

いろいろな思いを上手に組み合わせ、うまく社会とつながる生き方を。

第4章　知っておきたい「生・活(いきいき)」知識　<コミュニケーション編>

3 心の通じるコミュニケーションを！

> **学習のポイント**
> 自分の気持ちをうまく伝え、相手の話がきちんと聞けるコミュニケーションスキルを身につけ、世代間コミュニケーションのリーダーになりましょう。

①コミュニケーションの基本"傾聴法"を知ろう

「傾聴」とは、相手の話をじっくりと聞くことですが、「聞く」と「聴く」とでは根本的に意味が異なります。「聴く」という文字には「心」が入っていることからもわかるように、相手の話をただ聞き流すのではなく、相手の話をほぼ全面的に肯定しながら、心を傾けて話を聞き続けることです。そうすることによって、相手の言葉とその奥にある感情を引き出すことができます。

相手の話を聴くということは意外と難しいものです。つい話の途中で自分の意見や考えをはさんだり、結論を急かすアドバイスをしてしまったり。しかし、たとえ相手が後ろ向きなことを言っても、途中で否定してはいけません。そういうやり方ではどんなに適切なアドバイスでも、本音を聞き出せません。

左の注を参考に、相手の話を「聴く」力を身につけてみてください。それが心の通じるコミュニケーションの第一歩です。

[傾聴法のコツ]

●共感的応答
　共感とは、相手の考えや思いを客観的に受け止めながらも、同じように感じて理解することです。同情とは違います。
　相づちを打ちながら、「それはつらかったですね」「よかったですね」などと、相手の気持ちや感情をただ受け入れながら反応を示します。

●要点の繰り返し
　ときどき相手の言葉を繰り返してみます。「○○と言われたんですね」など、繰り返して確認することで相手は自分の言っていることが整理でき、落ち着きます。クレームを訴えているときなどにはこの繰り返しが大切です。

●開かれた質問
　「はい」「いいえ」ではなく、具体的な言葉で答えるような質問を開かれた質問といいます。「それは○○だったでしょ？」と決めつけて聞かず、「そのとき、どんな感じでしたか？」と聞けば、相手の言葉を引き出すことができます。

こんな人には…

●話し始めたら止まらない高齢者には
　自分の思いや過去の思い出を話す機会がなかなかない人ほど、聞いてくれる人がいるとうれしいもの。その気持ちを受け止めて「へえ、そうですか、なるほど」などとただ相づちを打ちながら、ほどほどのタイミングで「時間なので、また聞かせてくださいね」と切り上げれば、相手は話せたことだけでも喜んでくれるものです。

●黙りこくって口を開かない高齢者には
　耳が遠くて会話が苦手になっている、心や体につらいことを抱えている、孤独感や無力感が強いなど。何が理由になっているのか気遣いながら、静かに相手の気持ちと同じトーンで話してみましょう。こちらばかりが元気に話しかけても、すれ違うだけです。

②世代間コミュニケーションのリーダーになろう

　高齢者にとっても、若い世代にとっても、本当に安心して話ができる人がいることは、元気に生きていく上でとても大切なこと。それも世代を超えて楽しくコミュニケーションできる人がいると、お互いに知見が広がり、感性が刺激され、心豊かになるものです。

　昔は家庭の中でも地域でも、老いは若きに教わり、若きは老いに教わり、お互いに教え教わりながら文化や暮らしの知恵を伝承したり、情報を集めたりしていました。その交流こそが温かく、そして活力のある村づくり、まちづくりの土台でもありました。

　このような空気が希薄になってしまった今、もう一度それを取り戻し、高齢者の孤立をなくそうと、右に挙げたような高齢者とのコミュニケーションのプロやセミプロが登場しています。介護や福祉の現場はもちろん、家庭や職場、高齢者向けマーケット推進の場などあらゆる場面で世代間コミュニケーションの活性化が必要不可欠になってきている現在、高齢者と温かく楽しくコミュニケーションがとれるスキルの修得は、これからの日本を元気にする重要な手段といえそうです。

ときにはアサーションで、断り上手、歩み寄り上手に

　コミュニケーションが密な関係になると、頼まれごともなかなか断りにくいとか、相手がどうしてもしたがっていることや欲しがっているものにはすぐに応えてあげないと気まずいのではとか、日本人特有の感性で身動きしにくくなることがあります。そんなときは、いきなりイヤとかダメとか言わず、相手をへこませずにこちらの気持ちや事情を理解してもらう「アサーション」という会話術を覚えておきましょう。例えば下のような4段階で断ったり、歩み寄ったりします。

Step1　[事実を伝え]　「もう、そろそろ夕方です」

Step2　[気持ちを伝え]　「夕飯の支度があるので、今、少し慌てているところなんです」

Step3　[提案をして]　「それは、夕食後まで、待っていただけますか？」

Step4　[結果を伝える]　「そうすると、とても助かります」

4章

[高齢者傾聴士]
カウンセリングの一つである「傾聴」技能を身につけ、社会や人との交流が少ない高齢者の気持ちを開き、よりよいコミュニケーションをとることができるスペシャリストです。

[高齢者コミュニケーター]
高齢者の心理や体の不自由さを理解し、高齢者が何をしてほしいと思っているのか、実はどんな気持ちでいるのかなどをくみ取る技術を身につけ、より深いコミュニケーションを図ります。

[聞き書きボランティア]
高齢者が話しておきたいこと、伝えておきたいことを聞き、それを文章にするボランティアです。語り手は、話すことで自分がしてきたことの意義を見いだし、「まだ、やることがある」ことに気づき、聞き手は、暮らしの歴史や知恵などを学ぶことができます。

●自治体主催の「聞き書きボランティア講座」
　全国各地の自治体やNPOなどでは折に触れ、聞き書きボランティアの養成講座を開催。世代間交流による地域活性化に生かされます。

●RQ聞き書きプロジェクト
　宮城県を中心とする人々の暮らしや伝統などを聞き書きで残している市民ボランティア活動です。
http://kikigaki.rq-center.jp/

　その他にもNPO法人白十字在宅ボランティアの会やちば聞き書き隊などの団体が聞き書きボランティアを行なっています。

第4章 知っておきたい「生・活」知識 ＜コミュニケーション編＞

4 言葉を超えたコミュニケーションと笑顔の効用

学習のポイント
言葉なんか通じなくても、心と心は通じ合えるもの。
コミュニケーションには、言葉より大切なものがあることの再認識を！

①ノンバーバルコミュニケーション（言葉以外の伝達法）

　言葉以外のものでコミュニケーションをとることをノンバーバルコミュニケーションといい、コミュニケーションをとる上では8割以上のウエイトを占めるといわれています。つまり「何を話すか」というよりも「どのように話すか」が重要だというわけです。

　同じ話でも、話し方のテンポやイントネーション、声の大きさ、表情、身振り手振りなどの違いで伝わり方は違ってきます。例えば、うつむき加減に小さな声で「私は元気です」と言っても、相手は疑いを持つだけですし、身振り手振りをつけて話をすると、相手は実感がわき説得力につながるといった具合です。

　特に笑顔の効果には大きいものがあります。

　赤ちゃんの笑顔を見るとホッとしたり、心が温まったりする経験をしたことがあると思いますが、笑顔は無条件で安心感をもたらし、場の雰囲気をやわらげます。

　ストレスがかかって緊張しているときは、自律神経のうちの交感神経が活発に働き、緊張が解けてリラックスすると副交感神経の働きが活発になります。大声を出して笑ったあとにスッキリして気持ちが楽になるのは、副交感神経が働き出すからですが、この笑いの効果をコミュニケーションに取り入れると、緊張が解けて会話がスムーズになります。

　笑顔で接する人に対して、よほどのことがない限り、人は心地よさを感じるものです。「怒れる拳、笑顔に当たらず」ということわざは、怒りにまかせて拳を振り上げても、相手がニコニコと笑っていると殴ることができないという意味ですが、それほど笑顔の効果は大きいのです。

　また、もらい泣きと同じように、つられ笑いという効果もありま

[笑顔には笑顔が返ってくるわけ]

微笑まれると、ついこちらも微笑み返してしまうのには、わけがあります。それは脳細胞の中に存在する「ミラーニューロン（鏡細胞）」の働き。この細胞は鏡に映したように、他人の動作や表情を自分のことに置き換えて反応します。

ミラーニューロンをどんどん刺激して、微笑み返しをいっぱい増やして、楽しくコミュニケーションをして暮らしたいものです。

す。明るく笑っている人の隣にいると、つられて笑ってしまう人が多いといわれています。普段仏頂面の人は、すぐに笑えないかもしれませんが、口角を少し上げるだけでも笑顔になります。作り笑いを繰り返しているうちに、自然な笑顔もできるようになるので、笑顔を作る努力をしましょう。

アニマルセラピー

老若男女、どんな人同士でも言葉を超えて通じ合える手段に、動物を介したコミュニケーションがあります。公園のベンチにペットを連れて座っていると、隣に座った見知らぬ人とも会話が生まれたり、動物が人と人を笑顔でつないでくれたりします。

また、動物と人との間には言葉以外の温かいコミュニケーションが成立しています。動物の語りかけるような視線と無言の理解、人を気遣う優しさが人の心をほぐしてくれます。

このような動物の力を借りて、病から回復への意欲を高めたり、自閉的になったり、攻撃的になったりしている人の心を癒し、周囲とのコミュニケーションを潤滑にするのがアニマルセラピーです。

実際、高齢者施設のホールなどで行われるアニマルセラピーでは、動物が入ってきた瞬間から参加者たちの表情がパッと明るくなります。さらに、

- 認知症が進行して自力で歩くこともできない人が、動物をひざに乗せて触れ合ううちに、自力歩行ができるまで症状が改善した
- 周囲に対し暴力的で攻撃的だった人の態度が落ち着き、穏やかに
- 病気やケガでマヒが残ってしまった手を、動物と触れ合いたいという気持ちから一生懸命動かそうとする
- 笑うことを忘れてしまった人が笑顔を取り戻した

など、アニマルセラピーは従来の医療や、人間には達成できない成果をもたらしてくれることも珍しくありません。孤独になりがちな高齢者にとって、動物は、いつも温かく寄り添ってくれるよき理解者で、よきパートナーとなってくれる存在。その存在の力を利用したアニマルセラピーが、今、医療や介護、教育の現場で広く取り入れられ始めています。

[セラピー犬とハンドラー]

アニマルセラピーを行うセラピストやセラピー犬の養成は、「NPO法人日本アニマルセラピー協会」などいくつかの団体が行っていますが、まだ公的な認定資格ではありません。ハンドラーとは、訓練を受けたセラピー犬を連れてくる専門のボランティアスタッフのことです。

日本においてアニマルセラピーを行うには、動物の愛護及び管理に関する法律に基づき、動物取扱業（展示）の登録を行う必要があるため、動物取扱責任者の要件を満たす必要があります。

（アニマルセラピーの種類）

● **動物介在療法**
身体的機能・社会的機能・情緒的機能・認知機能などの改善・向上を目指す医療プログラム。獣医師や看護師、臨床心理士などの専門家による監督下で、動物と患者が1対1で、治療として行われるもの。

● **動物介在活動**
高齢者施設や障害者施設などで、集団的な娯楽や交流などのプログラムとして、一定の訓練を受けた専門家やボランティアが犬などを連れてきて行う訪問活動。

● **動物介在教育**
小学校等に動物とともに訪問し、教育の支援を行う活動。

第4章　要点整理

- 高齢者に対する言葉遣いや話し方、態度、しぐさなど、高齢者の尊厳を損なう「保護するようなコミュニケーション」が問題視されている。

- 若年者と高齢者の世代間ギャップを埋めるには、時代背景や生活環境、人間関係、価値観などに違いがあることを互いに認め合うことが大切。

- 高齢者は、「語彙(ごい)」保有能力が高い。

- エイジズム（高齢者差別）には偏見、態度、行為や制度がある。否定的なエイジズムも肯定的なエイジズムも害をもたらす。

- 日本では、高齢者の家族・友人・隣人関係は年々狭くなる傾向がある。

- 心の通じるコミュニケーションのためには、「傾聴法」を身につけておくとよい。

- 「高齢者傾聴士」「高齢者コミュニケーター」「聞き書きボランティア」など、世代間コミュニケーションのためのプロやセミプロも登場してきている。

- 「何を話すか」より「どのように話すか」が重要であり、笑顔で話すことがとても大切である。

- 動物を介したコミュニケーションを「アニマルセラピー」といい、動物と触れ合うことで、病からの回復意欲を高めることや、自閉的になっていたり、攻撃的になったりしていた人の心を癒し、周囲とのコミュニケーションを潤滑にすることなどができる。

第5章

知っておきたい「生・活(いきいき)」知識

老化予防編

1 食生活
2 運動習慣
3 生活リズム
4 ストレスコントロールと心の健康
5 休養
6 積極的休養
7 お酒とタバコ
8 上手な医者のかかり方
9 健康診断
10 薬の安全な利用法
11 健康食品やサプリメントの利用法

第5章　知っておきたい「生・活(いきいき)」知識　＜老化予防編＞

1 食生活

学習のポイント
きちんと食べているつもりでも、食べ方や食べる物が偏り、豊かな食生活から離れていることがあります。食生活のポイントをもう一度見直してみましょう。

[3つの「こ」食に注意]

●孤食
　いつも一人で、孤独な食事が続いていませんか。誰かと会食するか、家族で食べる機会を増やすことが豊かな食生活には大切です。

●固食
　同じものばかり食べることを固食といいます。毎日変化をつけて、多彩な食材を。

●粉食
　パンやうどんなど、やわらかいものばかり食べることを粉食といいます。歯応えのあるものをよくかんで。

[食育]

　平成17年に施行された「食育基本法」では、「食事は生きる上での基本であり、知育、徳育、体育の基礎」としています。子どもたちだけでなく、大人も食事を大切にする食育の心掛けを忘れずに。

①食事はよりよく生きるための基本

　食事には、生存のために栄養を補充するだけでなく、心身の機能を総合的に調整する薬理作用や心を満たす作用、買い物や会食を通じて人と交わる作用まで、多くの働きが込められています。栄養だけをとっていても、これらの作用がすべて機能していなければ、豊かな食生活とはいえません。年を取れば、身体機能が若いときのようにいかない人も大勢います。それでも、今の自分が心豊かに満たされる食事、それが「よりよく生きる」ための基本です。

②楽しい食環境をつくろう

　消化し、栄養を吸収する消化器官は自律神経に支配されています。緊張していたり、気分が沈んでいたりするときは、何を食べてもおいしく感じないのはこのため。毎日「楽しく」「おいしい」食事を。

物理的環境
明るい部屋で、高さの合ったいすや食卓で、感じのよい食器で。

化学的環境
有害な食品添加物や残留農薬を含まず、新鮮で安全な食べ物を。

生物学的環境
清潔で、適切に管理・調理された食材で、食中毒防止が配慮された食事を。

身体環境と空腹感
体をきちんと動かし、健康的にお腹がすく体調で食べること。

人的環境と精神環境
独り暮らしでも、週に何回かは楽しいだんらんのある食事を。

③必要なエネルギーをきちんととろう

　身体の機能や活動を維持するために必要なエネルギー量は、身体活動量によって違います。そのせいで年を取ってくれば、そんなに食べなくてもよいと思っている人も少なくありませんが、下の表をご覧ください。身体活動レベルがⅠ（低い）でも、50・60代と、70代以上との必要エネルギー量の違いは、男性で250kcal、女性で200kcalです。あくまでも目安ですが、おにぎり1個で約180kcal、バタートースト1枚で約200kcalです。つまり主食を少し減らし、おかずの量を若いときの9割にするだけで、約200～250kcalは減る見当です。**食べ過ぎも問題ですが、エネルギー不足にも十分注意を。**

＜推定エネルギー必要量（kcal／日）＞日本人の食事摂取基準2010年版より

身体活動レベル	男性 Ⅰ	男性 Ⅱ	男性 Ⅲ	女性 Ⅰ	女性 Ⅱ	女性 Ⅲ
50～69歳	2,100	2,450	2,800	1,650	1,950	2,200
70歳以上	1,850	2,200	2,500	1,450	1,700	2,000

④栄養バランスを整えよう

　ご飯やみそ汁、漬物や、その他の植物性食品ばかりを食べていませんか？　このような食事傾向の人のほうが肉や卵、油脂もよくとる人より生活機能が低下しやすいことがわかっています。**いろいろなものをきちんととり、下に挙げた摂取バランスを保ちましょう。**

＜エネルギー源の摂取量＞　日本人の食事摂取基準2010年版より

	50～69歳 男性	50～69歳 女性	70歳以上 男性	70歳以上 女性
炭水化物目標量（％エネルギー）	50以上70未満			
たんぱく質推定平均必要量（g／日）	50	40	50	40
たんぱく質推奨量（g／日）	60	50	60	50
脂肪エネルギー比率目標量（範囲）（％エネルギー）	20以上25未満			
飽和脂肪酸目標量（範囲）（％エネルギー）	4.5以上7.0未満			
n-6系脂肪酸目標量（％エネルギー）	10未満			
n-3系脂肪酸目標量（g／日）	2.4以上	2.1以上	2.2以上	1.8以上

205頁の『毎日食べたい10品目』を参考に栄養バランスを！

[三大栄養素のとり方]

●炭水化物（糖質）

　エネルギー源になる三大栄養素の中でも、炭水化物（糖質）は主食として最も多く食べられていますが、年を取るほど、「ご飯よりおかず」ぐらいの心掛けで。糖質は1g 4kcalのエネルギーに。茶碗1杯で糖質約30～50gです。

●たんぱく質

　粗食から体が虚弱になりがちな高齢者にとっては、主菜になるたんぱく質をしっかりとることが大切。動物性たんぱく質と植物性たんぱく質はアミノ酸の種類や量が異なるので、それぞれのたんぱく質を含む食品をバランスよく食べることが大切です。

●脂質

　油料理や動物性脂肪の多い食品は、年齢とともに嗜好が分かれ、好きな人と、あまり食べない人がはっきりしてくる傾向があるのではないでしょうか。しかも後者には、食べないほうが健康的という先入観も見られます。とり過ぎは肥満のもとですが、不足も問題。
　左のように脂肪の摂取は、全エネルギーの20～25％になるように。脂肪は1g＝9kcalですから、1日当たり男性で30～50g、女性で30～45gの摂取を。また、このうちの40～75％は動物性脂肪などの飽和脂肪酸で、残りを不飽和脂肪酸で。ロースカツ1枚で、脂肪約30～40g（飽和脂肪酸）、オリーブオイル大さじ1で、脂肪約9g（不飽和脂肪酸）です。

⑤高齢期の栄養、若い頃と比べると…

下の【図1】は、毎日とらなければならない栄養素について、70歳以上の高齢者と若者（18～29歳）では必要とする量にどのくらい差があるのかを見たグラフです。両者とも＜身体活動レベルⅠ＞で比較したものですが、高齢になってもエネルギーをはじめ、各栄養素は若いときとそう変わらずに摂取しなければならないことがわかります。たんぱく質とビタミンCは若者と同量。女性の鉄に大きな違いがあるのは、月経による鉄の流出がなくなるためでしょう。

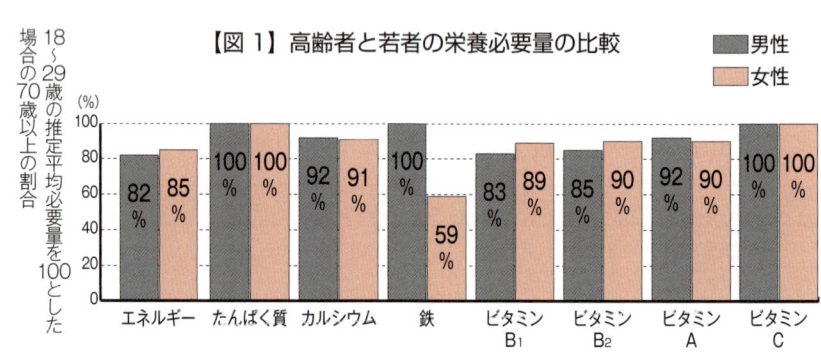

【図1】高齢者と若者の栄養必要量の比較

縦軸：18～29歳の推定平均必要量を100とした場合の70歳以上の割合（％）

	男性	女性
エネルギー	82%	85%
たんぱく質	100%	100%
カルシウム	92%	91%
鉄	100%	59%
ビタミンB₁	83%	89%
ビタミンB₂	85%	90%
ビタミンA	92%	90%
ビタミンC	100%	100%

資料：厚生労働省『日本人の食事摂取基準』2010年版より

【図2】10年間の生存者と死亡者の初回調査における栄養摂取の比較（男）（生存者を100としたとき）

【図2】は、72歳からの10年間で、栄養摂取の違いが生存率に影響しているかどうかを調べた研究結果です※。10年後に生存していたグループを100とした円形に対し、すべての栄養素において死亡したグループのほうが摂取量が少なく、栄養をきちんととることがいかに大切か、よくわかります。

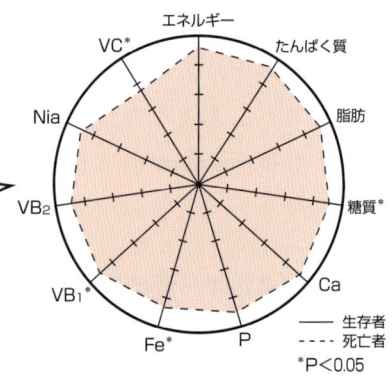

レーダーチャート項目：エネルギー、たんぱく質、脂肪、糖質*、Ca、P、Fe*、VB₁*、VB₂、Nia、VC*
― 生存者
--- 死亡者
*P＜0.05

※小金井市の高齢者422名を対象にした縦断的研究より
出典：日本栄養食糧学会監修、柴田博ほか編『高齢者の食生活と栄養』光生館 1994

手のひら秤を食事量の目安に

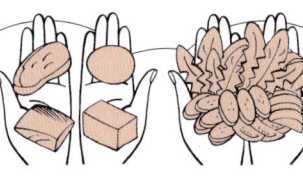

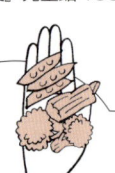

片方の手のひらに肉や魚、もう一方に卵や豆腐などで1日分。野菜は1回の食事で、生野菜なら両手に山盛り、ゆでたり煮たりした野菜なら、片手に山盛りいっぱいがとりたい量の目安です。

［ビタミン・ミネラル 食物繊維のとり方］

前頁の欄外で、三大栄養素をきちんととることの大切さをお伝えしましたが、ビタミンやミネラルがなければ、その栄養素を体に利用することができません。また、腸が元気でないと栄養をきちんと吸収することができません。食物繊維は腸の調子を整えます。

野菜、きのこ、海藻や小魚、いも類、豆類などからビタミン・ミネラル・食物繊維をしっかりとりましょう。下に挙げた「マゴニワヤサシイ」食生活を実践すると、無理なく栄養バランスが整いますので、覚えておきましょう。

［マゴニワヤサシイ 食生活を！］

- マ　マメ
- ゴ　ゴマ
- ニ　ニク
- ワ　ワカメ
- ヤ　ヤサイ
- サ　サカナ
- シ　シイタケ
- イ　イモ

205頁に挙げた［毎日食べたい10品目］と、この［マゴニワヤサシイ］を日々の食生活のキーワードに、よい食生活を。

⑥病気の予防と食生活

　医食同源といいますが、食生活は病気の予防や改善に何より大切なものです。特に、高血圧や糖尿病、脂質異常症といった生活習慣病は、すでに進行して治療の必要がある場合を除いて、多くの場合は薬物よりまず食生活の改善が重要です。

　これらの生活習慣病は相互に関連して悪化しますから、食事の注意も別々ではなく、ほぼ共通です。いずれもエネルギーのとり過ぎによる肥満に気をつけ、糖質、脂質、たんぱく質のバランスをよくして、ビタミンやミネラル、食物繊維を十分にとること。また、塩分のとり過ぎにも注意が必要です。

●脳卒中、心疾患と食生活

　動脈硬化を防ぐ食生活の実践が不可欠です。**エネルギーバランス**（糖質から50％以上、脂質からは20〜25％）を守り、ビタミン、ミネラル、食物繊維を十分にとること。また野菜や果物から、抗酸化作用のある**ポリフェノール類**をたっぷり補給しましょう。アメリカではマーガリンやショートニングに含まれるトランス脂肪酸の過剰摂取に注意を促しています。

●肝機能、腎機能と食生活

　肝臓はお酒の飲み過ぎに気をつければよいと思っているかもしれませんが、近年は**お酒を飲まない人の肝機能障害（NASH）が増えています**。また慢性腎臓病も増えています。

　もちろんお酒の飲み過ぎは危険ですが、それだけではなく、肉、魚、大豆製品、乳製品とまんべんなく適量をとり、たんぱく質のバランスをよくしておくこと。そして塩分過剰を防ぎ、食物繊維を十分に。

●骨粗しょう症と食生活

　カルシウムのほか、カルシウムの吸収をよくする**ビタミンD、K**を。カルシウムは乳製品、大豆製品、青菜、ヒジキ、小魚などからバランスよく。ビタミンDは乾シイタケやキクラゲなどに、ビタミンKは納豆などに多く含まれています。

●貧血と食生活

　高齢になると、鉄欠乏性貧血の人が増えてきます[※]。レバー、赤身肉、卵、アサリ、ワカサギ、納豆、小松菜、ヒジキなど、**鉄分**の多い食品と、鉄の吸収をよくする動物性たんぱく質や**ビタミンC**も一緒にとる工夫を。

※135頁も参照を

●感染症と食生活

　軽いかぜでもこじらせて肺炎になるなど、高齢になるにつれ、感染症への抵抗力が落ちてきます。抵抗力を高めておくためには、とにかく低栄養にならないこと。そしていろいろなものを食べて**栄養のバランス**を保つことです。

> **長寿と栄養**
>
> 海の幸も山の幸もある、豊富な日本の食材を楽しく心豊かに味わいながら、いくつになってもしっかり栄養をとる。それが健康長寿の秘訣です。「主食」「主菜」「副菜」の揃った色とりどりの食卓を！

⑦食べる機能を維持しよう

右は、高齢者の咀嚼能力と健康余命の関係について行った調査によるデータです。咀嚼能力5は、さきいかやたくわんなど固いものがかめる群。そうでない群が4以下です。咀嚼能力が高いほうが健康余命が明らかに長いことが判明。かむ力の維持がいかに大切かよくわかります。

【図3】咀嚼能力による健康余命の違い

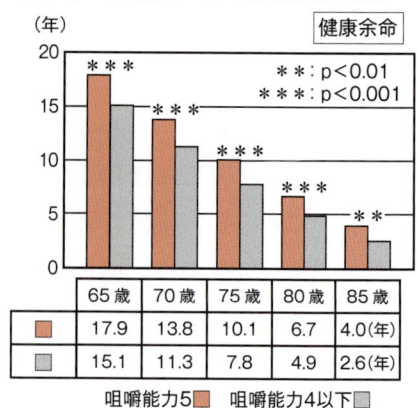

健康余命　**：p<0.01　***：p<0.001

	65歳	70歳	75歳	80歳	85歳
咀嚼能力5	17.9	13.8	10.1	6.7	4.0(年)
咀嚼能力4以下	15.1	11.3	7.8	4.9	2.6(年)

出典：那須郁夫『Geriatric Medicine 老年医学』48巻931頁 2010

［一口30回はかむ！］

かむことは唾液などの消化液の分泌を促して消化・吸収を助けます。また、食べ物のでんぷんが糖に変わって甘味が出ておいしくなります。

さらに咀嚼筋の維持や脳機能の活性化にもつながります。虫歯や歯周病を防ぎ、いつまでも自分の歯で食事ができるためにも、よくかむことが大事。さらに、よくかめば、のみ込む機能の強化にもなります。一口30回はかんで食べるクセをつけましょう。

⑧味覚の変化や嗅覚の変化を遅らせるには？

年とともに味覚や嗅覚が低下して、濃い味付けのものばかり食べたがる人も少なくありません。そうなると食べ物が偏り、栄養バランスが崩れやすくなります。日頃から、右のような工夫で食卓に味と香りの変化をつけ、さまざまなおいしさで味覚や嗅覚を刺激しておきましょう。

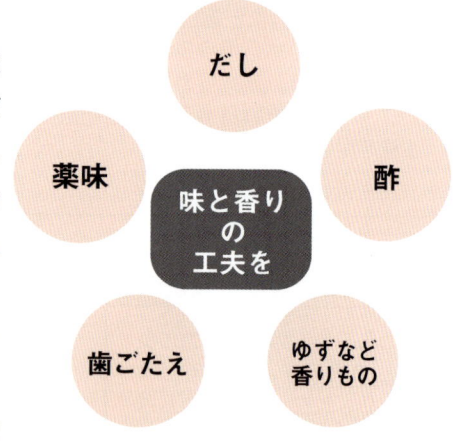

味と香りの工夫を：だし／酢／ゆずなど香りもの／歯ごたえ／薬味

だしの味をきかせたり、さまざまな薬味で風味を倍増したり、和食には上のようなおいしさの工夫がたくさんあります。

［五味五色の食卓を！］

いつも同じような味や食材の食事では、脳への刺激が減ります。食事には甘味、辛味、塩味、苦味、酸味と五味の変化があり、赤、青、黄、黒、白と五色が色とりどりに並んだ豊かな食卓を。これは脳がいろいろな刺激で活性化するだけでなく、栄養のバランスも自然に整う食卓です。食事の準備のキーワードは、五味五色。これを覚えておきましょう。

⑨食事は規則正しく、腹八分目で

朝食は脳の活動に不可欠なブドウ糖を補給し、さらにアドレナリンの分泌を促して「やる気」をもたらします。そして、一日の活動を継続するためには、昼食によってエネルギーや栄養素を補給することが欠かせません。夕食は、一日の活動で消耗した体力を補い、脳の疲労を回復させ、質のよい睡眠をもたらす働きもあります。食事は一日3回、規則正しく、そして腹八分目が大原則です。

⑩運動との相乗効果で、栄養効率アップ！

　筋肉を維持するためには、たんぱく質の摂取が不可欠です。十分なたんぱく質の摂取は、除脂肪体重の減少を防ぐことがわかっています。サルコペニア（筋肉減少症）の予防にも、十分なたんぱく質の摂取が大切です。しかし、たんぱく質は摂取エネルギーの15％以上摂取した分は、運動しないと未消化たんぱく質となって排せつされ、老廃物を排泄している腎臓の負担を増やしてしまいます。運動すれば、このたんぱく質が利用されるわけですから、栄養摂取は運動によってさらに効果が高まることを覚えておきましょう。

[除脂肪体重]

全体重のうち、体脂肪を除いた体重を除脂肪体重といいます。つまり、骨や筋肉、内臓の総量に当たりますが、一般的に骨量や筋肉量の減少を見る目安として使われています。

フードファディズムからの超克を！

　現代の日本人には、マスコミなどが「○○」が体によいといえば、すぐにそれを買いに走り、「○○」がよくないといえば、バランスも考えずに食生活から排除してしまうような傾向があります。**フードファディズムとは、このように食べ物の栄養や、健康に関する影響を科学的根拠も確認せずに過大に信じることをいいます。**

　もともとはアメリカで着眼された概念ですが、それを90年代の終わりに日本に紹介したのは、食品安全委員会リスクコミュニケーション専門調査会専門委員の高橋久仁子（群馬大学教授）で、著書『フードファディズム―メディアに惑わされた食生活』（中央法規）の中で、食物や栄養の影響に関する科学的エビデンスの重要性を訴えています。

　肥満を防ぐための"アブラ"断ちや、年を取ったら肉よりも魚がよいといった偏見と盲信こそ、このフードファディズムです。また、明らかに誇大広告をしている会社の健康食品などに冷静な判断ができなくなる現象も、一種のフードファディズムといえるでしょう。

　食べ物は一つの食材の中にいろいろな栄養や成分が含まれ、さらにいくつかの食品を組み合わせて食べることで、体の中で効率よく働きます。だからこそ、栄養摂取はさまざまな食品群からのバランスが大事なのです。フードファディズムに陥らず、いくつになってもバランスよく食べましょう。旬のおいしさなどを心から楽しみながら、さまざまなものを適切に食べる、豊かな食生活を続けたいものです。

[サルコペニア]

「筋肉量の低下＋下肢筋力の衰え＋歩行機能の低下」をサルコペニアといい、これらが連鎖的に進行して、高齢になると歩行能力が失われてきます。

　現在、東京都健康長寿医療センター研究所では、この進行を防ぐためには、アミノ酸が有効か、どのような歩行機能維持トレーニングが有効かなど、いくつかの介入研究を行っています。

知っておきたい血中成分と老化の関係

●アルブミンと老化の関係

　アルブミンは血液中にあるたんぱく質の一つで、健康であれば血液100mℓ中に4～5g含まれています。高齢者の食生活と生活機能や寿命を10年間にわたって調べた調査[※1]の結果、アルブミンの量が栄養状態のよしあしを反映しているとともに、免疫力や生活機能、生存率に大きくかかわっていることが判明しています。

　【図4】に示したように、アルブミン値の低下とともに生存率が低下します。また、アルブミン値が2.5未満になると死のリスクが急増します。3.5以下では寝たきりのリスクが、3.8未満では筋力低下や感染症のリスクが上昇します。4.0未満になれば、低栄養になっていると考えてよいでしょう。

　健康そうに見えても、知らないうちにアルブミン値が低下していることがあります。これは、今は何とか健康を保っていても、健康を維持する余力がなくなってきている状態です。**アルブミン値は栄養状態の物差しです。"粗食は長生き"という偏見に惑わされず、動物性たんぱく質をきちんととりましょう。**

アルブミンを作る食品

同じたんぱく質でも、食品によりアミノ酸の構成レベルが異なります。アルブミン値を増やすには、人間の体に近いアミノ酸構成を持つたんぱく質食品を。つまり、肉や卵、乳製品などの動物性たんぱく質食品が大切で、植物性たんぱく質食品ではアルブミンは増えません。さっぱりした食事を好んで、植物性たんぱく質の摂取だけに偏らないようにしましょう。

※1 東京都老人総合研究所（現・東京都健康長寿医療センター研究所）による「中年からの老化予防総合的長期追跡調査」(1991年より東京都小金井市で、1992年より秋田県南外村で調査を開始し、その後10年間の追跡調査)

【図4】アルブミンと生存率
(小金井市70歳住民のアルブミン値と10年間の生存率)

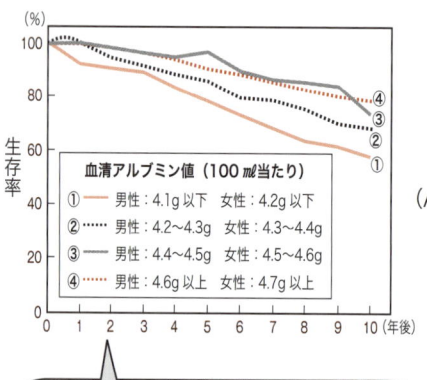

血清アルブミン値（100mℓ当たり）
① 男性：4.1g以下　女性：4.2g以下
② 男性：4.2～4.3g　女性：4.3～4.4g
③ 男性：4.4～4.5g　女性：4.5～4.6g
④ 男性：4.6g以上　女性：4.7g以上

> 70歳の人々をアルブミン値で4つのグループに分け、10年間追跡調査した結果、アルブミン値の低い順から亡くなっているのがわかります。

出典：柴田博ほか『Age Ageing』20巻417頁1991

【図5】アルブミンと移動能力
(ある農村の地域在宅高齢者の年齢調整済みアルブミン濃度と総合的移動能力)

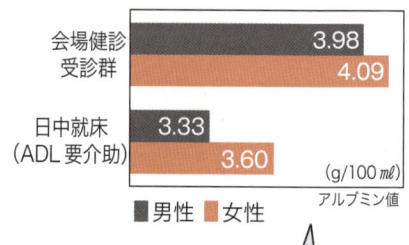

会場健診受診群：男性 3.98／女性 4.09
日中就床（ADL要介助）：男性 3.33／女性 3.60
(g/100mℓ) アルブミン値

■男性　■女性

> 健診を受けに来た人と訪問診査を受けた人を合わせて、アルブミン濃度と外出などの移動能力を見ると、要介助の人のほうが明らかに低くなっています。

資料：渡辺修一郎『Geriatric Medicine 老年医学』48巻891頁2010より作成

●コレステロールと老化の関係

　コレステロールは細胞膜を形成する脂質で、血管の強化、維持に重要な役割を果たしています。各種ホルモンや脂肪の消化を助ける胆汁の材料にもなっています。ビタミンDの合成にも使われ、生命維持のためには、なくてはならない成分です。コレステロールが増え過ぎると動脈硬化が進行するため、とかく悪者扱いされていますが、高齢になるにつれ、コレステロールへの誤解を解く必要が出てきます。

　なぜなら、総コレステロール値が低下すると老化が早まり、日常的な活動能力が低下することがわかっているからです。下の【図6】を見てください。総コレステロール値が低い群ほど、高齢者の活動能力指標(「老研式活動能力指標」)の点数が低下する人が増えています。また、【図7】を見れば、総コレステロール値の低下が生存率の低下にも関与していることがわかります。

(56〜57頁の脂質異常症の項も参照してください)

【図6】コレステロールと活動能力の低下
（血清総コレステロール三分位別「老研式活動能力指標」得点低下者の出現率）

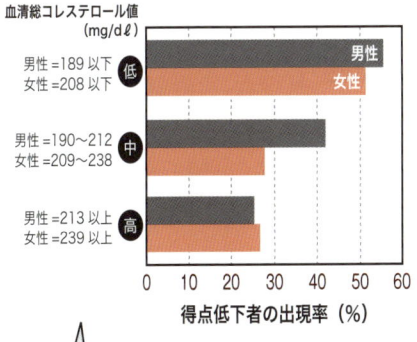

【図7】コレステロールと生存率
（小金井市70歳住民の血清総コレステロール値と10年間の生存率）

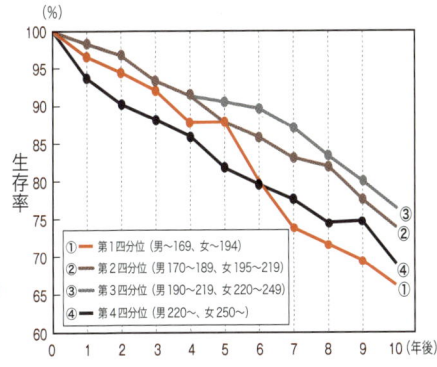

> 小金井市の65〜84歳の高齢者で、初回調査時から2年間で、29頁に挙げた日常的な活動能力チェックの得点が低下した人が最も多いのは、総コレステロール値が低かった群でした。

> 70歳の人々を総コレステロール値で4つのグループに分け、10年間追跡調査した結果、総コレステロール値の低い①群の生存率が最も低く、③群が最も長生きしています。

出典：Shibata H. ほか J Epidemiol 6巻 178頁 1996

出典：柴田博『8割以上の老人は自立している！』ビジネス社 2002

105

第5章 知っておきたい「生・活（いき・いき）」知識　＜老化予防編＞

2 運動習慣

> **学習のポイント**
> 筋力が衰え、足腰が弱くなってくる原因は、年齢のせいよりむしろ、日ごとに使わなくなるため。無理なく続けられる体操や筋トレで筋力を維持しましょう。

①よく歩こう

●筋力の維持・向上の基本は「歩行」

しっかりと足を持ち上げて歩けば、ひざや股関節を動かす筋肉が強くなります。また、腹筋や背筋なども鍛えられ、バランス感覚や敏捷性も高く保てます。負荷は大きくない歩行ですが、歩けば歩いた分だけ筋力の維持・向上につながります。

[あと1,500歩多く歩こう！]
歩くことで、生活習慣病の発症を減少させることが期待できるため、健康日本21では、1日の平均歩行数をあと約1,500歩増やすことを目標としています。1日にあと15分、歩く時間を増やすと、約1,500歩増です。

[75歳以上の人は普段のスピードで4,000〜6,000歩／日を目標に歩きましょう！]
高齢者の日常生活動作能力の中で、比較的早期から低下するのは歩行や起居などの移動動作にかかわる能力です。普段から歩いておくことで、少しでも生活動作能力が維持できます。

[歩行は全身を使う有酸素運動]
手も足もきちんと動かして歩けば、全身の7〜8割の筋肉が働いているといわれています。多くの筋肉が持続的に活動しているほど、よい有酸素運動になります。

大股の速歩で歩こう！
息がはずむ程度のスピードで、1回30分を目安に行います。歩き始めてから、3分ぐらいかけて徐々にペースを上げていきましょう。

- 目線を歩く方向に向ける。（頭が左右にぶれなくなる）
- 背筋を伸ばす。（腕が振りやすくなる）
- 肩から腕を動かす感じで前後に大きく振る。（テンポがよくなり歩きやすくなる）
- 軸足のひざを伸ばす。（腰の位置が高くなって、歩幅が大きくなる）
- かかとから地面につく。（転びにくくなる）

あまり歩けない人は…
その場での足踏み体操を行いましょう。壁に手をつき、両足をひざの高さまで交互に上下させます。

腰などが痛い人は…
水中歩行がおすすめ。腰への負荷が少なく、全身運動になる水中歩行は全身の筋肉を鍛えるのに有効です。

●速く歩ける人ほど、元気で長生き

普段歩いている速度が速い人のほうが、筋肉がしっかりついているので転倒なども少なく、歩行が遅い人よりも約3倍、身体機能低下による障害の発生度合いが少ないことがわかっています。

出典：柴田 博『8割以上の老人は自立している！』ビジネス社 2002

【図8】普段歩いている速さ別に比較した「からだの障害」の発生（6年間）の危険度（TMIG-LISA）

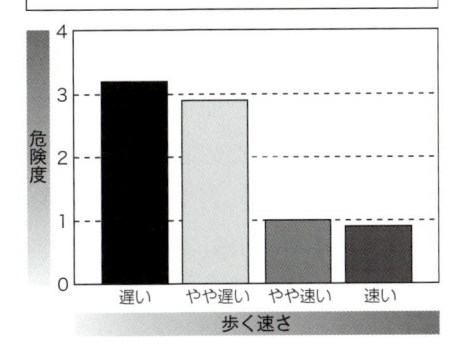

> **5章**
>
> [歩幅と歩行速度]
>
> 高齢になったら、歩行速度を速めたいときには、無理に歩幅を大きくするより、歩調のピッチを上げようと意識して歩いてみるほうが比較的容易なようです。

②無理のない運動や身体活動を継続しよう

●生涯体育のすすめ

体は使わずに動かさないでいると、どんどん筋肉が落ちてしまいます。日常的に運動習慣を持って、いつまでも体を動かしておきましょう。

> [運動時の安全の注意]
>
> 運動に適した服装や靴を選び、準備・整理運動もしっかり行いましょう。筋肉や筋をほぐすストレッチの準備運動がけがの予防につながります。

意識的に体を動かし運動している人

【図9】男性　時々している／いつもしている
- 50～59歳：57.5 （時々39.7／いつも17.8）
- 60～69歳：66.9 （時々36.8／いつも30.2）
- 70歳以上：67.8 （時々32.3／いつも35.5）

【図10】女性
- 50～59歳：61.5 （時々44.1／いつも17.5）
- 60～69歳：73.3 （時々44.5／いつも28.8）
- 70歳以上：63.8 （時々35.0／いつも28.8）

> 年を取るほど意識的に体を動かしている人が多くなり、60歳以上では6割以上の人が意識的に体を動かしています。

積極的に外出している人

【図11】男性
- 50～59歳：52.4
- 60～69歳：56.1
- 70歳以上：58.4

【図12】女性
- 50～59歳：56.2
- 60～69歳：64.4
- 70歳以上：50.5

> 積極的に外出をすることで、無理なく歩くことができ、また気分転換にもなり最適です。

スポーツ習慣の有無とADLの低下

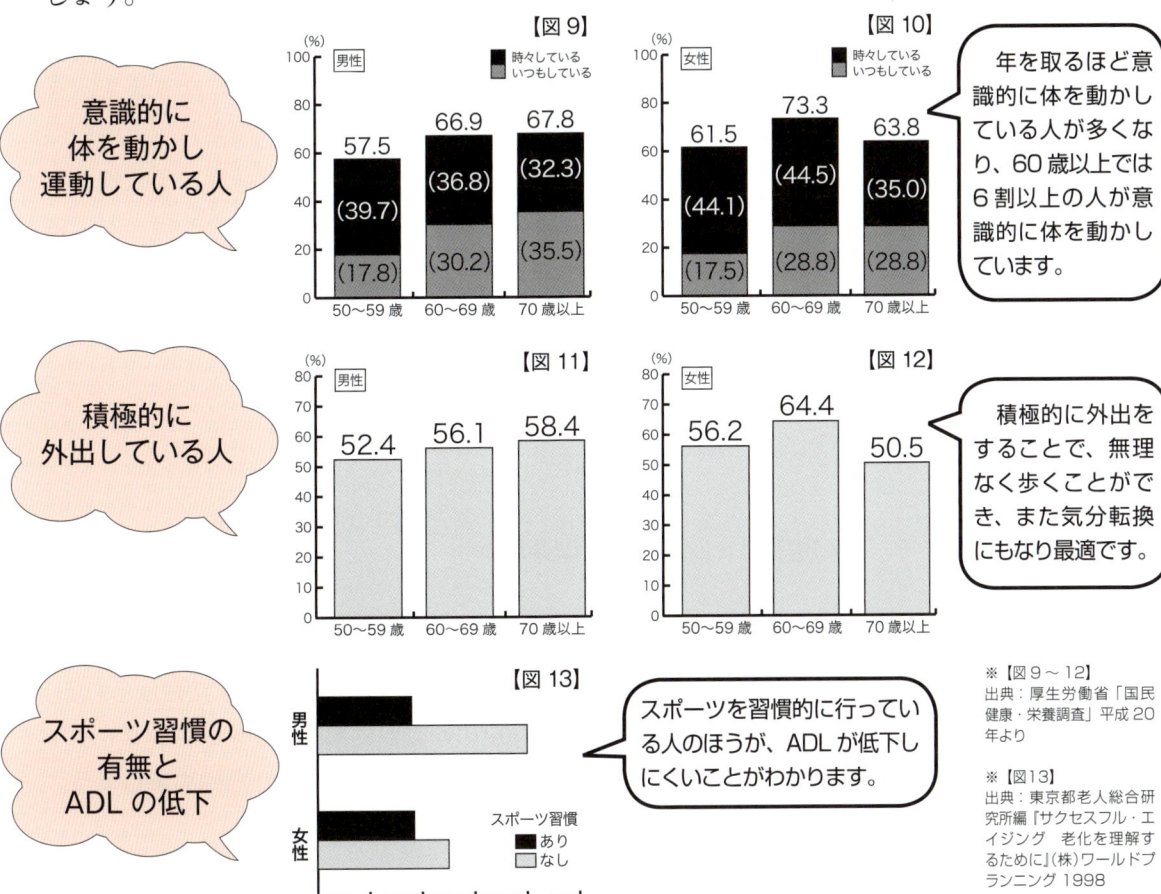

【図13】ADL低下の出現率（％）　スポーツ習慣あり／なし（男性・女性）

> スポーツを習慣的に行っている人のほうが、ADLが低下しにくいことがわかります。

※【図9～12】出典：厚生労働省「国民健康・栄養調査」平成20年より

※【図13】出典：東京都老人総合研究所編『サクセスフル・エイジング 老化を理解するために』(株)ワールドプランニング 1998

107

> 高齢者の
> 健康づくりの
> ための運動

生活習慣型
＋
トレーニング型

[持病のある人は必ず
主治医に相談を]

運動前には必ず体調チェックを行います。発熱や下痢などがあったり、普段より血圧が高いなどの症状がある場合は中止を。また、持病がある人は主治医に相談をして、自分が行ってもよい運動等を知っておきましょう。

[加齢と筋肉量の低下]

ヒトは、30歳を過ぎた頃から、10年ごとに約5％の割合で筋肉量が減少し、60歳を超えると、その減少率が加速することが報告されています[1]。それだけに日常的に筋肉の衰えを防ぐトレーニングが重要な老化予防になります。

※1 Lexell.Taylor and Sjostrom.1998

●**適度な運動とは**

　運動は健康にとってなくてはならないもの。特に中年期では生活習慣病の予防の手段として、運動が重要です。また、高齢期には、健康の指標として、いつまで運動ができるかといった生活機能の維持が健康づくりの目標になることが少なくありません。

　運動は、血糖や血中脂質を適正な水準に保ち、自律神経機能も活性化します。また、心臓や肺、血管系の機能が向上し、疲れにくい体になります。筋力や骨、関節機能も強くなり、転倒予防につながります。また、加齢による心身機能低下を抑制する効果があります。

　運動を行う際には、運動の種類、強度、時間、頻度などを、年とともに変わってきている自分の運動能力に合わせる心掛けが重要です。

＜継続的生活習慣型運動＆身体活動＞

　体を動かす機会を増やすには、仕事や趣味、ボランティア活動、家の中のこと、地域活動などを年齢や能力に応じて積極的に続けていくことです。

　家事は、一番身近に実践できる身体活動です。布団の上げ下ろしや布団干し、雑巾絞りなどはよい筋力トレーニングになります。また、通勤や買い物のための歩行は持久力の維持に役立ち、入浴の際に体のすみずみまで念入りに洗うことなども、敏捷性、柔軟性、平衡性（バランス感覚）、巧緻性など多くの運動機能の維持・向上に役に立ちます。まずは、これらの身近にできる生活習慣型の運動を取り入れてみましょう。

　生活習慣の中でできる身体活動は、エクササイズの項（110頁）にも出ていますので、参考にしてください。

＜短期的トレーニング型運動＞

有酸素運動　心肺機能を高め、持久力を上げるために有効な有酸素運動は、「ややきついが、まだまだ続けられる」と感じる程度の運動が効果的。ウォーキングやサイクリングなど身近にできることから始めましょう。

筋力トレーニング

年齢を重ねるごとに衰えやすい筋力を鍛えます。家庭内でも行えるので、以下のトレーニングなどを行い、筋力を維持・向上させましょう。

腹筋運動
背もたれから少し離れていすに座り、腰を丸めながら倒して、背もたれに背中が触れたら起こします。

両足立ちでのひざ屈伸
いすに座ったり、立ったりを繰り返します。

尻上げ
両手を座面に置き、おなかに体重をかけるようにお尻を浮かせては下ろします。

背筋運動
頭の後ろで手を組み、ひじを張り、股関節から前傾させて起こします。

> どの動作も10回続けて、1週間に最低3日は行いましょう！

ストレッチ体操

呼吸を止めないようにゆっくりと20～30秒筋肉を伸ばした状態をキープし、左右交互に行います。

脇腹のストレッチ
腕を上げたまま左右に体を傾けます。

胸のストレッチ
両手を左右に広げ、胸を斜め上に突き出します。

肩、背中、ももの後ろ側のストレッチ
テーブルやいすの背もたれに手を乗せ、下を向いてひじを伸ばして、腰を後ろに引きます。

大腿前面のストレッチ
肩幅に足を広げて立ち、背筋を伸ばしたまま両ひざを軽く曲げ腰を少し落とします。

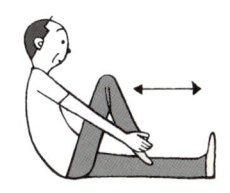

大腿前面のストレッチ
座って片足のひざを曲げ、足の甲あたりを持ってお尻に近づけます。

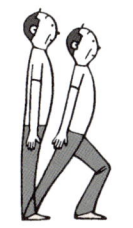

ふくらはぎのストレッチ
足を前後に開いて前ひざを曲げ、後ろのふくらはぎやひざの裏を伸ばします。

> どの体操もゆっくりと筋肉を伸ばしながら、息を止めずに…

バランス訓練

水中運動や、社交ダンス、太極拳などもバランス能力を高める効果があります。速歩きや、電車内で立っているなどは生活の中のバランス訓練です。

> 生活の中でバランス能力を鍛えましょう！

[65歳以上の高齢者の身体活動の目安]

高齢者がより長く自立した生活を送るための運動機能の維持のためには、活動強度にかかわらず、身体活動を1週間に10メッツ・時以上行うことが望ましいとされています。座ったままでなければどのような活動でもよいので、身体活動を少なくとも毎日40分以上は行いましょう。

● 「生活活動」と「運動」を上手に組み合わせて、体を動かしましょう

そろそろ体を動かさなきゃいけない。でも、ウォーキングに出掛けたり、ジムに行ったりする時間もとれない。そう思っていませんか？ 身体活動量は、活動強度（単位：その活動のエネルギー消費量が安静時の何倍にあたるかを示すMETs（メッツ））と活動時間の積、メッツ・時（＝Ex（エクササイズ））で表されます。軽い運動でも時間をかければ十分な身体活動量になるのです。

▼

目標は1週間に23エクササイズ（Ex）

週に23 Exと聞くと多そうと思うかもしれませんが、一日に3 Exと週末に軽い運動を加えれば、実現可能な目標。しかも、歩行20分を10分ずつに分けても構いません。目標達成のために、普段の暮らしから歩く時間を増やしてみましょう。

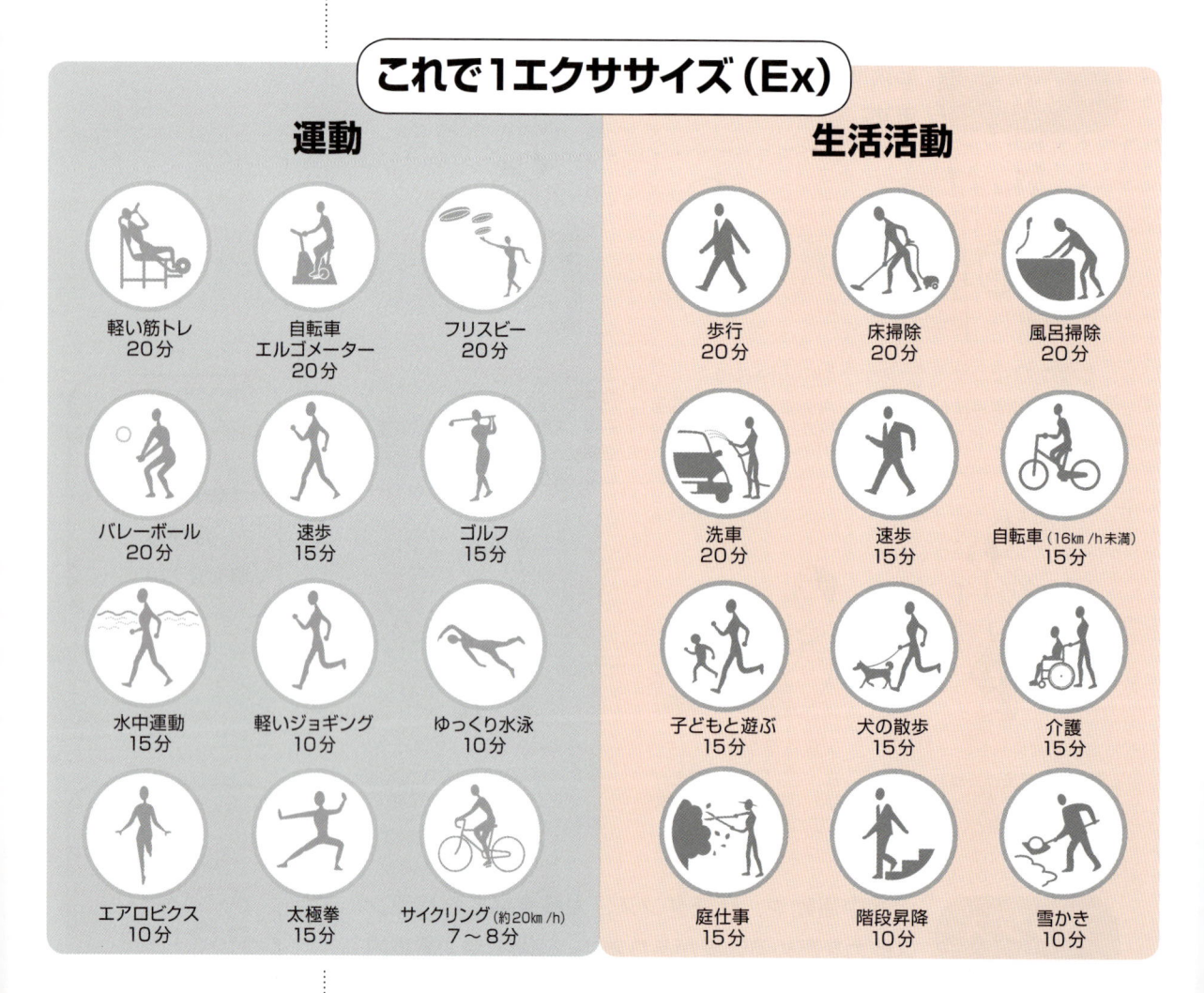

これで1エクササイズ（Ex）

運動

軽い筋トレ 20分	自転車エルゴメーター 20分	フリスビー 20分
バレーボール 20分	速歩 15分	ゴルフ 15分
水中運動 15分	軽いジョギング 10分	ゆっくり水泳 10分
エアロビクス 10分	太極拳 15分	サイクリング（約20km/h） 7〜8分

生活活動

歩行 20分	床掃除 20分	風呂掃除 20分
洗車 20分	速歩 15分	自転車（16km/h未満） 15分
子どもと遊ぶ 15分	犬の散歩 15分	介護 15分
庭仕事 15分	階段昇降 10分	雪かき 10分

これが生活体力のものさし！

●姿勢

　背骨が丸くゆがむことを円背といいます。年とともに円背になると重心が前に偏りやすく、ますます円背が進行します。前傾にバランスが崩れるために、足も上がりにくく、つまずきやすくなったり、転倒しやすくなったりします。「正しい姿勢を保っている」。これが生活体力の大きな指標の一つといえるでしょう。

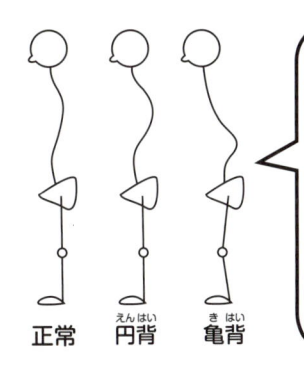

　円背は背中全体が丸くなる状態。亀背は一部分がゆがんで曲がっている状態で、一般的に腰の曲がった高齢者が亀背です。どちらも、徐々に進行した脊椎の圧迫骨折によるものです。

正常　円背　亀背

●歩行速度

　歩く速さは日頃の体力と大きく関係しています。これは最大歩行速度で見てもよくわかります。栄養状態と体力の指標ともいえるアルブミン値が低いほど、最大歩行速度の低下が大きくなっています（右図参照）。最大に速く歩いているつもりでも、スピードが出なくなってしまったら、栄養や体力が低下しているサインです。

血清アルブミン水準と最大歩行速度の低下
（1992～2000年）

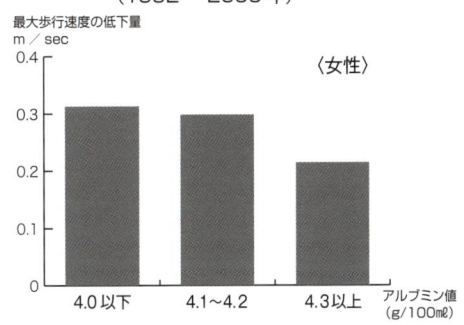

〈女性〉

出典：熊谷修ほか『日本公衆衛生雑誌』49巻（suppl）776頁 2002

●握力

　ぎゅっと握って回さなければならない蛇口やドアノブがつらくなってきたら、老化のサインでもあります。握力は思っている以上に生活体力のものさしです。右の図にもあるように、適度な運動をしないと握力も落ちてくるので気をつけてください。

運動の習慣別体力

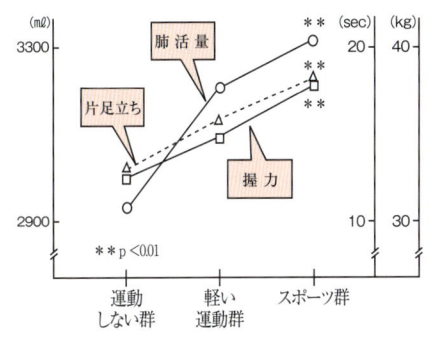

肺活量　片足立ち　握力

** p＜0.01

運動しない群　軽い運動群　スポーツ群

出典：柴田博『8割以上の老人は自立している！』ビジネス社 2002

　運動をまったくしない暮らしでは、生活体力低下のサインである、握力も片足立ち能力も肺活量も、一緒になって低下してしまいます。

●脚の筋力

　人間の脚の筋肉は1年に1％ずつ減少し、運動などで刺激し続けないと、どんどん減少していきます。生活体力が低下し、横になっている時間が多くなるほど、足腰が弱くなり、バランス能力の低下から転倒しやすくなるので、要注意です。

111

第5章　知っておきたい「生・活」知識　＜老化予防編＞

3 生活リズム

> **学習のポイント**
> 朝は気持ちよく目覚めて、夜は心地よく眠れる。体内リズムを、このように昼夜の流れに沿って整えるために、知っておきたいポイントを覚えておきましょう。

① 生物には、生体リズムが刻まれている

　生物には、生体リズムという内因的な周期現象があります。その中でも約1日の周期を概日リズムといい、睡眠や覚醒、自律神経や内分泌、代謝などのさまざまな機能に概日リズムが見られます。概日リズムを形づくる生体時計の周期は24時間より約1時間長いのですが、光の明暗（昼と夜）、社会活動、食事、運動、環境などの生活リズムにより24時間の周期に調整されています。交感神経系の活動指標でもある、体温、血圧、脈拍などは16時から18時頃最高となります。一方、副交感神経系の活動は3時から5時頃最高となります。喘息発作が早朝に起きやすいのは、この時間帯に気管支が細くなるためです。また、痛みの感覚を引き起こすヒスタミンの感受性は20時頃最強になることが知られています。昼間気にならなかった虫歯の痛みが夜になって強くなるのはこのためです。

② 昼夜のリズムに逆らわずに暮らそう

　体内では、さまざまな生体リズムが相互に作用して、朝、昼、夜の暮らしのリズムを支えています。中でも、睡眠・覚醒のリズムと体温変動のリズムがうまく同調していることが大切です。朝の体温が一番低いときに目覚めのホルモンが分泌され、夜の体温が高いときに眠りのホルモンが分泌されていれば、健康な生活リズムが保てます。しかし、昼夜逆転の暮らしや不規則な起床時間が続くと、睡眠・覚醒のリズムと体温の変動が同調できなくなり、リズム障害が生じて、不眠、うつ、疲労感、注意力や集中力の低下などに陥りやすくなります。

［概日リズムと地球の自転］
　概日リズム（サーカディアンリズム）は、地球上の生物が地球の自転により起こる昼夜変化に適応するため獲得した基本特性で、日中の有害な紫外線下でのDNA複製を避けるために獲得した機能と考えられています。

［生体時計の1日］
　ヒトを外界から完全に隔離された実験室で長期生活をさせることにより生じる生体時計の内的な1日は約25時間であり、これを規則正しい生活リズムを保つことなどで24時間に調節しているのです。

［時差ボケと生体リズム］
　睡眠・覚醒と体温変動という2つのリズムがかみ合って、体は目覚め、食欲をはじめ、1日の活動リズムを整えます。しかし、時差ボケになると、この2つがうまくかみ合わなくなるので、1日の活動リズムが整わず、つらいのです。

③ストレスや不規則な生活は、体内周期を乱すもと

　体内には、睡眠・覚醒や体温変動のほかにもさまざまな生体リズムがあります。よく知られているのが女性の月経周期です。ほかにも下のような数々の生体活動が周期を持って繰り返され、生命体としての心身が維持されているのです。これらの周期は自分の意思で調節できるものではなく、自律神経に支配されています。しかし、ストレス状態や不規則な生活が続くと自律神経の働きが乱れ、生体リズムに変調が生じて、病気になりやすい体になってしまうのです。

体内変動	周期
心拍数	約1秒
呼吸	約3～4秒
体の血液循環速度	約30秒
腸のぜん動	約30秒
ガス交換	約2,000秒
細胞分裂周期	約10分～24時間以上
血圧変動	約24時間

（注）左の体内変動と周期の時間はあくまでも目安で、個人差により違いがあります。

資料：田村康二『「時間医学」で読む　病気の時刻表』青春出版社　1998を一部改変

生活リズムがポイント

1　光の明暗
　太陽光を浴びることなく、一日中人工の光の下にいるとリズム障害が生じやすくなります。特に朝の光を浴びることが大切とされています。

2　食事
　特に朝食がリズムの同調因子として重要です。朝食をとると、アドレナリンなどの脂肪動員ホルモンの分泌も増え、エネルギー代謝が活発に行われるように整備されます。

3　身体運動
　身体運動は、リズムの同調因子にもなります。同じ運動量であれば、昼の運動が身体機能の向上にとっては最も効率がよいことがわかっていますが、昼間は運動する時間がとれない人も少なくありません。朝や夜に運動する場合は、特に準備運動を十分に行いましょう。

4　睡眠
　午後11時頃から午前2時頃の間の睡眠中に、成長ホルモンの分泌が盛んになるといわれています。このとき、体内では成長ホルモンによって細胞の修復が行われています。それだけに、真夜中になる前に眠りにつくリズムが大切です。

5章

[夜勤明けには]

　人間の体には、多少の生体リズムのズレを調整する力が備わっています。それで交代勤務などができるのですが、やはり夜勤明けにはサングラスで朝日を避け、部屋を遮光カーテンで暗くして寝るなどの工夫を。こうして体が生体リズムのズレを調整する働きを助けてあげましょう。

[朝はゆっくりと…]

　体は、目覚める頃から体温や血圧を徐々に上げていきます。そして、心身を活動状態へと向かわせるアドレナリンや、食欲刺激ホルモンなどを分泌させ、活動モードに切り替えます。
　朝は、いきなり動かず、朝日を浴びて、ゆっくりゆっくり深呼吸を。体にも活動への支度時間をあげてください。

第5章 知っておきたい「生・活」知識 ＜老化予防編＞

4 ストレスコントロールと心の健康

学習のポイント　心豊かに人生を過ごすには、ストレスコントロールの知恵が欠かせません。ストレスの心身への影響を理解し、それに負けない懐の深い人になりましょう。

[ストレスの影響があるかないか…]

快食　快便　快眠

たとえストレスを感じることがあっても、快食、睡眠、快便なら、心配無用。この3つが崩れてきたら、過度なストレスが心身に影響し始めているサインです。

[悩みやストレスがある人の割合]

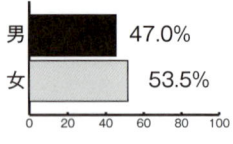

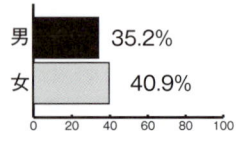

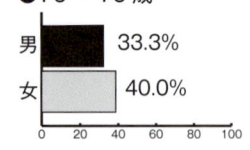

● 50～59歳
男 47.0%
女 53.5%

● 60～69歳
男 35.2%
女 40.9%

● 70～79歳
男 33.3%
女 40.0%

● 80歳以上
男 37.0%
女 42.1%

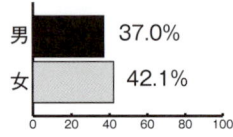

※資料：厚生労働省『国民生活基礎調査の概況』平成22年

①ストレスとストレスホルモン

　ストレスがたまってくると、筋肉が凝ったり、血圧が上がったり、血流が悪くなったりします。便秘や下痢になることもあります。ストレスホルモンが正常な生体活動を乱しているのです。下に示したようなメカニズムで脳から指令が届き、副腎からカテコールアミンやコルチゾールといったストレスホルモンが分泌されています。

　これらのストレスホルモンが分泌され続けると、心の病気だけでなく、体の病気も生じやすくなります。免疫力が低下してかぜなどの感染症に弱くなるのはもちろん、自律神経失調症状に悩まされることも多くなります。また、ストレスから高血圧や糖尿病などが発症する「心身症」にも、ストレスホルモンが大きく関与しています。

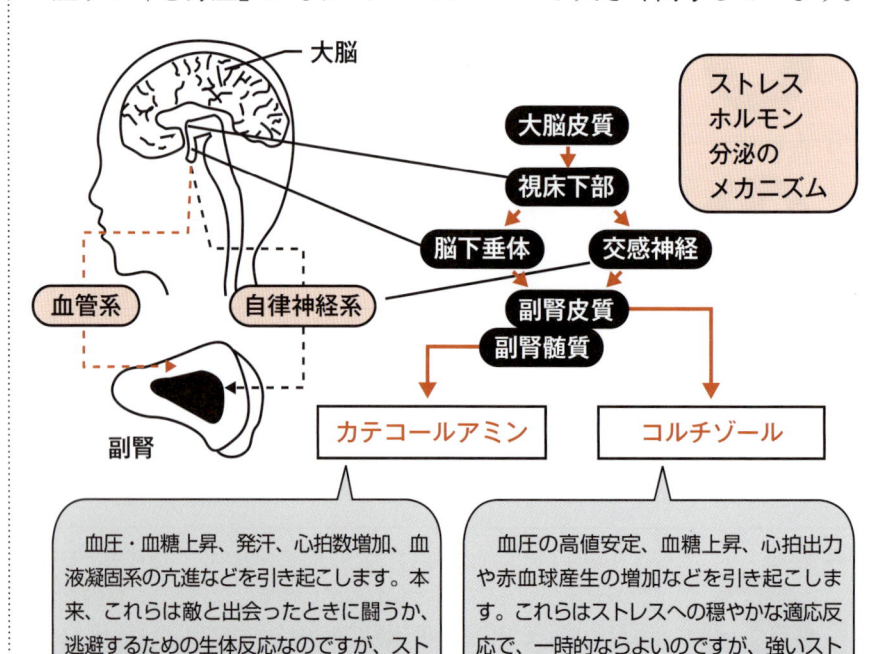

ストレスホルモン分泌のメカニズム

大脳 → 大脳皮質 → 視床下部 → 脳下垂体／交感神経 → 副腎皮質／副腎髄質 → カテコールアミン／コルチゾール

血管系　自律神経系　副腎

カテコールアミン：血圧・血糖上昇、発汗、心拍数増加、血液凝固系の亢進などを引き起こします。本来、これらは敵と出会ったときに闘うか、逃避するための生体反応なのですが、ストレスで同様の反応が生じてしまうのです。

コルチゾール：血圧の高値安定、血糖上昇、心拍出力や赤血球産生の増加などを引き起こします。これらはストレスへの穏やかな適応反応で、一時的ならよいのですが、強いストレスが慢性化すると、病的老化を進めます。

②ストレスコントロールこそ、人生の知恵

心の健康は、生き活きと自分らしく暮らすための重要な条件です。具体的には、自分の感情に気付いて表現できること（情緒的健康）、状況に応じて適切に問題解決ができること（知的健康）、他人や社会と建設的でよい関係が築けること（社会的健康）、人生の目的や意義を見いだし、主体的に生きていけること（人間的健康）が揃って、心豊かな日々が出来上がります。こういうと難しい気がするかもしれませんが、すべて、人生を積み重ねてきた道で拾い集めてきた知恵なのです。山あり、谷ありの人生を生きてきた高齢者こそ、自分なりに人生を生き抜く知恵の達人。右のような手段をよく知っているのではないでしょうか。

- 受け流す
- ときにはよい刺激と受け取る
- リラックスタイムで心身をほぐす
- よく笑い、よく泣く
- 趣味や仲間をつくる
- 他人と比べない

「一期一会の心」と「感謝の念」

千利休の教えにも近い、「一期一会」。茶室という小宇宙の中で、今、こうして向かい合っている出会いと時の流れは、二度と巡ってこないもの。だからこそ、今この瞬間がありがたく、大切にしなければいけないという、人生の深い哲学でもあります。

そしてまた、「一期一会」は、幕末の大老、井伊直弼の茶道を極める心の銘でもありました。

国を治めんとする権力者たちの疑心暗鬼な心から、不安や惑いまで受け止めてきた千利休といい、幕末の騒乱を心を鬼にして収めようとしていた井伊直弼といい、精神的負荷の多い人物たちが、すべての不安や怒り、葛藤を胸の内に収めてきたこの言葉にこそ、ストレスコントロールの真髄があるとはいえないでしょうか。

何があっても、とにかく、今ここに自分があることのありがたさ。目の前のお茶も、食事も、人との触れ合いも、生きていればこそ。日々のすべてに「一期一会」の心と、感謝の念で向き合ったとき、ストレスを恐れたり、ストレスにつぶされたりせずに、一日一日を享受できる人生になるような気がします。

[人生の第9ステージへ！]

●老年的超越とは

人間はいくつになっても発達し続けるものという「生涯発達理論」を43頁に紹介しています。その中でも述べていますが、80代、90代、100歳代と、人は年を重ねるほど、超越した心理を獲得し、不満が減り、心豊かで穏やかな人になれるといいます。これを心理学では「老年的超越」といい、この心のレベルが現れるのが人生の第9ステージであるとしています。

身の丈を知り、人と比べて動揺することもなく、どんな巡り合いにも感謝しながら、若い人々に学ぶべを知る。このような心で暮らせるようになったとき、ストレスまでも味方につけられる「老年的超越」のステージに立てるのではないでしょうか。

第5章 知っておきたい「生・活」知識 ＜老化予防編＞

5 休養

> **学習のポイント**
> 「睡眠」と「入浴」は、疲れをとり、心身のバランスを整えておくために、欠くことのできないもの。この2つの正しい知識を再整理しておきましょう。

[睡眠の役割]

●情報の整理・脳の休息
　日々の種々雑多な情報は睡眠中に整理され、記憶の引き出しに定着されます。また大脳は眠っている間に温度が下がり、休まります。

●疲労回復・細胞修復
　疲労物質の排せつが促され、さらに成長ホルモンが分泌されて、細胞の修復・再生が行われています。

●脳内ホルモンの調節
　眠りのホルモンから、朝方には目覚めのホルモンに切り替わる調整がされています。

①睡眠

●年とともに睡眠の質や量は変わります

　高齢になると不眠の訴えがますます多くなってきますが、年とともに睡眠の質や量は変わってくるのが普通です。

　睡眠には、体を休ませる「浅い睡眠」（レム睡眠）と、脳を休ませる「深い睡眠」（ノンレム睡眠）があります。一般的には【図14】の成人のパターンのように、「浅い睡眠」と「深い睡眠」が交互に現れながら約90分の周期で繰り返され、朝を迎えます。しかし、高齢者のパターンを見るとわかるように、「深い眠り」が減り、「浅い眠り」の途中でも度々目を覚ましています。多くの人がこうなってくるということを知っておきましょう。

【図14】加齢に伴う睡眠の変化

> 肉体的、精神的活動量が減ってくれば、睡眠は浅くなりがちです。また生活のメリハリがなくなり、昼にうたた寝などをしていれば、中途覚醒や早朝覚醒が多くなります。生活の変化とともに、睡眠の質と量にも加齢変化が現れるようです。

出典：植木洋一郎・井上雄一『ANTI-AGING MEDICINE アンチ・エイジング医学』6巻173頁 2010

●「よく眠れない」と感じている人へ

加齢につれて昼間の活動量が減れば、必要な睡眠時間も少なくなります。また、必要な睡眠時間は人それぞれ。個人差がある上、若いときからとてもよく眠るタイプだったからといって、高齢になってもそれが続くとは限りません。あまり睡眠時間にこだわらず、翌日いつものように過ごせればよいのです。

Q いつもすぐには寝つけなくて…
A 早寝し過ぎず、眠気がきてから床に就き、うとうとでも気にしないこと。眠らなくてはと意識し過ぎて神経が緊張すると、よけい眠れなくなります。

Q 昔より夜中に何回も目が覚めて…
A トイレが近くなっているせいもあるでしょうが、昼間きちんと日光を浴びて体を動かしていないと、眠りが浅くなります。散歩などをして疲労感を得る暮らしを。

Q 早朝に目覚めてもう眠れないのが…
A それで1日が普通に過ごせるなら、起きてしまい、昼寝もしないことです。ただし、起きようとしても、気分がぐったりして動けないようなときは、一度、専門医の受診を。

Q 昼間もすぐ居眠りしてしまう…
A 身体機能の状況によりますが、外出などができるのに、おっくうがって居眠りをしていると、睡眠と覚醒の区切りがつかなくなります。昼寝は午後3時より前に30分以内で。人との交流を増やしましょう。

睡眠時無呼吸症候群（SAS）に注意

睡眠をとっているのに、眠った気がしない。特に寝つきはよくても、熟睡感がなく、起きると頭痛がする。そしていつも疲れがとれず、日中強い眠気に襲われる。このような人は、睡眠時無呼吸症候群（SAS）かもしれません。

SASは、太っている人に多く、眠ると舌がのどの奥に落ち込んで睡眠中にときどき呼吸が止まってしまう病気です。呼吸ができていないので本能的に眠りが途切れ、夜中に度々あるため眠った気がしません。一番の特徴は大きないびきです。そのいびきが睡眠中にふと止まり、またいびきをかくので、一緒に寝ている家族が気付くこともあります。

60歳以上に多く、度々の低酸素状態が病的老化を進めます。その上、深い眠りが減るため、成長ホルモンの分泌が減り、病的老化がさらに促進されます。

5章

寝酒は禁物！

アルコールは眠りを浅くするだけでなく、習慣的に寝酒をしていると徐々に量が増え、アルコール依存症にも近づく危険があります。昼間しっかり体を動かして、疲労から眠くなるように努めるとともに、どうしても眠れないときには、入眠剤などをもらいましょう。

睡眠環境を整えよう

●音
家族の協力も必要です。外からの騒音には、二重サッシや雨戸、防音カーテンなどで防音対策を。

●光
おぼろげに物が見える程度の明るさに。

●温度・湿度
理想の室温は夏が25℃、冬が15℃。湿度は年間を通して約50％に。

●寝具
敷布団は適度な硬さが必要。掛布団は軽くて吸湿性と保温性のあるものを。枕は首の自然なカーブが保てるものを。

②入浴

●入浴は心も体も喜ぶ健康法

お風呂にゆっくり入るほど、気持ちのよいことはありません。入浴には、目に見えない「温度」「浮力」「水圧」「抵抗」という4つの作用があります。まずお湯の温度によって毛細血管が拡張し、血行がよくなります。ぬるいお湯にゆっくりつかると、副交感神経が働いて心もリラックスします。また、浮力によって筋肉への負荷がなくなり、凝りや痛みが緩和されます。さらに水圧がかかるので、静脈中の血液が心臓に戻るのを助け、老廃物の排せつをよくします。そして水の抵抗が働いているので、湯船の中で体を動かすと水中運動と同じ効果で、運動にもなります。ただし、入浴はそれだけエネルギーを消費します。湯疲れしない正しい入浴法を守ってください。

●芯から温まる入浴法で快眠を

熱いお湯は体の表面ばかりが温まり、体の芯まで温まっていません。これでは上に挙げた4つの作用もうまく働きません。

1. 38～40℃のぬるめのお湯にゆったりと

熱いお湯とぬるいお湯では、入浴による作用がまったく異なります。ぬるめのお湯なら副交感神経が働いて血管を広げ、神経の緊張をほぐしますが、熱いお湯に入ると、交感神経が刺激されて、身も心も緊張状態になります。ぬるま湯にゆったりと。

2. 入浴後はすぐに着衣を

湯冷めして、せっかく温まった体の温度を逃さないように注意を。上半身より下半身のほうが冷めるのが早いので、下半身から着衣を。冬はすぐに靴下もはきましょう。

3. 入浴後30分以内に床に就きましょう

112頁で、夜体温が高いときに眠りのホルモンがよく分泌されるという話をしましたが、体がまだポカポカしているうちに床に就いたほうが、眠りのホルモンがよく出て、寝入りやすくなります。

[正しい入浴法]

1 空腹時や食事直後、飲酒後は避けること

2 大きめの浴槽で浮力を感じてゆったりと

3 汗が流れる、動悸がする、手がふやけるまで入るような長湯は禁物

4 入浴中に急に立ち上がると立ちくらみを起こすことがあるので、ゆっくり立ち上がること

5 病中病後など体力消耗時の入浴は控えること

[自然がくれる入浴剤]

四季を楽しみ、折々の行事に合わせて、湯船に浮かべた自然界からの入浴剤は心にも体にもよい"妙薬"。手軽な入浴剤でも、季節感のあるものが多くあります。これらを楽しむことも、暮らしを豊かにするコツです。

●よもぎ湯（早春の香り）
摘んできたよもぎを細かく刻んで水から煮出し、こします。煮汁をお風呂に。

●菖蒲湯（端午の節句に）
菖蒲の根や葉をお湯に浮かべるだけです。

●ゆず湯（冬至の風物詩）
ゆずを5、6個、丸ごと浮かべてもよいし、輪切りにしてストッキングなどに入れて浮かべるのもよい方法です。

5章

●くれぐれも、安全な入浴を！

高齢者にとって、入浴はとても楽しみな習慣です。その一方、高齢者にとって、入浴は最も難易度の高い日常生活動作でもあり、毎年、入浴に伴う高齢者の転倒や死亡事故が報告されています。入浴中の急死・急病の原因は、心肺停止、脳血管疾患、一過性意識障害（失神）、溺水・溺死です。冬期に、かつ寒冷地に多く、自宅浴室での発生が大半です。以下の点に注意して、安全な入浴を。

お酒を飲んだあとの入浴はキケン！！

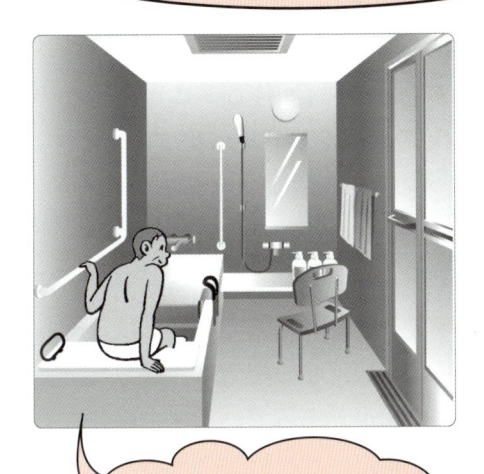

高齢者が入浴しているときは、周りの人が声掛けを！

1 入浴環境を整備
　手すりを取り付け、出入り口の段差を解消する工夫を施し、浴室の扉を引き戸か折れ戸にする　など

2 脱衣所や浴室は暖めておく

3 お湯につかるのは心臓の下ぐらいまで

4 ぬるめのお湯で、長湯はしない

5 入浴中や入浴後、急に立ち上がらない

6 入浴後は水分の補給を

（注）もし、顔が水没しているような状態を発見したときは、まず、顔を上げて気道を確保し、浴槽の栓を抜いて顔が水没するのを防ぎ、浴槽から引き上げて直ちに心臓マッサージをするとともに、救急車を呼びましょう。

[高温浴の禁止]

熱いお風呂や温泉は、血圧にも、心臓にも、悪影響。41℃以上になると、心臓への負担が特に大きくなります。かけ湯で体を温めてから入ることも大切です。温泉の中には高温浴のものもありますが、高齢者は控えたほうがよいでしょう。また、湯につかるのは一度に5分以内を3回までで上がりましょう。

高齢者の入浴事故とその予防

東京都健康長寿医療センター研究所が2013年に発表したデータでは、高齢者が自宅などで入浴中に体調が急変して死亡する「入浴関連死」は年間約1万7000人と、交通事故死（約4400人）のおよそ4倍に上ります。

自宅で入浴中に発生する高齢者の急死は冬場に集中しています。その原因は、脳卒中、心筋梗塞などさまざまですが、これらの背景には血圧の急激な変化が影響していると考えられています。

寒い場所で服を脱ぐと、血管が収縮して血圧が上がり脳卒中の引き金になることがあります。また、熱い湯に長く入った後では血管が拡張し、血圧が急激に下がることにより立ちくらみ（起立性低血圧）を起こしやすくなります。また、血圧が下がるとそれを補うために心拍数が上がり、心臓に負担がかかって心臓発作を起こすこともあります。

[入浴中の急死を予防するためのポイント]

①立ちくらみをおこしやすい朝の入浴はなるべく避けましょう。
②発熱時や眠気、疲労が強い時の入浴は避けましょう。
③寒い日の入浴前には10～20分ほど全身運動を行って血液の循環をよくしておきましょう。
④寒い日はシャワーでの給湯、風呂の蒸気、暖房などを利用し寒暖の差が大きくならないようにしましょう。
⑤入浴前後には水分補給をしましょう。
⑥サウナなどで水風呂と熱い風呂に交互に入るのは禁物です。
⑦38～40℃の湯温で5～10分の半身浴が目安です。

第5章　知っておきたい「生・活」知識　＜老化予防編＞

6 積極的休養

学習のポイント
家にたとえれば、睡眠や入浴といった休養は、家を支える土台。しっかりとした土台の上に、どんなゆとりの家をデザインするのか。それが積極的休養です。

①休養は「休む」＋「養う」こと

　休養には2つの側面があります。一つは、「休む」こと。日々の仕事や活動で疲れた心身を癒し、元の活力ある状態に戻すことです。もう一つは、「養う」こと。明日への英気を養い、身体的、精神的、社会的な健康力を高めることです。後者の「養う」ための時間、それが積極的休養です。

　ゆっくりお風呂に入って、ぐっすり眠る。病気でなければ、それで体の疲れは回復するはずです。しかし、心の疲労は、眠るだけではとれないことがあります。ストレスがたまっていると、眠りにも支障が出てくることも少なくありません。日常の雑事や嫌なことを忘れ、心を解放する時間を持ちましょう。「体の疲れは寝てとるが、心の疲れは体を動かしてとる」といいますが、これも事実です。精神疲労ばかりが多い人には、適度な運動が必要です。それも、散歩をするなら一人でなく、気の置けない人と一緒におしゃべりをしながらなど、高齢者にとっては、人と交流しながら楽しく体を動かしたほうが、明日への英気を養う積極的休養につながります。

②いちばん自分らしく戻れる時間を

　若い頃には楽しんでいた趣味やスポーツの時間もだんだんなくなり、仕事と家族のためのことだけでここまで過ごしてきてしまった。そんな人も多いでしょう。年を取るということは、再び、自分の時間を取り戻せるということでもあります。旅行もよし、趣味仲間と集うもよし、ものづくりもよし。右頁に挙げたように、テーマは数限りなくあります。何をやっても、うまい、下手など関係ありません。競争心を捨てることも、自分を楽しむ大切なポイントです。

5章

つくる
手芸、陶芸、料理、etc. 手を使ってものをつくれば、脳の老化予防にも。

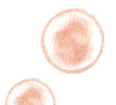

しゃべる
家族と。ご近所と。または何かの会に参加して。日々たくさんの会話を。

汗を流す
シニアスポーツも盛んです。またスポーツジムで汗を流すのも心身の活性化に。

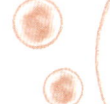

食べる
仲間との食べ歩きや、友人との会食など。楽しく食べるほど心の栄養に。

積極的休養の方法は、人によってさまざま。
自分の楽しみのための時間なら、
どんなことでも心身を癒し老化防止になります！

集う
趣味を何倍も楽しくしてくれるのが、趣味仲間との集い。子ども時代の友達感覚で。

見る
美術鑑賞、映画鑑賞、名所観光、etc. よいものに触れ、心に感動を。

聴く
音楽療法があるほど、音楽は心を癒してくれるもの。楽器の演奏もぜひどうぞ。

笑う
ストレスホルモンを減らし、免疫を強化する笑い。川柳や落語もよし、冗談もよし。

忘れる
好きなことに夢中になったり、どこかに出掛けてボーッとしたり。心のお掃除を。

自由時間倶楽部（JJC）

　NPO法人 生活・福祉環境づくり21では、元気な中・高年齢者が集う組織「自由時間倶楽部」（JJC）を運営しています。

　「"余生"でも"老後"でもない、太く長い"これからの人生"を新たな仲間と一緒に楽しみませんか！」という呼びかけで発足したJJCは、「生きがい」と「楽しさ」を基本に、自主的に仲間を誘って活動する「自主サークル」の場を通じて、趣味を楽しむとともに新たな社会参加や社会貢献の道をも探っていきます。『頼れる大人の会』『樹木ウォッチング』『楽酒会』『パソコンひろば』『シネマ倶楽部』『ハーモニーゴルフ』『サークルさいたま』『鉄道を楽しむ会』などなど、すでに20を超える自主サークルが活動しています。

☆詳細は下記ホームページでご覧ください（入会申し込みもできます）。
http://www.sfk21.gr.jp/jjc/

[積極的休養と社会参加]

　若い頃から中年までの積極的休養には、家族と過ごす休暇の時間が中心だった人も多いはずです。これからは夫婦などの家族単位だけで楽しむというより、友人や地域の人々と一緒に楽しむ時間です。そのような楽しみ方こそが高齢期の自然な社会参加の道。しかも自分が楽しめる時間が社会貢献につながれば、素晴らしいと思いませんか？

　192〜199頁にそのヒントや事例を紹介していますので、役立ててください。

③ヨーガ体操

●深い呼吸が心身を安らぎモードに

　ヨーガとは、インドの言葉で「心身が最高に安定している状態」を意味しています。深い呼吸をしながら、穏やかな気持ちで体をポーズの形に導き、ひととき、自分の内面へ意識を集中してみる。そうすることで、心と体の潜在的な力を高め、心と体が無理なく調和した境地に至ることができるといわれています。

　時間の流れが速く、いろいろな人たちがいろいろな情報と目的を持って、せわしなく交錯している現代。情報を得るストレス、情報から取り残されていくストレス、そしてそれらのストレスが複雑に絡まって、人間関係がさらにとらえにくくなっていくストレス。ひと言では言い表せない、さまざまなストレスにさらされながら日々を送る私たちは、常に心のどこかが緊張したり、不安にさいなまれたりしながら暮らしています。

　そんな私たちにとって、自律神経をゆっくり安らぎモードに戻してくれるヨーガは、日々の心身のバランス調整に適した体操です。

●ヨーガ体操の３つのポイント

　ヨーガでは、人間は、フィジカルボディ（肉体）と、エナジーボディ（気）と、メンタルボディ（心）からできていると考えられています。この３つの体が相互に連携し合い、どれか１つが悪くなれば、ほかにも悪影響が現れます。そこで、下に挙げた「動き」で肉体に働きかけ、「呼吸」で気を満たし、「意識」で心に語りかけながら行うことで、３つの体のバランスが整い、生命力が高まります。

動き　心地よいと思える範囲でゆっくりと動き、完成のポーズでしばらく静止します。ポーズを解いたあとは、一息入れてから次のポーズに移りましょう。

呼吸　鼻からの腹式呼吸が基本。おなかを膨らませながら、ゆっくりと息を吸い、おなかをへこませながらゆっくりと吐ききります。

意識　ポーズのとき、刺激されている部分に意識を集中させます。慣れてきたら、動きと呼吸にも意識を向けていきましょう。

［ゆっくりだから年齢に関係なく］
　ヨーガ体操はゆっくりでよいので、高齢になっても続けられるのが魅力です。ポーズも無理をせず、できるところまでで十分です。体は少ししか動かなくても、呼吸や意識を伴って行えば体の深いところに伝わり、続けていると身も心ものびのびとしてきます。

［３つが１つに融合したとき、心身が回復］
　心と体と気が１つに溶け合ったとき、体のゆがみが矯正され、血液やリンパの流れがスムーズになり、内臓に血液がよく流れて、働きを取り戻します。

MENTAL メンタル（心）
ENERGY エナジー（気）
PHYSICAL フィジカル（体）

［ヨーガ体操は空腹時に］
　食後１～２時間後、胃が空っぽの状態で、排便、排尿を済ませてから行いましょう。

● やさしいポーズを覚えて、毎日続けてみましょう

5章

ひざ立てねじり ワニのポーズ

体をねじることで、体の奥深くに刺激を与え、腰から背中の疲労を解消。内臓が活発化します。

1

あおむけになり、両脚をそろえます。右ひざを立てて左脚の上にのせます。左手を右ひざの外側に当て、右腕は体から60度ほど開いて手のひらを床につけ、息を吸います。

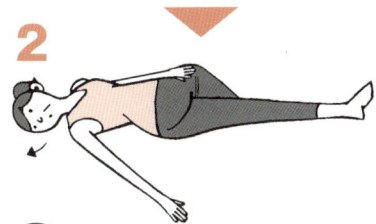

2

Point 一息ごとに右肩を床に近づけるようにします。

息を吐きながら、手のひらを床につけたまま右ひざを左へ倒します。右ひざが床に近づいたら、顔と上半身は右側にねじり、そのままの姿勢で10～20秒自然に呼吸。

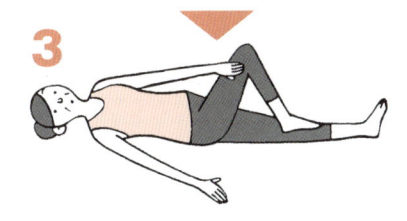

3

息を吸いながら1の姿勢に戻り、息を吐きながら右ひざを伸ばします。

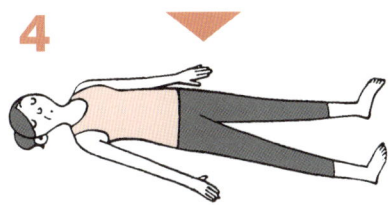

4

次に脚を入れ替えて同じように行い、両脚終わったら、全身の力を抜いて深い呼吸をしながらリラックスを。

やさしい 弓のポーズ

上体を反らすことで胸が開き、肺や心臓が活性化します。背中や肩の筋肉もほぐれます。

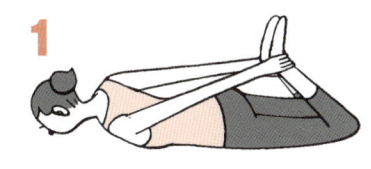

1

うつぶせになり、ひたいを床につけて、両足首をつかみます。

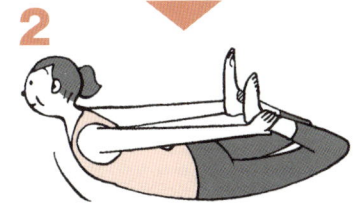

2

息を吸いながらゆっくりと足を引き上げ、足に引っ張られるようにして上体を反らします。上げきったところで5～10秒、自然に呼吸しながらポーズをキープ。

Point 上体を反らせるとき、ひじは曲げないこと、脚は少し開き気味にして、上げきったときに両足の高さがそろうように意識しましょう。

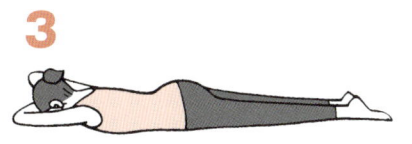

ここまでできたら理想的！

3

息を吐きながら1の姿勢に戻り、足首から手を離して、うつぶせ姿勢でリラックス。これを3セット行います。

[ポーズに無理は禁物！]

無理をしてひねったり、反らしたりせず、痛くないところで止めましょう。体がうまく動かない人は左のワニのポーズの4番だけでも構いません。

4番だけなら、両手両脚を少し広げてあおむけになったまま、目を閉じて、脚からすべての力を抜き、次に手からもすべての力を抜きます。床に体が沈み込むように全身の力を抜いたまま数分間目を閉じていると、心身が深くリラックスします。

※指導・監修
日本フィットネス
ヨーガ協会主任講師
橋本京子

④自然や植物に触れる

●森は自然界のホスピタル

【図15】ストレスホルモン濃度

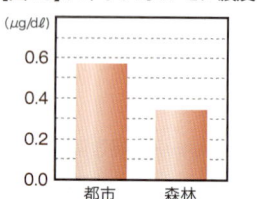

治験者に都市と森に20分ずつ座ってもらい、その後の唾液中のコルチゾール濃度を比較したもの。
出典：千葉大学・朴 範鎭、宮崎良文ら『森林セラピーへのいざない ココロとカラダを癒す全国「癒しの森」魅力まるごと紹介』国土緑化推進機構 2007

【図16】疲労自覚症状への森林浴による効果

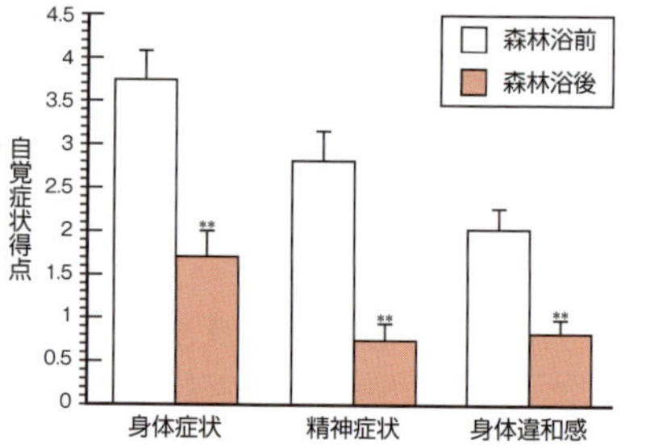

疲労回復にも森林浴がよいことがわかります。
出典：大井玄・宮崎良文・平野秀樹編集『森林医学Ⅱ―環境と人間の健康科学―』朝倉書店 2009

[森林セラピー基地&ロード]
2013年3月現在、全国53カ所の森が、生理・心理・物理実験により癒しの効果が検証された森として、「森林セラピー基地」や「森林セラピーロード」に認定されています。これらの森では、さまざまなセラピーメニューや保養施設などが整備され、森に癒されながら楽しめるようになっています。

※くわしくは、森林セラピー総合サイトへ
http://www.fo-society.jp/

　森には不思議な力がみなぎっています。誰でも、深い森の懐に包まれると、気分がホッとし、心が穏やかになるのを感じたことがあるのではないでしょうか。その森の持つ不思議な治癒力を研究し、現代人の健康に役立てているのが森林セラピーです。

　もともとは、1980年代の初めに、当時の林野庁長官が「日光浴、海水浴という言葉があるのだから、すがすがしい森の大気をいっぱいに浴びる"森林浴"という言葉があってもいいのではないか」と提唱したのが、日本の森林セラピー研究のきっかけになったといわれています。そして2004年からは、林野庁を筆頭に関係団体が連携して、本格的な森林セラピーへの取り組みがスタートしました。

　森林セラピーとは、森林の中に滞在したり、散策したりしながら、風景や香り、音や肌触り、そして気候や温度などを五感から感じ、活用することによって、心身の健康維持・増進を図るものです。

　森の持つ不思議な力の一つが、木々の香り成分であるフィトンチッドです。この成分には、自律神経の働きを整える作用があることがわかっています。この香りが充満した森と都市とでは、【図15】のように、唾液中のストレスホルモン濃度が明らかに違うことや、【図16】のように、森林浴の前後で疲労の自覚度が違うことなどが解明されています。もともと何万年間も森の中で暮らしてきた人類です。たまには森に還って、心身を癒すのもよい休養です。

● 庭は身近な癒しの場

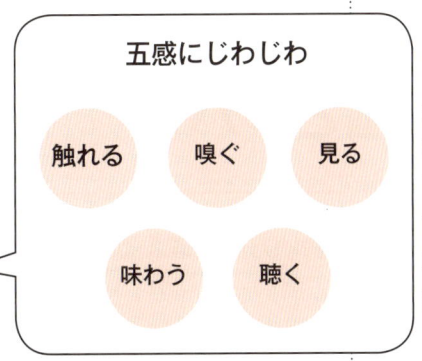

五感にじわじわ

触れる　嗅ぐ　見る

味わう　聴く

土や植物に触れ、匂いを嗅ぎ、姿形を見て、野菜類なら摘んで味わう。庭に来る鳥や虫の声を聴く楽しみも。

　玄関まわりや庭をきれいに手入れしている住まいをよく目にします。四季折々の草花を美しく育てているその風情を目にすると、そこに住む人の人柄まで伝わってくるような気がします。

　ガーデニングは、人も自分も癒す、素敵なライフスタイルです。土の温もりや匂い、草花の色や香り、季節感、美しい空間を育てる感性。すべてが五感を刺激し、育てる人も眺める人も優しい気持ちにしてくれます。そして、休まず手入れをしなければいけない、その楽しみが、何より生きる力になってくれます。

キッチンの一隅でも

パセリ、シソ、バジル、ミントなど、ハーブは種からまいても、すぐに成長します。

ペットボトルの底のほうを切っただけの容器で、水栽培するのも楽しいもの。

[生活の中の園芸セラピー]

　ガーデニングの魅力を、障害者や高齢者施設などでは、心を豊かにし、生きる力をもらう園芸セラピーとして取り入れています。植物栽培は、種をまいたら芽が出るまで待つ力、世話をして草花の様子を見る力、きれいに咲いたときや収穫できたときの達成感、育ってくれてありがとうという感謝の気持ちなど、さまざまなものを人間に与えてくれます。庭のお手入れは、生活の中の園芸セラピーなのです。

クラインガルテンの魅力

　クラインガルテンはドイツ語で直訳すれば「小さな庭」という意味ですが、広く「市民農園」という意味で使われています。我が国でクラインガルテンが楽しまれるようになったのは、ほんの10数年前からのことですが、ドイツに最初の「クラインガルテン協会」ができたのは、1864年のことです。都市化による住環境の悪化を憂えた小児科医のシュレーバー博士が、子どもたちの遊び場として郊外に農地を借りたのがクラインガルテン普及の始まりです。その後ドイツでは都市の郊外に市民農園が多く作られ、都市生活者の人々の心身の健康づくりにも役立てられています。近年は日本でも、週末農園や定年退職者の新しい楽しみとして家庭菜園ができる別荘地などが増えています。

第5章 知っておきたい「生・活」知識 ＜老化予防編＞

7 お酒とタバコ

> **学習のポイント**
> お酒は付き合い方を間違えると、老化を早め、"後悔、先に立たず"という事態を招くもと。タバコは厳禁。健康管理の原則を忘れずに！

①お酒は百薬の長！ しかし飲み過ぎは禁物！

お酒は百薬の長といわれ、適度な飲酒は、食欲増進、ストレス発散、血行促進など健康にとってよい効果があります。しかし、過度の飲酒は禁物。アルコールは、アルコール脱水素酵素により酸化されて、強毒性のアセトアルデヒドになります。日本人にはこの酵素の活性が低いタイプが多く、アルコール依存症や咽頭がん、食道がんなどのリスクを高めることも知られています。

また、そのアセトアルデヒドは酢酸に分解されますが、日本人のほぼ半数は、アセトアルデヒドを分解する酵素の働きも弱いため、お酒が強い人と同じ量の飲酒をすると、咽頭がんや大腸がんなどの発症率が高くなることも知られています。そして、この解毒作用は、すべて肝臓で行われています。毎日の飲酒は、肝臓を疲弊させ、肝硬変や肝臓がんの引き金にもなっています。

[**Jカーブ**]
総死亡においては、非飲酒者と比べ、少量から中等度の飲酒で死亡率が低下しますが、大量飲酒では死亡率は急激に上昇します。これをJカーブ効果と表現します。

●飲酒と死亡率

厚生労働省の調査では、全く飲まない人よりも、飲酒量が少量の人のほうが、死亡リスクは低下しています。このグラフはJカーブと呼ばれ、お酒が「百薬の長」と呼ばれるゆえんかもしれません。しかし、飲み過ぎは、死亡のリスクを高め、脳出血の場合には、飲酒量が多いほど、直線的にそのリスクが高くなることもわかっています。

飲酒による総死亡の相対リスク

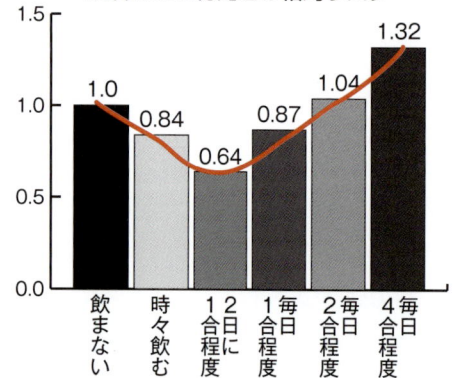

飲まない	時々飲む	1〜2日に合程度	毎日1合程度	毎日2合程度	毎日4合程度
1.0	0.84	0.64	0.87	1.04	1.32

資料：Am J Epidemiol 150巻 1201頁 1999

● 1週間にどれくらいの量が適量か

お酒の適量は、結論からいってしまえば1日に純アルコール含有量が約20gまで。日本酒なら1合、ビールなら中ビン1本になります。つまり**日本酒なら1週間に7合**ということになりますが、休肝日をつくることも大切です。週に2日は休肝日をつくることで、アルコールを分解している肝臓を休ませましょう。

例えば、2合や3合飲んでしまった次の日にはお酒を控えて休肝日に。右の図を参考にして、お酒は、週2日の休肝日と1週間に日本酒換算で7合以内を目安に飲みましょう。

1日にどれか1つがお酒の適量

- 日本酒 1合 180ml
- ビール 中ビン1本 500ml
- ウイスキー・ブランデー ダブル1杯 60ml
- ワイングラス 1.5〜2杯 200ml
- 焼酎 ぐい飲み1杯 70ml

（注）女性や高齢者には、お酒は、左の図の適量より少ないほうがよいでしょう。

出典：厚生労働省ホームページより
http://www.mhlw.go.jp/topics/bukyoku/kenkou/seikatu/kouketuatu/meal.html

●アルコールとの上手な付き合い方

「あと1杯」が徐々に肝臓にダメージを与えています！

強いお酒は薄めて	ゆっくりと、自分のペースで飲む
ウイスキー、焼酎など、アルコール度数の高いお酒は、水割り、お湯割りなど、薄めて飲みましょう。強いお酒は食道や胃を傷めます。	一気飲みがいちばん危険。乾杯しても、ぐっと空ける必要はありません。

飲む前に水やお茶を飲んでおく	夜遅くまで飲まない
水やお茶を飲んでおくことで、お酒の吸収が緩やかになります。	遅くまで飲んでいれば、寝ている間も肝臓は仕事中。これでは体全体が疲弊します。

週に2日は休肝日	食べながら飲む
2日続けて肝臓を休ませると、肝臓も疲れをためずに済みます。	空腹で飲むと胃腸からアルコールが吸収されやすく、血中のアルコール濃度が高くなります。ただし、食べ過ぎには注意を。

②タバコは万病のもと

　タバコには、約4000種類の化学物質が含まれ、その中には数十種類の発がん性物質が含まれています。日本では男性のがんの約40％、女性のがんの約5％は喫煙が原因と考えられています。タバコは、喫煙によって体内に吸収される発がん性物質以外にも有害物質を多く含み、下の4つはタバコの重大な危険要素です。

　また、タバコを吸うことで活性酸素が大量に発生します。活性酸素は細胞を死滅させたり、機能低下を引き起こして老化を進めたりします。それに加え、タバコの煙は、粘膜を刺激するので、舌の荒れや咳、痰などの症状が、非喫煙者より2～3倍多く見られます。中年の喫煙者の約20％は咳や痰、息切れを主症状とする慢性気管支炎や肺気腫などの慢性閉塞性肺疾患（COPD）にかかっています。

●タバコに含まれる4つの危険要素

1) ニコチン
　ニコチンは、粘膜から吸収され、中枢神経の興奮やめまい、吐き気、血管の収縮などを起こします。ニコチンの経口致死量は50mg程度ですが、1本のタバコの喫煙により、多い場合は3mgのニコチンが吸収されてしまいます。

2) 一酸化炭素
　タバコの煙には数千ppmの一酸化炭素が含まれていますが、一酸化炭素は酸素に比べ200倍以上もヘモグロビンと結合しやすいため、喫煙すると赤血球の酸素運搬能力が低下してしまいます。

3) シアン化水素
　青酸ガスは気体のシアン化水素です。これがタバコの煙に含まれているのですから、その有害さは誰もが納得できるはずです。体が吸収したシアン化水素は一部は肺から排せつされますが、排せつされなかったものは肝臓の解毒作用によって毒性の弱い物質に変えられます。このときビタミンが消耗されているばかりでなく、肝臓にも負担を掛けているわけです。

4) タール
　タールに含まれる、ニトロソアミンやベンツピレンは強力な発がん性物質で、肺から取り込まれたタールは、肺や気管を黒くし、歯なども茶色に染め、一度こびりつくとなかなかとれるものではありません。

[受動喫煙]

　タバコには、フィルターを通して、喫煙者に吸われる主流煙と火がついた所から出ている副流煙、喫煙者が吐き出す呼出煙があり、これらをまとめて環境タバコ煙といいます。受動喫煙とは、喫煙者の周りにいる人が、これらの煙を吸ってしまうこと。副流煙には、主流煙よりも有害物質が多く、喫煙者は周りに配慮をしなければなりません。

●タバコとがんの関係

右の表は、非喫煙者と喫煙者のがんの危険度を表したものです。タバコといえば「肺がん」が最初に頭に浮かびます。確かに肺がんの危険度は男性で4.8倍と大きくなりますが、一番危険度が増すのはタバコの煙の通り道にあたる喉頭です。また、関係ないように思える部位でもがんの危険度が高くなることがわかります。

	男	女
全がん	2.0倍	1.6倍
口唇・口腔・咽頭がん	2.7倍	2.0倍
喉頭がん	5.5倍	—
食道がん	3.4倍	1.9倍
肺がん	4.8倍	3.9倍
肝臓がん	1.8倍	1.7倍
胃がん	1.5倍	1.2倍
膵臓がん	1.6倍	1.8倍
尿路がん（膀胱・腎盂・尿管）	5.4倍	1.9倍
腎がん（腎盂を除く）	1.5倍	1.2倍
子宮頸がん（女）		2.3倍

非喫煙者と比較した喫煙者のがんによる死亡の相対リスク

資料：Journal of Epidemiology 18巻 251頁 2008

●禁煙外来

禁煙外来とは、タバコをやめたい人向けの専門外来です。医師の指導によって禁煙プログラムを進め、必要に応じて禁煙補助剤を使用して、禁煙の補助をしてくれます。また、一定の条件を満たすことで健康保険適用の対象にもなります。一定の条件とは、ニコチン依存症診断用のスクリーニングテスト（TDS）が5点以上でニコチン依存症と診断された人、治療法に同意して自らが禁煙を望む人、などです。

自分一人で禁煙をしようとしてもうまくいかない、禁煙のきっかけがつかめないなど、禁煙しようと考えていても踏み切れない人や、禁煙をしていても挫折してしまう人などに有効な手段です。

COPD（慢性閉塞性肺疾患）

COPDとは慢性気管支炎や肺気腫など、気管支や肺胞などに治りにくい慢性の炎症が起こり、長期にわたり空気の出し入れが障害され、肺胞が壊れて酸素の取り入れや二酸化炭素の排出などのガス交換がうまくできなくなる病気の総称です。

タバコ病とも呼ばれ、若いときから喫煙している人ほど、その危険性は高くなります。症状としては、咳や痰などが継続的に続いていたり、普段は平気でも運動後に呼吸困難になったりします。

予防策は禁煙しかなく、禁煙は早ければ早いほど、COPDにかかる危険性が低くなります。

5章

[禁煙教室]

医療機関や保健所などで行われています。参加者を5～6人のグループに分け、話し合いや実習、発表などを行い、禁煙プログラムを進めていきます。

[禁煙補助剤]

ニコチン依存が強い人は、ニコチン代替療法を行います。これは、禁煙補助剤（主にニコチンパッチや飲み薬）を使い、ニコチンの禁断症状を和らげながら、徐々にニコチンの摂取を減らして、禁煙する方法です。

近頃は禁煙外来で飲み薬を利用して禁煙できるようになり"医師と一緒に禁煙する"人が増えています。

※禁煙外来で健康保険適用の下禁煙を進めるには、受診する医療機関自体にも条件があります。

第5章　知っておきたい「生・活(いきいき)」知識　＜老化予防編＞

8 上手な医者のかかり方

学習のポイント　先生の前にいくと、うまく言えない。質問できない。このような事態を克服し、主体的患者になっていくことが、これからの賢い受診の基本です。

[問診では]
- ●自覚症状
- ●現病歴（発症時期と経過）
- ●既往歴（病気経験や薬歴）
- ●生活歴
- ●職歴
- ●家族歴など

これらの情報を整理しておくと効率的に受診できます。

[主体的患者とセカンド・オピニオン]
セカンド・オピニオンは医者を替えることではなく、あくまでも第2の意見を聞くことです。その意見を聞いて、自分で自分の治療法を選択するためには、主治医の意見も、第2の意見もきちんと理解できること。意見の数が多いほど、自分の病気に関する知識も必要に。主体的患者になるには、自分の病気や治療法等について、調べたり、情報を増やしたりといった自助努力も大切です。

[診断が確定するまで、きちんと受診を]
生活習慣病や老年症候群などはいくつかの検査を行い、その結果を見ながら経過観察をして診断に至ることが多いもの。その途中で受診を中断しないように。

①賢い受診の5カ条

＜医科受診の場合＞

1. 基本は、**かかりつけ医から**専門医へ
2. 情報は**メモで準備**（自覚症状と病歴などは大切な情報）
3. **家庭や職場**での**症状も記録**しておく
4. **インフォームド・コンセント**を活用
5. **セカンド・オピニオン**を活用

＜歯科受診の場合＞

1. **かかりつけ歯科医**で、痛みがなくても**健診を**
2. **痛み**が出れば、**すぐ受診を**
   （歯の痛みは夜8時頃一番強くなるので、昼のうちに受診を）
3. 外れた**詰め物**は、**捨てずに**持参を
4. **全身の**病気の有無や**服薬情報も伝える**
5. 受診前には**歯を磨き、口紅を落とす**

1. 基本は、かかりつけ医から専門医へ

年齢とともに抱える慢性病の数が増えてきたり、身体機能が低下して、介護保険の申請が必要になってきたり、医者との付き合いの度合いも多くなってくるからこそ、体調の変化などをトータルに把握してくれる、かかりつけ医の存在が重要になってきます。特に現在の医療機関のすみわけや、医療と介護の連携なども、かかりつけ医中心に機能する仕組みになっています。

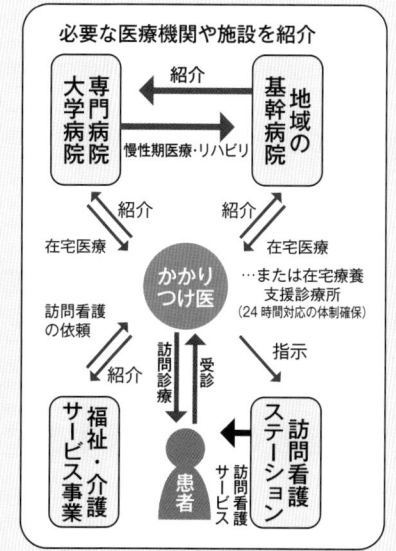

2. 情報はメモで準備
（自覚症状と病歴などは大切な情報）

まず、問診用に左頁の欄外に示したような項目の情報を整理しておきましょう。また今回の受診の症状は「いつからか」「どんな症状か」「どれくらい続く症状か」「今までどんな検査を受けたか」「自分でどのような対応をしたか」「今までどんな薬を飲み、どんな治療を受けたか」「どんな薬や治療が効いたか」などをメモしておきましょう。また、今の症状と関係ないと思った症状でも正直に伝えましょう。

3. 家庭や職場での症状も記録しておく

普段の血圧は正常でも、医療機関で測ると高血圧になる、「白衣高血圧」の人も少なくありません。また反対に、ストレスの多い家庭や職場などで測ると高くなる「逆白衣高血圧」の人もいます。家庭や職場での症状を正確に記録しておくことが的確な診断につながります。

4. インフォームド・コンセントを活用

日本語では「説明と同意」と訳されているように、治療やケアの内容をきちんと説明された上で、患者本人がそれを理解して承諾することです。しかし、実際には半ば説得されて「同意」しているか、ただ「全部お任せします」と言って説明を受けていない人も少なくありません。そんなケースほど、医者との間に疑心暗鬼が生じ、治療がうまく進みません。主体的に説明を受け、納得して自身で治療の選択を。

5. セカンド・オピニオンを活用

がんなど、これから手術や副作用が考えられる治療などに向かっている場合、本当にこの方法でよいのか、自分で決めるときの大事な判断材料がセカンド・オピニオンです。主治医に遠慮せず、「診療情報提供書」を作成してもらいましょう。セカンド・オピニオン外来は、基本的に全額自己負担です。

5章

[知っておきたい 医療機関の種類]

●診療所
　入院病床がないか、20床未満の医療機関。
●一般病院
　特に専門的・先進的治療を必要としない、20床以上のもの。
●地域医療支援病院
　ほかの病院または診療所からの紹介患者を優先的に受け入れる病院。救急医療も提供している。原則として200床以上。
●特定機能病院
　高度医療の提供、開発、研究を行うために国が指定した医療機関で、病床数400床以上の病院。具体的には大学病院や国立病院、国立がんセンターなどで、紹介状がない受診には、一般的に5,000円ぐらいの初診料自己負担の上乗せになります。

[知っておきたい 救急医療の利用法]

●初期救急
　自分で歩ける程度の人は「休日夜間診療所」等へ。
●二次救急
　入院を必要とする中・重症患者は救急車か、ほかの運搬手段で二次救急病院か輪番制の救急当番病院へ。
●三次救急
　初期、二次救急からの転送か、救急隊員の判断で、救命救急センターへ。

※このほか、すべての救急患者を受け入れるのがERですが、救急車の要請やERの患者が増え、救命治療の遅れの原因にもなっています。

[知っておきたい 医療相談窓口]

●医療安全支援センター
　各自治体などに患者や住民からの苦情や医療への疑問、医療過誤などの相談窓口が設置されています。
http://www.anzen-shien.jp/

第5章 知っておきたい「生・活」知識　＜老化予防編＞

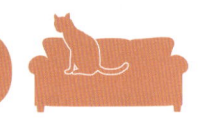

9 健康診断

学習のポイント
病気や老化を促進する危険因子に早期対応するためには、まず、早期の気付きや発見が重要。そこでさまざまな健診の特徴と利用法を知っておきましょう。

①健診で自分の身体をよく知っておこう！

健診は、定期的に自分の身体の状況を確認するために重要です。病気になって初めて健康に気を遣うのでは遅く、いつまでも健康で長生きするためには、自分の身体のことを知って、身体の声を聞くことから始まります。その重要なツールが健診なのです。

まずは、健診をしっかりと受け、検査数値の意味をきちんと理解しておきましょう。また、健診にもさまざまな種類があります。自分が受ける健診はどれなのか、どこで受けられるのかを確認しておきましょう。

②健診の種類

特定健康診査	40～74歳が対象。糖尿病や脂質異常症、高血圧などの生活習慣病を早期発見するために、メタボリックシンドロームに着目した健診です。腹囲が検査項目に含まれ、該当者には健診後に特定保健指導も行われます。
節目健康診査	35歳、40歳など、節目年齢で行う健診のこと。定期健康診断にプラスして、肝炎ウイルス検診や歯周病検診などが追加されます。
後期高齢者医療健康診査	75歳以上の人が受ける健診（65歳以上の障害認定の人を含みます）。後期高齢者医療制度に加入して、基本的な健診項目を検査します。
労働安全衛生法に基づく定期健康診断	常時雇用する労働者に対して事業主の責任の下に実施が義務付けられている健康診断です。40～74歳の人の場合、この健診を受ければ、特定健診を受けたとみなされます。

[特定保健指導]
特定保健指導とは、特定健診後に行われる保健指導で、リスクの程度に応じて、動機づけ支援、積極的支援の2段階に分かれます。

[メタボリックシンドロームの診断基準]
以下の数値からメタボリックシンドロームかどうかを診断します。

①腹囲
おへその位置で測ります
男性 85cm以上
女性 90cm以上
＋
②中性脂肪値 150mg/dℓ以上
かつ/または
HDLコレステロール値 40mg/dℓ未満
③収縮期血圧 130mmHg以上
かつ/または
拡張期血圧 85mmHg以上
④空腹時血糖値 110mg/dℓ以上

上の診断基準で①に加え、②～④のうち2つ以上あてはまると、メタボリックシンドロームです。1つあてはまる人は予備群です。

資料：メタボリックシンドローム診断基準検討委員会 2005

③健診以外の検査等

●がん検診

がん検診は、胃がんや肺がんなどそれぞれの部位ごとにがんがあるかないかを検査します。がん検診は、がんの早期発見・早期治療によって、死亡率を下げることが目的で、定期的に受けることで、がんの危険を減らせます。また、女性には、乳がんや子宮頸がんの検査もあります。乳がんは40歳以上、子宮がんは20歳以上になったら、2年に1回は受けるようにしましょう。

●生活機能評価

生活機能評価とは別名介護予防健診とも呼ばれ、65歳以上の高齢者（要支援・要介護認定を受けている人を除く）を対象として、身体機能をチェックし、低下を未然に防ぐためのものです。市区町村によって行われ、健診と一緒に実施されることがあります。受診した結果が「生活機能の低下あり」と判定された人は、生活機能を改善するため、介護予防教室などへの参加をお勧めします。

●任意健康診断

1）人間ドック・脳ドック

個人の判断で任意に検査を受ける健康診断には人間ドックや脳ドックなどさまざまなものがあります。外来や短期入院をして、病院や診療所で身体の各部位の精密検査を受けます。各種の法定の健康審査項目を満たす場合、保険者によっては年齢等の一定条件を満たすことで、補助をしている場合があります。

2）アンチエイジングドック

アンチエイジングドックは、老化の程度や老化を促進させる危険因子を評価し、病的な老化を予防することを目的に実施されます。しかし、検査機関や医師の考え方などにより、検査項目などは異なります。基本的に、動脈硬化の進行度、血液老化度、活性酸素・抗酸化力、ホルモンバランス、免疫バランス、一般検査、身体の構成などを測定し、評価します。

[各種がん検診の種類]

厚生労働省研究班により推奨されているがん検診とその検査法には、下記のようなものがあります。

●胃がん
検査法…胃部X線検査
対象者・頻度…40歳以上の男女、年に1回

●大腸がん
検査法…便潜血
対象者・頻度…40歳以上の男女、年に1回

●肺がん
検査法…胸部X線、喀痰細胞診の併用
対象者・頻度…40歳以上の男女、年に1回

●子宮がん（頸がん）
検査法…細胞診
対象者・頻度…20歳以上の女性、2年に1回

●乳がん
検査法…視・触診、マンモグラフィ
対象者・頻度…40歳以上の女性、2年に1回

[健診数値で経年変化を把握]

健診の数値を経年で把握することで、自分の身体の変化に気付きやすくなり、今後気を付けなければならない部分が見えてきます。

また、過去の健診結果を保存していると、経年変化がわかりやすいので、健診結果はまとめてファイルしておきましょう。

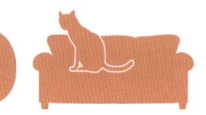

第5章 知っておきたい「生・活（いきいき）」知識 ＜老化予防編＞

10 薬の安全な利用法

学習のポイント　年々、薬の種類や量も増えがちな高齢者の方々は、特に、薬の安全な利用法をきちんと把握しておきましょう。薬の利用上の注意点を、ここに整理しておきます。

①正しい服薬の3カ条

1. 薬が**十分効いているか**、確認すること
2. 薬を**自己中断しない**こと
3. 薬は**必要最低限**にとどめること

②高齢期の薬の影響には、特に注意を！

　高齢期には老化も相まっていろいろな傷病を患うことが多くなり、薬を使うことも多くなります。しかし、この薬の使い方を誤るとさまざまな問題が起こります。薬の使い方で生じる問題を薬物有害作用といい、これには、①必要な量が入らないことにより生じる薬の不足、②薬の自己中断による問題、③薬の使い過ぎや誤った使い方による有害作用などがあります。

　高齢期の薬物有害作用は、重症となる例が多い、多臓器の障害を引き起こすことが多い、長期入院の要因となることが多い、などの特徴があり、特に予防が必要です。

　生体にはホメオスタシス（恒常性）が備わっており、体の中や外で起きているさまざまな変化に対して、生体内部をほぼ一定に保ち続けようとする働きがあります。例えば、血圧が非常に高い人が降圧剤で血圧を下げると、体の内部では元の高い血圧に戻そうとする働きが生じます。そのため急に降圧剤を自己中断してしまうと、以前よりも血圧が急上昇して脳卒中などが起こりやすくなるのです。薬を減らす場合には、徐々に減らす必要があります。主治医とよく相談しながら、調整してもらいましょう。

[用法・用量を守り正しい服薬を]
　1日1回で効く薬や、3回飲む薬など、体内で溶ける時間の違いなどから科学的に検証されたうえで、決められています。用量も科学的根拠から決められています。必ず用法・用量を守りましょう。飲み忘れた分を次にまとめて飲むといったことは危険です。また、自分の薬を他人にあげるのも危険です。

[飲み忘れ防止]
　同じ効果の薬を複数飲んでいる場合は効力の強い1種類に、また、短時間作用の薬から長時間作用の薬で1日1回の服用にしてもらい、一度に飲む薬を1つの包みにまとめてもらいましょう。
　必要分に分けるピルケースや服薬カレンダー、服薬チェックシートなどの利用も。

[徐々に減らすべき薬]
　降圧剤のほかにも、抗けいれん薬、抗不安薬、催眠剤、抗うつ薬、向精神薬、ステロイドホルモン剤、パーキンソン病治療薬などは徐々に減量すべき薬です。

5章

1. **薬が十分効いているか、確認すること**

    身体反応が低下しているため、薬の効き方が悪い場合があります。薬物治療が始まったときや、薬の種類が変わったときは、薬が十分効いているか、主治医に経過を診てもらう必要があります。また、飲み忘れが多ければ、薬の効果が十分に得られません。

2. **薬を自己中断しないこと**

    勝手に薬を取捨選択して、ある薬だけやめてしまい、主治医に秘密にしている人がいます。主治医は薬を全部飲んでいると思っていますから、効き目が悪ければ量を増やすか、効き目の強い薬に変更し、かえって薬が増える場合があります。必ず主治医に間引きの申告を。

3. **薬は必要最低限にとどめること**

    高齢期には薬の効き過ぎによる副作用も多くなります。複数の病気があり、症状が典型的でないためにさらに薬の種類が増え、副作用が生じることがあります。また、認知機能の低下から飲み忘れや重複服用、取り違えなどがあり、副作用につながることもあります。代謝機能が低下しているために薬がうまく効かず、薬の量が増えることも多く、薬が増えるほど、相互作用の危険が増します。複数の診療科を受診するときは、医師に飲んでいる薬をすべて報告するとともに、主治医には常に服用中の薬をチェックしてもらい、一元管理をしてもらいましょう。

よく見られる薬の効き過ぎによる問題

降圧剤	たちくらみ、ふらつき
利尿薬	脱水、頻尿、尿失禁
経口抗凝固薬	消化管出血
糖尿病薬	低血糖
非ステロイド系消炎鎮痛剤	胃潰瘍
精神神経作用剤、中枢性降圧剤	健忘、運動障害
抗うつ剤、抗不整脈薬	便秘、口渇、排尿障害
精神神経作用剤	興奮、混乱、せん妄

資料：日本老年医学会編『高齢者の安全な薬物療法ガイドライン2005』メジカルビュー社

「高齢者に対して特に慎重な投与を要する薬物のリスト」(日本老年医学会)
http://www.jpn-geriat-soc.or.jp/drug-list.pdf

③高齢者の貧血に鉄剤は要注意！

高齢者の場合、鉄欠乏性貧血の原因に、低栄養によるビタミンBや葉酸の不足、赤血球をつくる動物性たんぱく質の不足などがある場合が多く、鉄剤による胃腸障害や肝機能障害の悪化という副作用のほうが問題になることがあります。まず食事の改善を。

[薬と飲料・食品]

● **グレープフルーツと薬**

グレープフルーツとカルシウム拮抗薬の降圧剤の飲み合わせは禁忌です。薬の血中濃度が上がり、効き過ぎて血圧が下がり過ぎたり、心拍数が増加したりして危険な状態になることがあります。

● **アルコールと薬**

お酒も薬も代謝するのは肝臓。同時に飲めば肝臓に何倍もの負担がかかります。特に睡眠薬とお酒を一緒に飲むと昏睡やショック状態になることもあるので要注意。

● **牛乳と薬**

牛乳の胃酸を中和する成分やカルシウムのせいで、効かなくなってしまう薬が多くあります。牛乳で服薬はしないでください。

● **お茶と薬**

お茶のカフェインが薬の効き目を弱めたり、逆に強め過ぎたりすることも。

また、血液をサラサラにする薬を飲んでいる人は、薬が効かなくなり血栓ができやすくなることもあるので、禁忌です。

● **ワルファリンの薬剤相互作用**

複数服薬すると、副作用の増強・減弱や新たな副作用などが生じる薬剤相互作用が発生することがあります。ワルファリンの場合、胃潰瘍治療薬や抗菌薬の一部、テオフィリンなどの長期服用で主作用の増強が、てんかん治療薬や結核治療薬のリファンピシンの服用で主作用の減弱の危険があります。

薬は水かぬるま湯で飲みましょう。

第5章 知っておきたい「生・活（いきいき）」知識 ＜老化予防編＞

11 健康食品やサプリメントの利用法

> **学習のポイント**
> 健康食品やサプリメントへの関心も高まっています。一方で、健康食品による健康被害の問題もあり、正しい知識がより強く求められています。

①定義があいまいなまま、広く利用されています

　健康の保持増進に役立つとされる食品全般を一般的に「健康食品」と呼び、中でも特定成分などが凝縮された錠剤やカプセル形態の製品を「サプリメント」などと呼んでいます。しかし、これらは法律で定められた用語ではなく、学術的認識とは独立して、社会的認識において使用されている呼称にすぎません。利用の際はその有効性や安全性に関する国の基準や考え方をまず理解しておきましょう。

②「健康食品」の有効性と安全性

　サプリメントも含めて一般的に「健康食品」と呼ばれているものは、下に示したように、国が有効性と安全性を認めている「保健機能食品」と、それ以外の「いわゆる健康食品」に分けられます。

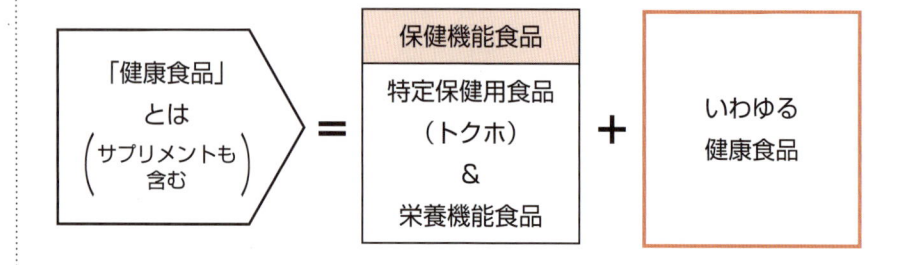

[トクホマーク]

（消費者庁許可 特定保健用食品）
（消費者庁許可 条件付き 特定保健用食品）

特定の保健機能の有効性や安全性に関する科学的根拠の審査を受け、消費者庁長官の許可を受けた食品にトクホマークがついています。条件付きのマークは、一定の有効性が確認されるものの、トクホより限定的な科学的根拠であるもの。

[JHFAマーク]

（JHFA 財日本健康・栄養食品協会認定）

「健康食品」の正しい知識の普及に努める財日本健康・栄養食品協会（JHFA）が審査して一定の規格基準を満たすと認めたものに許可しているマークです。
　また、健康食品の安全性自主点検に関する認証制度も開始されており、健康食品安全性自主点検認証登録マークも定められています。

「健康食品」とは（サプリメントも含む） ＝ 保健機能食品〔特定保健用食品（トクホ）＆栄養機能食品〕 ＋ いわゆる健康食品

　口から摂取するものは、医薬品と医薬部外品以外はすべて食品に当たり、食品に医薬品のような効能効果を表示することは認められていません。しかし、国が認めている「保健機能食品」は例外です。「保健機能食品」の中には、有効性・安全性ともに国が個別の商品ごとに審査した上で承認している「特定保健用食品（トクホ）」と、人における有効性・安全性が蓄積しているビタミンやミネラルを含

む「栄養機能食品」があり、前者には保健機能の表示が、後者には栄養機能の表示が、それぞれ定められた範囲で認められています。

また、市場に流通している「健康食品」には「いわゆる健康食品」（健康補助食品や栄養補助食品）のほうが圧倒的に多いため、㈶日本健康・栄養食品協会では規格基準を作成し、品質を保証できるものにJHFAマークの表示を許可しています。ただし、このマークは品質の保証であり、効果の保証ではありません。

以上のことを整理すると、「健康食品」全般の有効性や安全性を評価するに当たっては、大まかに以下の3つの段階が考えられるといえるでしょう。第1は、国が有効性・安全性を評価している「保健機能食品」。第2は、JHFAマークのついた健康補助食品。そして第3が、それ以外のいわゆる健康食品です。

「食生活の補助」が安全利用の大原則

保健機能食品には、「食生活は、主食、主菜、副菜を基本に、食事のバランスを」という文言の表示が義務付けられています。また、サプリメントとは「補助する」という意味です。これらのことからもわかるように「健康食品」は、あくまでも食生活を補うものです。食生活をおろそかにしたり、偏った食生活を改善せずに便利で手軽なものとして利用するものではありません。

<安全性や健康被害に関する相談と情報窓口>

- 「食の安全ダイヤル」／食品安全委員会
  電話番号：03－6234－1177（平日の10時〜17時）
  http://www.fsc.go.jp/dial/index.html
- 独立行政法人　国立健康・栄養研究所　「健康食品」の安全性・有効性情報
  https://hfnet.nih.go.jp/
- （公財）日本健康・栄養食品協会　http://www.jhnfa.org/
- 厚生労働省　「食品安全情報」のホームページ
  http://www.mhlw.go.jp/topics/bukyoku/iyaku/syoku-anzen/update.html
- 「消費者行政・食品安全の総合案内」のホームページ
  http://www.anzen.go.jp/

5章

[健康食品は薬の代わりにはなりません]

医薬品と同じ名称の原材料を含む健康食品やサプリメントもありますが、含有量も品質基準も全く異なります。「健康食品なら副作用がない」「天然物だから食品のほうが安全」などといった誤解をして薬代わりにする人がいますが、大きな間違いです。たとえトクホや栄養機能食品であっても、健康食品は偏った生活習慣による疾病リスクを減らすだけのもの。薬代わりにはなりません。

[健康被害]

成分に過度な期待を生むような宣伝をしているものもあり、健康食品への不十分な理解のまま誤った利用法などから、健康被害を受ける人もいます。

また、「いわゆる健康食品」の中には、安全性の確認されていない商品もあります。それだけに信頼のできる商品を慎重に選ぶことが大切です。特に海外輸入製品による健康被害や、安全性が確立されていない成分の情報なども知った上で利用しましょう。

[賢い利用法]

健康食品と安全に上手に付き合うには、食生活の改善はもちろん、運動習慣を改善したり、十分な休養を確保しながら利用することが必要です。

気になる体調に合わせて、健康食品を利用してみるときにも、まず生活習慣全般を見直してから取り入れることで、生活習慣改善の効果がより大きく得られるという使い方が最も賢い利用法です。

③覚えておきたい抗酸化成分等の基礎知識

主な抗酸化成分	1	ビタミン、ミネラル類（ビタミンC・E、セレン、亜鉛など）
	2	ビタミン様物質（コエンザイムQ10、αリポ核酸）
	3	フィトケミカル（植物性食品に含まれる【表1】のような物質）

体内で生じる活性酸素が細胞の老化を進め、生活習慣病やがんなどの疾病を生じやすくすることがよく知られています。そのために、年を取るほど抗酸化成分が大切になってきますが、ひと口に抗酸化成分といってもさまざまです。主な抗酸化成分としては、上に示したように、ビタミンやミネラルから、コエンザイムQ10のようなビタミン様物質、植物性食品に含まれるフィトケミカル（機能性成分）などがあります。野菜や果物などを積極的にとり、栄養バランスのよい食事から摂取することが基本で、サプリメントなどはその補助です。

[日々の抗酸化対策も]
ライフスタイルによって、体内で生じる活性酸素の量が異なります。過度な運動、喫煙、ストレス、汚染された大気、紫外線などは活性酸素を増やすもと。これらを避ける日々の心掛けも老化予防にはとても大切です。

[フィトケミカル]
植物は日光を吸収して光合成を行っているため、紫外線による活性酸素の害から身を守る抗酸化成分を体内に多く含んでいます。フィトケミカルとは、植物の色や香り、苦味などのもとになっている成分の総称で、これらの成分に抗酸化作用があることがわかっています。

【表1】●サプリメントに見られる主なフィトケミカル（機能性成分）

ポリフェノール		カテキン	緑茶に多く含まれる苦味成分。
		イソフラボン	大豆の胚芽に多く含まれ、女性ホルモンに似た働きをする。
		アントシアニン	ぶどうやブルーベリーなどに含まれる青紫色の色素成分。
		ケルセチン	玉ねぎの皮に多く含まれている黄色い色素成分。
		クルクミン	ターメリックに豊富な黄色の色素成分。
		セサミン	ゴマに含まれている有効成分の1つ。
		ピクノジェノール（フラバンジェノール）	フランスの海岸松樹皮から抽出された成分。
テルペノイド	カロテノイド	βカロテン	緑黄色野菜に多く含まれ、体内でビタミンAに変わる。
		リコペン	トマトやトマト製品に多く含まれる成分。
		アスタキサンチン	植物プランクトンや藻を食す甲殻類の殻や、それを餌にするサケの身などの赤い色素。
		βクリプトキサンチン	柑橘系に多い黄色の色素成分。
		ルテイン	からし菜、キャベツ類などに含まれ、紫外線から目を守る。
	モノテルペン	リモネン	みかん科柑橘属の主に果皮に含まれる苦味成分。
イオウ化合物		硫化アリル・アリシン	ネギやニンニク特有の刺激臭と辛味の成分。
		イソチオシアネート	大根やわさび、キャベツなどの辛味成分。

④サプリメントで補うときは…

●ビタミン、ミネラルの補給には

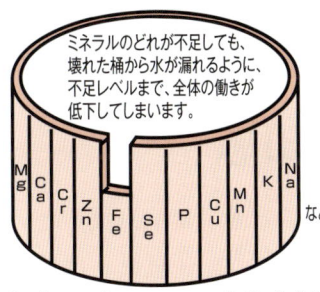

ミネラルのどれが不足しても、壊れた桶から水が漏れるように、不足レベルまで、全体の働きが低下してしまいます。

栄養素は、体内でそれぞれが単独ではなく、チームワークで働きます。食品からの栄養摂取が重要なのは、1つの食品には何種類もの成分が含まれているからですが、どうしてもサプリメントなどで補給をしなければならないときには、1つの成分を補給する前に、まず総合的に補完していくことが大切です。ミネラルを例にとっても、図のように1つが不足すれば、桶から水が漏れるように、そのほかのミネラルの働きも低下します。マルチビタミン・ミネラルが開発されているのは、このような意味からです。

●摂取上限量を守って利用を！…特に、脂溶性ビタミンやミネラルは…

ビタミンA・D・E・Kは脂溶性ビタミンといい、過剰にとると体内に蓄積し、過剰症を引き起こすおそれがあります。**DEKA（デカ）と覚えましょう。**特にビタミンAは催奇形性があるので、妊娠中の過剰摂取は禁物です。近頃、骨粗しょう症や生活習慣病の予防改善にビタミンDが期待されていますが、これも脂溶性で過剰摂取は高カルシウム血症や低リン酸血症を引き起こすおそれがあります。

またβカロテンの摂取ならビタミンA過剰障害はないものの、変換されなかったカロテノイドの過剰が問題となり、やはり大量投与は有害であるという結果[※1]が報告されています。

サプリメントと薬の相互作用に要注意

ワルファリン（抗凝固薬）の作用は、ビタミンK（納豆やクロレラ、ほうれん草やパセリなどに多く含まれる）やコエンザイムQ10の大量摂取で弱まり、重い血栓症を引き起こすことがあります。逆に、ビタミンAやEはワルファリンの作用を強め出血を起こしやすくなります。また、EPA、DHA、玉ねぎ、大豆（特に黒大豆）などは血小板の働きを抑えるので、ワルファリンや抗血小板薬（アスピリンなど）、ほかの抗血栓薬などとの併用で出血しやすくなります。その他、さまざまな相互作用が知られています。

服薬中の人がサプリメントを利用するときは、まず主治医やかかりつけ薬局に相談しましょう。

※1 The Alpha-Tocopherol, Beta-Carotene Cancer Prevention Study および The Beta-Carotene and Retinol Efficacy Trial Study

---

5章

覚えておきたい耐容上限量

ビタミン（50歳以上）

ビタミンA	2,700（μgRE/日）※プロビタミンAカロテノイドを含まない
ビタミンD	50（μg/日）
ビタミンE	●50〜69歳 (男)850 (女)700 ●70歳以上 (男)750 (女)650 (mg/日) ※α-トコフェロール量

※ビタミンKの耐容上限量は設定されていません。
その他ミネラルなどの耐容上限量は、
http://www.mhlw.go.jp/bunya/kenkou/sessyu-kijun.html
厚生労働省「日本人の食事摂取基準」2010年版
を確認してください。

栄養機能食品の規格基準

ビタミン類、ミネラル類など、サプリメントと呼ばれることも多い栄養機能食品には、「1日当たりの摂取目安量に含まれる栄養成分量」の上限値・下限値が定められています。詳細は
http://www.mhlw.go.jp/topics/2002/03/tp0313-2.html
保健機能食品制度に関する質疑応答集について
を参考にしてください。

大豆イソフラボン

骨の健康を目的とするトクホとして許可されていますが、過剰摂取への注意もあり、食事以外から摂取する1日の目安は30mgと定められています。

[本書134〜137頁] 監修：聖徳大学人間栄養学部・人間栄養学科　教授　池本真二

「一病息災」の知恵

　病気をしないで健康であることを「無病息災」といい、昔からよく祈願されてきました。「息災」は仏教用語で、仏様の力により、天災、病気、犯罪などの一切の災害を消滅させることを意味しています。
　ところが最近は「一病息災」という言葉の方がよく使われます。これは、ちょっとした病気のある人の方が健康に注意するので、健康な人よりもかえって長生きするという意味です。医学が発達し早期診断技術が進んだこと、高齢者が増えてきたことから、無病であることが現実的ではなくなったこともその背景にあります。

　この「一病息災」という考え方は、実は各方面のリスクマネジメントでも採用されている知恵でもあるのです。リスクマネジメントとは、「危険や事故に対して可能な限り事前に予測・予見し、適切に予防し、可能な限り結果の発生を回避し、万一の事故には迅速に対応し、また処理して被害の拡大を防止し、損害を最小限に抑えること」です。私たちが自らの健康を守るセルフケアもリスクマネジメントといえます。
　リスクマネジメントの考え方の順序として、まず、「リスクの回避」があります。病気やけがはしないのが一番で、よりよい生活習慣の構築や予防接種などが大切です。リスクを回避や除去できなければ「リスク

の軽減」を考えます。老化による心身の衰えを遅らせる取り組みや、介護予防活動などがこれに当たります。さらに、リスクを回避も軽減もできなければ、「リスクを保持」し、リスクの可能性を周知徹底させることに活用します。まっすぐな高速道路が続くと事故が多発するので、わざと、カーブを所々に入れるのもこの考えです。「一病息災」はリスクマネジメントの「リスクの保持」に当てはまるものといえます。持病があることを否定的にとらえるのではなく、生活習慣の是正や予防や治療を行うためのエネルギーとして活用するのです。

なお、リスクマネジメントの第4段階として「リスクの移転」があります。これは、発生の可能性のあり得るものに関して第三者とそのリスクを分かち合うか、一部ないし全部を移転させることです。健康づくりに関しては、保険や医療、福祉サービスの利用などが当てはまると考えられます。

いずれにしても、病気をつくるのも、治すのも、医者ではなく自分自身です。病気になったとき医者は治療をしながら、その人自身の回復力を最も効率よく引き出しているにほかなりません。「一病息災」の気持ちこそ、日々の養生の原動力です。毎日の養生が何よりのリスクマネジメントとなるはずです。

第5章　要点整理

- 脂肪エネルギー比率は20～25％が望ましい。

- ビタミンAやビタミンEなどの脂溶性ビタミンは過剰症を引き起こしやすい。

- 保健機能食品には、特定保健用食品と栄養機能食品がある。

- 健康補助食品とは、（財）日本健康・栄養食品協会（JHFA）が認定した健康食品のことである。

- アルコールは咽頭がんや食道がん、脳出血のリスクを高める。

- 喫煙は、肺がんだけでなく、消化器や泌尿器のがんのリスクにもなる。

- 身体活動量（単位：エクササイズ（Ex））は、活動強度（単位：メッツ（METs））と活動時間との積で表される。

- 歩行スピードは高齢者の体力の総合的な指標となる。

- ストレッチ体操は呼吸を止めないように行う。

- 概日リズム（サーカディアンリズム）とは約1日の周期の生体リズムのことである。

- 副交感神経系の活動は3～5時頃の早朝に最高となる。

- 腹囲測定は特定健康診査の検査項目に含まれている。

- 雇用労働者の健康診断は労働安全衛生法に基づき実施される。

- 入院が必要と考えられる救急患者はまず二次救急医療機関を受診する。

- 納豆やクロレラ食品はワルファリンの作用を弱めてしまう。

- 入浴の際のお湯の温度は38～40℃のぬるめがよい。

第6章

知っておきたい「生(いき)・活(いき)」知識

生活編

1 おしゃれ心とカラーセラピー
2 美容のセラピー
3 つくる楽しみ、食べる楽しみ
4 高齢者の生活と住宅の工夫
5 「マネー」とライフプラン
6 「保険」の知識
7 エンディングノートのつくり方

第6章　知っておきたい「生・活（いき・いき）」知識　＜生活編＞

1 おしゃれ心とカラーセラピー

> **学習のポイント**
> おしゃれ心は若さと元気のもと。女性だけでなく、男性も同じです。そこでこの項目では、男女ともに役に立つ、色の選び方、使い方についてご紹介します。

①おしゃれに生かす、色の効用

　なぜ、我々はおしゃれをするのか？　と考えてみると、自己満足だけでなく、他人を意識し、自分の存在を認めてもらうため。つまり社会とのつながりを持つ大切なコミュニケーションツールといえます。しかし、年齢を重ねるにつれ、外出の機会も減り、もう年だからとか、面倒だからという理由でおしゃれ心から遠ざかる人も少なくありません。例えば、パジャマやジャージなどで1日の大半を過ごしてしまうと、生活のリズムは失われ、引きこもりや孤立化を生む悪循環へとつながります。

　また、おしゃれを阻む一因には視力の老化による見え方の変化や、高齢者の体形や好みを踏まえないマーケットの未熟さも関係しています。我々が考える以上に、現代の高齢者は若々しいファッションを求めています。そこで、まず、他人を意識し、誰もが継続できる楽しみとしての簡単なおしゃれを考えてみましょう。

●今日の気分を「色」にのせてメッセージ！

　そこで重要になるのが「色」です。人間の五感情報のうち8割以上を視覚が占め、実はその大部分が「色」の力を借りています。「色」は気持ちや状況を伝えたり、受け取ったりするうえで、欠かせないものなのです。例えば自身の感情やちょっとした体調に合わせて色を選ぶ。よく着る便利な色の服を引き立たせるために、色を加える。といったように、自分自身が輝けるように色を上手に使えば、人から褒められたり、社会とのつながりを意識するきっかけになったり、おしゃれが心まで元気付けてくれます。

②おしゃれの楽しみを知る―色使いと色彩心理の応用

　年齢を問わず、着こなしやすい―いわゆる洋服の基本色となる色があります。基本色とは黒、グレー、紺、白、茶色、ベージュのことで毎日着こなしのどこかに、あるいは、これらの色だけで着こなせる色です。しかし、高齢になると、顔にも影やくすみができやすく、この基本色だけでは、顔色を沈ませ、かえって老けて見える心配があります。そこで、基本色に加えるようにさし色を使います。顔の近くに使うことで、顔を見ながらの会話がしやすく、脳への刺激に、また身に着けているものに注目してもらうことは、褒められる心地よさや自信へとつながります。

　このような使い方には、虹の七色のようなあざやかな色が効果的です。右表を参考に色彩心理を取り入れて使ってみるのも1つの方法です。

> これは、普段の服装が地味な人やおしゃれが苦手な人、男性などに取り入れやすい方法です。特に、顔の近くにネクタイ、スカーフ、アクセサリーなどを使い、あざやかな色を加えると、顔が若々しく見えるだけでなく、視線がそこに向くようになり、会話のきっかけとなることもあります。

好印象を作る　― パーソナルカラーの応用 ―

　パーソナルカラーは、その人の肌の色を基本に、美しく、魅力的に見せる色のことで、イエローベース、ブルーベースというベースカラーによる配色が基本。これは、一般に暖色に分けられる赤にも、黄みを帯びた朱赤には温かみが、青みを帯びたワインレッドには冷たさが感じられるというように、すべての色を黄と青のベースに分け、肌色もこの2つに分類し、同じベースの色は調和するという考え方です。さらに顔立ちや瞳や髪の色とより調和するよう、各々を2つに分け、日本の四季のように春夏秋冬の4グループの1つがその人のパーソナルカラーになります。その色を服やメイクに配色すると、自分に似合い、コーディネートも簡単で、トータルに似合うおしゃれができあがります。

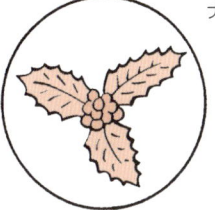

6章

[虹の七色]

赤	やる気や元気の出る興奮色。人目につきやすい
橙	親しみやすさや明るさのアピール
黄	気持ちを明るくさせ、目立ち、注目しやすい
緑	安らぎや安定感　穏やかなイメージ
青	まじめさやさわやかさ、気持ちを落ち着かせる
紫	個性のアピール　神秘的イメージ
ピンク	優しさや若々しさ、ストレス解放

[カラーコーディネーター]

　カラーコーディネーターとは、色選びのプロ。まったく異なった印象を与えたり、色の性質・特性の心理的効果を考えたりしながら、色の組み合わせを選びます。
「カラーコーディネーター検定試験」は東京商工会議所で行っています。
東京商工会議所
検定試験情報
http://www.kentei.org/color/

[パーソナルカラーは四季の色]

　パーソナルカラーは、大きく分けて、4つの配色に分類されます。日本の四季の色に合わせた、配色の分類の中から、自分に合った一つの配色が自分のパーソナルカラーになります。

第6章 知っておきたい「生・活（いき・いき）」知識 ＜生活編＞

2 美容のセラピー

> **学習のポイント**
> 女性にとっては、メイクやヘアケアを通じていつまでも美しくありたいと思う心こそが、主体的に生きてゆく力。その力を引き出し、養う領域が化粧セラピーや美容福祉です。

[60代女性の美容や装いの現状]

2008年に資生堂は美容に関するインターネット意識調査を実施。60歳前後（58～62歳）の女性1,171人に38項目の中から、美と健康のために必要な商品や情報を選んでもらったところ、トップだったのは「似合うおしゃれの仕方」でした。

また、【図1】にもあるように、60代はすでに定番スタイルを持っている人が多い（グラフA）一方、新しい装いを試してみたいという気持ちも持ち続けています（グラフB）。

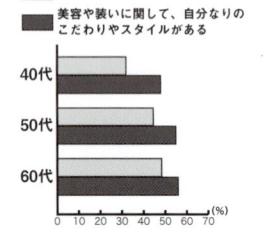

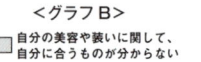

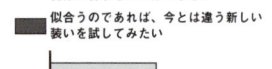

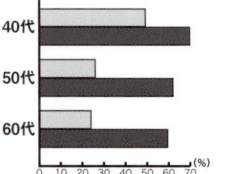

【図1】

＜グラフA＞
- 自分の美容や装いは昔から変わらない
- 美容や装いに関して、自分なりのこだわりやスタイルがある

40代／50代／60代

＜グラフB＞
- 自分の美容や装いに関して、自分に合うものが分からない
- 似合うのであれば、今とは違う新しい装いを試してみたい

40代／50代／60代

①「団塊の世代」のおしゃれやメイクへの思いと現状

我が国の年代別に見た人口構成は60代前半にボリュームゾーンがあり、今後ますます高齢化が進んでいくといわれています。60代前半といえば、かつてはグループサウンズやミニスカートなどの新しい文化や価値観を積極的に受け入れ、時代を創生し、アクティブに活動してきた「団塊の世代」といわれる世代です。それだけに一昔前の60代と比べると、積極的に社会に参画している若々しい人が多く、本当はいつもと変わったおしゃれを楽しみたいと思っている人が少なくありません。しかし、その方法が分からない、試す自信もないから今のままでよしとしてあきらめている人がほとんどです。しかも美容やファッション、おしゃれの分野では、この60代前半の年代以降に向けた商品や情報、サービスが非常に少ないのが現状です。

若いときに覚えたメイクでは似合わない。どうすればきれいになれるか分からない。そしてそのうち、化粧から遠ざかる。こうして生活に彩りがなくなる悪循環に陥っているケースも見られます。そこで、ここでは60代以降のシニアの女性が生き活（い）きと輝くためのメイクを取り上げます。

②シニアメイクのポイントを知ろう

●まず、今の自分を知る

いくつになっても、最大限のおしゃれやメイクを演出するには、今の自分を知ることが第一歩です。【写真1】には加齢によって顔の形態がどのように変化していくかを、各年代のモーフィングによる平均顔（何人かの顔を合成して平均化したもの）を示しています。

年齢による顔の形態変化がよくわかります。顔の形態が変化すると、光の当たり方も変わります。実はメーキャップするときにはこの光の当たり方を味方につけなければなりません。

【写真2】には、3D顔形状計測システムで計測した顔の、陰影シミュレーションの結果を示しています。60代の顔形状は肉づきが下降し、骨格が浮き立つことにより、こめかみやほお、目の下に大きな影が目立ってきます。

【写真1】各年代8名ずつの顔を合成して作成した平均顔

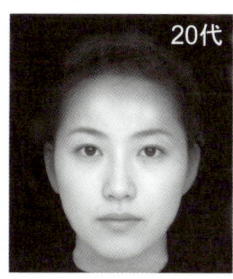

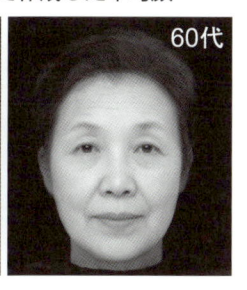

【写真2】60代女性の3D顔形状計測システムで計測した顔の陰影

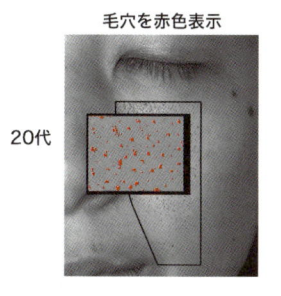

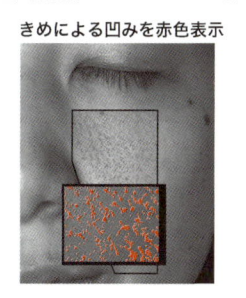

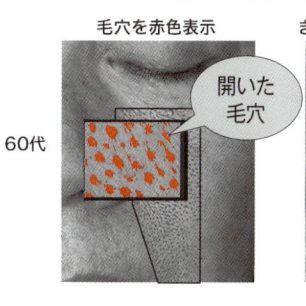

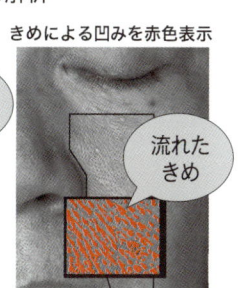

[加齢と表情筋]

顔面にはいくつもの表情筋が張りめぐらされていますが、表情筋は加齢とともに衰えます。口角やほおの表情筋の張りがなくなってくるので、左の写真でもわかるように同じ顔でも60代になると不機嫌な暗い表情に見えてしまうのです。それだけに表情を美しく見せるためには、意識的に大きな笑顔をつくる工夫やほおのくぼみが暗く見えない化粧の工夫などが大切になってきます。

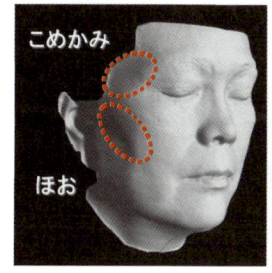

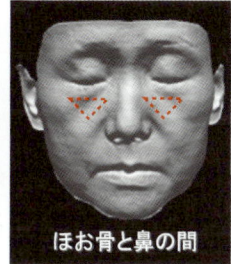

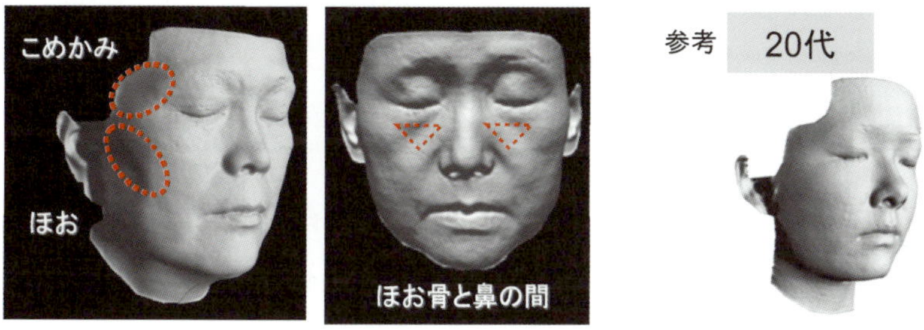

さらにもう少し微視的な目で見てみましょう。【写真3】は、20代と60代の女性の皮膚の表面を超高精細カメラによって撮影し、皮膚の毛穴・きめから生じる皮膚表面の微細な凹凸を観察したものです。20代よりも毛穴が拡大し、流れたきめやしわにより微細な影が出ています。この小さな影が顔全体の色の暗さにつながってくるのです。さらに別の解析では、顔の中心部が暗くなっていることもわかっています。

【写真3】超高精細カメラによる毛穴・きめから生じる微小な凹凸の解析

●ポジティブ立体メイクのコツを知る

このような現実に対して、年を重ねた証しをそのまま受け入れ、若々しい印象をアップさせるテクニックが、シニアのポジティブ立体メイクです。

まず重要なのは、最初の肌づくりです。骨格の浮き立ちによる大きな影と、毛穴やきめによる小さな影の攻略です（前頁【写真2、3】の影の部分）。つまり、大きな影や小さな影に光を集め、明るくし、顔全体の張りをアップして見せる、光による立体演出です。これを化粧下地とファンデーションの最低限のアイテムで行います。

ポイントは化粧による面づくりとその塗り方です。面づくりはくぼんでいるところには厚くつけ、くぼんでいないところには薄くつけます。塗布量にメリハリをつけ、くぼんだところに光を集めます。塗り方は、くぼみに出る大きな影には「トントン塗り」で自然にフィットさせます（【図2】の赤い囲いの部分）。毛穴・キメの凹凸などの小さな影には「クルクル塗り」で毛穴・キメの凹凸に均一に密着させます（【図2】のグレーの囲いの部分）。このように、塗り方に技の一手間をプラスすることで、ポジティブ立体メイクが簡単にできます。

さらに、目元も重要です。加齢によってまぶたが垂れて下降し、まつ毛が少なくなると、目の印象が弱くなります。目元をくっきりと際立たすのはアイライナーとマスカラです。アイラインはまぶたを指で持ち上げてまつ毛の生え際を確認し、まつ毛の生えている間を小刻みに埋め込むように少しずつ描いていきます。次にアイラッシュカーラーを用い、まつ毛をカールして、アイライナーをつけるときと同じようにまぶたを指で持ち上げ、まつ毛の根本からしっかりとマスカラをつけます。

【図2】ポジティブ立体メイクの塗布方法

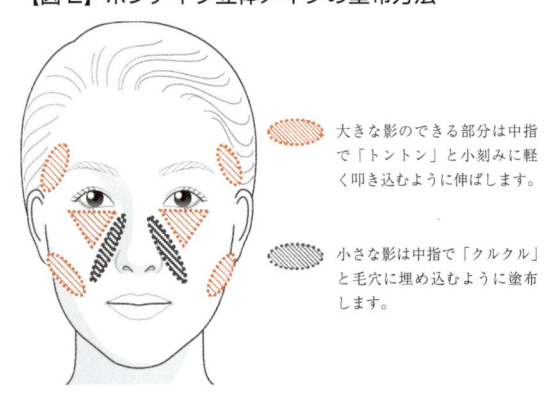

大きな影のできる部分は中指で「トントン」と小刻みに軽く叩き込むように伸ばします。

小さな影は中指で「クルクル」と毛穴に埋め込むように塗布します。

[化粧セラピー]

高齢者に化粧の力によるQOL向上を目指して、1970年代から化粧療法が試みられ、大きな成果が得られています。表情が明るくなった、身だしなみがしっかりした、オムツが外れたなど、参加者の9割にQOLの向上が見られたという報告がされています。周囲とコミュニケーションをとったり、手や指を動かしたり、香りをかいだり、自分の顔を見たりと、化粧には、五感を刺激して脳機能を向上させる働きがあります。

そのために、近年、化粧療法は認知症の予防や、抑うつ、徘徊、妄想、幻覚、睡眠障害などの緩和に対する有効性が認識され、高齢者ケアのひとつとして取り入れられています。

[認知症と化粧アクティビティー]

「お化粧なさったの？」「いつもよりキレイね」など、化粧を通じて声を掛け合ったり、認めて褒め合ったりと社会的なやりとりが生じます。

化粧療法は、一般的にほかの人に化粧してもらうアクティビティーで資生堂などが高齢者施設等で展開。一人10～15分かかる間に温かい会話が生まれ、自分の好みの口紅などを選びながら、最後に自分の顔の変化を確認するという流れ。さまざまな心理的・社会的効果が認知症予防につながるといわれています。

最後に、さらに素敵になるためのポイントです。メイクの色使いは、肌になじみのよい色のモデレート系で、健康な肌を想起させ、赤みを感じさせる優しい色を使います。質感は、上品なパール感でつやのある肌を目指します。ギラギラしたパール感は禁物、かえって毛穴やしわを目立たせてしまいます。以上がシニア女性に適したポジティブ立体メイクです。

美容と福祉の融合

　美容福祉とは、1999年に山野美容芸術短期大学に「美容福祉学科」が創設され、美容と福祉の精神、およびスキルを融合させる試みから始まった概念です。

　美容師になる心得とスキルとともに、介護福祉士の資格を得た人々が現在、介護施設等において理美容のサービスを行っています。また、訪問理美容の仕事をしている人もいます。

　美容福祉という概念の根底には、「生きるほどに美しく」というコンセプトがあります。人は、生きるほどに、年とともに弱々しくなるのでは決してなく、人として成熟し、他人との比較や競争という呪縛から自由になって、自分らしく輝き始める———。「生きるほどに美しく」という言葉には、このような意味が込められています。

　これこそまさに、ジェロントロジーにおける人間の捉え方でもあります。本来、「福祉（Welfare）」とは、「しあわせ」や「ゆたかさ」を意味する言葉でしたが、「与えてあげること」「してあげること」のように曲解されて使われていた一面があります。美容福祉の概念がこの誤解を正し、外側からの「美」への働きかけが、内面の自律した心の力を養い、「生きる力」になるのは、注目すべきことでもあります。

　さらに、美容福祉が追求しているジェロントロジーとコスメトロジーの融合が、これからの高齢社会において、高齢者と美容ケアでつながる「地域の次世代交流プログラム」に発展してゆく可能性や、障害があっても生きるほどに美しくありたいと思う「シニアの美容関連マーケットの拡張」につながる可能性があります。いま社会が求めているジェロントロジーの中でも、「応用老年学」の一翼を担うことになると考えられます。

[美容福祉師]

高齢者及び障がい者に向けた美容福祉実践の担い手となる・介助の技術を有した美容師に、日本美容福祉学会が認定している資格。

美容師免許と社会福祉士や介護福祉士の資格を持ち、同学会の認定講習会を修了した人や、山野美容芸術短期大学で美容福祉を学んだ人、あるいは美容師免許を持ち、同学会の定めた講習を修了した人などが対象。

美容福祉師上級、1級、2級、福祉美容師の4種類。今後の高齢社会を元気にする仕事ができる専門職のひとつである。

第6章 知っておきたい「生・活（いき・いき）」知識 ＜生活編＞

3 つくる楽しみ、食べる楽しみ

> **学習のポイント**
> 料理をつくっておいしく食べることは、身体機能の維持と脳の活性化にも大きく関与。そこで、簡単に栄養バランスのよい家庭料理をつくるコツをご紹介。

①家庭料理の味は格別！

内閣府が55歳以上の男女を対象に実施した『高齢者の健康に関する意識調査』（平成19年度）によると、「健康増進のために栄養のバランスのとれた食事をとる」人は54.6％に上ります。

また、東京ガス・都市生活研究所が行った「高齢者の食生活ニーズ調査」から、下の【図3】を見ると、「家で料理を手づくりする」ことが「自分だからこそつくれる料理がある」と感じたり、「家族の役に立っている」と感じるなど、いわば存在価値の確認ツールになっていることもわかります。

お惣菜などを手軽に購入できる時代だからこそ、自分だけのオリジナル料理や自分好みの味付けで料理をつくり、家族や友人との絆を深めることが日々の精神的原動力になります。独り暮らしの場合、経済的な面が優先されますが、元気で自分らしい生活を送るためには、家で料理をつくることの意義を見いだす努力も忘れたくないものです。

[**高齢女性の料理意識**]
高齢になっても、女性には自発的に料理を行う意識があり、「健康につながる」「自分の存在意義を確認できる」という2つの価値を持っていることがわかります。前者は独り暮らし女性に特徴的な意識で、後者は2人以上家族のいる高齢女性に特徴的です。料理が精神的な役割を果たしていることが分かります。

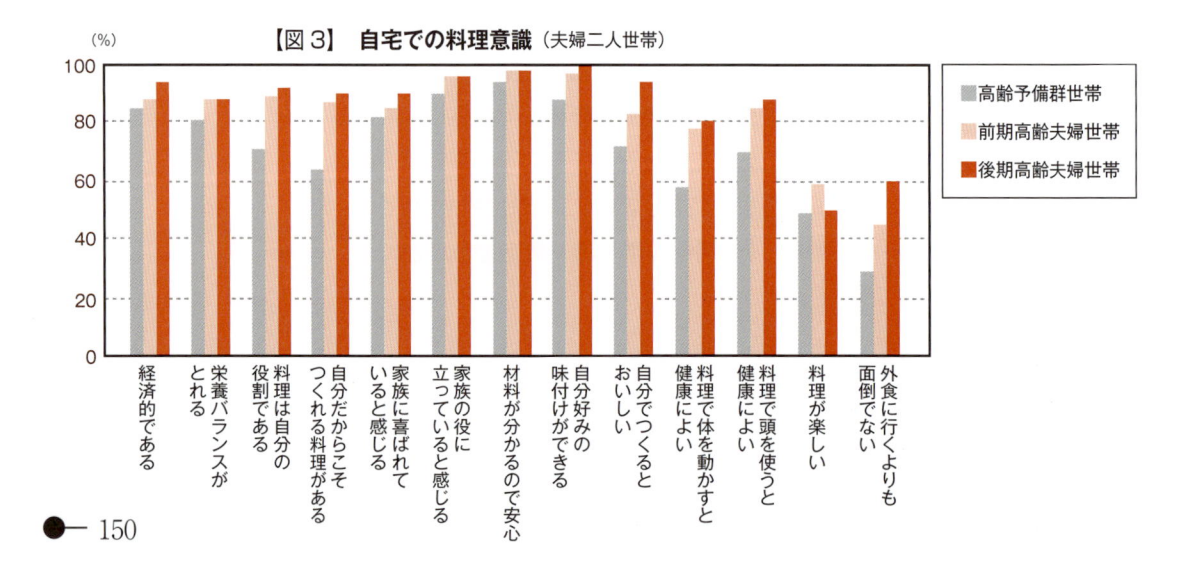

【図3】 自宅での料理意識 （夫婦二人世帯）

凡例：高齢予備群世帯／前期高齢夫婦世帯／後期高齢夫婦世帯

項目：経済的である／栄養バランスがとれる／料理は自分の役割である／自分だからこそつくれる料理がある／家族に喜ばれていると感じる／家族の役に立っていると感じる／材料が分かるので安心／自分好みの味付けができる／自分でつくるとおいしい／料理で体を動かすと健康によい／料理で頭を使うと健康によい／料理が楽しい／外食に行くよりも面倒でない

②食べるのも、つくるのも、若さと元気のもと！

高齢になるにつれて身体機能の変化に対する不安は大きくなり、健康を維持する意識も高まります。食事と運動は、健康維持の2本柱ですが、前述の同調査による【図4】を見ても、高齢者自身がとりわけ食生活において、「家でつくったものを食べる」ことを重要視していることがわかります。

また、料理をつくって食べるという営みは、「見る」「聞く」「かぐ」「触る」「味わう」という五感を同時に使う作業で、膨大な情報が脳に伝わります。そして、「調理を楽しむ」「食事時の会話を充実させる（楽しくする）」「新しい献立（メニュー）に挑戦する」「食事の際の盛り付けにこだわる」ことなどによって、さらに脳が活性化されます。日々、さまざまな工夫をしながら調理を楽しみ、おいしく食べて、認知症予防につなげましょう。

[男たちよ！台所に入ろう‼]
料理は女性のものと思っていませんか？ 料理をつくって食べるという行為は、認知症予防には最適。また、現役を引退してからの趣味として、料理をしてみてはいかがでしょうか。

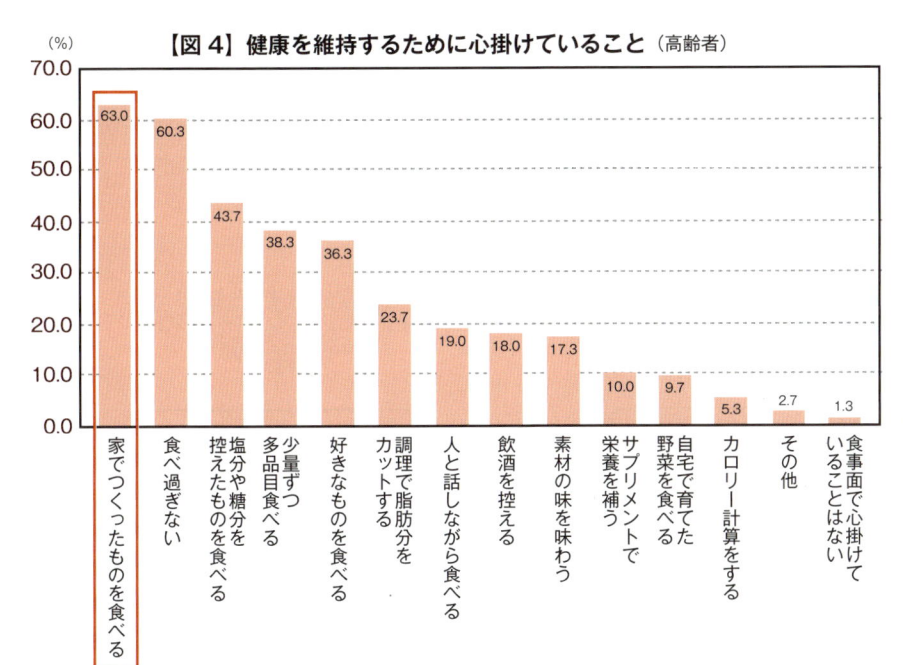

【図4】健康を維持するために心掛けていること（高齢者）

項目	%
家でつくったものを食べる	63.0
食べ過ぎない	60.3
塩分や糖分を控えたものを食べる	43.7
少量ずつ多品目食べる	38.3
好きなものを食べる	36.3
調理で脂肪分をカットする	23.7
人と話しながら食べる	19.0
飲酒を控える	18.0
素材の味を味わう	17.3
サプリメントで栄養を補う	10.0
自宅で育てた野菜を食べる	9.7
カロリー計算をする	5.3
その他	2.7
食事面で心掛けていることはない	1.3

※【図3・図4】ともに、東京ガス・都市生活研究所、都市生活リポート「高齢者の食生活2010〜少量多品目の食事を手軽に実現する調理法の提案〜」より

料理こそ、脳トレ！

下ごしらえをしながら調理し、同時に片付けも行う。そして食べるときの楽しみを考えながら盛り付ける、等々。手を動かしながら脳のあちこちを同時にフル活動させる料理は、実によい脳トレでもあります。

③カンタンにつくれて、バランスよく食べる工夫

　物忘れ、視力や筋力の低下など、加齢とともに身体機能が衰えてくると、調理する意欲や自信が失われ、食事づくりをやめてしまう人も少なくありません。また、基礎代謝量や運動量の減少とともに食欲が低下すると、つくる品数や量が減ってしまい、さらに咀嚼機能が低下すれば、食べる楽しみが失われ、次第に生きる意欲もなくなってしまいます。

　そうならないためには、身体機能の衰えに対する不安感やおっくう感を解消する調理方法が必要です。そこでグリル調理法と電子レンジ調理法をご紹介します。

　いずれの調理法も、使い慣れた機器を使えるため、抵抗感もなく使えるのではないでしょうか。また、今まで煮ていたものをグリルで焼いてみたり、茹でていたものを電子レンジで蒸してみたりといった新しい調理法にも簡単に挑戦することができます。いつもの食材を違った食感で味わってみると、また新しいおいしさを発見でき、これがさらに脳や五感を刺激して、感覚器の衰えを予防することにもつながります。

【図5】高齢者が日々の調理をし続けるための課題

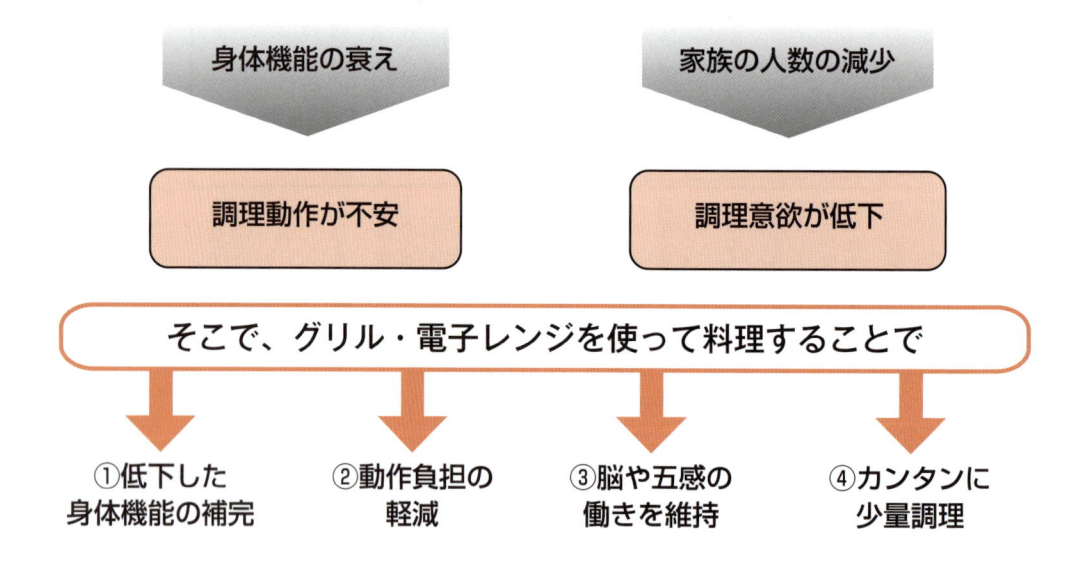

身体機能の衰え　　　　　　家族の人数の減少

調理動作が不安　　　　　　調理意欲が低下

そこで、グリル・電子レンジを使って料理することで

①低下した身体機能の補完　②動作負担の軽減　③脳や五感の働きを維持　④カンタンに少量調理

④ヘルシーで楽なグリル調理

　グリル調理は、魚を焼くときと同様に、食材を入れるだけで調理が

できます。タイマーや自動設定機能付きのグリルを使えば、火加減調節が不要で、料理づくりに不慣れな人でも簡単に調理できます。

また、短時間に高温で焼くことによって、肉や魚のうまみが凝縮され、素材のおいしさが楽しめます。トンカツや天ぷらなどの揚げ物を温め直すと、衣の水分が蒸発し、揚げたてのようなサクサク感が得られます。

グリルでお肉を調理すると、焼いている間に脂肪が網の下に落ち、余分な脂肪がカットできます。さらに、魚を焼くときに付け合わせの野菜を焼くといったように、グリルのすき間を使って数種類を同時に焼くことができます。品目数が増えて栄養バランスが整う上、調理時間を短縮することにもなります。

「焼き物」や「温め直し」が簡単にできるようになると、「煮る」調理法に偏りがちだった食卓が豊かになり、咀嚼回数も増えるので老化予防にもなります。

⑤簡単で安全な電子レンジ調理

近年、電子レンジでの調理が流行し、定着してきています。数年前まで電子レンジといえば、ご飯・おかずの温め直しや解凍、野菜の下ごしらえが主流でしたが、パスタを茹でたり、シチューを煮たり、魚を焼いたりと、その用途は驚くほど広がっています。

安全面では、火気を使用しないため、火事ややけど、着衣への引火の心配も軽減されます。また、加齢に伴い、筋力の低下で「フライパンが重く感じる」「水を入れた鍋が持ち上がらない」といった声をよく聞きますが、電子レンジ用の調理器具の多くはシリコン製やポリプロピレン製のため、軽量です。調理器具が食器を兼ねていることも多いことから、洗い物が少ないことも魅力的です。

電子レンジ調理は、少量からの調理が可能で、一人分の調理が早く容易にできることからも高齢者に適している調理方法ともいえます。また、短時間で加熱するため、栄養素が流れにくく、焦げ付きがないため油も控えられ、ヘルシーな調理法です。

メリットが多い電子レンジ調理ですが、他の調理器具と同様、調理されたものは熱いため、取り出す際や蓋を開ける際の蒸気などには気をつけましょう。また、飲み物や汁物を加熱する際には吹き上がりに注意し、とろみのある食品を加熱する際は、設定時間を控えめにしましょう。

[電子レンジ調理器具]

シリコン製やポリプロピレン製、耐熱セラミックス製など、様々な素材から作られています。用途や重量などに合わせて、自分に合ったものを。
- 圧力鍋
- 魚焼き用鍋
- 電子レンジ用炊飯器
- スチームケース「煮物・蒸し物等」
- スチーム鍋
- タジン鍋
- パスタ茹で器
- 即席ラーメン器
- 野菜下ごしらえ器

食べる楽しみをいつまでも！

つくるのも、食べるのも、不自由になってきたときの便利な道具

　生きるためには、食べることが最も重要です。しかし、高齢になり、身体機能が低下してくると、食べる、料理するなどの食生活に困難さを伴う状態にもなり得ます。すると食事が楽しくなくなり、食事をとる回数が減ったり、食品数が減ったりして、低栄養に陥りやすくなってしまいます。

　そこで役に立つのが、障害のある人でも自分で食事が続けられるように工夫された以下のような食生活用品です。食事中の補助、調理中の補助、生活の中での補助、と3つの視点から考えられた、食生活のためのユニバーサルデザイン用品です。

●食事補助用具

　自分で食べるための手助けをしてくれるのが、食事補助用具です。持ちやすい箸やフォーク・スプーン・カップや、滑りにくく落としにくい食器などもあります。

①ピンセットのようにつまむこともできる箸　②すくいやすいように加工された割れない器　③取っ手が大きく持ちやすいカップ　④自由に曲げることもでき、持ちやすい取っ手もついたスプーンやフォーク

目指そう「食」のバリアフリー

　食材を買い、調理をして、食べ、あと始末するまでの環境づくりに目を向け、目や耳・指の力などが衰えても、誰もが自立して、食生活を楽しむための多様なデザインが生まれています。これがいわゆる食のバリアフリー、あるいはユニバーサルデザインと呼ばれるものです。

● 調理補助用具

　調理中の事故防止や手の不自由な人の調理補助として、柄を握りやすいように動かせる包丁や、持ちやすい柄のついたフライパン・鍋など。また、左手を使う人用に考えられたデザインのものも多くあります。

①柄を持ちやすいように動かして持てる包丁
②柄が曲がっていて、持ちやすくなっているフライパン　③ふたのつまみも大きくなっており、持ちやすい鍋　④包丁の代わりに使えるキッチンばさみ　⑤握りやすく、立てておくこともできるしゃもじ

● 生活補助用具

　昔できていたことができないなど、身近な生活の中で困るシーンに役に立つのが、瓶のふた開けや、蛇口をひねりやすくする道具です。

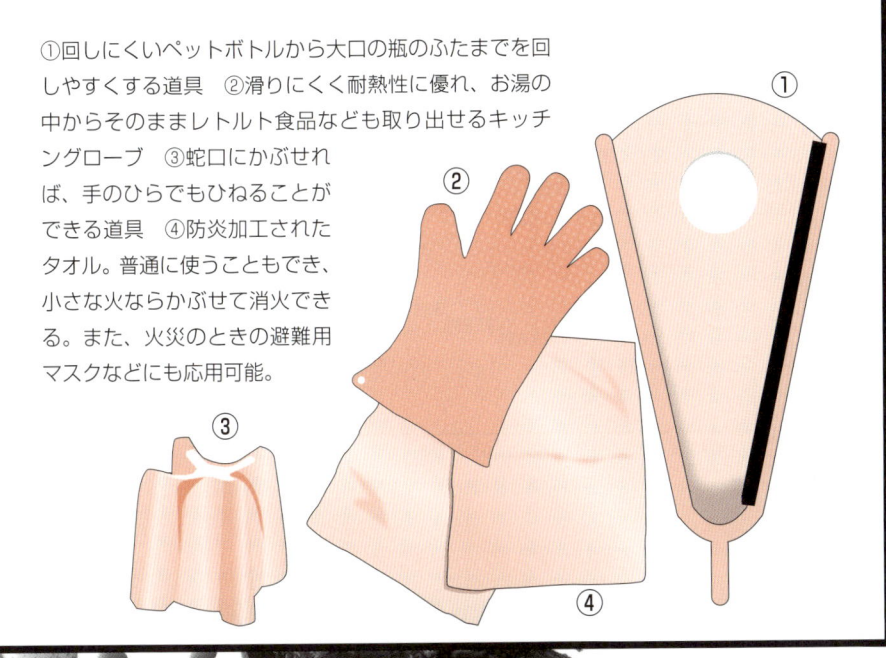

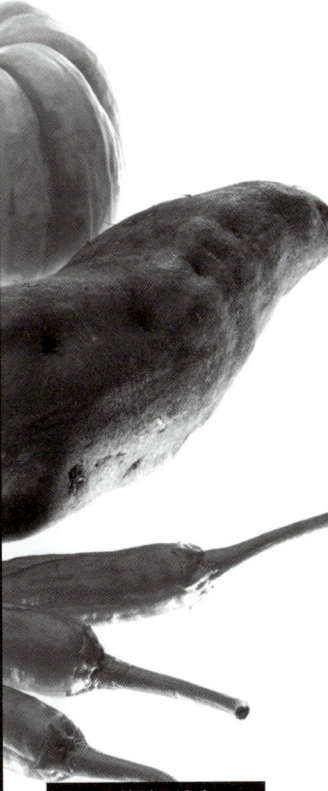

①回しにくいペットボトルから大口の瓶のふたまでを回しやすくする道具　②滑りにくく耐熱性に優れ、お湯の中からそのままレトルト食品なども取り出せるキッチングローブ　③蛇口にかぶせれば、手のひらでもひねることができる道具　④防炎加工されたタオル。普通に使うこともでき、小さな火ならかぶせて消火できる。また、火災のときの避難用マスクなどにも応用可能。

**公益財団法人
すこやか食生活協会**

　目から情報を得られない視覚障害者などは、日常の食生活に大きなハンディを負っていますが、感覚など体の機能が衰えた高齢者にもそれに近い状態にある人がいます。そんな人たちのサポートをし、食生活の改善に貢献するという理念のもと、音声ファイルなどによる食生活情報の提供とレシピの公開などを行っています。
http://www.sukoyakanet.or.jp/

第6章 知っておきたい「生(いき)・活(いき)」知識 ＜生活編＞

4 高齢者の生活と住宅の工夫

学習のポイント
高齢になっても自分らしく暮らしていくために「住まいと生活」、「安全な住まいの工夫」、「高齢者・認知症の人の特性と居住環境」について学びましょう。

①わが国の住宅における社会背景と課題

1) 世帯数を上回る住宅数

戦後、わが国の住宅政策は、住宅不足を解消することから始まり、1963年では、住宅数が2,109万戸に対して、世帯数は2,182万世帯ですので、この時点ではまだ住宅が不足していることがわかります。

1955年頃から住宅公団や公営住宅等により、「寝食分離」をスローガンに住宅建設が進められてきた結果、1968年には住宅数が世帯数を上回っています。その後、住宅数は世帯数の伸びより高い割合で増加していき、2008年では、住宅総数は5,759万戸で、世帯総数は4,997万世帯になっています。

【図6】住宅数、世帯数、世帯人数の推移

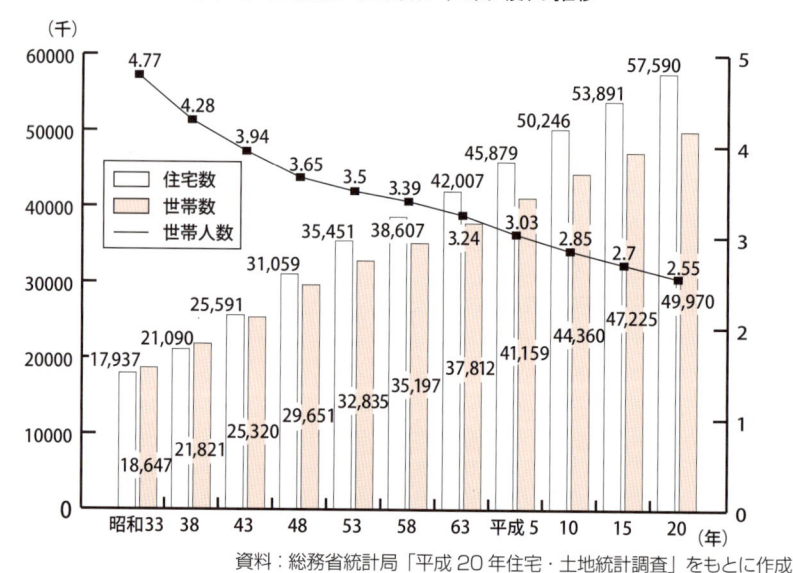

資料：総務省統計局「平成20年住宅・土地統計調査」をもとに作成

2) 減少する世帯人数と増加する高齢者世帯

世帯人数の減少には、核家族化や少子高齢化などの要因がありま

[住まいとは]

住まいとは、人間が生活する上での基盤となるところです。気候風土や生活習慣、家族構成、年齢などによって、住まいの在り方も変化します。

わが国の住宅において多くの問題があるのは、建築基準法制定から60年以上経過しており、高齢社会の現状にそぐわないことが挙げられます。

また、今まで生活者自身が「住宅・住まい方」について学習する機会がなかったことも要因の1つといえます。

[住まいと暮らし]

住まいを計画・設計する際には、間取りや設備、構造、耐震、デザインなどハード面だけではなく、その人の生活や家族関係、高齢期の暮らし方、プライバシーの捉え方、子育てなど、その人、その人のライフスタイルを考慮に入れ、安全で安心した生活が続けられることを想定し、検討する必要があります。

す。特に高齢化に伴う高齢者夫婦世帯や65歳以上の単独世帯（独居）の増加は、世帯人数の減少に拍車をかけています。

②わが国における住宅の特徴と問題点

1）高齢者の生活と住宅問題

　高齢者などにとって、たとえ長年住み慣れた住宅内であっても身体機能の低下などにより事故が起こることがあります。わが国の住宅の特徴として、段差が多い、住宅面積が狭い、住宅内の温度差が大きい、水回り（トイレ、浴室など）が使いにくいなど、また住まい方の問題もあげられます。安全で安心できる、しかも快適な暮らしを送るためには、どのような住環境整備が必要かどうか、その背景を理解し、解決策を知っておきましょう。

2）日常生活の中で感じている住宅の問題点

　国土交通省が行った「住生活総合調査」では、「住宅に対する評価」の不満率（「非常に不満」「多少不満」を合わせた率）は1988年以降徐々に減少しているものの、2008年には国民の30％強が不満をもっています（「非常に不満」4.0％、「多少不満」28.0％で、不満率32.0％）。不満率の内容では、「高齢者等への配慮」が最も高く、不満率は58.4％（「非常に不満」15.7％、「多少不満」42.7％）です。その他の不満要素には、「省エネルギー対応」や「天災への安全性」「断熱、気密性」「耐震強度」「住宅の老朽化」などがあげられます。

【図7】住宅に対する評価

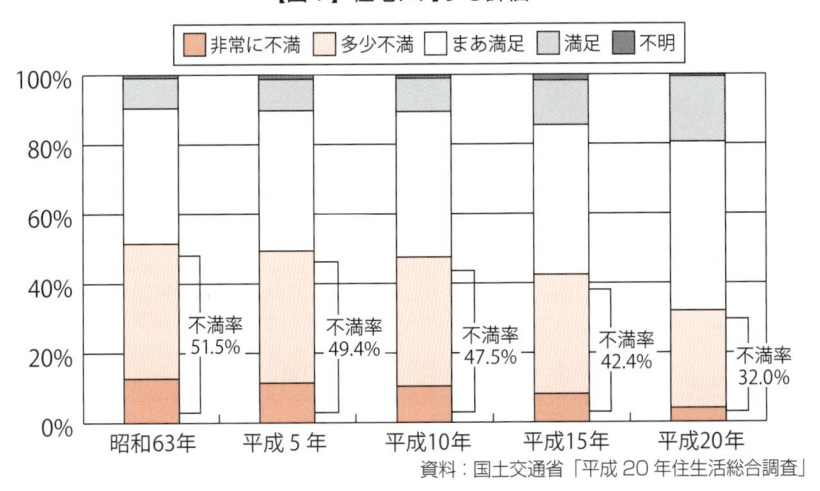

凡例：非常に不満／多少不満／まあ満足／満足／不明

年	不満率
昭和63年	51.5％
平成5年	49.4％
平成10年	47.5％
平成15年	42.4％
平成20年	32.0％

資料：国土交通省「平成20年住生活総合調査」

[住まいと自然環境]

　住まいを取り巻く環境は自然環境と社会環境に大別して考えられます。
　自然環境とは、雨や雪、風、気温、湿度、日照、気候風土などです。地震など壊滅的な被害をもたらすこともありますが、共存しなければならない存在です。地域によって特徴が異なるため、それぞれの自然環境を考慮した住まいづくりを行う必要があります。

[住まいと社会環境]

　社会環境とは、住まいを取り巻く社会の風俗や習慣、制度などです。また、町内会などその地域独自の習慣もあります。高齢化が進むわが国では、できるだけ自立した暮らしができるようにバリアフリーなコミュニティづくりが求められています。

③住宅の「量」より「質」へ 「住生活基本法」の制定

1）「住生活基本法」制定の背景

　現在の建築基準法は、人生50年という時代で、高齢化率が5％前後のときに規定された水準であるものが多く、人生90年と言われている現在の高齢社会では、いろいろな問題が生じています。

　そもそもわが国の住宅は、高齢者や障害者の身体機能に適した建て方がされていません。このような問題に対応するために、2006年6月に「住生活基本法」が施行されており、住宅の供給は「量の確保から質の向上」への転換を目的に施策が施行されています。

2）「住生活基本法」とは

　住生活基本法は、住宅の安全性や品質・住環境の向上に重点を置いた、2006年に公布・施行された法律です。住宅に関する初の基本法で、豊かな住生活を実現するための基本理念が示されています。

　ライフスタイルの多様化や価値観などの違いにより、"豊かな住生活"の基準もそれぞれに異なります。そのため、(1) 多様なニーズに合った安心・安全で良質な住宅を選択できる市場の整備、(2) 適切な住宅を自力で確保するのが困難な人に対する住宅セーフティネットの構築という2つの観点を取り入れることが求められています。それを踏まえて、4つの基本理念（側注参照）が掲げられています。

　これらの基本理念の上に、住生活基本計画（全体計画）が定められており、住宅の質や住環境の質の向上を図る目標（成果指数）が示されています。

[ユニバーサルデザイン]
「すべての目的にかなう」という語意から、障害を持つ人だけではなく健常な子どもから大人まで「すべての人が使いやすく快適に生活ができる」ように配慮されたデザインのこと。
　住宅、まちづくり、ものづくりに取り入れられている幅広い概念です。

[バリアフリーデザイン]
　高齢者や障害者が生活する上で妨げとなるバリア（障壁・障害）のない状態。段差などの物理的障壁だけでなく、社会的、制度的、心理的障壁を取り除くことも含まれます。

[住宅のバリアフリー化]
　住宅のバリアフリー化は、加齢などによる身体機能の低下や障害が生じた場合にも住み続けられる住宅の供給を目指すものです。高齢者だけではなく障害者も視野に入れた施策として実施されています。

●住生活基本法の基本理念
1、住生活の基盤となる良質な住宅の供給等
2、良好な居住環境の形成
3、市場の整備と消費者利権の保護
4、高齢者や低額所得者、子育て家庭等の居住安定の確保

項　目		現状値（年度）	目標値（年度）
新耐震基準（昭和56年基準）が求める耐震性を有する住宅ストックの比率		79%（平成20年）	95%（平成32年）
新築住宅における省エネ基準達成率		42%（平成22年4-9月）	100%（平成32年）
高齢者（65歳以上の者）の居住する住宅のバリアフリー化率	一定	37%（平成20年）	75%（平成32年）
	高度	9.5%（平成20年）	25%（平成32年）
新築住宅における住宅性能表示の実施率		19%（平成21年）	50%（平成32年）

④高齢者・認知症の人の生活と居住環境

1）高齢者の生活と居住環境

(1) 高齢者の心身の特性

　健康な高齢者でも、加齢によって主に筋力や平衡機能などの運動器、また視力や聴力など感覚器の機能低下が起こります。実際に、家庭内事故などにより、要介護者が増えている現状もあり、バリアフリー仕様による住環境整備が必要になります。

(2) 高齢者のための住環境整備のポイント

①安全への工夫

　転倒事故を防ぐためには、床段差の解消と滑りにくい床材への変更、ドアを引き戸へ替えて開閉動作を単純化する必要があります。

②安全な移動、転倒防止をするために手すりの設置

　玄関の上り框(かまち)、廊下、トイレ浴室、階段などの適切な位置に手すりを設置することで、安全な移動が可能となり行動範囲が広がります。

③室内の温度差によるヒートショックの防止

　住宅の気密性と断熱性を高め、室内の温度差を少なくするなど、ヒートショックによる家庭内事故を防ぐための対策が必要になります。

2）認知症高齢者の生活と居住環境

(1) 認知症高齢者の特性と問題行動

　アルツハイマー型認知症、脳血管性認知症、レビー小体型認知症が三大認知症と言われています。特にレビー小体型は、すり足で歩く、転倒しやすいなどパーキンソン病に類似した症状が特徴です。認知症になると、さまざまな周辺症状が現れたり（73頁参照）、運動機能などが低下したりするため、それらの対策として住環境の整備が必要です。

(2) 認知症高齢者のための住環境整備のポイント

①判断力が低下する認知症の人の住環境は、基本的に高齢者のための住環境整備と同様、バリアフリーな居住環境が必要になります。
②認知症と言ってもさまざまな症状を持っています。また、転倒を防ぐために適切な手すりの設置、色彩・サイン計画も大切です。
③認知症の予防のためにもアクティビティ・ケアが効果的であることが分かってきました。そのための環境の整備が求められます。

6章

[ヒートショック]
急激な温度変化が身体に及ぼす影響のこと。脱衣場と浴室、トイレとリビングなど寒暖差の著しいところを移動すると、血圧が急変し、心肺停止や脳血管疾患などに至る場合も。特に冬場は気をつけましょう（119頁参照）。

[アクティビティ・ケア]
アクティビティ・ケアとは、認知症の人に対して音楽療法やゲーム、園芸といったアクティビティを継続的に行うことで、五感を刺激し、脳機能の活性化や心身機能の維持、QOLの向上などを図るケアのこと。ケアの実施時には、本人の意思を尊重し、「出番」や「役割」を活かせる場面を用意することが大切です。これらの計画・運営を担うのが、「認知症ライフパートナー」です。

[認知症ライフパートナー]
認知症ライフパートナーは、一般社団法人　日本認知症コミュニケーション協議会が主催する検定試験。認知症の人に対して、これまでの人生や生き方、価値観を尊重し、日常生活をその人らしく暮らしていけるように、本人や家族に寄り添い、サポートする人の育成を行なっています。検定試験（基礎・応用）は、年2回全国6か所で開催されています。
　詳しくはホームページへ
http://www.jadecc.jp/index.html

⑤「住まい」の改修

　長年住み慣れた家でいつまでも暮らしたいと思っても、日本の家屋には段差の多さ、トイレや浴室など高齢になると住みにくくなる部分が多く、家庭内事故にもつながりやすいため、介護保険制度では以下のような住宅改修や福祉用具（162頁参照）利用の援助を行っています。

●介護保険でできる住宅改修

　介護保険を利用すれば、住宅改修費の支給を受けられます。しかし、介護保険で行える改修の対象と支給上限額が定められているため、あらかじめその内容を把握した上で正しく利用しましょう。

対象者は？

　介護保険の要介護認定で、要支援1・2、要介護1～5と認定された方が対象となります。

介護保険で住宅改修に支給される額は？

　要介護状態区分（要介護度）にかかわらず、支給限度基準額を20万円として、住宅改修に要した費用の9割（18万円まで）が介護保険から支給され、残りの1割は自己負担となります。20万円を超えた場合は、超えた分全額が自己負担となります。

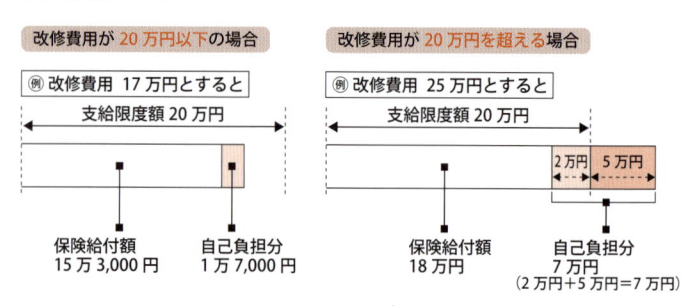

改修費用が20万円以下の場合
例 改修費用 17万円とすると
支給限度額 20万円
保険給付額 15万3,000円　自己負担分 1万7,000円

改修費用が20万円を超える場合
例 改修費用 25万円とすると
支給限度額 20万円　2万円　5万円
保険給付額 18万円　自己負担分 7万円
（2万円+5万円=7万円）

利用できる回数は？

　原則として、改修時に住んでいる住宅につき1回限りの支給です。ただし、1回の改修費用が20万円未満だった場合、次回改修時に残りの金額を再度申請することができます。
　また、例外として、転居した場合や、改修工事後に要介護度が一気に3段階以上重くなった場合は、再度申請して支給を受けることができます。

[住宅改修の申請書類]

　住宅の改修を行う際には、市区町村に事前・事後とも申請が必要です。申請に必要な書類は下記を参照してください。

＜改修前＞
●申請書
●理由書
●見積書
●図面
●日付入りの写真（改修前）
●住宅改修の承諾書（賃貸の場合）
●口座送金依頼書

＜改修後＞
●住宅改修完了届
●日付入りの写真（改修後）
●領収証
●工事費内訳書

　　　　　　　　など

1. 手すりの取り付け

廊下、トイレ、浴室、玄関、玄関から道路までの通路などに、転倒予防や移動補助となる手すりを取り付ける。

※取り付け工事を伴わないものは「福祉用具貸与」の対象となります。

2. 段差の解消

居室、廊下、トイレ、浴室、玄関など、道路までの段差や、玄関から道路までの段差の解消、スロープの設置、浴室の床のかさ上げ、通路などの傾斜の解消など。

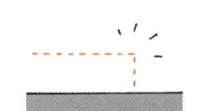

※取り付け工事を伴わないスロープの設置は「福祉用具の貸与」、浴室用すのこ設置などは「福祉用具購入費の支給」の対象となります。

3. 床、通路面の材料の変更

畳敷きから板張りやビニール系床材などに、また、廊下・階段・浴室の床や通路面を、滑りにくいものに変更。

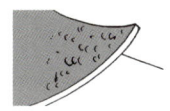

4. 扉の取り替え

開き戸から引き戸や折り戸、アコーディオンカーテンなどに取り替え。引き戸などの新設や扉の撤去。ドアノブの変更。

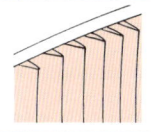

5. 便器の取り替え

和式から洋式便器(暖房便座、洗浄機能付きも含む)への取り替え。

※すでに洋式便器の場合に、暖房便座、洗浄機能付き便座に取り替えることはできません。また、和式便器の上に置いて、腰掛け式に変更する場合は、「福祉用具購入費の支給」の対象となります。

6. 1〜5の改修に伴って必要となる工事

(1) 手すりの取り付けのための壁の下地補強
(2) 浴室の床の段差解消に伴う給排水設備工事
(3) 床材の変更のための下地補修や根太の補強、通路面の材料変更のための路盤の整備
(4) 扉の取り替えに伴う壁または柱の改修工事
(5) 便器の取り替えに伴う給排水設備工事(水洗化工事は除く)、床材の変更

⑥介護保険で利用できる福祉用具

　介護保険制度における福祉用具貸与は、利用者の自立支援および介護者の負担軽減を目的に導入され、特殊寝台（電動ベッド）など12種目が対象でしたが、2012年4月から自動排泄処理装置が新たにレンタルに加わり、13種目が対象となりました。要介護度が軽度の方（要支援1、要支援2、要介護1）はその内、手すり、スロープ、歩行器、歩行補助つえの4種目の利用に限られていますが、その他の特殊寝台や車椅子についても身体状況に照らし、一定の条件に当てはまれば例外的に認められるケースがあるため、利用したい方は、ケアマネジャーもしくは福祉用具専門相談員に相談してみましょう。

●福祉用具専門相談員とは

　福祉用具専門相談員とは、高齢者に福祉用具を提供するために必要な指定講習（40時間）を修了した専門職で、福祉用具貸与を行う事業所には2名以上の登録が必要となっています。2012年4月の介護保険制度改正により、すべての福祉用具貸与事業者に、利用者ごとに福祉用具サービス計画書を作成することが義務付けられました。福祉用具サービス計画書には、ケアマネジャーが作成する居宅サービス計画書に基づき、利用者のニーズ、身体状況、介護状況、家屋状況に合わせて、福祉用具が必要な理由、利用目標、各福祉用具の選定理由、その他使用にあたっての留意事項等が明文化されます。これにより利用者および、ケアマネジャーは、提供された福祉用具のサービス内容を具体的かつ明確に知ることができます。そのため、計画書を作成する福祉用具専門相談員の質が求められます。

　さらに、福祉用具貸与事業者によって、福祉用具の消毒方法やアフターサービスの内容等が異なるため、ご確認の上、事業者を決定しましょう。

福祉用具レンタル利用でのメリット

①必要なものが必要な期間だけ利用できる
②高機能の高価な商品でもリーズナブルなレンタル料で借りられる
③故障や修理が必要になったときは、すぐに気軽に用具を変えられる（レンタル料以外費用負担なし）
④身体の状況に応じて用具を変えられる（レンタル料以外費用負担なし）
⑤リサイクルで粗大ごみが出ない

　　　　　　　　　　　　　　　　　　　　　　　　などが挙げられます。

●販売対象の福祉用具も介護保険で

また、介護保険における特定福祉用具販売は、レンタルでの対応が適さない腰掛便座(ポータブルトイレ)等の5種目が対象となっています。利用限度額は、要介護度に関係なく年間10万円、一度購入した福祉用具の再購入は原則できません。レンタル、販売とも介護保険からの支給が9割、利用者負担が1割です。

6章

[福祉用具のレンタル・販売対象種目]

福祉用具は原則レンタル支給ですが、再利用に心理的抵抗感が伴うもの、使用により形態・品質が変化するものは「特定福祉用具」として販売対象になります。

要介護度によって使用できる種目に制限があるためご注意ください。

＊特例として使用が認められる場合もあるため、福祉用具専門相談員に相談してみましょう。

●最寄りのショールームへ

介護保険制度の助成対象のほかにも、福祉用具には、食べやすく工夫された食事用具、高齢者向けレトルト食品、着脱しやすい衣類やシューズ、在宅医療にかかわる吸引器、紙おむつ用品等が、多数あります。福祉用具を取り扱う最寄りのショールームを訪ねてみると、現物を確認することができます。使い勝手を確認するなど、利用してみましょう。

[福祉用具レンタルの対象種目(厚生労働省告示より抜粋)]

種目	サービス対象者					
	要支援	要介護1	要介護2	要介護3	要介護4	要介護5
車いす			○	○	○	○
車いす付属品			○	○	○	○
特殊寝台			○	○	○	○
特殊寝台付属品			○	○	○	○
床ずれ防止用具			○	○	○	○
体位変換器			○	○	○	○
手すり	○	○	○	○	○	○
スロープ	○	○	○	○	○	○
歩行器	○	○	○	○	○	○
歩行補助つえ	○	○	○	○	○	○
認知症老人徘徊感知機器			○	○	○	○
移動用リフト(吊り具を除く)			○	○	○	○
自動排泄処理装置(交換可能部品を除く) 排便機能を有するもの					○	○
自動排泄処理装置(交換可能部品を除く) それ以外のもの	○	○	○	○	○	○

[特定福祉用具販売の対象種目(厚生労働省告示より抜粋)]

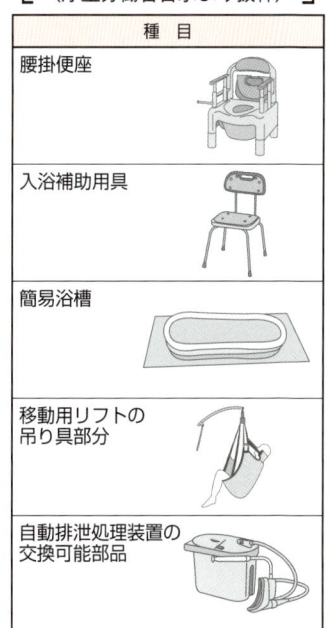

種目
腰掛便座
入浴補助用具
簡易浴槽
移動用リフトの吊り具部分
自動排泄処理装置の交換可能部品

⑦福祉住環境コーディネーターの役割

1）福祉住環境コーディネーターとは

「福祉住環境コーディネーター」とは、「住宅は生活の基盤であるという考えのもとに、保健、医療、福祉、建築、福祉用具の活用、サービスや制度の利用などに関する知識を身につけ、住宅に関するさまざまな問題点やニーズを発見し、各専門職と連携をとりながら具体的な事例に適切に対処できる人材のこと」と定義されています（東京商工会議所「福祉住環境コーディネーター検定試験」公式テキストから）。

2）福祉住環境コーディネーターの役割

福祉住環境コーディネーターは、高齢者・障害者本人の心身状態、生活全般、住宅の状態から見た視点にたって、解決法を考案します。住環境整備の必要性や方向性・方針の提案を示し、本人、家族の合意を得ながら住環境の計画に入ります。そのためには、本人や家族、専門職から情報を収集し、制度の活用、住環境ニーズの発見など、本人の生活に適した住宅の在り方について話し合いをします。また、計画・設計・施工に当たる建築関連の専門職とも連携し、本人が安全で安心した生活が出来るように整備後のフォローアップに至るまでの一連の流れをコーディネートする役割があります。

検定試験「福祉住環境コーディネーター」の受験者数は、137万人（平成24年11月現在）となっています。

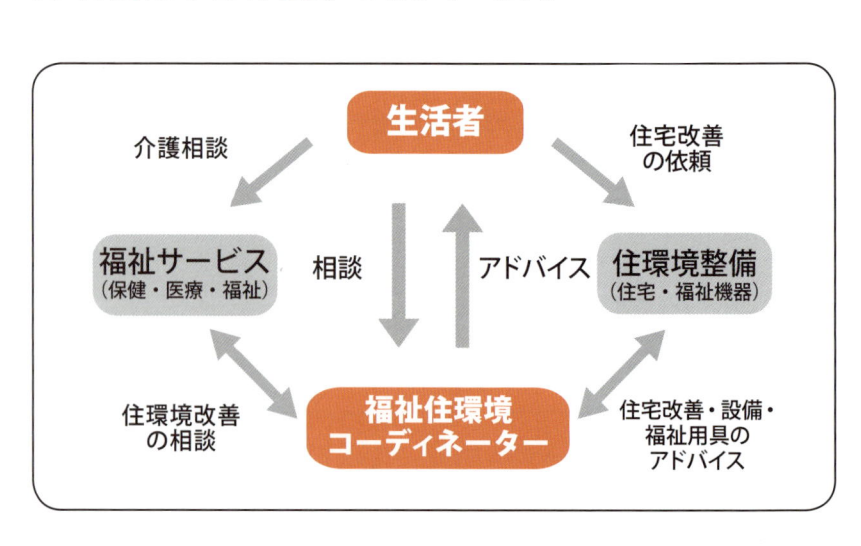

［福祉住環境コーディネーター検定］
東京商工会議所が1999年に始めた検定。現在3・2・1級があります。詳しくは
東京商工会議所検定センター
電話 03 (3989) 0777
http://www.kentei.org/

⑧高齢者の「住まい」の種類

　いくつになっても、住み慣れた自宅で暮らしたいと考える人は多く、介護保険サービスなどを利用しながら、在宅生活を続ける人が増えています。また、元気なうちに自分の終の棲家を見つけておこうというシニアも増えており、高齢者向け住宅や福祉施設などへの住み替えを行う人もいます。しかし、独り暮らし高齢者や夫婦のみ世帯の増加、高齢者向け住宅の不足、要介護度の低い高齢者も特別養護老人ホームの申込者となっているといった問題がありました。

　これらを受け、2011年に「高齢者の居住の安定確保に関する法律（高齢者住まい法）」が改正され、従来の高齢者円滑入居賃貸住宅、高齢者専用賃貸住宅、高齢者向け優良賃貸住宅はサービス付き高齢者向け住宅に一本化されました。

　この住宅は、高齢者が住み慣れた地域で安心して暮らすことができるよう、右記のような基準を満たし、都道府県に登録された住宅です。60歳以上であれば基本的に誰でも入居できることが特徴です。安否確認や生活相談サービスが提供される他、定期巡回・随時対応型訪問介護看護など外部の介護・医療サービスとの連携も行います。

　高齢者の住まいはサービス付き高齢者向け住宅以外にも、有料老人ホームや新しい形態の共同住宅など多様です。それぞれの特徴を知り、自分に合った住まい選びができる知識を身につけましょう。

●高齢者の住まい選びのポイント
①どのような生活を送りたいのか
②どのようなサービスを受けたいのか
③どこまでの要介護度なら受け入れ可能か
④看取り対応は可能か　　　　　　　　　など

新しい共同住宅「コレクティブハウジング」と、「グループリビング」

　個別の住居スペースに、ダイニングキッチンやリビングなど共有スペースがあり、お互いが独立性を守りながらも、血縁に関係なくさまざまな人々が協力し合って交流しながら暮らす住まいと生活スタイルをコレクティブハウジングといいます。これは高齢者に限らず、全世代対象の"共同住宅"です。一方、グループリビングは、高齢者同士が身体機能の低下を補うために、5～9人ぐらいで生活を共同化、合理化しながら暮らす"共同住宅"のことです。

6章

[有料老人ホーム]
（健康型・介護付・住宅型）

　入居した高齢者の入浴や排せつ、食事の介助、食事の提供、洗濯、掃除などの家事、健康管理のいずれかのサービスを行う施設。大きく分けて3つのタイプがあり、介護付はホームが提供する介護保険のサービスを利用しながら生活を継続。住宅型は外部の訪問介護サービスを利用。健康型は介護が必要になった場合に、契約を解除して撤去しなければなりません。

[サービス付き高齢者向け]
　　住宅の登録基準

・床面積は原則として25m² 以上
※食堂や台所などの十分な共用スペースを有する場合は18m² 以上
・台所、水洗トイレ、収納設備、洗面設備、浴室等の設置
・バリアフリー（廊下幅、段差解消、手すり設置）
・少なくとも安否確認・生活相談サービスを提供すること
・書面による契約であること
・入院や心身の状況の変化を理由に、事業者から一方的に解約できないこととしているなど、居住の安定が図られた契約であること
・敷金や家賃、サービス対価以外の金銭を徴収しないこと
・前払金に関して入居者保護が図られていること（初期償却の制限、工事完了前の受領禁止、保全措置・返還ルールの明示の義務付け）
など

第6章 知っておきたい「生・活」知識 ＜生活編＞

5「マネー」とライフプラン

学習のポイント
明るく楽しく、生き活きと暮らすには、お金との付き合い方はとても重要です。ここでは「マネー」とライフプランについて考えていきましょう。

①ライフプランを立てながら、今後の資金の見直しを

「ライフプラン」を直訳すると「人生設計」。つまり、将来、自分や家族がどんなふうに生活したいかです。例えば、60歳の定年退職時に夫婦で記念旅行へ行くとか、その4年後には子どもの結婚祝い、10年以内にはリフォームをする、といった具合です。

一人ひとりの性格が違うように、家庭によってプランもさまざまですから、ライフプランはどこかの教科書に載っているようなものではありません。家族がしっかり話し合って、その家庭なりのオリジナルのライフプランを作成することがとても大切です。

●高齢期のライフプランの特徴

年代別にライフプランの特徴を挙げると、20～30代は就職してから結婚や出産、住宅取得などが発生しやすく、ライフイベントが目白押しの年代です。住宅ローンや生命保険といった金融商品にも高い関心を持ち始め、「家計」に関して、本格的に取り組み始める年代といえます。

40～50代は、子どものいる家庭では通常、教育費の負担が大きくなる年代です。子どもの人数や公立・私立といった進学状況によっても異なりますが、家計によっては赤字が数年間続くことも珍しくありません。

50～60代は、いよいよリタイア後を本格的に見据える年代です。子どもの教育費にメドが立ち、住宅ローンの完済時期もおおよそ見当がつくようになってきます。退職金や老齢年金の試算もより具体的になるため、リタイアメントプランニングを行うには、数字が徐々にクリアになってくる年代です。

[高齢期の家計の見直し]

「家計の見直し」を考える際、真っ先に挙げられるのは、「固定費のカット」です。生命保険や住宅ローンを見直すのが王道的な手法です。

しかし、高齢期になると事情が少し異なります。多くの場合、住宅ローンはほぼ完済していたり、生命保険の払い込みも徐々に終わる時期に差し掛かっていたりするため、見直し効果が限定的になりやすいものです。

こうした固定費がカットできなければ、生活費の見直しにも着手しなければならない状況が考えられます。

しかし、高齢期になるほど、それまでの生活スタイルを変えるのが難しく、若年期よりも見直しが行いにくい傾向があります。いったん上がってしまった生活水準はなかなか下げにくいものです。

高齢期に過度なストレスを伴う生活費の見直しが必要にならないためにも、若い時期からの健全な家計管理が大事であり、また早めにライフプラン表を作って、長期的な家計管理をすることを心掛けましょう。

●ライフプラン表をつくって、家族で目標の共有を

年代ごとにライフプランの特徴こそありますが、どの年代であってもライフプランの管理には「ライフプラン表」が非常に有効です。

ライフプラン表とは、縦軸に家族、横軸に年数をとり、今後の家族のライフイベントを一覧でまとめたものをいいます（次頁参照）。ライフイベントごとの予算も記入することで、将来的な「支出予定表」となり、今後の資金準備計画に役立ちます。

ただし、年金を主な収入とする高齢期の場合、年金以外に今ある貯蓄を取り崩して生活することが基本となります。この場合、ライフプランをどう見積もるかで、貯蓄の減少具合の見当ができてきます。リタイア後にどのような生活を送りたいかを家族間で話し合い、ライフプラン表を作成するといいでしょう。

●退職後の資金運用

退職金などまとまった資金が手に入ると、「何か運用しなければ」と思う方がいるかもしれません。しかし、運用しなければならない、ということはありません。むしろ、慎重になった方がいいでしょう。

年金生活者にとって、退職金などのまとまった資金は、その後の生活を支える大切なお金です。周りが勧めるから、あるいは周りが実践しているからという理由でリスクを取る必要はありません。

とはいえ、「老後」と一言で言っても、今は平均寿命が80年の時代ですから、リタイア後であっても10〜20年ほどの運用期間を検討することはできるでしょう。現役時代に比べ、高齢期はライフイベントが少なくなってきているので、「家計的」にいうと、リスクは取りやすいのが一般的です。

10年以上使わない資金であること、そして精神的にリスクを許容できる範囲で、無理のない資金運用を行うといいでしょう。

【図8】ライフプランに基づいたマネープランが土台です！

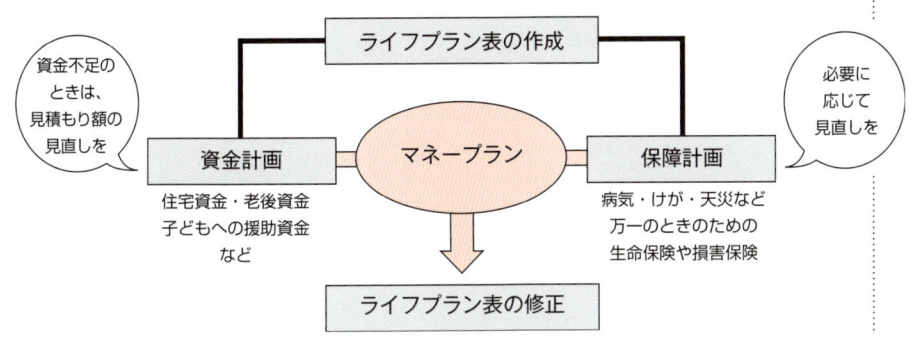

- ライフプラン表の作成
- 資金計画（住宅資金・老後資金 子どもへの援助資金 など）
- マネープラン
- 保障計画（病気・けが・天災など万一のときのための生命保険や損害保険）
- ライフプラン表の修正

資金不足のときは、見積もり額の見直しを

必要に応じて見直しを

[貯まる家計の共通点]

貯蓄形成がしっかりできている家計には共通点があります。それは「（お金が）余ったら貯める」のではなく、決めた範囲内で生活費を抑えようと工夫している点です。

これを式で表すと、「収入−貯蓄＝支出」となります。つまり、給与などの収入があれば、すぐに貯蓄分を先取りし、残りのお金でやりくりします。「収入−支出＝貯蓄」というやり方は、典型的な貯まらない家計になります。

[生活予備資金]

不測の事態に備え、「生活予備資金」を蓄えておきましょう。例えば、収入が途絶えてしまった場合に、次の働き口を見つけ、実際に給与が手元に入ってくるまでの間のつなぎ資金というのが一つの目安です。

一般的には月の生活費の3カ月分程度といわれますが、正解があるわけではありません。会社員と個人事業主、共働き家庭などによって異なります。職を失ったり、病気になったりしたケースを想定し、どのくらいの資金があれば乗り切れそうか検討してみてください。

ライフプラン表をつくろう

　高齢期に予想されるライフイベントを、ライフプラン表をつくって、家族で話し合いながらまとめてみましょう。まずはこれから先10年をメドで構いません。特に大きなお金のかかるイベントは、事前に予算を見積もっておきましょう。

　こうしたライフプラン表を作成することで、退職前までの貯蓄や年金で、今後の生活に必要な資金がどの程度カバーできそうか見当がつくと思います。もし、資金が不足しそうであれば、生活費やイベント費用の見直し、あるいはイベントそのものを行うかどうかといったことも含めて検討しましょう。

[ライフプラン表の記入の仕方]

①西暦と家族全員の名前と年齢を書き込み、お子さんが就職や結婚をする年頃には、親のあなたや配偶者が何歳になっているのか、お子さんにもしっかり再確認してもらいましょう。

②家族全員のこれからのイベントや行動計画を書き込み、そのための予算を記入します。田村家のように、いろいろなことを考えながら、書き込んでみてください。

③予算の合計を算出し、それがどうすればどこまで実現できるのか、資金計画と保障計画を練りましょう。

●ライフプラン表の記入例（田村家の場合）

			西暦	2011年	2012年
本人（世帯主）	（夫）正明（会社員）	年齢		60歳	61歳
				退職	再就職
				海外旅行	勉強
		予算		100万円	20万円
家族	（妻）裕子（専業主婦）	年齢		53歳	54歳
					勉強
		予算			20万円
	（長女）直美（OL）	年齢		25歳	26歳
		予算			
	（長男）明弘（大学生）	年齢		19歳	20歳
				大学2年生	大学3年生
		予算		200万円	200万円
		予算合計		300万円	240万円

夫婦で英語の勉強を始めるつもり。そして、安い手づくりの海外旅行を楽しめるようになりたい

娘は結婚時期。息子も学生生活最後の年。それぞれの人生が始まる前に、最後の家族旅行を計画

●定期的なメンテナンスを

ライフプラン表は、一度作成したら終わりではありません。ライフイベントまでの期間が長ければ長いほど、予算の予測は外れやすいものです。ライフイベントそのものが変更になることもあり得ます。ですから、年に一度などと決めて定期的に見直しましょう。年末やお正月などに家族そろって見直すのもよいのではないでしょうか。

バリアフリーで安全な、しかも今後の光熱費などがずっと安くなる太陽光発電などを取り入れた家に改築するつもり

車は必要だが、もう大きな車はいらないと思う

できれば2～3年に一度ぐらいは海外旅行を楽しみたい

2013年	2014年	2015年	2016年	2017年	2018年	2019年	2020年
62歳	63歳	64歳	65歳	66歳	67歳	68歳	69歳
家族旅行		住居改築	勉強	海外旅行	車買い替え		海外旅行
50万円		1000万円	10万円	50万円	300万円		50万円
55歳	56歳	57歳	58歳	59歳	60歳	61歳	62歳
	夫婦旅行		夫婦旅行			夫婦旅行	
	20万円		10万円			20万円	
27歳	28歳	29歳	30歳	31歳	32歳	33歳	34歳
結婚		出産		出産			
300万円		80万円		80万円			
21歳	22歳	23歳	24歳	25歳	26歳	27歳	28歳
大学4年生	就職					結婚	
200万円	10万円					300万円	
550万円	30万円	1080万円	20万円	130万円	300万円	320万円	50万円

※（指導・編集協力）山元君枝、小野英子、浅田里花
『ライフプランハンドブック』社会保険出版社より

夫婦で1週間ぐらいの滞在型海外旅行を体験するつもり

これで子どもへの援助は終わり。今後は自分の力で人生を築いてほしい

第6章 知っておきたい「生・活（いき いき）」知識 ＜生活編＞

6 「保険」の知識

学習のポイント

年とともに、備えておきたい「保険」の種類や保障内容も変わってきます。そこで、老後に向けて知っておきたい「保険」の知識をここにまとめてみました。

①生命保険には、主に3つの保障があります

生命保険には、「死亡保障」「医療保障」「老後保障」の主に3つの保障があります。この3つは、年代や家族構成によって、優先順位が変わります。

分かりやすい例は、小さな子どもがいる大黒柱の方のケース。この場合は、死亡保障を優先に考え、若いほど老後保障の優先順位は低くなります。

50～60代になると、子どもが経済的に独立し、大型の死亡保障から、自分が生きていくための医療保障や老後保障にシフトする年代です。具体的な保険種類でいうと、掛け捨ての定期保険を減額（あるいは解約）し、医療保険や貯蓄性のある保険を検討する時期といえます。

特に保険の場合、まとめて保険料を支払う「一括払い」という方法を用いると、毎月支払っていくよりも総支払保険料を低く抑えられます。まとまった資金を持つ方には、効率よく見直しを行うことができます。

ただし、生命保険は健康でないと、加入（見直し）できません。50～60代が行う「死亡リスク」から「生存リスク」に重点を置いた保険の見直しは、見直しの最後の機会と捉えておくといいでしょう。

70歳を過ぎると、健康面の問題でなかなか保険の見直しが行いにくくなります。仮に見直しができたとしても、保険料が高いため、保険料負担が実生活を圧迫しかねません。

最近は、保険料の安い保険商品が登場しており、「入りやすさ」が目立ちます。しかし、保険商品は統計的な確率を用いた金融商品ですから、安い保険料には理由が必ずあります。安ければ保障の内

[**保険とは**]

保険とは、一言でいうと「相互扶助」の制度です。加入者がお金（保険料）を出し合い、万一のこと（保険事由）が発生すると、お金（保険金等）が支給されます。

保険料を徴収したり、保険給付を行ったりする運営主体のことを「保険者」といい、加入者を「被保険者」といいます。保険者が国や自治体であれば公的な保険であり、民間企業であれば民間の保険となり、その代表が生命保険や損害保険です。

[**生命保険と損害保険**]

生命保険会社が取り扱う人の生存または死亡に関する保険を「第一分野」の保険といい、損害保険会社が取り扱う、偶然の事故によって生じる損害を補てんするための保険を「第二分野」の保険といいます。そして、どちらにも属さない疾病や傷害に対する保険を「第三分野」の保険といいます。第三分野は生命保険会社、損害保険会社どちらも取り扱うことができます。

容が薄いと捉え、本当に必要な保障なのかどうか、貯蓄で備えられるかどうか、しっかり検討をして保険商品を選ぶことが大事です。

高齢期になると、現役世代と異なり、収入がかなり限定的になり、年金収入や現役時代に蓄えた貯蓄は、リタイア生活を支える重要な資金源です。万一に備えることも大切ですが、保険料の負担で生活を切り詰めるのも本末転倒です。自分に合った保障のバランスを、じっくり検討しましょう。

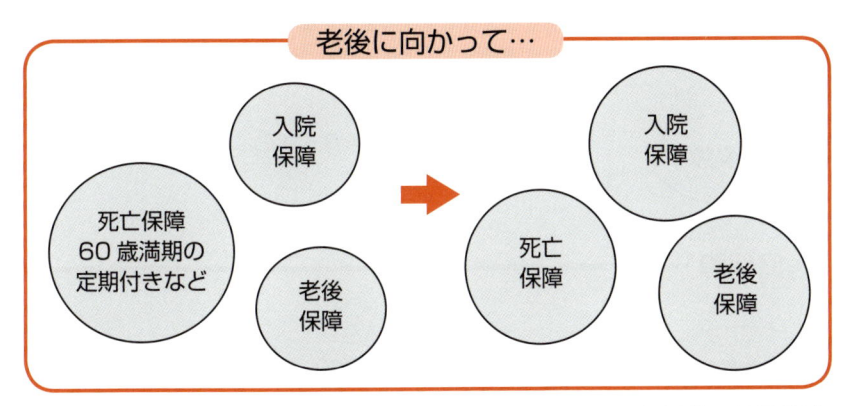

6章

[「主契約」＋「特約」で成り立つ保険]

主契約のみの契約は可能ですが、特約のみの契約はできません。ですから、特約の保障内容を見て保険を選ぼうとすると、必要のない主契約に加入してしまう可能性があります。保障設計の第一歩は主契約選びからといえます。

老後に向かって…

死亡保障 60歳満期の定期付きなど／入院保障／老後保障　→　死亡保障／入院保障／老後保障

子どもが社会人になるなど扶養の必要がなくなり、死亡保障の優先順位に動きがあるときは、生命保険の見直しの機会です。「子どもたちのため」から「自分たちのため」へのシフトを検討し、老後に備えましょう。

このポイントを再確認

❶保険の種類は何？

❷死亡保険金はいくら？　その金額は何歳まで支払われる？
　①病気で死亡したとき　②不慮の事故で死亡したとき

❸入院給付金は1日いくら？
　その給付金は何歳まで支払われる？
　①病気で入院したとき　②けがで入院したとき
　③がんなどの生活習慣病で入院したとき

❹保険料は途中で高くなるタイプ？
　何歳のときからいくら高くなる予定？

※加入会社のお客様相談センターなどに問い合わせ、現在の料金で試算してもらうとよいでしょう。

〈死亡保障〉

- **平準定期保険**　一定の期間中に死亡・高度障害状態になった場合、受取人に保険金が支払われます。期間中の保障額は一定です。

- **収入保障保険**　一定の期間中に死亡・高度障害状態になった場合、受取人に保険金が年金として支給されます（分割支給）。亡くなってから、保険期間満了までの期間が長いと保険金の総額が多く、短いと総額が少なくなります。平準定期保険よりも通常割安。保険金は一括で受け取ることも可能。

- **終身保険**　一生涯の死亡保険です。お葬式代の準備や相続対策に用いられます。

〈医療保障〉

- **医療保険**　主に入院、手術に対する保障。通常、入院1日当たりの保障額で保障設計します。入院何日目から支給か、何日間保障の対象か、手術の範囲など、いろいろな型があります。

- **がん保険**　がんのみを保障の対象とする保険。がん入院日額、がん診断給付金、がん手術給付金などがセットになっているタイプと、カスタマイズできるタイプとがあります。

- **介護保険**　所定の要介護状態になると保険給付がある保険。公的介護保険に連動するタイプや、保険会社独自に査定を行うタイプがあります。

〈損害補償〉

- **火災保険**　住まい（建物・家財）に対する保険。火災のみならず、水災、風災、落雷、盗難などを補償します。地震・噴火を原因とする火災等は補償されないので、別途「地震保険」に加入することが必要です。

- **自動車保険**　自動車事故に対する保険。運転者の年齢、性別、地域、走行距離、車種、用途等リスクに合わせて保険料が細分化されているのが一般的です（リスク細分型）。

退職後のイメージ～広がる世代間ギャップ～

6章

2010年10月1日、アクサ生命保険株式会社は、AXAグループが世界26カ国の退職後の生活に関する意識調査「第5回AXAリタイアメントスコープ」の日本における調査結果から、10カ国での結果を抽出し国際比較と過去4回の経年変化とともに発表しました。25歳から59歳の働く世代（就労者）と、55歳から75歳の退職世代（退職者）それぞれ500人を対象に電話インタビューによる調査を行ったものです。リーマンショック前の前回（2007年）調査から、日本人のリタイアメントに対する意識はどのように変化したのでしょうか。

調査の結果、退職後の収入について「満足な収入が得られる」と考えている就労者は11％にとどまり、前回の19％から8ポイント減少。国際比較でも10カ国中最下位となり、リーマンショック以降の経済環境の変化を受け、日本の働く世代では、退職後の収入に対する悲壮感が強まっていることがわかりました。この傾向は特に若い世代（25～34歳）で強く、退職後の収入について「満足な収入が得られる」と考えている人はわずか3％となりました。

一方退職者では、「現在の収入に満足している」人の割合は、前回より大幅に増加（53％、20ポイント増）。就労者と退職者の世代間ギャップは42ポイントと、前回の14ポイントから28ポイント拡大しました。長引く景気低迷の中、悲壮感が漂う働く世代と、自分たちは「何とか大丈夫」という退職後世代の安堵感が対照的に現れた結果といえるかもしれません。

また、退職後の収入は「個人の責任」（「長く働く」や「投資や貯蓄額を増やす」）で確保しなければならないという就労者が71％と、10カ国中トップで、自助努力で退職後に備えようという意識が高いことがわかりました。

退職後の収入を把握している就労世代は、「ねんきん定期便」効果からか、19ポイント増の43％となりました。しかしながら、退職後の準備をしている働く世代の割合は35％と、16％（2006年）から39％に急伸した2007年の前回調査から一転して、減少しました。このような調査結果から、働く世代はリタイアメントに向けて準備したいとは思いつつ、準備できていない実情が浮き彫りになっています。

[退職後、満足な収入を得られるか？]

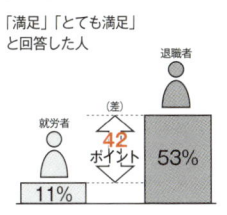

【図9】
「満足」「とても満足」と回答した人

就労者 11％　退職者 53％（差 42ポイント）

[退職後の生活は？]

【図10】

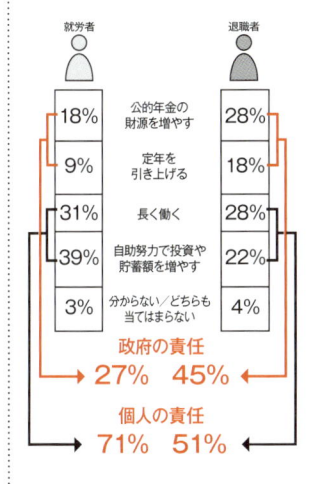

就労者		退職者
18％	公的年金の財源を増やす	28％
9％	定年を引き上げる	18％
31％	長く働く	28％
39％	自助努力で投資や貯蓄額を増やす	22％
3％	分からない／どちらも当てはまらない	4％

政府の責任　27％　45％
個人の責任　71％　51％

[退職後の準備を始めている就労者]

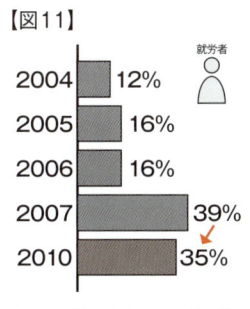

【図11】

2004	12％
2005	16％
2006	16％
2007	39％
2010	35％

出典：世界26カ国の退職後の生活に関する意識調査「第5回AXAリタイアメントスコープ」アクサ生命保険（株）

第6章 知っておきたい「生・活(いきいき)」知識 ＜生活編＞

7 エンディングノートのつくり方

> **学習のポイント**
> 高齢世代になると、介護や相続などが身近な問題となってきます。自分の将来について考え、自分の死に対する準備としてエンディングノートをつくりましょう。

①エンディングノートの役割と種類

高齢化の進展により、エンディングノートがブームになっています。エンディングノートとはどういうものか見てみましょう。

1）エンディングノートの役割

高齢社会を迎える中、介護や相続は、誰にとっても身近な問題です。自分の死に備えて記録を残すことがブームとなっており、エンディングノートや遺言ノートなどがよく売れています。名称や記載する内容はそれぞれ異なりますが、共通しているのは、自分の人生を振り返って財産や人間関係の棚卸しをし、それらを次の世代に引き継ぐためのツールになっているということです。

もう一つの役割は、死後の手続きをスムーズに行えるようにし、相続における争いごとを減らす手助けになることです。

人が亡くなると、葬式や埋葬などの葬祭関係のほか、年金や健康保険、金融機関、税金などの手続き、相続手続きおよび財産処分などやるべきことはたくさんあります。しかし、これらの手続きは自身で行うことはできず、必ず誰かに頼むことになります。

亡くなったことを誰に知らせるか、葬式はどのように行ってほしいか、通帳や保険証券などをどこにしまってあるか…。配偶者や子どもなどの身内ですら、わからないことはたくさんあるので、こういうことを書き残してあれば遺族は助かります。死に備えて書き残すなんて縁起でもないと考える人もいますが、実際に記入した人の多くは、それまでの人生をいったん整理したことで、残りの人生を楽しむ準備ができたと感じるようです。

また、相続対策には、法的に有効な「遺言」を残すことが必要ですが、いきなり遺言を書くのは抵抗感が強いものです。エンディン

［死後の手続き］

日本では人が亡くなったときには、原則火葬となるので火・埋葬許可申請書と死亡診断書を死亡届とともに役所に提出し、財産関係の手続きを行います。

財産関係の手続きには、社会保険関係の手続き（年金と健康保険と介護保険）、保険金や死亡退職金の請求・受け取り、相続関係の手続き（遺言書の検認、財産の処分や名義変更）、税金の申告（所得税と相続税）、電話やクレジットカード、免許証など各種契約の名義変更や解約があります。相続や税金の手続きには期限が決められているので注意が必要です。

グノートは、遺言を書くための準備としても利用できます。

2）エンディングノートの種類

エンディングノート、遺言ノート、自分史ノートなど、名称はいろいろありますが、大きく分けると3つの系列に分けられます。

①葬式など死後に必要な情報に重点を置いたもの

延命治療が必要なときにどうしてほしいか、誰に知らせてほしいか、菩提寺はどこか、お墓はあるかなど、死後整理に重点を置いている。

②自分史

その人がこれまでどんな人生を歩んできたか、自分史の書き込みや、現在の人間関係など、その人の人生の歩みを書き残すことを主な目的としたノート。認知症の方を介護するときには、その人がどういう人かがわかると介護がしやすいという。

③財産管理

その人が持つ財産状況を詳しく記載できる。死後の手続きに役立つ。相続対策が必要な場合や遺言を書くときの手助けにもなる。

①～③それぞれに特化して詳細な説明を加えているものもあれば、各項目をバランスよく配し、人生後半期に準備すべき項目の指針を示しているものもあります。自分は何を重視したいか、あれこれ比べて、今のあなたの気持ちに合うものを選ぶことが大切です。せっかく購入しても、使えなければ意味がありません。

死後の手続きは昔より大変？

　大家族の時代には、ある程度の年齢になれば隠居して、家計や財産の管理、親戚付き合いなどは跡継ぎに引き継いだので、高齢になってから亡くなった場合であれば、遺族が手続きで困るケースは、今より少なかったと思います。

　しかし核家族化により家族と同居する高齢者は少なくなりました。長らく別に暮らしていては、子どもであっても、親の家計状況やどんな暮らしをしていたのかなどは、ほとんどわからなくなります。また金融機関での手続きも厳格化されています。こういった事情によって、死後の手続きでとまどうケースが増えているのでしょう。

[延命治療]

医学的処置などにより、人の死を遅らせること。終末期の延命治療には、心臓マッサージ、人工呼吸器の装着、強力な抗生物質の使用、鼻チューブによる栄養補給、点滴による水分補給などがあります。延命治療をするかどうか判断するのは、通常は本人ではなく家族です。

本人が延命治療を受けない自然死を希望する場合には、家族や医師などにあらかじめその意思を伝え、書面などで残しておくことが必要です。

②エンディングノートのつくり方

　エンディングノートの情報は、書いた人を知る手掛かりとなり、適切なサポートの手助けとなるものです。どのような情報を記載するのか、見てみましょう。

1）これまでの自分、現在の自分

　自分とはどんな人間かをわかってもらう項目です。生まれたときからこれまでの自分の歩みや、かかわった人々を記録したり、現在の自分に関する情報を記録します。

＜項目例＞

- **●自分史**
  子どものときから今までどんな人生を送ってきたかをダイジェスト版で。その人の「人となり」がわかる。
- **●趣味・ボランティア活動など**
  現在、夢中になっていること、かかわっている団体や活動内容など。
- **●人間関係**
  親戚、友人、知人などのリスト。危篤のときや、葬式の際、誰に連絡したらよいかがわかるように。
- **●病気の記録**
  持病や投薬状況（おくすり手帳）、過去の入院や手術の記録（入院時に必要）、かかりつけ医の連絡先。
- **●その他関係者**
  相談相手となっている各種専門家、自治体や介護などの担当者と連絡先。

2）財産の状況

　自分がどんな財産を持っているか（不動産、金融資産など）、年金の受給状況、借り入れ状況、その他の資産などを整理しておきます。他人に見られる可能性のあるものなので、残高などは書かなくても構いませんが、どの金融機関と取引があるか、どこに財産があるかは、その人が亡くなると調べるのが大変なので、書き残しておきましょう。

　プラスの財産だけでなく、マイナスの財産（借金や連帯保証人などの有無）も相続の対象となります。連帯保証に関するトラブルは多いので、記録して相続人にわかるようにしておくことが必要です。相続の対象とならないようなものでも、自分が誰かに残したいものがあればそのことを書いておくことで、自分の意思を伝えられます。

[**連帯保証人**]

　債務者がお金を返済しない場合に、借りた人の代わりにそのお金を返済することを約束した人。連帯保証人は債務者とまったく同じ立場となるため、たとえ債務者に資産があったとしても、債権者は債務者ではなく連帯保証人に、その返済を求めることができるのです。また、保証人が複数いたとしても、連帯保証人は債務の全額を保証しなければなりません。

<項目例>

- **●金融機関一覧**
  銀行（ゆうちょ銀行を含む）や信用金庫、信用組合、証券会社、生命保険会社など、取引のある金融機関の支店名と担当者を記載。遺言作成に備えるなら残高を書き出してみても。

- **●生命保険**
  どんな生命保険に入っているか、現在受け取っている個人年金なども記入。

- **●損害保険**
  火災保険・自動車保険などの一覧を。

- **●不動産**
  自宅または投資用不動産を記載。借りている土地や家（借地や借家）があれば、それも記載。

- **●借り入れ**
  各種ローンやカード、借金、債務保証など。

- **●その他の資産**
  時計、宝飾品、着物など。

3）死後整理や葬式、埋葬（お墓）

　核家族化や価値観の変化により従来とは異なる葬式や埋葬法を望む人が増えています。一方、菩提寺や先祖代々の墓地など、守らなければならないものがある人もいます。こういった情報は親から子・孫へと意識して伝えておかないと伝わりません。

<項目例>

- **●終末期や死後**
  病名・余命の告知や延命治療、献体、臓器提供などの希望を書いておく。

- **●葬式**
  どういう葬式をしたいか。宗教の有無など。菩提寺がある人は場所や連絡先も記載しておくとよい。

- **●戒名**
  戒名についての希望。すでに受戒している人は、その戒名。

- **●墓**
  すでに購入している場合や、郷里にお墓がある場合には、その場所や連絡先を。散骨や永代供養墓への埋葬など特別な希望があれば記載する。

- **●家系図**
  相続人は誰かを探る手掛かりとなる。生まれたときからの自分の戸籍を取っておくとよい。

- **●慶弔記録**
  親族や親しい知人の結婚など慶事の記録と、命日・法事などの記録。親戚付き合いに役立つ。

[**菩提寺**]

　先祖のお墓があるお寺、または新たに購入したお墓のあるお寺のこと。檀那寺ともいいます。通常、葬儀や法要はその寺に依頼します。このように、ある家が特定の寺に所属することを檀家制度といい、寺から見たその家を檀家といいます。

③相続と遺言

相続トラブルというと資産家の問題と思われがちですが、財産が少なくてももめごとは起こります。仲のよかった兄弟でも、それぞれの事情があり思惑も食い違うからです。相続にはトラブルはつきものと考えて、事前の対策をしておきたいものです。

1）相続

亡くなった人の財産は、遺言がなければ民法で決められた「相続人」が受け継ぎます。相続人となるのは配偶者と一定範囲内の血族で、相続割合（法定相続分）も決められています（右頁囲み参照）。

相続が生じたときには、下表の手続きが必要になることがあります。注意が必要なのは、相続放棄や限定承認をする場合や税金の申告が必要な場合です。相続放棄や限定承認は期限を過ぎるとできません。また税金の申告が遅れると、ペナルティーを科されたり、特例が使えなかったりなど、不利な扱いとなります。

[法定相続分]
遺言がなかったり遺産分割でもめたりしたときに、分割の目安となる基準。相続人全員の合意があれば、法定相続分や遺言の内容にかかわらず、自由に財産を分けることができます。

[相続税の基礎控除額]
相続税は「5,000万円＋1,000万円×法定相続人の数」までかかりません。

※平成27年４月１日から、「3,000万円＋600万円×法定相続人の数」に改正になり、相続税率なども見直される予定です。

[配偶者の税額軽減]
配偶者には相続税額が軽減される特例（法定相続分までか、１億6,000万円までの部分は税金がかからない）がありますが、適用されるには期限内申告が必要です。

【表1】相続に必要な主な手続き

手続き	期限	備考
①相続放棄・限定承認	３カ月以内※1	家庭裁判所で
②所得税の申告	４カ月以内※2	納税が必要な人は期限までに申告
③相続税の申告	10カ月以内※2	基礎控除額以下なら原則申告不要
④遺産分割協議（遺産分割協議書の作成）	特にないが、未分割では相続税の特例などが使えないことも	遺言がないときの、財産の分割や名義変更などに必要
⑤不動産等の名義変更、その他遺産分割手続き	特にないが、早めの手続きが必要	遺言書や相続人全員の合意が必要
⑥遺族年金や生命保険の手続き	原則、年金は５年、生命保険は３年	受給権者や受取人が手続き

※1「期限」は相続を知った日から
※2「期限」は相続を知った日の翌日から

2）遺言

相続トラブルを防ぐには、自分の相続人を知ることと、相続の対象となる財産を知ることが大切です。その上でできる相続対策の一つが遺言を残すことです。遺言にはいろいろありますが、一般的には「自筆証書遺言」または「公正証書遺言」が利用されます。

自筆証書遺言は、遺言を残す人が、①遺言の内容、②日付、③氏名を手書きで書いて押印します。費用がかからず手軽に作成できますが、法的に無効なことや、紛失や偽造などのおそれがあります。

公正証書遺言は、公証人に作成してもらう遺言です。原本が公証役場で保存されるので紛失や偽造のおそれがありませんが、最低でも数万円の費用と手間がかかります。気軽に書いておきたいなら、自筆証書遺言でもよいのですが、確実に遺言を残すなら公正証書遺言がおすすめです。

遺言では自分の死後の財産の分け方などについて自由に指定することができますが、相続時のトラブルを避けるためには、自分の思いを十分に伝えておくことや、相続人の「遺留分」に配慮しておくことも必要です。

6章

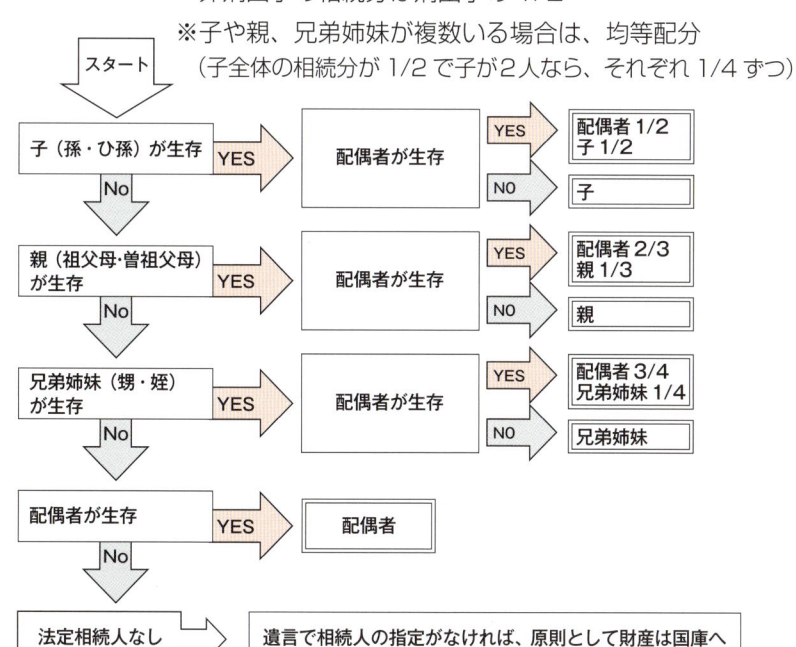

[遺留分]

遺言があっても、相続人が主張できる最低限の権利。対象となるのは配偶者や子、親で、兄弟姉妹には遺留分はありません。遺留分割合は原則として法定相続分の1/2です（相続人が親のみなら1/3）。

あなたの相続人は誰？

相続人となれる人は民法で決められています。まず、入籍している配偶者（妻または夫）は常に相続人になります。同時に、子がいる場合は子（死亡しているなら孫）が、子がいないときには親（死亡しているなら祖父母）が、子も親もいないときには、兄弟姉妹（死亡しているなら甥・姪）が相続人になります。

相続対策の第一歩は自分の相続人を知ること。戸籍をさかのぼって自分の血縁関係を調べて、誰が相続人となるか確認しておきましょう。

※　　内は、法定相続人と法定相続分
※内縁関係や離婚した配偶者には相続権はない。
※養子・養親を含む
※非嫡出子の相続分は嫡出子の1/2
※子や親、兄弟姉妹が複数いる場合は、均等配分
　（子全体の相続分が1/2で子が2人なら、それぞれ1/4ずつ）

スタート
↓
子（孫・ひ孫）が生存 —YES→ 配偶者が生存 —YES→ 配偶者1/2 子1/2
　　　　　　　　　　　　　　　　　　　　—NO→ 子
↓No
親（祖父母・曽祖父母）が生存 —YES→ 配偶者が生存 —YES→ 配偶者2/3 親1/3
　　　　　　　　　　　　　　　　　　　　　—NO→ 親
↓No
兄弟姉妹（甥・姪）が生存 —YES→ 配偶者が生存 —YES→ 配偶者3/4 兄弟姉妹1/4
　　　　　　　　　　　　　　　　　　　　—NO→ 兄弟姉妹
↓No
配偶者が生存 —YES→ 配偶者
↓No
法定相続人なし　⇒　遺言で相続人の指定がなければ、原則として財産は国庫へ

④葬式とお墓

社会や家族関係の変化に伴って変わりつつある葬式やお墓の最新事情と注意点を見てみましょう。

1）葬式

高齢化や核家族化で、家族葬などの小さなお葬式を選ぶ人や、音楽葬や個性的な花祭壇などこだわりの葬式を希望する人から、直葬を選ぶ人まで、さまざまになってきました。お葬式は人生を締めくくる儀式であり、故人を見送る大切な場です。葬式を執り行う際には多くのことを短時間で決めなければならず、とまどいや後悔が多くなります。そうならないためにも、以下のことを知っておきましょう。

葬式で決めなければならないこと	
日程	火葬場の空きによって候補が決まる
宗教	仏教なら菩提寺の確認、戒名・お布施の準備など
会場	住み慣れた自宅か、準備や片付けが楽な葬儀用ホールか
葬儀の規模・会葬者の数の把握	知らせる範囲を広げるほど規模は大きくなる
祭壇などのスタイル	基本料金が祭壇の値段で決まることも
その他	火葬場までの移動人数（自動車手配のため）。会葬者に出す飲み物や食べ物、会葬御礼や香典返し。受付や会計を誰に頼むか

葬式をスムーズに進めるための3つのポイント	
①誰に連絡するか	連絡してほしい親族や友人、知人の範囲
②お寺・宗教をどうするか	葬式のスタイルに大きな影響を及ぼす。仏教、キリスト教、神道、無宗教葬など
③費用の問題	予算はしっかり決めておく。葬式費用に充てる資金の指定（○○生命の終身保険の保険金を。△△銀行の預貯金を、など）をしておけば、相続時のトラブルも減らせる

2）お墓

時代の変化とともに埋葬の方法は多様化し、従来のお墓の形態にこだわらない人が増えています。近年注目されているのが「自然葬」です。自然葬とは、遺骨を海にまいたり、（墓地として許可された）樹木の根元などに埋めたりすることで、遺骨を自然に返す埋葬方法のことです。跡継ぎのいない夫婦や単身者などには、一代限りのお

[家族葬]

公にせず、親族や親しい人だけで行う葬式。本葬の前に家族だけで行う密葬は以前からありましたが、最近の家族葬はそれだけで完結します。自宅で行う場合もありますが、近年では家族葬用の小さめのホールや、キッチンなども整備された普通の家のような会場を提供する葬儀社も増えてきました。

[直葬]

通夜や告別式などの儀式を行わず、火葬のみで済ませること。火葬前に読経などを行うことは可能。身寄りの少ない高齢者や、葬儀費用を掛けたくないという考え方を持つ人が増えたことなどから、都市部では特に増えています。

墓である「永代供養墓」や「合葬墓」も人気です。一般的なお墓は「永代使用料」を払って墓地の使用権を購入しますが、毎年の管理費を支払わなければならないので、跡を継ぐ人が必要です。しかし永代供養墓や合葬墓は、最初に費用を払えばよく、寺や霊園でお墓を管理してくれるので、無縁仏になる心配がありません。

遠いふるさとのお墓を、現在住んでいる場所の近くに移す「改葬」も増加傾向にあります。新たにお墓を購入するときには、跡継ぎの有無や墓参りに行くときの利便性なども考慮しましょう。遺骨は手元に置いておくこともできるので、あせらず時間をかけて選ぶとよいでしょう。なお、改葬するには改葬許可申請が必要です。

戒名

「葬式で悩んだこと」の上位に挙げられるのが、戒名やお布施についてです。戒名とは仏門に入った証しとして授けられ、本来は下図にある「〜居士、〜信士」の前にある2文字のことを指します。生前に寺に貢献した人などは、それに院号や道号などをつけることがありますが、一般的に戒名の文字数が多いほど、お布施の金額も高くなります。

葬式は俗名（生前の名前）で済ませることもできますが、寺院墓地に埋葬するならその寺や宗派の僧侶から授けられた戒名が必要になります。なお、仏の世界ではみな平等と考えられているので、高額な戒名をつけることが供養になる訳ではないそうです。

戒名の基本型

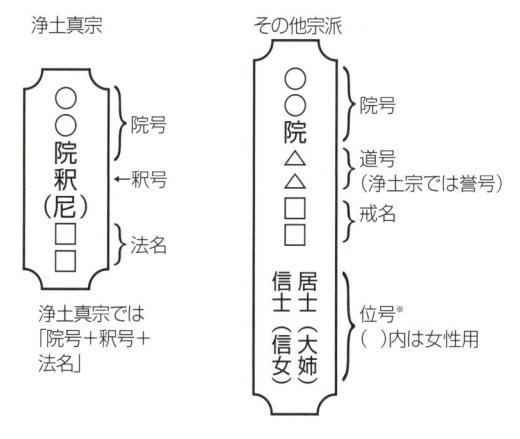

浄土真宗
○○院釈（尼）□□
- 院号
- ←釈号
- 法名

浄土真宗では「院号＋釈号＋法名」

その他宗派
○○院△△□□居士（大姉）／信士（信女）
- 院号
- 道号（浄土宗では誉号）
- 戒名
- 位号※　（ ）内は女性用

※位号は、日蓮宗は法号、浄土真宗は法名という
※子どもの位号（法号・法名）は、童子（童女）、幼児（幼女）など

6章

[互助会（冠婚葬祭互助会）]

その業者（互助会）が提供する冠婚葬祭サービスを将来利用する権利を購入し、その代金を分割で支払っていく仕組み。

毎月の支払いは、「積み立て」ではなく、「割賦販売代金の前払い」に当たるため、途中でやめると契約解除となり、支払った額の半分程度しか戻らないこともあります。

自分が使いたいサービス等が利用できなかった、解約に応じてくれない、解約手数料が高いなどのトラブルが多いので、あらかじめサービスの内容や業者の信頼性を確認しておくことが必要です。

第6章　要点整理

- 若々しく、おしゃれであり続けるために、パーソナルカラーを上手に利用したカラーセラピーが役に立つ。

- シニアメイクのポイントは、ポジティブ立体メイクである。

- カンタンに、バランスよく、いろいろなものを食べるには、グリル調理や電子レンジ調理が役に立つ。

- 自分でつくることや、食べることが不自由になってきたら、ユニバーサルデザイン用品が役立つ。

- 加齢に伴い、運動器や感覚器の機能が低下するため、家庭内事故が起こりやすい。床段差の解消や床材に変更、手すりなどの設置などバリアフリーな住環境整備が必要になっている。

- 介護保険では一定の基準に基づき、手すりの取り付けや段差の解消などの住宅改修（原則1回まで）や、福祉用具の購入・レンタルを行うことができる。

- 福祉や介護、建築などの知識を持ち、住宅に関する問題点やニーズを発見し、ケアマネジャーや工務店など各専門職と連携をとりながら、具体的な事例に対処する福祉住環境コーディネーターなどの役割が大切になっている。

- サービス付き高齢者向け住宅をはじめ、加齢配慮のなされた高齢者向けの住宅や福祉施設、新しい形態の共同住宅なども多くなっている。

- ライフプラン表を作成すると、ライフプランに基づいたマネープランが考えられる。

- 退職後世代になったら、保険の種類や内容を見直すことも必要である。

- エンディングノートは、自分の人生を振り返り、財産等を次世代に引き継ぐためのツール。遺言を書くための準備としても利用できる。

- 延命治療を希望するかしないかなども、エンディングノートに書いておくとよい。

第7章

知っておきたい「生・活(いきいき)」知識

社会交流編

1 つながりが消えた今
2 つながりをつくるには

第7章　知っておきたい「生・活(いきいき)」知識　＜社会交流編＞

1 つながりが消えた今

学習のポイント

高齢者の孤独や孤立が深刻化し、社会問題となっている今、つながりが希薄化している現実と、その原因をここで考えてみましょう。

[孤立（社会的孤立）]
「孤立（社会的孤立）」とは、家族など身内以外の、他者との交流やつながりがないこと。

【図1】
単独で住む高齢世帯数
（千世帯）

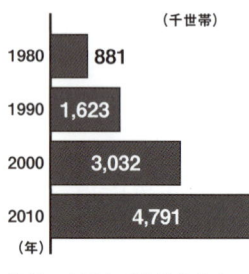

年	世帯数
1980	881
1990	1,623
2000	3,032
2010	4,791

資料：内閣府『高齢社会白書』平成24年版より作成

※1　資料：国立社会保障・人口問題研究所『日本の世帯数の将来推計（全国推計）』平成25年
※2　資料：内閣府『高齢者の生活と意識に関する国際比較調査』平成22年
（（注）対象は60歳以上の男女）
※3　資料：内閣府『高齢者の住宅と生活環境に関する意識調査』平成22年
（（注）対象は60歳以上の男女）
※4　資料：東京都監察医務院『東京都23区内における一人暮らしの者の死亡者数の推移』平成25年
※5　資料：内閣府『高齢社会白書』平成24年
＊原文では「孤独死」表記

①孤立化しやすい日本社会　〜独居高齢者の増加〜

都市部の高齢化や生涯未婚率の上昇に伴い、独り暮らしの世帯が増加しており、日本全体で孤立化が進行しています。【図1】の内閣府の調査によると、1980年から2010年までに65歳以上の単身世帯数が5倍以上に増加していることが分かります。さらに、2035年には65歳以上の単身世帯数が約762万世帯となるという推計もあります[※1]。

また、内閣府が行った高齢者の心の支えとなっている人に関する調査[※2]では、「配偶者あるいはパートナー」および「子ども（養子を含む）」が共に5割を超え、「親しい友人・知人」などはすべて2割以下で、夫婦や子どもへの精神的依存度が高い、日本人の特性が垣間見えます。そのため、配偶者やパートナーに先立たれたり、熟年離婚などに見舞われたりすると、他者とのつながりが希薄になりやすく、特に男性において顕著です[※3]。このような高齢者が増えると、孤立化が更に深刻化していくことが懸念されます。

②孤立死とは

近年、報道されることの多い孤立死は、死後に長時間放置されるような最期を指し、孤立化と深く関わる問題の一つです。東京都23区内における単独世帯の65歳以上の死亡者数は平成24年に2,727人を記録し、平成14年と比較すると2倍に増加しています[※4]。また、内閣府の調査[※5]では、「孤立死＊を身近な問題と感じる人」の割合は60歳以上で4割を超え、単身世帯では6割を超えています。将来について不安な生活を送っている単身世帯の高齢者が増加するにつれ、より一層大きな問題となる可能性があります。

③つながりが希薄化した社会的背景

居住形態の変化、家族構成・人口構造の変化、経済状況・家族観の変化などに伴い、血縁・社縁・地縁といったつながりが希薄化した結果が孤立化であるとも捉えることができます。

【図2】つながりが希薄化した社会的背景

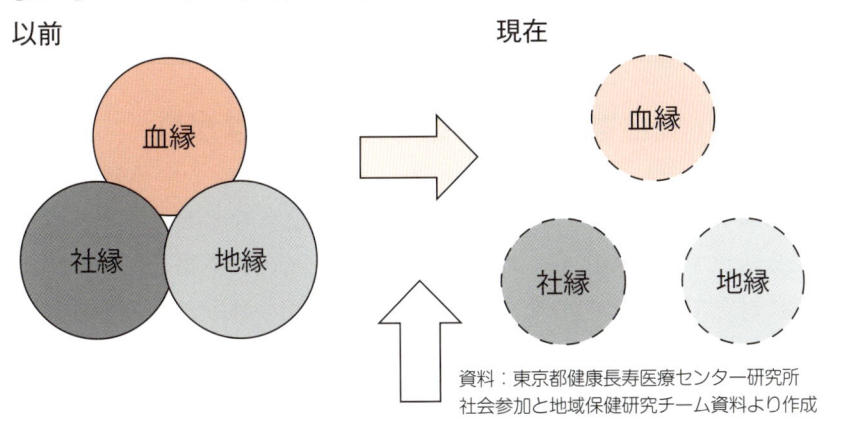

以前　　　　　　　　　現在

資料：東京都健康長寿医療センター研究所
社会参加と地域保健研究チーム資料より作成

- 高度経済成長に伴う、多世代同居型から核家族型への家族構成の変化
- 都市化による大都市への人口集中が生んだ、マンションや借家居住者の急増
- IT化がもたらしたインターネットや携帯電話などの電子機器の発達
- 個人情報の悪用による被害から自分を守るというプライバシー意識の高まり
- バブル崩壊による失業者や非正規雇用者の増加・終身雇用制度の崩壊
- グローバリゼーションやリーマン・ショックの影響による低所得化
- 身体機能の衰えによる外出頻度の低下
- 利便性の向上により、元気な間は孤立していても生活可能な社会に

④つながりの重要性

孤立化が高齢者の心身に及ぼす影響は決して小さくありません。孤立化が生み出す「寂しさ」は、うつの要因となることが分かっています。また、行政に迷惑がかかるといった理由で支援を拒否する単身高齢者も増加していますが、孤立死が発生すると後始末などの社会的コストが発生することになります。また、孤立していると、部屋での転倒時や切れた電球の交換時などにも頼れる人がいないという状況になります。このような問題をできる限り回避するためにも、つながりをつくることが非常に重要です。どのようなつながりをつくっていけるのか考えていきましょう。

7章

[孤独と孤立]

学術的な定義はありませんが、イギリスの社会学者タウンゼンドは「孤独（loneliness）」を仲間付き合いの欠如や喪失による主観的な感情、「孤立（isolation）」を家族やコミュニティとほとんど接触がない客観的な状態と定義しています。

など

第7章　知っておきたい「生・活（いきいき）」知識　＜社会交流編＞

2 つながりをつくるには

> **学習のポイント**
> 安心・安全な暮らしを送るにはどのようなつながりをつくればよいのでしょうか。その際に必要な行動を起こすための鍵について整理してみました。

[地域コミュニティの衰退と再構築]

戦後の高度経済成長を背景に人口移動が起き、都市郊外に多くのニュータウンが建設されました。ここでの核家族の職住分離型ライフスタイルが地域コミュニティの衰退を招いたといわれています。

自治会や町内会などの伝統的な地域コミュニティは、担い手の高齢化や人材不足から継続することが難しくなってきています。それゆえ保守的になりがちで魅力や活力に欠け、ますます担い手が減少するという悪循環に陥っているところも少なくありません。

しかし、この状況を逆から見ると、これからの高齢社会において「会社から地域社会へ」の人々の還流が始まれば、地域コミュニティ自体の再構築・活性化の機会となるといえます。

①安心・安全な暮らしを送るためのつながり

内閣府は『高齢社会対策大綱』にて、孤立死などを生み出す孤立化を防止するためにも、地域のコミュニティの再構築を図り、高齢者に対して社会とのつながりを失わせないための取り組みを推進するとしています。高齢者の独り暮らしが標準的な生活形態となった現在、高齢者が安心・安全な生活を送るには、多層的なつながりが重要となります。

【図3】孤立予防における三層の防御網

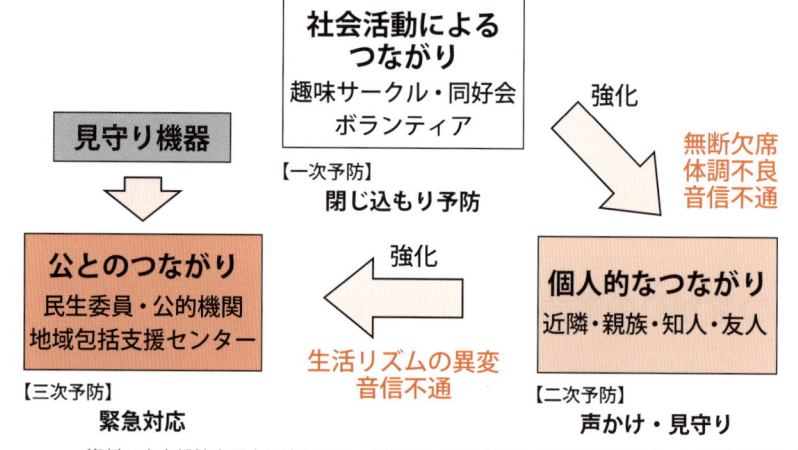

- 社会活動によるつながり：趣味サークル・同好会、ボランティア 【一次予防】閉じ込もり予防
- 個人的なつながり：近隣・親族・知人・友人 【二次予防】声かけ・見守り（強化：無断欠席・体調不良・音信不通）
- 公とのつながり：民生委員・公的機関、地域包括支援センター 【三次予防】緊急対応（強化：生活リズムの異変・音信不通）
- 見守り機器

資料：東京都健康長寿医療センター研究所　社会参加と地域保健研究チーム資料より作成

（1）社会活動によるつながり

社会活動の内容は多岐にわたるため、自分の趣味や関心に合わせて選ぶことができます。自分と似たような関心を持つ人が集まる社会活動なら、知り合いになりやすいというメリットがあり、社会活動に参加することで新しい人間関係のつながりをつくる機会になります。

(2) 個人的なつながり

定期的に連絡を取り合える親族や友人、知人の他に、おせっかいを焼き合えるようないわゆるご近所さんも大切です。特に、孤立死を予防するためには、地域におけるコミュニティづくりが欠かせず、コミュニティ意識を掘り起こし、地域における個人的なつながりを活性化する取り組みが必要となっています。例えば、千葉県にある常盤平団地では、取り組みの一つとして「あいさつ運動」を行なっています。気持ちよくあいさつを交わすことは、地域の人々とのつながりをつくる基本です。孤立死を他人事、個人の問題と捉えず、地域における問題であるという共通認識を持つことが、お互いに地域で個人的なつながりを強化する第一歩です。

(3) 公とのつながり

社会活動や個人におけるつながりを包括するのが公的機関等とのネットワークです。継続的に運用できるような、地域の実情に合ったネットワークの構築が求められます。実際に、地域包括ケアシステムをはじめとして、公的機関等が主体のネットワークが日本各地で構築され始めており、さまざまな孤立化予防ツールや見守りシステムが開発されています。

②つながりの連携が孤立化を防ぐ

孤立化防止の効果を高めるには、上記3つのつながりがうまく連携することが大切です。地域の人に孤立死の疑いや急変の情報を察知した際に、市区町村の窓口や地域包括支援センターに通報が集まるためにも、孤立化の恐れのある高齢者の情報を自治会やマンションの管理組合などに一元化し、公的機関のネットワークとの連携を強める必要が考えられます。また、地域の実情に応じ、民生委員や福祉専門職等の見守り・支援ネットワークとの連携も必要です。

他者の支援なしで生活できるうちは、つながりの必要性を感じないもの。また、家族がいるうちは、家族以外とのつながりを必要としない人も少なくありません。しかし、配偶者やパートナーとの離別や心身の機能の低下、家族の介護など、負のライフイベントによって孤立化する可能性は否定できません。安心・安全な暮らしを送るには、積極的に社会活動に参加したり、地域の人々などとの個人的なつながりをつくったりする一方で、公的機関等による見守り・支援ネットワークの構築が急がれています。

[孤立化予防ツール・見守りシステム]
緊急時の身元確認のために個人情報を記入するキーホルダー、定期的に電話がかかってきて安否確認を行う「お元気コール」、水道やトイレ、電気ポットなどの使用状況を感知して安否確認を行うシステムなどがあります。

③「会社（職場）」から「社会（地域）」へのシフトを

退職し、第二の人生を「生き活き」と暮らしていくためには、「新しいつながり」を求め、社会活動で出会う人や地域の人々などと積極的につながっていく必要があります。しかし、会社や職場への帰属意識が強かったために、地域への関心や関わりが薄かったという人々が大勢います。このような人々にとってこそ、「地域」を新しい関係性構築の場として見直し、関わっていくことが重要です。

④軸足を移そう

具体的には、どうすればスムーズに地域社会へつながっていくことができるのでしょうか。まずは地域活動、つまり市民参加です。若い人はもちろんのこと、高齢者をはじめその予備群の間でも、地域活動やNPO、NGOへの関心が徐々に高まっています。その市民参加意識を実際の行動に移してみましょう。軸足を地域に移した実践が、今後の人生の充実（人生の質）と、地域の活力づくりの鍵となっていくでしょう。

しかし、実際に地域活動やNPO、NGOに参加しても、その市民活動の性質ややり方に馴染みにくく、ついていけなくなる人もいます。市民参加を心から楽しみ、新しく始まる人生の質を高めていくためには、これまでの「会社」や「組織」中心の考え方や働き方を変える必要があります。それが右の3つのパラダイムシフトです。

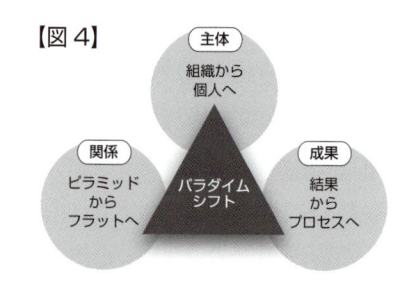

【図4】
主体　組織から個人へ
関係　ピラミッドからフラットへ
成果　結果からプロセスへ
パラダイムシフト

●「組織」人間から、主体的「個人」へ

日本では会社や組織の価値観が最優先される傾向があります。しかし今、地域において「新しいつながり」を求め、主体的につながっていくためには、以前の肩書きや立場・職種にこだわらず、「わたしという個人」を主体として参加することが最も重要な起点です。

●ピラミッド的上下関係から、フラットな関係へ

ある意味では、肩書きによるピラミッド的上下関係の方が安心するという人もいるかもしれません。しかし、第二の人生のための持

[地域コミュニティの活性化とNPO]
60歳以上の高齢者のグループ活動の状況を見てみると、地域行事や健康・スポーツなどの活動を行っている高齢者が約6割と年々増加傾向にあり、活動に参加している高齢者ほど、生きがいを感じています。
また、NPO活動への関心も年々高くなってきており、約半数の人たちが、NPO活動に関心があることがわかっています。

[パラダイムシフト]
ある時代や分野において当然のことと考えられていた認識や思想、社会全体の価値観などが大きく変化すること。パラダイムチェンジともいいます。

[長続きさせるには「安」「近」「深」]
地域コミュニティをつくる際には、「安」…懐が痛まない程度の出費であること、「近」…活動場所が通いやすい距離内にあること、「深」…活動が自分の成長につながったり、生きがいを感じられたりすることの3点が継続させる上での鍵となります。

続可能な「新しい関係づくり」を始めるには、「個人」を主体として「個人」と「個人」とが上下関係なくつながることが重要です。

●結果重視から、プロセス重視へ

これまでは行き過ぎた成果主義の中で、結果を残す必要があったかもしれませんが、地域においては「プロセス」が重要となります。多種多様な人々が参加できる「オープンなプロセス」、「よいプロセス」こそ、最高の成果であるという価値観に立つことが、開かれた関係性を生む土俵です。

⑤開かれた地域コミュニティをつくろう

地域コミュニティには、従来の自治会や町内会などの他に、近年その数を加速度的に増やし続けているNGOやNPO、または社会起業家と呼ばれる人が展開しているテーマ・コミュニティと呼ばれる活動があります。

企業やさまざまな職場で働いてきた人が、このテーマ・コミュニティへ「新しいつながり」を求めて参加し始めると、地域コミュニティ自体が、より開かれたコミュニティへと変わっていくはずです。

⑥自分の宝を探す

実際に地域コミュニティに参加し、新しいつながりの世界に入るには【図5】のような4つの領域が考えられます。もちろん最初から決める必要はなく、とりあえず参加してみてから自分の経験を地域に活かす方法を考えたり、せっかくの機会と捉えて未経験の世界へ挑戦してみるなど、さまざまな活動を可能にしていけばよいのです。

参加のキーワードは「宝探し」です。人間は、自分自身や自分を取り巻く環境に対してつい「ないものねだり」をしてしまいがちですが、大事なことは「あるもの探し」をすることです。わたしにとって大切なものは何か、わたしは本当は何をやりたかったのか。そしてわたしは何ができるのかという問いかけに始まる「宝探し」こそ、市民参加の土台です。

[テーマ・コミュニティ]

特定のテーマ（主題・課題）を共有するコミュニティのこと。主に2つの領域に大別されます。①文化やスポーツの同好会やサークル活動やクラブ活動など、個人の「趣味や興味のあること、好きなこと」を共有し、共に楽しむ多様なコミュニティ。②環境問題や福祉、教育、国際支援など社会的、公共的な「問題の解決」を市民が担おうとする、ミッション・コミュニティ。

[自分再発見]

自分の夢は何だったのか、自分は何ができるのか、自分は何をやりたいのか、さまざまな自分をもう一度見つめ直すこと。それが、自分の可能性を再発見することにつながります。

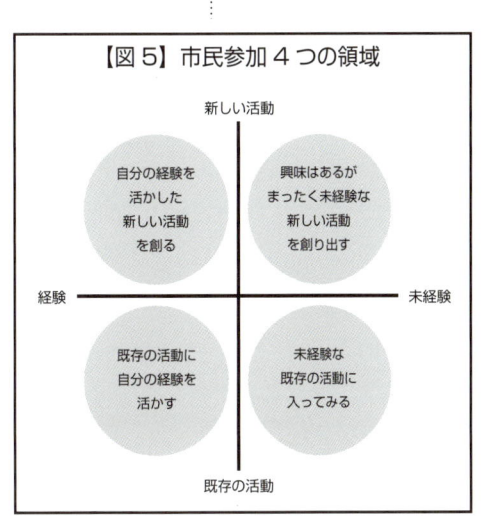

【図5】市民参加4つの領域

- 自分の経験を活かした新しい活動を創る（経験／新しい活動）
- 興味はあるがまったく未経験な新しい活動を創り出す（未経験／新しい活動）
- 既存の活動に自分の経験を活かす（経験／既存の活動）
- 未経験な既存の活動に入ってみる（未経験／既存の活動）

第7章　要点整理

- 高齢化の進行や生涯未婚率の上昇等に伴い、独り暮らし高齢者が急増している。2010年時点で約479万人の独り暮らし高齢者がおり、今後も増加していくことが見込まれている。

- 孤立化は、居住形態の変化、家族構成・人口構造の変化、経済状況・家族観の変化などの影響で、血縁、社縁、地縁といったつながりが希薄化した結果ともいえる。

- 地域において個人的なつながりを強化するには、孤立死を他人事と捉えず、地域における問題であるという共通認識を持つことが重要である。

- さまざまな孤立予防ツールや見守りシステムが開発されており、各自治体で使われ始めている。

- 高齢者が安心、安全な暮らしを送るには、多層的なつながりが重要となる。個々のつながりが連携することで孤立化防止の効果を高めることができる。

- 第二の人生を生き活きと暮らしていくためには、①組織から個人へ、②ピラミッド的上下関係からフラットな関係へ、③結果重視からプロセス重視へと、3つのパラダイムシフトが必要になってくる。

- 新しいつながりの世界に入るときのキーワードは、自分にとって大切なもの、やりたかったこと、できることは何かということから始まる「宝探し」である。

第8章

知っておきたい「生・活(いき いき)」知識

地域活性化と新しいビジネス編

1 地域デビューしよう！
2 広がる地域コミュニティビジネス

第8章 知っておきたい「生・活(いきいき)」知識 ＜地域活性化と新しいビジネス編＞

1 地域デビューしよう！

学習のポイント　現役世代からリタイアした人、リタイアが近づいている人たちにぜひ知っておいていただきたい、地域デビューの意義と地域デビューのヒントを紹介します。

①地域デビューとは

　日々を忙しく過ごしている人にとって、休日はとてもありがたいものです。早く定年を迎えて"毎日が休日"状態を満喫したい…こんな声も聞こえてきます。

　しかし、いざ定年を迎えてみるとなかなか思うようにはいかないようです。安全・安心に人生を全うするために、まだ働かざるを得ないという人もいるでしょう。また、"毎日が休日"状態がかえってストレスとなってしまい、何らかの形で社会に貢献したい、もっと自分の得意分野を生かしてみたい、などといった生きがいを求める人もいるでしょう。

　いずれにしても、働く、あるいは生きがいを求めての新たな行動の軸足は職場からそれぞれの生活圏でもある、地域へと移っていくケースが多いようです。そこで迎えるのが「地域デビュー」です。2007年問題と騒がれた、昭和22年生まれから24年生まれの人を核としたいわゆる団塊の世代の退職により、この世代が地域に活動の場を求める「地域デビュー」が注目されたのです。

②地域デビューの必要性

　高度経済成長から今日に続く時代、若者を中心とした人の流れは地方から都会へ向かいました。結果、世代間のバランスを欠いた地方はまず、共に助け合う「共助」が機能しなくなり、高齢化の進展によって、「自助」や「公助」さえも働かなくなって、どんどん活気が失われています。こうした状況の中で、行政による地域活性化諸施策と相まった形での、団塊の世代を中心としたＵターン、Ｊターンによる地域デビューなど、大都市から故郷や地方への人口還流現

[Ｕターン現象]

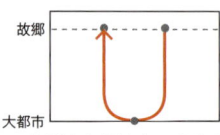

大都市から地方への人口還流現象の一つ。地方から都市部へ移住した人が生まれ故郷に戻る現象。高度成長期の後半に入った1970年頃から都市の過密化による環境悪化が拡大したことも原因の一つ。故郷から出て、故郷に戻るためＵターン現象といいます。

[Ｊターン現象]

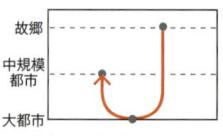

地方から都市部へ移住した人が、生まれ故郷の近くの中規模な都市に戻り定住する現象。生まれ故郷に戻りたいが、魅力ある働き口が乏しいため、途中の地方都市に住む。故郷から途中の都市まで戻るので、Ｊターン現象といいます。

[Ｉターン現象]

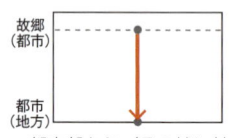

都市部から（その地に魅力を感じて）地縁のないところに移り住むこと。

192

象も期待されているところです。このように、「地域デビュー」は、＜地域に人材を！＞という社会の要請と、＜まだ働きたい＞、＜社会に貢献したい＞という個々人の思いをマッチングする第一歩であるともいえるのです。

③地域デビューに向けて

これから地域デビューしようとしている人は、まず各自治体のホームページを眺めてみてください。直接訪ねて相談するのもよいでしょう。各自治体では何らかの形で地域デビューを応援するイベントや講座を開催したり、相談体制も整えたりしているはずです。

また、財団法人シニアルネサンス財団、公益社団法人長寿社会文化協会といったいわゆる高齢者団体のホームページにアクセスしてみることもお勧めします。

【表1】地域デビュー危険度チェック

10の質問に対し、YES か NO でお答えください。
そして、YES の数だけカウントしてください。
YES の場合はチェックを入れて下さい

1. 公民館を利用したことがない
2. 私は間違いなく良い夫である
3. 妻の外出先は必ず聞くことにしている
4. ヨコ社会よりタテ社会の方が分かりやすい
5. 最近、思いやりを感じることがあまりない
6. 希望するボランティアが見つからない
7. 近所に親しく付き合っている友人はいない
8. なかなか聞き上手になれない
9. 家事は妻の仕事だから定年後もかかわらない
10. 私は人見知りするほうだ

チェックの数が YES の数です

制作：シニアルネサンス財団

YES の数が多いほど、「地域デビュー」には右に挙げた心得が大切です。まずは、近所を散歩することから始めましょう。

地域の人々、まちの雰囲気、お店、施設などに出会い触れ合い、まちの様子を知ることができたら次は、ボランティア活動などにも参加してみてください。"社会に役立ちたい"という気持ちがあれば、あなたに向いた活動の場が見つかるはずです。

8章

[シニアルネサンス財団]
シニアに対する社会参加の促進や余暇の活用等のさまざまな事業を行っており、シニアライフアドバイザーの養成などにも力を入れています。
http://www.sla.or.jp/

[長寿社会文化協会（WAC）]
「働き、学び、役立ち、楽しもう」というテーマの下、新しい長寿文化の創造を目指してシニアの支援活動を行っています。http://www.wac.or.jp/

[地域デビューは、町内会・自治会から]
平成20年版の『高齢社会白書』によれば、地域デビューのきっかけは、「友人、仲間のすすめ」が43.2％、次いで「個人の意思で」が33.0％、「自治会、町内会の呼びかけ」が22.8％の順になっています。

今まで人生の大半を仕事関係の人々だけと過ごしてきた人にとって、地域デビューは少し敷居の高い一歩かもしれません。そんな人にとってこそ、最も身近な方法が町内会や自治会活動への参加です。自分の住む所の防犯や環境整備、お祭り、運動会などに参加し、近隣と交流することから地域活性化の一助となってみませんか？

[地域デビューするときの心得]
①自分の肩書きなどを言わない、人の肩書きなどは詮索しない
②誇らしげに過去の業績や仕事の話をしない
③隣近所のうわさ話はしない
④むやみにへりくだったり、卑屈になったりしない
⑤特技、趣味の情報は、積極的にアピールしていく

第8章 知っておきたい「生・活（いきいき）」知識 ＜地域活性化と新しいビジネス編＞

2 広がる地域コミュニティビジネス

学習のポイント
自分たちの住むまちを自分たちで活性化する、コミュニティビジネス。その多様なコミュニティビジネスのあり方とメリットを紹介します。

①コミュニティビジネスとは

市民が主体となり、企業や組合、個人が地域の活性化とまちづくりを目的として、地域の特性を生かしたビジネスが始まっています。地域というコミュニティの中で、何が求められているかを考えながら、地域に即した、地域密着型のコミュニティビジネスが新たなビジネスシーンとして注目を集めています。

経済産業省では、「環境コミュニティビジネス」として、コミュニティビジネスの支援や取り組みの普及などに力を入れており、地域活性化の一つのツールとして広まりつつあります。最近では、個人でも始められ、地域のニーズを身近に感じられるコミュニティカフェが人気です。

規模や発想もさまざまなコミュニティカフェ

[コミュニティカフェ研究会]
長寿社会文化協会（WAC）が主催し、コミュニティカフェの重要性に焦点を当て、それがコミュニティ形成にとって重要な役割を果たせるようにするための研究を行っています。

1）コミュニティカフェを利用してみよう

コミュニティカフェは、人や情報の交流の場であり、同じ目的を持った人が気楽に集まれる「地域の茶の間」でもあります。仲間同士で運営しているカフェやレストランもあれば、子育て支援や高齢者・障害者向け催しの場になっていることもあります。その形態も専用型から公共施設借用型、自宅開放型などさまざまです。

「退職後の仲間が楽しみながら集える場所」「子育てから親の介護のことまで、共通の話題を交わしながらくつろげる場所」など、地域の中で、自分の趣味や目的に合ったコミュニティカフェを探して、顔を出してみませんか？ このようなコミュニティカフェを探すには、長寿社会文化協会（WAC）のホームページやLococom（ロコム）と呼ばれる地域コミュニティサイトが便利です。

2）コミュニティカフェをつくろう

　今度は自分が発起人となり、コミュニティカフェをつくってみましょう。自分と同じ目的を持った人たちと一緒につくったり、ビジネスの足がかりとして始めたり、あなたの思いを実現するためのカフェ。定年後などの新しい第一歩として始めるのもよいでしょう。地域のニーズや人の思いが集まるコミュニティカフェは、新しい生きがいづくりの場所になるはずです。

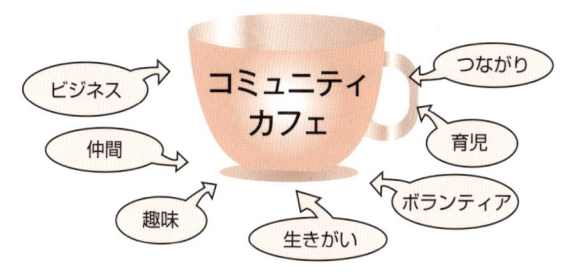

コミュニティカフェはさまざまな思いが集まる場所

コミュニティカフェの事例から、コミュニティカフェのつくり方までを丁寧に解説しています。コミュニティカフェをつくりたいと思ったときの一読の一冊。

編者：WAC（公益社団法人長寿社会文化協会）
発行：学陽書房

こんなコミュニティビジネスがまちと人を活性化

　コミュニティカフェを筆頭に、業種も形態も実にさまざまなコミュニティビジネスですが、以下はアイデアが地域を活性化した例です。

● 「ふれあい切符」で、助け合いのまちづくり

　千葉県流山市にある、NPO法人流山ユー・アイ・ネットでは、高齢者の自立支援の事業として、「ふれあい切符」というチケットを利用した「助け合いふれあい活動」などを行っています。地域の「友愛会員」が有償でチケットを購入し、会員が相互に家事の援助、介助・介護などのサービスを提供し合う仕組みです。始まりは住民運動で集まった仲間が、週末営業の地域貢献活動を行う有限会社からスタートしました。1999年にNPO法人化され、家事援助や介助・介護、公的介護保険活動などのサービスを提供しています。

● 「コミュニティシネマ 深谷シネマ」

　埼玉県深谷市にある、NPO法人市民シアター・エフでは、ミニシアターを運営しています。市民が自分たちの力で映画館の設立を目指した、「県北にミニシアターを！市民の会」が発端。深谷商工会議所が進めていた中心市街地活性化事業の「空き店舗活用」の一つとして、銀行だった建物を改築、家賃補助などの支援を受け、ミニシアター「深谷シネマ」が実現しました。現在は酒造の跡地に移転して、映画ファンや高齢者の憩いの場となり、まちの活性化につながるような運営を進めています。

②インターネット上のコミュニティ活用

　インターネットを利用したコミュニティもあります。例えば「SNS（ソーシャルネットワーキングサービス）」といわれる、地域や趣味などが共通の人々が「友達の友達は友達だ」というつながりの連鎖をつくるものや、「Twitter（ツイッター）」といわれる、一人の「つぶやき」から始まる見知らぬ人とのつながりなど。しかし、市民参加のつながりは、やはり「リアルなつながり」が基本であり、それを補填するものとしては積極的にインターネット上のつながりを利用することも便利なものです。例えば、「Lococom（ロココム）」と呼ばれる地域コミュニティサイトや、「ハマっち！SNS」と呼ばれる横浜を対象としたSNSなどがあります。

③多様な働き方とコミュニティビジネス

　定年後も、「毎日が休日」より、「もうしばらく働きたい」「生きがいのために活動を続けたい」と思う人が大勢います。
　一方、労働人口が減っていく今、高齢者・若年者・女性・外国人や障害を持った人も含めた新たな労働人口の掘り起こしも社会からの要求となっています。各人が持つ専門性や能力、あるいは職業観、意欲に見合った多様な働き方ができる新しい社会の形が求められているのです。
　特に、高齢者は人生経験が豊富で、知識や知恵を持った"人財"です。これからの「役割」と「居場所」を、高齢者自らが考えるとともに、社会全体として創造していくことが、生き活き高齢社会構築のスタートです。地域活性化を実現する、さまざまなコミュニティビジネスこそ、その舞台といえそうです。

［SNS］
インターネット上で、社会的なネットワークやコミュニティを構築するサービスのこと。主なものにmixi（ミクシィ）やFacebook（フェイスブック）などがあります。

［Twitter（ツイッター）］
インターネット上で自分の意見や思ったことをツイートといわれるつぶやきとして投稿することで、緩いつながりが発生するコミュニケーションツール。

高齢者自身のメリット
①年金に加えて収入を得られる
②生きがいを見つけられて社会貢献につながる
③自分に合ったペースで働くことができる
④高齢者から若者まで広く交流ができる

雇用側のメリット
①人材育成などの費用がかからない
②休日出勤をしてくれる
③社会貢献への思いと、仕事への意欲が強い

●高齢者が活躍する地域コミュニティ

さまざまなコミュニティが誕生している中、高齢者の就労の場としての地域コミュニティが増えてきています。ビジネスとして成功している例を右に挙げます。いろいろな事例を見てみると、共通しているのは高齢者が生き活きと働いているということ。新しいコミュニティで新しい出会いと人とのつながりを実感でき、そして今までの経験を発揮できる場所であることが、高齢者をいつまでも生き活きとさせています。

新しい働き方

①ワーカーズコープ

高齢社会、人口減少社会が現実のものとなってきた今、働く側の思いと社会のニーズ双方が新しい働き方を求め、模索しています。そういった中で、「雇用」ではない働き方を提案するワーカーズコープ（労働者協同組合）が注目されています。

ワーカーズコープは、「働く人々・市民が、みんなで出資し、民主的に経営し、責任を分かち合って、人と地域に役立つ仕事を起こす協同組合」です。1973年に設立された「企業組合 労協センター事業団」を母体とし、2001年にNPO法人を取得し、今では各事業所が全国に広がっています。

物流から始まり、介護、子育て、障害者支援など、それぞれの地域に合った事業を起こしながら協同労働の場をつくり、誰もが働きながら暮らしやすいまちづくりの役に立つ、そんな地域社会の形成を目指します。さらにワーカーズコープでは、高齢者の暮らしをサポートするための「日本高齢者生活協同組合連合会」を立ち上げたり、地域福祉事業所づくりなどを積極的に展開したりと、地域社会におけるつながりの再構築の一端を担っています。

②プロボノ

今までの経験や仕事のスキルを生かし、「公益のために無償で仕事を行う」ことをプロボノといいます。高齢になるほど、今までの経験は蓄積されています。その経験を生かし、あなただけにしかできない専門的な社会貢献をしてみる。それが、これからの時代の形なのかもしれません。

[愛知県豊田市「百年草」]

愛知県豊田市では、「百年草」という福祉センターや観光施設等の多機能型複合施設があり、従業員の半数は高齢者が就労しています。男性高齢者中心のハム・ソーセージ工房の「ZiZi工房」や女性高齢者中心のベーカリー「バーバラはうす」などの施設もあり、「ZiZi工房」だけで、年間1億円を超える販売額を上げています。

ここで働く高齢者は、観光客とのふれあいが大きな刺激になり、また、若手社員との交流によってお互いの技能を伝え合い、若年者と高齢者の融合が生まれます。

[徳島県勝浦郡勝上勝町「いろどり」]

「いろどり」は料理のつまとして使われる季節の葉っぱを販売するベンチャー企業。上勝町は山間部に位置する過疎化と高齢化が進む町ですが、地域活性型農商工連携のモデルとなっている町でもあります。

葉っぱは軽量で綺麗なため、高齢者や女性でも取り組める商材であることがポイント。年商は2億6,000万を超え、中には年に1,000万前後を稼ぐ高齢者も。インターネットを活用して必要な出荷量や市場調査、自分の売上げなどを確認することが可能なビジネスモデルであることもよい刺激となり、さらなる発展につながっています。

[ワーカーズコープの基本理念]

【図1】

- 利用者・家族との協同
- 地域再生・まちづくりを協同労働で
- 働く者同士の協同
- 地域との協同

集う、楽しむ、元気になる、「場所」づくり

世代間交流の試みと心身のリセット

①高齢者福祉現場の気付きからスタート

　つながりが薄らぎ、人の心に闇が育ちつつあるとまでいわれるこの時代、いかに人とつながりながら、社会を活性化していけるかは誰にとっても大きなテーマです。そのためには、定年退職後などの元気シニア同士のつながりはもちろんのこと、小さな子どもたちから高齢者世代まで、世代間交流を支える必要を痛感させてくれた福祉企業文化があります。ここで、神奈川県藤沢市の高齢者福祉の現場の取り組みから芽生えた、つながり合うことが、ひいては私たち現代人の心も体も癒し、一人ひとりの、そして地域全体の元気のもとになるという事例を検証してみましょう。

②ミニスーパーからカフェへと発展

　入居者から職員まで含めれば、18〜110歳ぐらいまでの人々が生活を共にしているのが高齢者福祉施設です。これだけ幅の広い層が元気で活気を持って日々を過ごすには、食べ物の持つ意味は非常に大きいと考えた、ある施設がありました。そこで食材の仕入れやメニューに力を入れるうち、同じ食材やメニューを地域の人々にも提供しようと思いつき、福祉発信のミニスーパーと、幅広い年齢層が立ち寄れるカフェレストラン「りせっとかふぇ」が誕生。体質別の薬膳スープを中心にしたメニューは幼児から高齢者まで食べやすく、親子連れから車イスの高齢者まで、世代を超えた交流の芽が育ち始めたのです。

③人との交流の前に、まず自分自身をリセットできる

　人が集まってくるようになった「りせっとかふぇ」では、やがて介護施設内で展開しているアニマルセラピーやアートワークセラピーなども開始。地元のアーティストたちのミニ個展やワークショップ、手づくりグッズのショップなども自然に始まったそうです。

　食＋セラピー＋アート、これらがもたらしたものは、たんなる人々の交流だけでなく、ここに来る人々の心と体のバランス・リセットだったのです。アーティストたちの斬新な発想や出会いにより、眠っていたチャレンジ精神に火をともされた人もたくさんいるようです。

8章

```
        [高齢者福祉施設]
              ⇓
高齢者福祉施設用    [ミニスーパー] ← 福祉現場の食材流通から
に仕入れた食材と         ⇓       "安く、新鮮な食材"
同じものを地域へ
安く提供              ← 食材を生かした
                     ユニークなメニュー展開

    （学ぶ）
（癒される）  [りせっとかふぇ]  （食べる）
    （出会う）（集う）    （語る）
              ⇓
```

ここは、　大人も子どもも心身ともにのびやかになれる場所

ここは、　お互いがお互いをサポートする心が自然に芽生える場所

ここは、　まちのアーティストたちから楽しい刺激をもらう場所

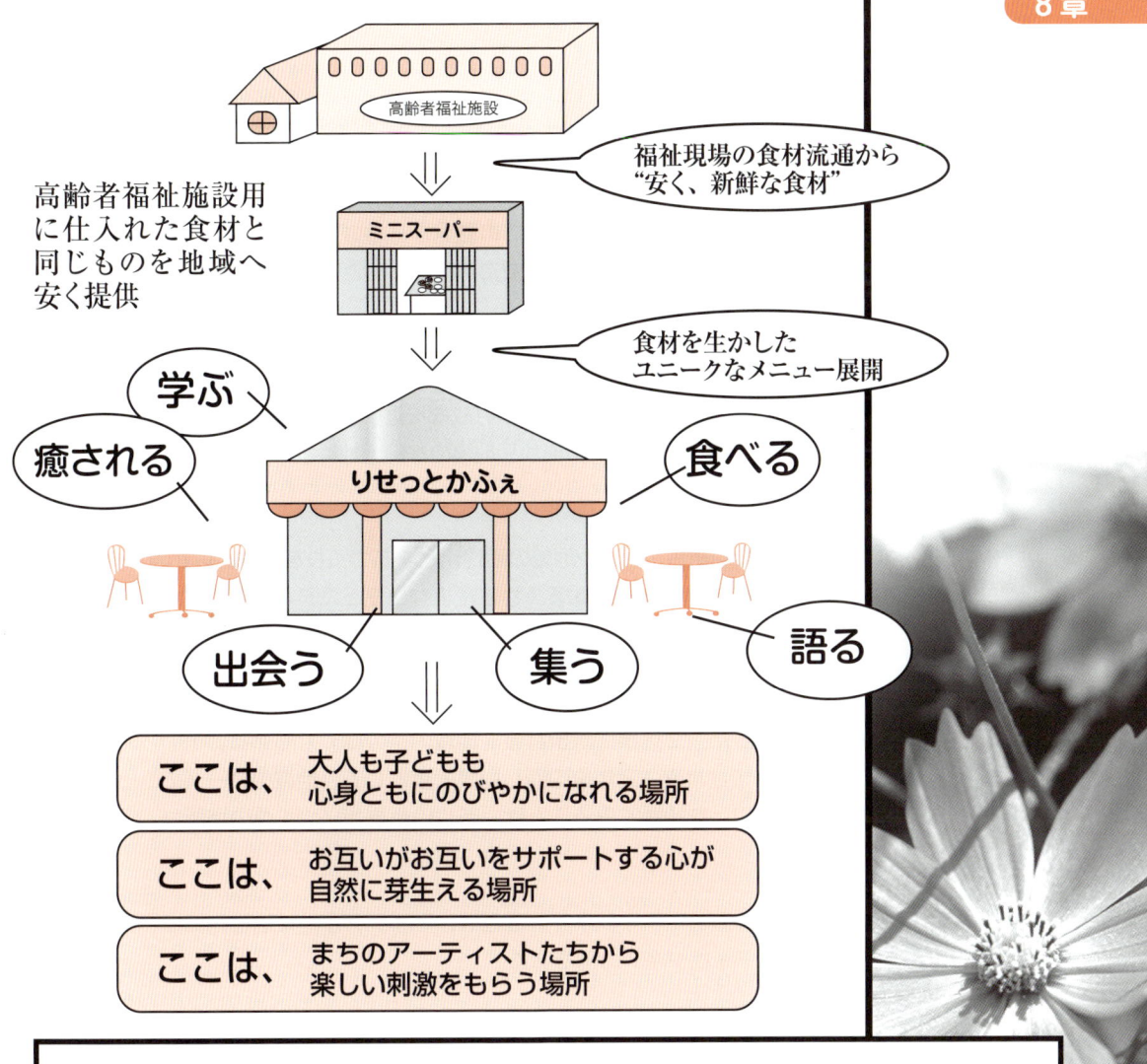

ほかにもこんな試みが…

①兵庫県伊丹市シルバー人材センター

　親の留守中の子どもの保育・見守り、出産前後の家事援助などの育児・子育て支援を行っており、その一環として、「みどり保育園」を運営。今までの保育の経験などを生かし、高齢者が保育を行います。保護者からは「自分の祖母に子どもを預けているようで安心」などの声もあり、高齢者も、1日3交代制で無理せずに働いています。

②リタイア世代の男性が集う場所づくり

　杉並区の松渓中学校の一角に男性利用者が中心に集まる高齢者在宅サービスセンター「松渓ふれあいの家」があります。ここは、男性が主体となって設立した、NPO法人生きがいの会が運営し、男性主体のプログラムを盛り込んでいます。麻雀や将棋、月に数度のワインをたしなむ日など、プライドの高い男性高齢者を意識したプログラムが人気を呼び、今では定員の30名を毎回満たしています。また、同団体が運営する「ゆうゆう西田館」「ゆうゆう荻窪館」という"地域の気軽なカルチャーセンター"をコンセプトとした、リタイア世代が集まる施設もあります。

第8章　要点整理

- 「地域デビュー」とは、行動の軸足をそれまでの職場から地域へ移していくことで、人材が欲しい地域と、まだ働きたい、地域に貢献したいという個人の思いをマッチングさせる第一歩となる。

- Uターン現象とは地方から都市部へ移住した人が生まれ故郷に戻る現象。Jターン現象とは、地方から都市部へ移住した人が生まれ故郷に近い中規模都市まで戻って定住する現象、Iターン現象とは、都市部から地縁のない土地に移り住んで故郷には戻らないこと。

- 市民が主体となり、企業や組合、個人が地域の活性化とまちづくりを目的として、地域の特性を生かしたビジネスを展開する、さまざまなコミュニティビジネスが始まっている。

- コミュニティビジネスの一種である、コミュニティカフェは人や情報の交流の場であり、同じ目的を持った人が気楽に集まれる「地域の茶の間」でもある。その形態も規模や発想もさまざまで、定年後の新しい第一歩として、地域のニーズに合ったコミュニティカフェを始めてみることは、新しい生きがいづくりの場所づくりにもなる。

- 「ふれあい切符」や「コミュニティシネマ」などは、アイデアが地域活性化につながっているコミュニティビジネスの例である。

- 高齢者の就労の場としてのコミュニティビジネスも増えている。高齢者にとっては、収入を得られる、生きがいを見つけたり社会貢献ができたりする、自分に合ったペースで働ける、ほかの年代の人とも交流ができるなどのメリットがあり、雇用側としても、人材育成などの費用がかからない、休日出勤をしてくれる、社会貢献への思いと仕事への意欲が強いなどのメリットがある。

- 暮らしやすいまちづくりのために、参加者は経営者であり、同時に労働者でもあるという、「ワーカーズコープ」が新しい働き方として広がっている。

- 専門知識や経験で得た技能を無償で提供する「プロボノ」という働き方も登場している。

第9章

知っておきたい「生(いき)・活(いき)」知識

介護予防編

1 介護予防
2 低栄養の予防
3 運動器の機能向上
　① 筋力向上のために
　② 転倒予防
　③ 尿失禁の予防・改善
4 認知症予防
5 口腔ケア
6 閉じこもり予防
7 うつへの対処

第9章 知っておきたい「生・活（いきいき）」知識 ＜介護予防編＞

1 介護予防

> **学習のポイント**
> 高齢化が進むにつれ、介護を必要とする高齢者は増加する一方です。いつまでも生き活きと自分らしく生きるために「介護予防」について理解しておきましょう。

①介護予防とは

年を取っても、元気で自分らしく生活したいという思いを実現するための手立てが「介護予防」です。病気の予防も、余命を短くするリスクを減らすことのみでなく、寝たきりや認知症の原因を取り除くという視点からも考え、適切な対策を講じる必要があります。

65歳以上の主な死因は、悪性新生物（がん）、心疾患（心筋梗塞や狭心症）、肺炎、脳血管疾患（脳梗塞や脳出血）などですが、介護が必要となる原因は、生活機能の低下が招く、認知症、骨折・転倒、関節疾患、高齢による衰弱などが約5割を占めます。これらは早期に取り組めば予防・改善できるものであり、たとえ今、支援を必要とする状態であったとしても、「介護予防」を行うことで生活の自立や元気を取り戻せることがわかっています。また、それ以上状態を悪化させないようにすることも可能です。

【図1】要介護者等の性別にみた介護が必要となった主な原因

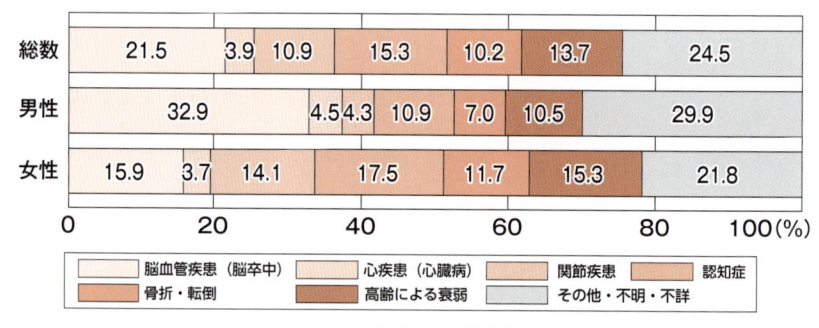

	脳血管疾患（脳卒中）	心疾患（心臓病）	関節疾患	認知症	骨折・転倒	高齢による衰弱	その他・不明・不詳
総数	21.5	3.9	10.9	15.3	10.2	13.7	24.5
男性	32.9	4.5	4.3	10.9	7.0	10.5	29.9
女性	15.9	3.7	14.1	17.5	11.7	15.3	21.8

資料：厚生労働省『国民生活基礎調査』（平成22年）

［介護予防］
介護予防という行政用語が一般的になっていますが、これは要介護状態になることを予防するという意味で、学問的には「要介護予防」というのが正しい言い方です。

［高齢者の死因］
65歳以上全体では、1位悪性新生物、2位心疾患、3位肺炎の順ですが、90代だけを見ると1位肺炎、2位心疾患、3位悪性新生物、100歳以上の場合は1位が老衰となり、高齢になるにつれて悪性新生物の順位は低下します。

［性差で見る要介護の原因］
介護を必要とする原因には【図1】のように性差が見られます。男性の場合、脳血管疾患（脳卒中）が32.9％と最も多く、認知症、高齢による衰弱と続きます。一方、女性では、最も多いのが認知症で17.5％、脳血管疾患、高齢による衰弱の順となっています。2位の脳血管疾患は15.9％と男性の約半分ですが、関節疾患と骨折・転倒を合計すると約26％となり、脳血管疾患を上回ります。このように違いがあるため、性差に配慮した介護予防対策を考える必要があります。

②介護予防事業を活用した地域づくり

　要支援・要介護状態にならずに、元気に自立して高齢期を過ごすことを目的に、介護予防事業として側注に挙げたような一次予防や二次予防、介護予防・日常生活支援総合事業などが行われています。

　ただし、介護予防は、高齢者が自ら進んでさまざまな介護予防プログラムに参加し、継続的に実施される必要があります。そのためには、日常生活の中で気軽に参加できる活動の場が身近にあり、地域の人々とつながりを持てるコミュニティづくりが大切となります。

　また、介護予防事業の実施主体は市町村ですが、健康な地域づくりと、いくつになっても誰もが生き生きと暮らしている地域づくりを実現するには、地域包括支援センターの役割が大きくなってきます。支援が必要かどうかなど、地域の高齢者の健康状態を把握し、地域の人材・企業などさまざまな社会資源を活かすための課題設定が重要です。

　さらに、地域づくりにおいて大切なのは、高齢者を介護予防の対象者としてのみとらえるのではなく、むしろ、地域づくりの担い手として活躍できるようにしていく視点です。老人クラブや町内会などの地域の既存の組織や団体への働き掛けや自主活動の育成支援など、地域の特性を活かした多様な取り組みが求められます。互助や共助は、常に特定の高齢者がサポートの与え手と受け手に固定化されることによっては成り立ちません。お互いに助け、助けられる地域社会の構築が何よりも大切であるという認識が肝要です。

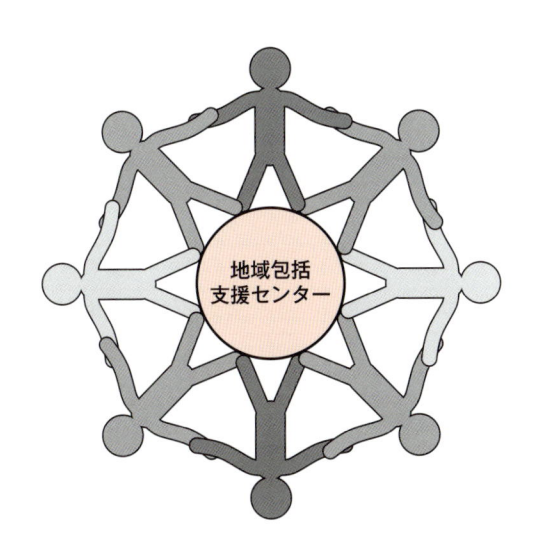

9章

[一次予防]
　対象は、自立している元気な高齢者。現在の暮らしを維持・向上するための知識の普及や、ボランティアなどの人材育成、介護予防手帳の配布、介護予防に資する地域活動の育成・支援などがなされています。

[二次予防]
　要支援・要介護状態に陥るリスクの高い高齢者を早期発見し、早期に対応することにより状態を改善するための取り組みです。従来は運動器の機能向上プログラムや栄養改善プログラムなどが単独で行われていましたが、複合プログラムも行えるようになりました。

[介護予防・日常生活 支援総合事業]
　平成24年4月に創設された新しい事業で、要支援者・二次予防事業対象者に対して、介護予防サービスや配食、見守りをはじめとする生活支援サービスなどを広汎かつ総合的に提供することができるようになりました。地域支援事業として行われます。

第9章　知っておきたい「生・活（いきいき）」知識　＜介護予防編＞

2 低栄養の予防

学習のポイント
身体機能の低下にも、転倒や骨折、病気にもつながる"低栄養"。低栄養の予防は、高齢者がまず気をつけなければならないテーマです。

［血中アルブミン］
血液中のたんぱく質の約60％を占めます。血中アルブミン濃度で栄養状態のよしあしがわかります。

［低栄養のタイプ］
低栄養には、適切な食物摂取ができないこと、その他の原因によって栄養状態が悪化していることの双方の意味が含まれます。
先進国では、エネルギーやたんぱく質は足りていても、繊維質やマグネシウム、葉酸などの摂取が不足するタイプの低栄養が生じます。一方、開発途上国の低栄養は、総エネルギーやたんぱく質が不足しています。高齢者の場合は、先進国においても後者のタイプが多く見られます。

75歳を過ぎると低体重者が増加する傾向

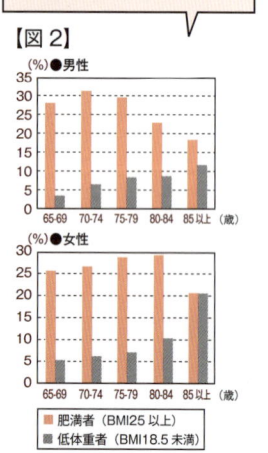

【図2】
(%) ●男性
(%) ●女性
■ 肥満者（BMI25以上）
■ 低体重者（BMI18.5未満）

出典：厚生労働省『国民健康・栄養調査』平成22年

①低栄養とは

飽食の時代、栄養のとり過ぎが問題にされがちですが、高齢期では、むしろ「低栄養」になる人が少なくありません。

人間は、老化現象によって体重や体脂肪が減り始め、血液中のアルブミン、コレステロール、血色素などが減少してくるものです。しかし、そこに低栄養が重なると、血中アルブミン値が顕著に減り始め、老化が加速します。体重が減り、筋力が弱まって転倒・骨折を起こしやすくなり、抵抗力が低下して病気にもかかりやすく、寝たきりへとつながってしまいます。

実際、75歳を過ぎると低体重者が増加します。ダイエットでなく、徐々に体重が減っている人は、低栄養になっているかもしれません。

②低栄養の原因

高齢者だけの世帯や独り暮らしになると、買い物や調理が面倒くさくなり、簡単な食事で済ませがちです。また、かみ合わせや、入れ歯の具合が悪いと咀嚼しづらく、飲み込む機能も低下するため、偏食や欠食を招き低栄養になりやすくなります。

こんなときは低栄養の危険あり！

【表1】

うつ状態	ある
血中コレステロール	160mg／dℓ未満
血中アルブミン	4g／100mℓ未満
体重減少	1カ月で約1kgくらい または、6カ月で約2.5kgくらい
摂食障害	身体的・認知的な障害で摂食が困難
買い物	経済的理由や不便さから、あまり行かない

出典：柴田博『肉を食べる人は長生きする』PHP研究所

③低栄養の予防

我が国の高齢者の低栄養には、ある食品や成分がよいと言われればそちらに走り、悪いと言われればすぐに敬遠するような"フードファディズム"の影響も否めません。健康ブームに乗じて、短絡的な「食」の情報が多く流れていますが、最も大切なのは「バランスのよい食事」です。特に、血中アルブミン値を上昇させるには、動物性たんぱく質を含む肉と魚をバランスよく摂取する必要があります。右の10種類の食品をほぼ毎日食べている人は、生活機能低下のリスクが少ないことがわかっています。また、下の14カ条を実践し、多様な食生活を楽しむことが低栄養予防の基本です。適度に油をとると知的意欲の低下を防ぐこともわかっています。

[毎日食べたい10品目]
【表2】
- 肉
- 油脂
- 牛乳・乳製品
- 海藻
- 緑黄色野菜
- 果物
- 魚介
- 卵
- 大豆や大豆製品
- いも

【表3】
低栄養予防の食生活指針14カ条

① 3食をバランスよくとる
② 動物性たんぱく質を十分とる
③ 魚と肉の摂取は1：1の割合に
④ さまざまな種類の肉を食べる
⑤ 油脂類を十分に摂取する
⑥ 牛乳を毎日飲む
⑦ 緑黄色野菜や根菜など多種類の野菜を食べる。火を通し、量を確保、果物を適量とる
⑧ 食欲がないときはおかずを先に食べ、ごはんを残す
⑨ 調理法や保存法に習熟する
⑩ 酢、香辛料、香味野菜を十分に取り入れる
⑪ 和風、中華、洋風とさまざまな料理を取り入れる
⑫ 共食の機会を豊富につくる
⑬ かむ力を維持するため義歯は定期的に検査を受ける
⑭ 健康情報を積極的に取り入れる

出典：柴田博『肉を食べる人は長生きする』PHP研究所

この指針には、食品数の多さと調理の多様性が含まれます。さまざまなものを食べている高齢者ほど、余命や健康寿命が長いことがわかっています。

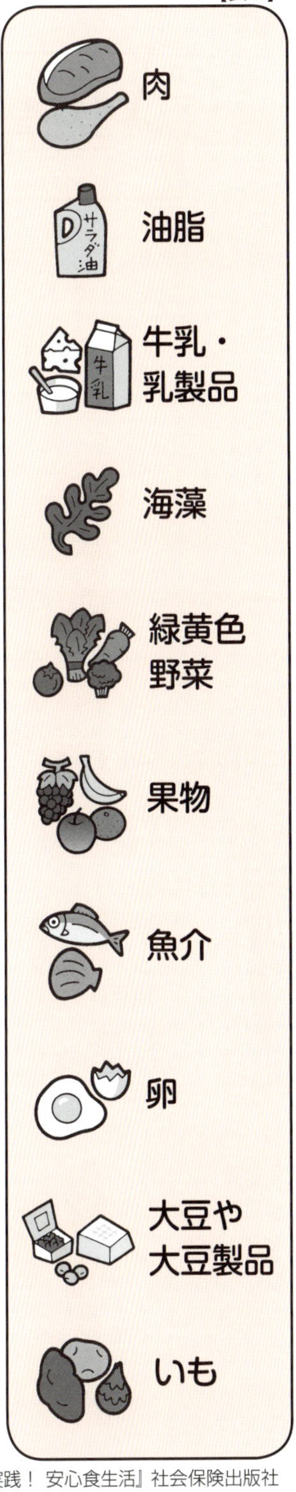

出典：柴田博監修『今日から実践！安心食生活』社会保険出版社

第9章　知っておきたい「生・活（いきいき）」知識　＜介護予防編＞

3 運動器の機能向上　①筋力向上のために

> **学習のポイント**
> 日々の生活機能や活動力に大きく関与する筋力。毎日のちょっとした筋力トレーニングで筋力の低下を防ぎ、いつまでも人の役に立てる状態でいましょう。

①筋力の低下は、生活の質の低下を招く

　要介護状態になる原因の約40％は、足腰の虚弱化です。年を取るにつれて動作が遅くなり、転倒を恐れて活動範囲が狭まると、筋力はますます低下し、日常生活に支障をきたすようになります。

　反対に、筋力をつけると身体活動量が向上し、若々しい生活を送ることで、さらに活動量が増えて心身の機能が高まるという好循環が生まれます。

【図3】運動して好循環をつくろう！
- 身体機能の維持
- 習慣的な運動
- 身体活動量の維持・向上
- 若々しい生活の維持
- さらなる活動の向上

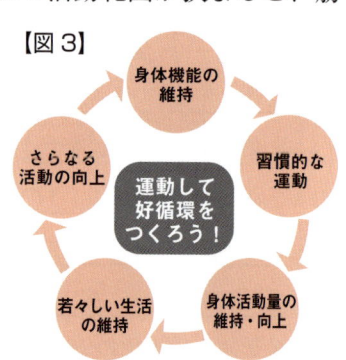

②筋力とともに高まる自立度

　「立つ」「歩く」「座る」といった基本的な日常生活の動作をスムーズに行うには、下半身の筋肉を意識的に鍛えることが大事です。重力に逆らって動かす筋肉のことを抗重力筋といいますが、この筋肉群を鍛える体操を毎日の習慣にしましょう。

　また、歩くことは、骨に刺激を与え骨粗しょう症の予防になる上、脳への血流がよくなり認知症の予防にも効果的であることがわかっています。毎日でなくても、家の中でもよいので歩くように努めることも大事です。東京都老人総合研究所の研究からは、歩行の速度が遅くなると、将来の生活機能低下リスクが高まることが明らかにされています。この歩行速度に大きく関与しているのが筋力です。

　筋力がつけば、活動範囲が広がり、意欲も向上、閉じこもりや寝たきりを防ぐことにつながります。自分自身の自立した生活を維持するのは当然のことながら、他の高齢者の面倒を見ることもできる幅の広い自立を目指したいものです。

【図4】抗重力筋肉とその働き
- 中殿筋（ちゅうでんきん）　脚を横に上げる
- 大殿筋（だいでんきん）　脚を後ろに上げる
- ハムストリングス　ひざを曲げる
- 下腿三頭筋（かたいさんとうきん）　つま先を下げる／つま先立ち
- 大腰筋（だいようきん）　股関節を曲げる
- 大腿四頭筋（だいたいしとうきん）　ひざを伸ばす
- 前脛骨筋（ぜんけいこつきん）　つま先を上げる

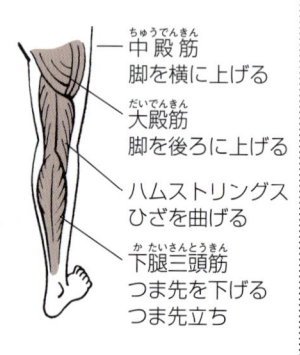

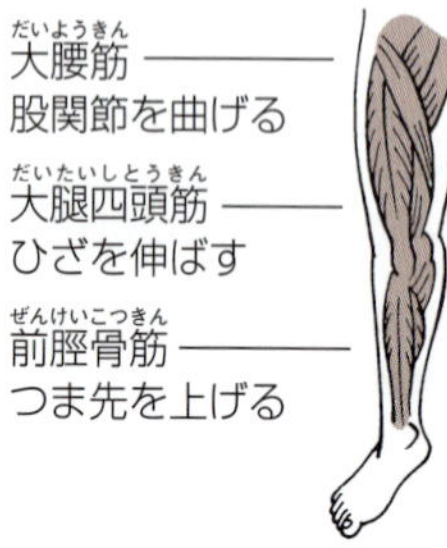

③筋力を向上させるトレーニング

筋力トレーニングは、10回を1セットとして、最大3セットまで徐々に回数を増やしていきます。トレーニング終了後に、目的とする筋肉がやや疲れたと感じるくらいが目安となります。

9章

[トレーニングを行うときの注意]
● 呼吸を止めない
● ゆったりした気持ちで行う
● ゆっくり行う
● 動かしている筋肉を意識しながら行う
● 筋肉や関節に違和感があるときは無理をしない
● 痛みがあるときは行わない

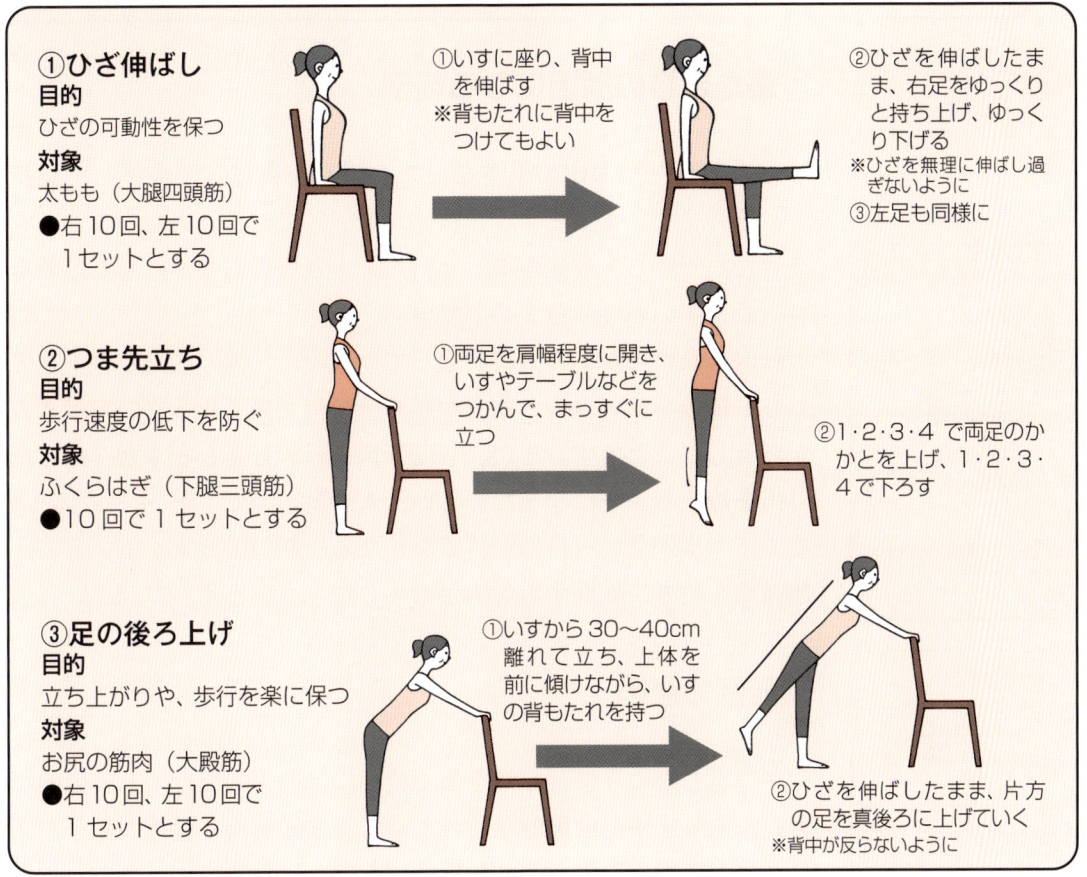

【図5】毎日無理なく筋力トレーニングを！

①ひざ伸ばし
目的：ひざの可動性を保つ
対象：太もも（大腿四頭筋）
● 右10回、左10回で1セットとする

①いすに座り、背中を伸ばす
※背もたれに背中をつけてもよい

②ひざを伸ばしたまま、右足をゆっくりと持ち上げ、ゆっくり下げる
※ひざを無理に伸ばし過ぎないように
③左足も同様に

②つま先立ち
目的：歩行速度の低下を防ぐ
対象：ふくらはぎ（下腿三頭筋）
● 10回で1セットとする

①両足を肩幅程度に開き、いすやテーブルなどをつかんで、まっすぐに立つ

②1・2・3・4で両足のかかとを上げ、1・2・3・4で下ろす

③足の後ろ上げ
目的：立ち上がりや、歩行を楽に保つ
対象：お尻の筋肉（大殿筋）
● 右10回、左10回で1セットとする

①いすから30～40cm離れて立ち、上体を前に傾けながら、いすの背もたれを持つ

②ひざを伸ばしたまま、片方の足を真後ろに上げていく
※背中が反らないように

(注) いすは重いものを使いましょう。

監修：早稲田大学スポーツ科学学術院 准教授　岡浩一朗

④筋力トレーニングの留意点

筋トレには留意点が二つあります。一つは、栄養状態が悪いと逆効果だということ。筋肉はトレーニングの刺激を受けて分解し、以前にも増してたんぱく質を取り込んで筋肉量を増やしますが、低栄養でたんぱく質が不足していれば、分解だけが進み、かえって筋肉の萎縮が生じてしまいます。もう一つは、日常の活発な生活労作もよい筋トレになること。まずは毎日せっせと動くことが大切です。

[アルブミンと最大歩行速度]
低栄養などで血中アルブミン濃度が低いと、筋肉が働けず、歩行速度が遅くなることが実証されています（111頁参照）。

第9章 知っておきたい「生・活（いき・いき）」知識　＜介護予防編＞

3 運動器の機能向上　②転倒予防

> **学習のポイント**　転倒による骨折は、要介護状態になる大きな原因。バランス能力や筋力を向上させ、転倒を予防することが大事です。

①寝たきりの原因になる転倒

　住み慣れた家の中の小さな段差や平らな道などで転倒して骨折し、そのまま、ますます身体機能が低下してしまう人も少なくありません。骨粗しょう症があると、ちょっと尻もちをついただけでも骨折しやすいので注意が必要です。

　転倒したことがある人に共通しているのは、脚の筋力が低下しており、体のバランスのとり方が悪く、歩幅が狭くなっていて歩き方が弱々しいことです。また、一度転倒を経験してしまうと「怖くて外出を控えるようになった」という人が多いのですが、そうなると、ますます歩かない→自信が持てなくなる→筋力が低下する、という悪循環を招き、転倒する危険が増大してしまいます。

②転倒の原因

　左に示したように、転倒を招く要因には内因的なものと外因的なものがあります。内因的なものとして、まず筋肉や骨量の低下がありますが、視力障害や薬物の副作用も原因になります。また、加齢に伴い足を引きずるような歩き方になり、じゅうたんの断端につまずくといった原因による転倒が多くなります。

　転倒を予防するというと、すぐに、バリアフリー化がいわれますが、転倒の実態を調べていくと、誰の目にも明らかな段差はリスクになりません。じゅうたんの断端のように、ちょっと見ただけでは段差に見えないようなものがリスクとなっています。

【表4】

内因性
- 筋肉や骨量の低下
- すり足歩行
- 視力の低下
- 不注意（非日常的動作）
- バランス・平衡感覚の低下
- 循環器・神経系の疾患
- 薬の副作用
  （中枢神経系の薬、血糖降下薬など）

外因性
- 外出時より在宅時が多い
  ・敷物の断端やコード
  ・照明不足
  ・滑りやすい浴室　など
- 外出時は判別しにくい箇所
  ・道路の段差
  ・乗り物の乗降場所
  ・上りのエスカレーター　など

③転倒しやすい身体機能になっていないか

現在の自分が、どのくらい転倒しやすい状態にあるかチェックしておくことも予防の一つですが、バランスを強化し、脚・腰・おなかの筋力を高めることで転倒は未然に防ぐことができます。バランス強化体操や転倒予防体操を6カ月続けてみましょう。体のふらつきが大幅に減り、着実に脚の筋力が強化されます。そうなれば、バランスをとりながら歩く能力が高まり、転倒の心配も減ってきます。

[歩行速度と転倒リスク]

いくつになってもさっさと歩ける人は、足腰の筋肉がしっかりしている証拠。足腰の筋肉がしっかりしていれば、転倒しにくく、逆に筋力が低下していると、歩行のスピードも落ちてきます。歩行のスピードが落ちている人は、早く歩ける人と比べると、転倒するリスクが高いことがわかっています。

[転倒予防体操]

歩行に必要な筋力をつける体操。バランス強化体操も含めて「転倒予防体操」と呼びます。気軽にできる体操から始め、広い場所で、けがのないように注意して。1日に2〜3セット行います。

歩行能力は？

交差点の青信号は、1秒間に1m歩くことを基準に設定されています。信号が青のうちに、普段歩く速さで楽に横断歩道を渡れる人は、転ぶ心配はなさそうですが、その筋力を保ち続けるためにも転倒予防体操を普段から続けていくとよいでしょう。

普段歩く速さでどうにか渡れるという人は、転倒予防体操で筋力アップに取り組みましょう。普段歩く速さで信号を渡りきれない人は、転ぶ危険性が大です。

バランス能力は？

下の片足バランス立ちをしてみてください

片足バランス立ち

目をあけたまま、片足で何秒立っていられますか？

- **10秒未満** → 転倒するリスクが高まっています。
- **10秒以上** → いまはひとまず大丈夫そうです。

普段歩く速さで信号を渡れない人

→ いますぐ転倒予防体操を始めてください

体操を続けるためには、無理をしないことが基本です。毎日コツコツと「ちょっとがんばったかな」と思える程度に行いましょう。体調が悪いときや痛みがあるときは行わないように。体操時は、十分に水分の補給をし、体操後は十分に休養をとってください。持病がある場合は、事前にかかりつけ医に相談しましょう。

●転倒予防体操

> ストレッチから始めよう
> 体操を始める前に、まずは下のストレッチで体を温めましょう。

指反らし

①片方の指をもう一方の手で持つ
②ひじを伸ばす
③親指を除く4本の指の付け根の関節を、息を吐きながらゆっくりと反らす
④5秒間程静止したら、緩める
⑤5～10回行い、手を替える

肩回し

①脚は肩幅に開き、手を肩の上に置き、わきをしめて自然に立つ
②ひじを前から後ろへゆっくりと大きく回す
③次にひじを後ろから前へゆっくりと大きく回す

●筋力アップ体操

足の曲げ伸ばし

①両足をそろえて、ひざを伸ばして座る
②両手は後ろにつき、上体を支える
③背中を伸ばす
④両足首をしっかりと手前に曲げ、5秒間静止してから、外側にしっかり伸ばす
⑤これを5～10回繰り返す

※足首を手前に曲げるときには、かかとを持ち上げる気持ちで行うと効果的

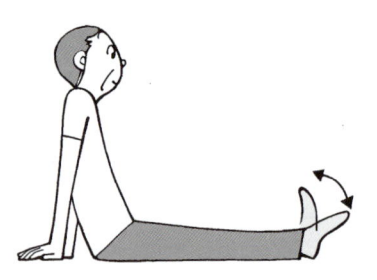

四つんばい片足上げ

①両ひざと両手を床につけた四つんばいの姿勢から、片足ずつ、ひざを伸ばしながら持ち上げる
②上げた状態で3～5秒静止したら、ゆっくり元に戻す
③左右の足を交互に、5～10回行う

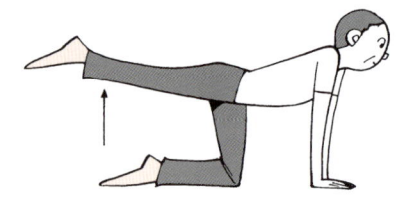

あおむけ片足上げ

①ひざを立てて、あおむけに寝る
②片足ずつ、ひざを伸ばしながらゆっくり持ち上げる
③上げたまま5秒間止め、元に戻す
④片足ずつ5～10回行う

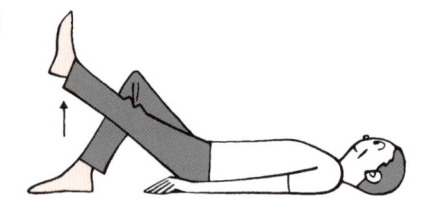

●バランス強化体操

横歩幅の調整

①両足を肩幅に開き、自然に立つ
②歩幅を開いたり、閉じたりしながら横に歩く
③この横歩きを往復3回行う

※たたみのふちやフローリングの木目に沿って歩きましょう

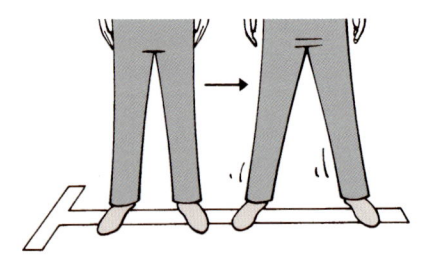

監修：早稲田大学スポーツ科学学術院 准教授　岡浩一朗

210

④転倒を予防する10のポイント

　転倒しない体づくりとともに大切なのが、転倒しない生活環境づくりです。家の中や外出先には、たくさんの「転ぶ原因」があります。自分で思っている以上に足や爪先が上がっていないので、慣れ親しんだ自宅の階段やちょっとした段差につまずいて転ぶことも少なくありません。部屋が散らかっていると、新聞を踏んだ拍子にすべって転んだり、コンセントのコードに足をひっかけて転んだりします。

　玄関や廊下などは、足元に照明をつけるなど、ちょっとしたアイデアで転倒を防ぎましょう。

＜転倒注意10のポイント＞

その1	小さな段差（タイルの路面、マンホールのふた、家の中の敷居）に注意！
その2	バスや電車、人混みの中では、慌てずに、ゆっくり行動を！
その3	滑りやすい雨天や、暗い夜間の外出は控えめに！
その4	トイレやお風呂での急な立ち上がりはキケン！ 手すりにつかまって、ゆっくり立ち上がろう。
その5	階段には手すりを！　スリッパなど不安定なものは履かない！
その6	滑りにくく、脱げにくい安全な靴を！ 足のサイズに合わせて、かかとが安定した靴を。
その7	リュックやポシェットで、手を自由に使える格好で出掛けよう！
その8	コンセントやコード、カーペットの隅、置きっ放しの新聞など、足につっかかるものをなくしておこう！
その9	背すじを伸ばして、上半身を安定させ、しっかり地に足をつけて歩こう！
その10	足元の子どもやペットにも十分注意を！

©HIROSHI SHIBATA

第9章 知っておきたい「生・活」知識 <介護予防編>

3 運動器の機能向上　③尿失禁の予防・改善

> **学習のポイント**
> 尿失禁の半分以上は、骨盤底筋と下半身を鍛えることで改善します。尿失禁は、年をとれば誰にでも起こるもの。決して恥ずかしいことではありません。

[尿失禁の種類]

●**腹圧性尿失禁**
　せきをしたり、笑ったり、くしゃみをしたり、重い荷物を持ち上げたりして、おなかに力が入った瞬間に尿がもれるタイプ。出産時のいきみ、妊娠時の赤ちゃんの重み、おなかの脂肪などで骨盤底筋が圧迫され、緩んでしまうのが原因です。

●**切迫性尿失禁**
　水仕事をしているときや、帰宅したとたん急に尿がしたくなり（尿意切迫感）、トイレに行くまで間に合わずに尿がもれてしまうタイプ。膀胱が勝手に収縮するために生じますが、女性の場合は、骨盤底筋が緩むことも原因です。

●**過活動膀胱**
　膀胱が尿でいっぱいになる前に勝手に収縮し、尿がもれてしまう状態で、尿意切迫感、頻尿、切迫性尿失禁を起こすことも。男性の場合、前立腺肥大症の60％以上に過活動膀胱の症状が出るといわれています。女性の場合、加齢や出産、肥満などで骨盤底筋が緩むと過活動膀胱の症状が出ます。

①尿失禁とは

　尿失禁とは、日常のふとした拍子に、自分の意思とは関係なく尿がもれてしまう状態です。

　尿失禁は男女共通の症状ですが、圧倒的に女性に多く、40代以上の女性の3人に1人は尿もれの経験があるといわれています。高齢になるにつれて増加する傾向にあり、高齢者の場合、尿失禁が頻繁に起こるようになるだけでなく、尿もれの程度が激しくなっていきます。

②尿失禁の問題点

　女性の場合、尿失禁のうち最も多いのは、腹圧性尿失禁です。骨盤の下方にある骨盤底筋は、尿道や肛門を締めるときに働く筋群ですが、この骨盤底筋が緩むと、おなかにちょっとした圧力がかかるだけで尿がもれてしまうのです。

　尿失禁自体は、生命維持に直接かかわる病気ではないため軽視され、放置されがちです。診療を受けることに対する恥ずかしさがあるほか、単なる老化現象だと誤解している人も少なくないようです。しかし、尿失禁への不安が強いあまり外出や仕事を控えるようになると、活動範囲が狭まるため、身体機能が低下して生活に支障が出たり、ひいては閉じこもりの原因になったりします。

　また、尿失禁を度々起こすことに対する自己嫌悪がきっかけとなり、精神的に不安定になり、うつ病を発症する可能性もあるので注意が必要です。

③尿失禁の予防

尿もれが治れば、外出先での失敗もなくなり、おしゃれも楽しめます。そのために効果的な方法が骨盤底筋体操です。尿失禁の予防・改善ができるだけでなく、日常生活の活動範囲も広がります。骨盤底筋体操を3カ月続けた人のうち、半分以上の人は尿失禁の症状が完治したという報告もあります。

骨盤底筋体操

骨盤底筋体操は、下の4つのどれを行うときでも以下のA・Bの順に続けて行います。

A 短く「ぎゅっ」と締める
膣や尿道を2〜3秒締める、緩める動作を繰り返します。

B 長く「ぎゅ〜っ」と締める
肛門・尿道を6〜8秒締めたあと、10秒かけてゆっくり緩める動作を繰り返します。

回数の目安は？
AとBそれぞれ5回くらいずつ。慣れてきたら、Bの「ぎゅ〜っ」を10回くらいに増やしてみましょう。1日3セットが目安です。

座った体勢
いすに浅く座り手をひざに置き、肩幅に足を開いてA・Bを行う。

電車の中でも手軽にできます。

立った体勢
足を肩幅に開き、テーブルやいすの背もたれなどに軽く手を置き、体重を腕にかけ背筋を伸ばしてA・Bを行う。

思い立ったらいつでも積極的に行いましょう。

あおむけの体勢
あおむけになり両ひざを軽く曲げ、肩幅に足を開きA・Bを行う。

朝起きたときの習慣に。

四つんばいの体勢
足を肩幅に開き、ひじを曲げ、背筋を伸ばして、四つんばいになりA・Bを行う。

寝る前の習慣に。

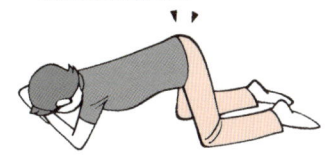

監修：早稲田大学スポーツ科学学術院 准教授　岡浩一朗

9章

[骨盤底筋とは（女性）]

【図6】

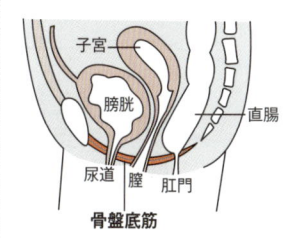

骨盤の中にある尿道、膀胱、子宮、膣、直腸を支える筋肉のこと。

[予防のポイント]

無理なく毎日続けるコツは、朝目が覚めたとき、電車に乗ったとき、日常生活であいた時間、寝る前など、こまめに行うことです。骨盤底筋体操を行う前に準備体操をし、さらに下半身の筋力を高める体操を取り入れると効果がアップします。

また、尿をたっぷりためて排出すると、膀胱の細菌感染を防ぎ、残尿感を軽減させます。尿もれが心配だからといって、こまめにトイレに行くよりは、尿をたっぷりためてから、たっぷり出すようにするほうが尿失禁の予防になります。

第9章　知っておきたい「生・活(いき いき)」知識　＜介護予防編＞

4 認知症予防

> **学習のポイント**
> 年とともに、誰でも脳の認知機能は低下しがちですが、それによって、日常生活に支障が出るのが認知症です。認知症を理解し、普段から予防を心掛けましょう。

[認知症の原因]

●**アルツハイマー病**
　脳の神経細胞に、Aβ（アミロイド・ベータ）という異常なたんぱく質のゴミがたまって細胞が破壊され、その結果、脳が萎縮する病気。脳の萎縮の程度によって、認知症のさまざまな症状が現れます。

●**レビー小体型認知症**
　脳の神経細胞に、レビー小体という異常なたんぱく質がたまる病気。物忘れのほかに、子どもや虫が見える（幻視）、手足の動きが鈍くなる（パーキンソン様症状）、日によって症状や程度が違うといった症状が現れるのが特徴です。

●**脳血管性認知症**
　脳の血管が詰まったり（脳梗塞）、血管が破れたり（脳出血）して、血流が途絶え、その先の脳細胞が死滅するために起こる認知症。

①認知症とは

　認知症とは、脳の細胞に異変が起きて認知機能が低下し、日常生活が困難になった状態です。老化に伴う物忘れの段階から認知症に進行するまでの予備段階で治療を開始すれば、進行をくい止めることができる可能性もあります。また、早い段階から、幻覚や妄想、筋肉のこわばりに対する治療を開始することで、生活上のトラブルを減らすことができます。

　老化に伴って脳は萎縮しますが、脳が萎縮した人のすべてが認知症になるわけではありません。常に脳を使っていれば、健康な部分の脳が代償するので、ある程度の機能はカバーできます。

②認知症の症状（認知症の物忘れと老化現象の物忘れの違い）

　認知症は、物忘れから始まるといえます。最初のうちは、老化現象か認知症による物忘れかの区別がつきにくいものですが、見分け方のポイントは、①細部を忘れたのか、出来事自体を忘れたのか、②ヒントを与えると思い出せるかどうか、③忘れたという自覚があるかないか、の3つです。

【表5】

認知症	老化現象
体験そのものを忘れる	体験の一部分を忘れる
忘れたことを理解できない	忘れたことを自覚している
食べたこと自体を忘れる	何を食べたか忘れる
約束したこと自体を忘れる	約束をうっかり忘れる
買い物に行ったことを忘れ、また買い物に行く	買い物に行ったときに、買う物を忘れる
日付や曜日、場所などがわからなくなる	日付や曜日、場所などを間違えることがある
ヒントを与えても出来事を思い出せない	ヒントを与えると出来事を思い出す
つじつまを合わせるなどつくり話をよくする	つくり話はしない
探し物は誰かに盗まれたと思う	探し物は努力して見つけようとする

※これはあくまで目安です。当てはまらない人もいます。

また、認知症の症状はさまざまあり、症状の出方にも個人差がありますが、次のような特徴があります。
- 新しいことはすぐ忘れる
- その場を取り繕う
- 自分にとって不利なことを隠す
- 不快な感情を伴った出来事は忘れない
- 身近な人に対して症状が強く出る
- 正常な状態と認知症の症状が混在する

③認知症の予防

認知症になりかけたときに低下する3つの能力があります。この3つを普段から鍛えておきましょう。

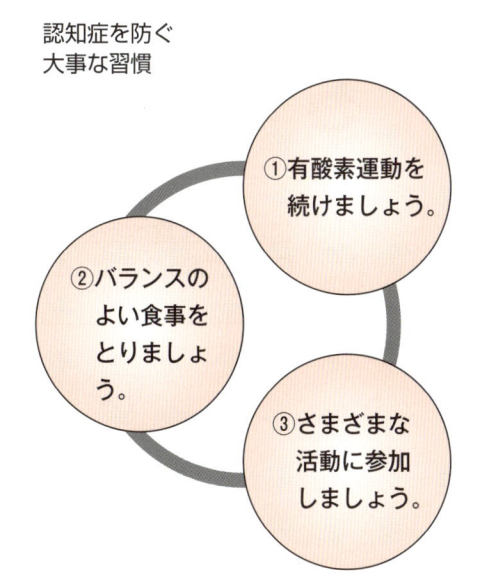

認知症を防ぐ大事な習慣
- ①有酸素運動を続けましょう。
- ②バランスのよい食事をとりましょう。
- ③さまざまな活動に参加しましょう。

エピソード記憶

低下のサイン

少し前に食べたもの、買ったもの、会った人、話したり聞いたりしたことなどが思い出せなくなります。

予防法

日記や家計簿

毎日の食事や買い物などの内容を日記や家計簿につけてみましょう。

毎日の日記がスムーズにつけられたら、次は2日前のことを書き留める日記を。少し前の出来事を記憶する、エピソード記憶が鍛えられます。

注意分割

低下のサイン

注意を配りながら2つ以上のことを同時に行うことが難しくなります。

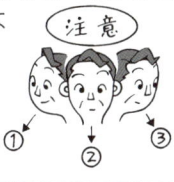

予防法

家事に変化を

料理や掃除などの家事は、認知症を予防し、脳を活性化しておくよい手段です。いつもと違う方法で行ったり、同時に行ったりしてみましょう。

計画力

低下のサイン

買い物や料理など、段取りや計画を立てて行動する必要のあることができなくなります。

予防法

違う道で、違う所へ

隣まちの商店街など、普段とは違う所に行ってみましょう。目的地までの道順や買い物の順番を考えることが認知症予防になります。

第9章 知っておきたい「生・活（いきいき）」知識 ＜介護予防編＞

5 口腔ケア

学習のポイント
口には、「食べる」「話す」「呼吸する」という、元気に生きるために必要な多くの働きがあります。口腔ケアの重要性を認識し、QOLを高めましょう。

①加齢とともに低下する口腔機能

「食べる」「話す」「呼吸する」など、人間らしく生きていく上で重要な役割を果たしているのが口腔機能です。

年を取るにつれて、ものをかむ機能や飲み込む機能が低下するため、柔らかいものばかりを食べてしまいがちです。すると次第にかむための筋力が衰え、さらにかむ機能が低下してしまいます。また、唾液腺への刺激が減って、唾液の分泌が減少するために口腔機能が低下するという悪循環も起こります。口腔機能が低下すると、握力、片足バランス立ち時間などの身体機能が低下することが知られています。これは「かむ力」が低下して、下の【図7】のように、十分な栄養が摂取・吸収できなくなるためです。食べる楽しみがなくなり、生きる気力も低下してきます。

また、歯や舌など口の中や入れ歯の清掃が不十分だと、細菌が増殖し、舌や上あご、ほおの粘膜などに細菌のかたまりができ、虫歯や歯周病、口臭、さらには誤嚥性肺炎（ごえんせい）の原因にもなります。痛くて機能していない歯があれば、義歯をつけるべきです。義歯を完備すれば、かむ力を保つことができます。

[嚥下障害（えんげ）]
水や食べ物が飲み込めなくなり、誤まって肺のほうへ行ってしまう（誤嚥）ようになることを「嚥下障害」といいます。嚥下障害になると、栄養が吸収されないため栄養失調を起こし、肺炎（誤嚥性肺炎）などの呼吸器の病気にかかりやすくなります。

[誤嚥性肺炎]
高齢者にとって、肺炎は死亡につながりかねない病気です。
誤嚥性肺炎は、高齢のため飲み込む能力が衰えたところ（嚥下障害）に、口の中の汚れ、虫歯や歯周病の放置により繁殖した細菌が、飲食物とともに誤まって肺や気管支に入って発症します。

[義歯の効果とモチベーション]
義歯を入れたら、その後の口腔ケアが重要です。ブラッシングを怠ると歯肉がやせて、義歯が合わなくなります。また義歯を勧めるときは介護予防的理由より、「口元がキンチャクのようになる」とか「カラオケが歌えなくなる」「口臭のもとになる」など、見た目や人付き合いに訴えたほうが効果的です。

【図7】「かむ」能力別の食品摂取と栄養素のバランス

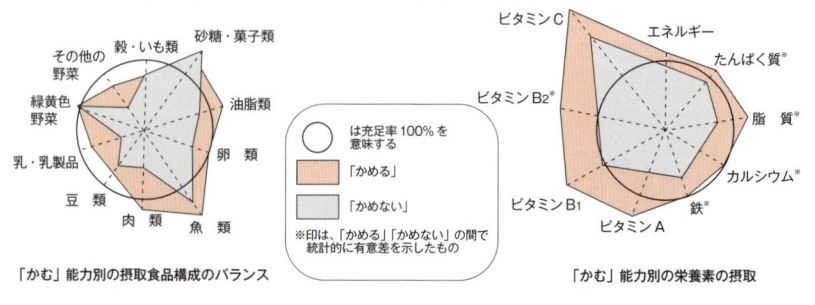

「かむ」能力別の摂取食品構成のバランス

「かむ」能力別の栄養素の摂取

○は充足率100％を意味する
「かめる」
「かめない」
※印は、「かめる」「かめない」の間で統計的に有意差を示したもの

出典：柴田博編著『老年長期プロジェクト情報』東京都老人総合研究所 1996

● 口腔ケアを行うときのポイント

1. かむための筋肉（咀嚼筋）を鍛える
2. 舌の動きをよくする
3. 飲み込む力をつける
4. かみ応えのあるものを取り入れる
5. 口の中を清潔にする

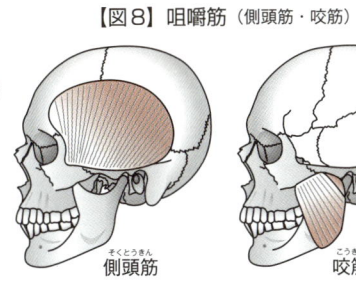

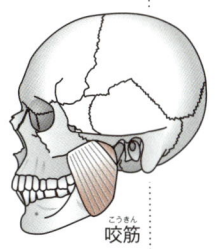

【図8】咀嚼筋（側頭筋・咬筋）

側頭筋　咬筋

②生き活き過ごすための口腔ケア

● 口の清掃
・歯ブラシの毛は柔らかめ、ヘッドは小さめのものを選ぶ
・鏡を見て、口の中を確認しながら清掃する
・食後と寝る前は歯を磨く
・歯と歯の間、歯ぐきとの境目は丁寧に磨く
・舌の表面や上あごは、水で湿らせたガーゼなどで、優しくこする

● 入れ歯の清掃
・入れ歯についた汚れを入れ歯専用のブラシでこすり落とす
・歯の表面の凸凹部分、金属のバネの部分は念入りに洗う
・入れ歯の汚れを洗い落としてから、入れ歯洗浄剤を使う
・入れ歯を水につけたまま保管すると細菌が増殖するので、ふた付きの入れ歯専用ケースに保管する
・入れ歯を外したあとの口の中も必ず清掃する

【表6】

	口腔機能向上のもたらすもの（口の文化をより豊かに）
1	体力の改善（握力、片足立ち時間）
2	食品・栄養素摂取の改善
3	容貌の改善
4	コミュニケーション能力の向上
5	認知症の予防

【図9】かむ力を強くする体操

● 「あー」「んー」の体操
目的：咀嚼筋（側頭筋・咬筋）と、舌の力を強くする
①ゆっくり大きく口を開け「あー」と声を出す
②次にしっかり口を閉じて、口の両端に力を入れながら舌を上あごに押しつけるようにして奥歯をかみしめ「んー」と声を出す

あー　んー
①～②を3回行う

● 「いー」「うー」の体操
目的：口の周りの筋力を強くして、食べこぼしを防ぐ
①かみながら「いー」という口で、ほおと首に張りを感じるまで左右に広げる
②そのまま「うー」と言いながら、くちびるをすぼめる

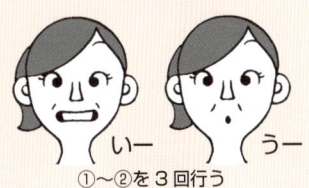

いー　うー
①～②を3回行う

● 唾液腺マッサージ
目的：唾液腺を優しく刺激することで、唾液がたくさん出るようになり、食べ物が口の中でまとまり、飲み込みやすくなる

1 耳下腺　2 顎下腺　3 舌下腺

指導・監修：東京都健康長寿医療センター研究所 専門副部長　平野浩彦

第9章 知っておきたい「生・活(いきいき)」知識 ＜介護予防編＞

6 閉じこもり予防

> **学習のポイント**
> 介護が必要となるさまざまなリスクと関わっている閉じこもり。寝たきり状態を予防するためにも、閉じこもりについて理解しましょう。

[閉じこもり症候群]
生活の活動空間が家の中へと狭小化することで廃用症候群を発生させ、また心身の活動力を低下させていくこと。

[廃用症候群]
病気やけがなど何らかの原因で、長い間体を動かさないために筋肉が萎縮し、心身機能が低下すること。

①閉じこもりとは

閉じこもりとは、社会との交流頻度が極端に低下した状態のことです。閉じこもり自体は病気や障害ではありませんが、その背後には認知症やうつ状態、運動機能の低下などの要支援や要介護になりやすいリスクが隠れていることがあります。閉じこもりがちな生活が続くと、【図10】のように生活の不活発さにより廃用症候群になり、最終的には介護が必要な寝たきりの状態になってしまいます。

【図10】閉じこもりの要因と位置づけ

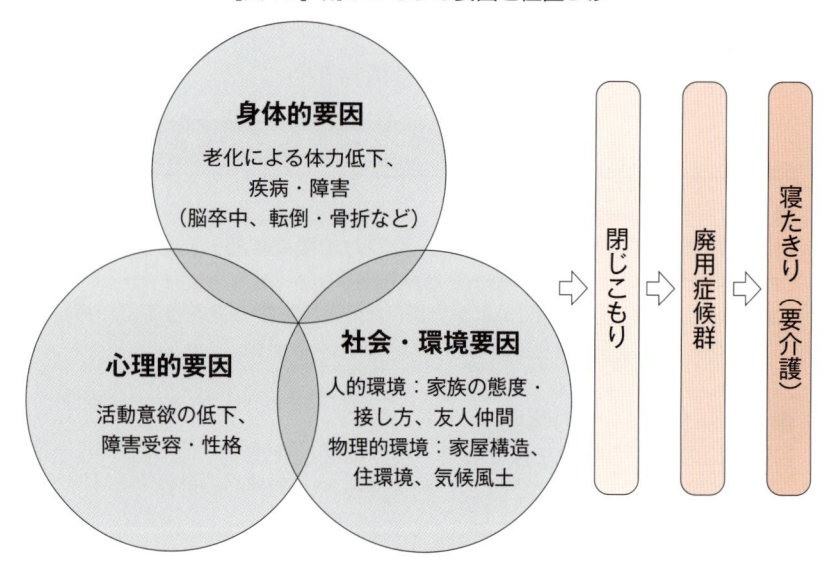

- **身体的要因**：老化による体力低下、疾病・障害（脳卒中、転倒・骨折など）
- **心理的要因**：活動意欲の低下、障害受容・性格
- **社会・環境要因**：人的環境：家族の態度・接し方、友人仲間　物理的環境：家屋構造、住環境、気候風土

閉じこもり ⇒ 廃用症候群 ⇒ 寝たきり（要介護）

資料：厚生労働省『介護予防マニュアル改訂版』平成24年

②認知症や心身機能低下と閉じこもり

閉じこもりの要因には、上の図のように身体的、心理的、社会・環境要因の3つがあり、その結果、認知症やうつ状態、運動機能の

低下といった高齢期の落とし穴と相互に関連しています。例えば、うつになると外出を控えることが多いため、活動が不活発になり、一日中部屋に閉じこもりがちです。また、食欲もなくなるため低栄養状態になり、体力が落ちてますます外出しなくなります。さらに、運動不足を続けているだけでも筋力が落ち、関節が弱り、骨量も減少してロコモティブシンドロームを招きます。立ったり、座ったり、歩いたりと体を動かすのが苦痛になり、閉じこもり生活に陥ってしまいます。

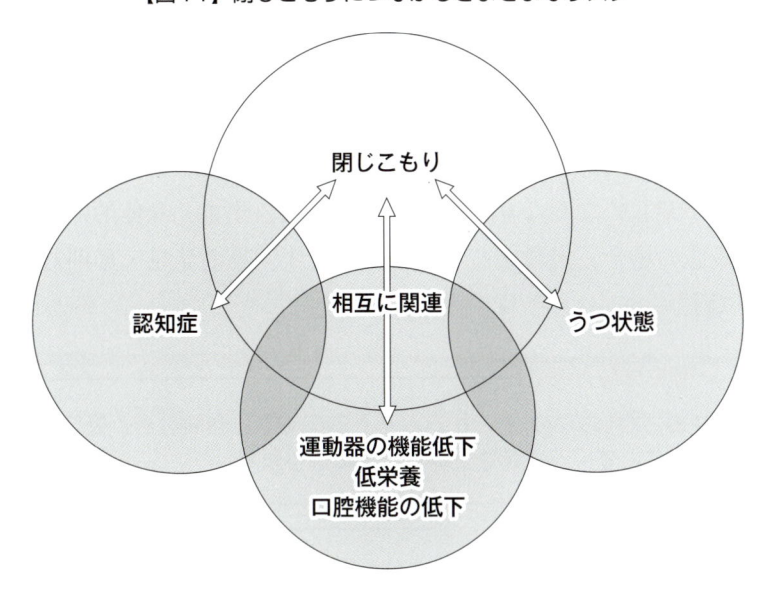

【図11】閉じこもりにつながるさまざまなリスク

- 閉じこもり
- 認知症
- うつ状態
- 相互に関連
- 運動器の機能低下
- 低栄養
- 口腔機能の低下

③閉じこもり予防

認知症や運動機能・口腔機能の低下、またはうつ状態など、閉じこもりは要支援や要介護になりやすいリスクと密接な関係を持っています。言い換えれば、積極的な介護予防活動への参加こそが、閉じこもりを防ぐカギとなるわけです。

閉じこもりをつくらないという点では、一次予防がまず大事です。近所付き合いや趣味・娯楽の活動、ボランティア活動など、地域につながる活動を続けることが重要です。二次予防は基本チェックリストでスクリーニングを行って対象者を把握するところから始まります。

また、地域の目、近所のつながり力で閉じこもりを早期発見するためには、かかりつけ医や民生委員、食生活改善委員などからの情報も大切です。

[基本チェックリスト]
25項目からなるチェックリストによって、介護予防の要・不要や、必要な介護予防の項目を調べます。健診などの際に行われることが多いですが、単独で行われることもあります。

第9章　知っておきたい「生(いき)・活(いき)」知識　<介護予防編>

7 うつへの対処

> **学習のポイント**
> 身体的変化、生活環境の変化、親しい人との別れなど、高齢者がうつになる要因とそのサインを知り、早めに対処できる知識を身につけておきましょう。

①高齢者がうつになる原因

　高齢者のうつ病や、うつ症状の原因は、下に挙げたようにさまざまです。うつ病が進行すると、興味や感情を喪失し、今まで楽しめたことが楽しめなくなり、閉じこもりを招きます。身体的にも衰弱し、最悪の場合、自殺することもあります。早期発見・早期対処が必要です。

（1）喪失体験が多い
　夫や妻、親しい友人との別れ、子どもの独立、退職など、喪失体験が重なることで、うつ病を発症しやすくなります。

（2）健康に自信がなくなる
　老化などにより、今までできていたことができなくなったりすると、健康に対する不安が大きくなり、絶望感を抱きやすくなります。

（3）体につらい症状が出る
　意欲の低下などの精神的な症状よりも、疲れやすくなったり、体のふしぶしが痛くなるなど、体の症状が前面に出ることがあります。

（4）物事に関心を持てない
　今まで楽しむことができた趣味や活動に興味が持てなくなり、何をしても無表情になり、ボーッとして過ごすようになります。

（5）加齢に伴う血液循環の影響
　脳卒中の後遺症のほか、症状のない小さな梗塞（脳の細い血管が詰まる）を繰り返すうちに、うつ病を発症することがあります。

（6）認知症と間違われやすい
　物忘れが多い、集中力がない、物覚えが悪いといった症状は、うつ病と認知症とに共通する症状のため、区別がつかないことがあります。

[高齢者には得がたい宝物もある]

　人との別れ、仕事との別れ、体力の喪失 etc. と、高齢期は喪失の時代のようにいわれますが、年齢を重ねることで得た多くの経験と深い知恵もあります。人生を乗り切るには、これこそが得がたい宝物です。
　そのような高齢者から、じっくりと物事を教わってみると、深い知恵に触れられることも多々あります。その経験と知恵を尊重するのが、周囲ができる何よりのうつ予防です。

②早期発見・早期対処が大事なうつ病

社会とのかかわりが希薄になるにつれて、高齢者の心は少しずつ病んでいきます。相手の気持ちに寄り添いながら見つめていると、しだいに心模様が見えてくるはずです。失うものが多くても、隠し持っている年の功や年齢ならではの知恵を尊重している気持ちを伝えていくことが大切です。「いつもと違うな」と感じる症状があるときは、早めに専門医を受診し、相談しましょう。

【表7】
こんなときにはうつ病が疑われます

- □ 2週間以上、落ち込んだ状態が続き、口数も少ない
- □ 食欲が低下し、よく眠れない日が続いている
- □ 大きな病気がなくても、体の痛みなどを多く訴える
- □ 不安感が強く「自分はもうダメだ」「生きていても仕方がない」と悲観する
- □ これまで楽しんで行っていたことを楽しめなくなっている

③うつを予防するために

高齢期のうつ予防には、まず以下の5項目の実践を。

うつ病の疑いがあるときは、決して励まさないこと！

「そんなに老け込んでいないで」などという言葉や励ましは、かえって心理的に追い詰めることになるので禁物です。うつ病の心配があるときには、まず専門医に相談しましょう。

（1）積極的に地域の活動に参加する
同世代や同じような境遇の人と交流することにより、気分をリフレッシュすることができ、健康に関する正確な情報を得ることもできます。

（2）睡眠の質を上げる
質のよい睡眠をとっていれば、睡眠時間が短くても、昼間に元気に活動することができます。高齢になって睡眠時間が短くなること自体は心配いりません。

（3）物事は臨機応変に考える
今日しなくてもよいことは明日に回す、悩みごとは寝る前よりも起きてから考えるなど、精神的に疲れている人は考え方を変えて、精神的なゆとりを持ちましょう。

（4）心身がリフレッシュできる場所で過ごす
気分転換のために無理して出かけるのではなく、本当に自分の気持ちが落ち着く場所を選んで、心身のリフレッシュをしましょう。

（5）悩みをゆっくりと話す
解決への第一歩は、悩みを打ち明けることです。信頼できる人や専門家に、自分のペースでゆっくりと悩みを相談してみましょう。

第9章　要点整理

- 介護予防の目的は、介護を必要とする状態になることを防ぎ、いつまでも元気に暮らすこと。

- 介護が必要となる原因は、生活機能の低下が招く、認知症、高齢による衰弱、関節疾患、転倒・骨折などが5割を超える。

- 75歳を過ぎると低体重者そして低栄養状態の人が急増する。

- 低栄養を予防するために毎日食べたい10品目とは、肉、油脂、牛乳・乳製品、海藻、緑黄色野菜、果物、魚介、卵、大豆や大豆製品、いもである。

- 要介護状態になる原因の約40％は足腰の虚弱化である。それだけに毎日の筋力トレーニングで、自立した生活を維持するとともに、人をサポートできる幅広い自立を目指したいものである。

- 低栄養でたんぱく質が不足していると、筋力トレーニングをしても、かえって筋肉の萎縮が生じる。

- 普段歩く速さで信号を渡りきれない。目をあけたまま片足で10秒以上立っていられない。これらは転倒リスクが高まっているサイン。転倒予防体操をすぐに実践するとよい。

- 尿失禁の予防のためには骨盤底筋を鍛える体操を行うことが大切である。

- 認知症の予防のためには「エピソード記憶」「注意分割」「計画力」の3つの能力を普段から鍛えるとよい。

- 「かむ」力や「飲み込む」力が低下すると、十分な栄養が摂取できず、身体機能が低下し、誤嚥性肺炎を発生しやすくなる。

- 閉じこもりは、認知症や運動機能・口腔機能の低下、うつ状態などの要支援・要介護状態になりやすいリスクと密接な関係を持っている。予防するには、積極的な知人とのつき合いや介護予防活動への参加が重要である。

- 高齢者のうつは、最悪、自殺に至ることもあるので、早期発見・早期対処が大切。

第10章

知っておきたい「生・活(いきいき)」知識

介護保険と介護編

1　介護保険制度の仕組みと利用方法
2　在宅で利用できる、介護保険のサービス
3　介護保険での施設入所サービス
4　認知症の人への介護の方法
5　在宅でのターミナルケアの方法

第10章 知っておきたい「生・活」知識 ＜介護保険と介護編＞

1 介護保険制度の仕組みと利用方法

学習のポイント
2000年4月から施行された介護保険制度の内容について理解し、介護が必要になった場合に備えて、利用方法について学んでおきましょう。

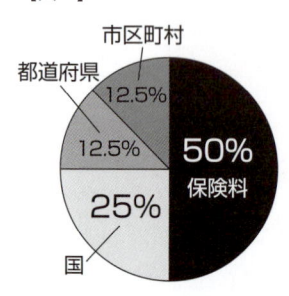

①介護保険制度の概要

介護保険制度は、高齢者が要介護状態になっても、できる限り住み慣れた地域で生活を続けることを目的に、従来の老人福祉と老人医療に分かれていた高齢者介護に関するサービスを再編成したものです。保険者は市町村および特別区です。被保険者は以下のように、第1号被保険者と第2号被保険者に分かれ、サービスを受けられる人の範囲や保険料、徴収方法がそれぞれ異なります。

【表1】第1号被保険者と第2号被保険者の違い

	第1号被保険者	第2号被保険者
対象者	65歳以上の者	40歳以上65歳未満の医療保険加入者
受給権者	●要介護者（寝たきりや認知症で介護が必要な者） ●要支援者（要介護状態となるおそれがあり、日常生活に支援が必要な者）	介護保険の対象となる特定疾病が原因で、介護サービスが必要と認定された人
保険料負担	所得段階別保険料 （低所得者の負担軽減あり）	●健保：標準報酬×介護保険料率（事業主負担あり） ●国保：所得割、均等割等に按分（国庫負担あり）
保険料・徴収方法	年金額18万円以上は年金天引き。それ以下は納付書で納める	医療保険者が医療保険料として徴収し、納付金として一括して納付

被保険者が要介護認定等を市区町村から受ければ、介護の必要の程度に応じた介護サービスを利用することができます。そして、利用したあとに介護サービス費用の1割を自己負担することになります。

[特定疾病]
介護保険において、第2号被保険者（40歳以上65歳未満の者）が要介護認定を受ける場合の条件となる疾病のこと。介護保険法によって、回復の見込みのないがん、関節リウマチなど、16の「特定疾病」が定められています。

[介護保険の財源]
介護保険の財源は、公費で50％、保険料で50％が賄われています。公費の内訳は、国が25％、都道府県と市区町村がそれぞれ12.5％です（ただし、施設給付費については、国20％、都道府県17.5％、市区町村12.5％）。介護サービスを利用した自己負担1割も、介護保険財源に充てられます。

【図1】
- 市区町村 12.5％
- 都道府県 12.5％
- 国 25％
- 保険料 50％

②介護保険サービスの利用の流れ

①申請 被保険者は介護保険被保険者証と主治医の意見書を添えて、要介護認定を市区町村に申請します（地域包括支援センターに代行してもらうことも可能）。

②認定 調査員が被保険者の心身の状態に関する認定調査を行い、調査結果に基づきコンピューターによる一次判定が行われます。さらに、一次判定結果と主治医の意見書等の資料を基に、介護認定審査会が二次判定を決定、市区町村が認定し、被保険者に通知します。

③介護サービス計画（ケアプラン）の作成・介護サービスの利用
要支援・要介護の認定が出たら、ケアプランの作成を依頼します。ケアプランは事前評価（アセスメント）を基に作成され、ケアプランに基づき介護サービスを利用します。

④要介護認定更新、ケアプランの変更
要介護認定には有効期限があり、市区町村が定める期限に従って、更新認定が行われます。またケアプランは被保険者のニーズの変化に応じて、再度アセスメントを行い、つくり直します。

【図2】要介護・要支援者の介護保険サービス利用までの流れ

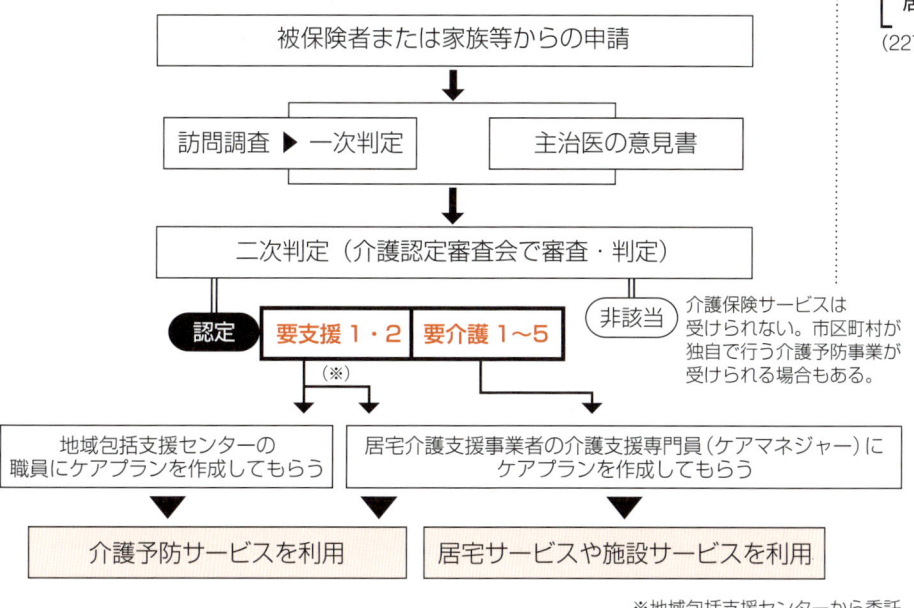

```
被保険者または家族等からの申請
          ↓
訪問調査 ▶ 一次判定    主治医の意見書
          ↓
二次判定（介護認定審査会で審査・判定）
          ├──────────────┬─── 非該当：介護保険サービスは
    認定 要支援1・2  要介護1～5       受けられない。市区町村が
          (※)                       独自で行う介護予防事業が
          ↓                         受けられる場合もある。
地域包括支援センターの      居宅介護支援事業者の介護支援専門員（ケアマネジャー）に
職員にケアプランを作成してもらう   ケアプランを作成してもらう
          ↓                         ↓
    介護予防サービスを利用      居宅サービスや施設サービスを利用
```

※地域包括支援センターから委託

10章

[要介護者・要支援者とは]
要介護者は身体上または精神上の障害があるために、入浴、排せつ、食事等の日常生活における基本的な動作の全部または一部について、一定期間にわたり継続して、常時介護を要すると見込まれる状態の人です。
要支援者とは、要介護状態に至らないが、身体上または精神上の障害があるために、一定期間にわたり継続して、日常生活を営むのに支障があると見込まれる状態の人です。

[要介護・要支援認定の有効期限]
要介護・要支援の認定の有効期限は新規認定では3カ月から6カ月、更新認定では、要介護者は3カ月から24カ月、要支援者は3カ月から12カ月の範囲となっています。

[地域包括支援センター]
（227頁参照）

[居宅介護支援事業者]
（227頁参照）

第10章 知っておきたい「生・活（いき・いき）」知識 ＜介護保険と介護編＞

2 在宅で利用できる、介護保険のサービス

> **学習のポイント**
> 多くの高齢者は、できる限り住み慣れた自宅で生活を続けられることを希望しています。そのために利用できる介護保険のサービスを整理してみましょう。

①ますます高まる、在宅支援の必要性

　要介護・要支援者の急増が予測されており、在宅サービスの整備がますます重要になっています。介護保険制度でも、要介護・要支援者等の在宅支援を特に重視しています。その背景にあるのは、誰もが住み慣れた地域社会で普通の生活ができるというノーマライゼーションの思想です。日本だけでなく、欧米でもこの傾向は強く、1992年にパリで開催されたOECD（経済協力開発機構）の社会保障大臣会議で、エイジング・イン・プレイスという、高齢者が地域社会に生活の基盤を置き、生活を継続していけるように支援する高齢者ケアの理念が提唱されました。

　2011年度では、介護保険サービス利用者の約78.7％に当たる約330万人（地域密着型サービス利用者約40万人を含む）が在宅支援のためのサービスを利用しています。[1]

②在宅で暮らし続けるために

　在宅では、要介護者は、【表2】（228頁）のようなサービスを利用できます。それぞれのサービスには、時間数や回数等により介護報酬の単位が決められており、要介護度により、支給される単位数が異なります。なお、要支援1・2の者に対しては、生活機能の維持・向上を目的とした介護予防サービスが提供されます。

　これらのサービスの提供は、従来は社会福祉法人や医療法人が中心でしたが、いくつかのサービスについては株式会社や有限会社といった民間法人、さらにはNPOも行っています。提供主体が多様化することで、事業者間での競争が生じ、サービスの質が高くなる反面、事業者間でサービスの質にばらつきが生じるおそれがありま

介護保険法の改正

これまでの改正の主要事項は以下の通りです。
2005年改正：新予防給付・地域支援事業の創設、居住費・食費の見直し、地域密着サービス・地域包括支援センターの創設など
2008年改正：介護事業者の不正事案の発生の防止、事業運営の適正化
2011年改正：高齢者が地域で自立した生活を営めるよう、医療、介護、予防、住まい、生活支援サービスを切れ目なく提供する地域包括ケアシステムの実現を目指して、新たな地域密着型サービスとしての24時間対応の定期巡回・随時対応型訪問介護看護サービスの創設、複合型サービスの創設など

介護報酬

介護サービスを提供した事業所・施設に対し、基準に基づき計算されて支払われる報酬。

[1] 厚生労働省「介護給付費実態調査の概況（平成23年5月審査分〜平成24年4月審査分）」

す。そのため、各事業者のサービス内容を調査し、公表する「介護サービス情報の公表」制度が義務化されています。

③在宅の要介護者等が利用する介護保険以外のサービス

　介護保険のサービスだけでは在宅生活が困難な高齢者も少なくなく、また、質の高い在宅生活を維持するには、介護保険サービスだけでは難しいともいえます。そこで、【表2】（228頁）のサービス以外に、市区町村では、配食サービス、移送サービス、おむつ給付サービス等を提供している場合があります。同時に、認知症などで意思表示が不十分な利用者に対しての権利擁護サービスもあります。それが成年後見制度や日常生活自立支援事業（旧称：福祉サービス利用援助事業）と呼ばれるものです。また、2006年には「高齢者虐待防止法」が成立し、介護の負担から生じる虐待を防ぐための努力がなされています。

　一方、要介護高齢者を地域社会で支えていくためには、こうした公的なサービスだけではなく、インフォーマルサービスである家族や親族、近隣や友人、またボランティアといった人々からの支援も不可欠です。両方のサービスを合わせることで、利用者の生活の質（QOL）を高く保つことができます。

④ケアマネジャーの存在が不可欠

　要介護高齢者が在宅で生活をするためには、あるいは病院を退院して在宅生活を始めるためには、さまざまな介護保険制度による居宅サービスや地域密着型サービス、及び地域のインフォーマルな支援が必要不可欠です。しかし、本人や家族のみでは、必要とするサービスやサポートをすべて知って利用することは不可能に近いといえます。そこで、必要なサービスやサポートをコーディネートする仕事がケアマネジメントであり、そのための専門職がケアマネジャーです。介護保険制度では介護支援専門員と呼ばれ、居宅介護支援事業者や地域包括支援センターなどに配置されています。

10章

[成年後見制度]
※268〜273頁参照

[日常生活自立支援事業（旧称：福祉サービス利用援助事業）]
　判断能力が不十分な人が自立した地域生活を送れるよう、福祉サービス等の利用を援助すること。

[高齢者虐待防止法]
　家庭内の養護者による、あるいは施設における虐待について、虐待を発見した場合の通報（生命や身体に重要な危険が生じている場合は義務）や、市区町村の対応業務について規定されています（256頁参照）。

[居宅介護支援事業者]
　常勤のケアマネジャーの配置が義務付けられており、要介護者からの依頼に対応し、ケアプランを作成したり、要介護者とサービス提供事業者や行政との調整を行う。在宅における介護保険サービスの適切な利用を支援します。

[地域包括支援センター]
　各市区町村に設置され、保健師や主任介護支援専門員、社会福祉士等の職員が高齢者などからの相談に対応。要支援者へのケアマネジメント、総合相談、介護予防プログラム、地域のネットワークづくりを進めています。

【表2】在宅で利用する、介護保険のサービス

		サービス名
居宅サービス	自宅で利用するサービス	訪問介護（ホームヘルプサービス）
		訪問入浴介護
		訪問看護
		訪問リハビリテーション
		居宅療養管理指導
	施設に通ったり、宿泊したりして利用するサービス	通所介護（デイサービス）
		通所リハビリテーション（デイケア）
		短期入所生活介護（ショートステイ）
		短期入所療養介護（ショートステイ）
	施設に入居している方へのサービス	特定施設入居者生活介護（有料老人ホーム等）
	生活環境を整えるサービス	福祉用具貸与
		特定福祉用具販売
		住宅改修費（住宅改修）の支給
	サービス利用のマネジメント	居宅介護支援
地域密着型サービス※		定期巡回・随時対応型訪問介護看護
		小規模多機能型居宅介護
		夜間対応型訪問介護
		認知症対応型通所介護
		認知症対応型共同生活介護（グループホーム）
		地域密着型特定施設入居者生活介護
		複合型サービス

※これ以外に、施設サービスとして地域密着型介護老人福祉施設入所者生活介護があります

[居宅サービスの利用]
【表2】に挙げた居宅サービスは、要介護1〜5の方が利用できるサービスです。
　サービス利用に当たっては、ケアマネジャーが作成したケアプランに基づいて行われます。

サービス
ホームヘルパーが訪問して、入浴、排せつ、食事等の介護、調理・洗濯・掃除等の家事、生活等に関する相談、助言その他の必要な日常生活上の世話を行う
入浴車等が訪問して、浴槽を提供し、入浴の介護を行う
主治医の承諾書に基づき、病院、診療所または訪問看護ステーションの看護師等が訪問し、療養上の世話または必要な診療の補助を行う
主治医の承諾書に基づき、病院、診療所または介護老人保健施設の理学療法士または作業療法士が居宅を訪問して、日常生活の自立を助けるために必要なリハビリテーションを行う
病院、診療所または薬局の医師、歯科医師、薬剤師等が、通院が困難な要介護者等について、居宅を訪問して、心身の状況や環境等を把握し、それらを踏まえて療養上の管理および指導を行う
老人デイサービスセンター等において、入浴、排せつ、食事等の介護、生活等に関する相談、助言、健康状態の確認とその他の必要な日常生活の世話および機能訓練を行う
主治医の承諾書に基づき、介護老人保健施設、病院または診療所において、日常生活の自立を助けるために必要なリハビリテーションを行う
老人短期入所施設、特別養護老人ホーム等に短期間入所し、その施設で、入浴、排せつ、食事等の介護、その他の日常生活上の世話や機能訓練を行う
介護老人保健施設、介護療養型医療施設等に短期間入所し、その施設で、看護、医学的管理下における介護、機能訓練、その他必要な医療や日常生活上の世話を行う
有料老人ホーム、軽費老人ホーム等に入居している要介護者等について、その施設で、入浴、排せつ、食事等の介護、生活等に関する相談、助言等の日常生活上の世話、機能訓練および療養上の世話を行う
在宅の要介護者等について福祉用具の貸与を行う
福祉用具のうち、入浴や排せつのための福祉用具、その他の厚生労働大臣が定める福祉用具の販売を行う
手すりの取り付け、その他の厚生労働大臣が定める種類の住宅改修費の支給
居宅介護支援事業所の介護支援専門員（ケアマネジャー）がケアプランの作成等を行う
重度者を始めとした要介護高齢者の在宅生活を支えるため、日中・夜間を通じて、訪問介護と訪問看護が密接に連携しながら、短時間の定期巡回型訪問と随時の対応を行う
居宅またはサービスの拠点において、家庭的な環境と地域住民との交流の下で、入浴、排せつ、食事等の介護、その他の日常生活上の世話や機能訓練を行う
夜間の、定期的な巡回訪問や通報により利用者の居宅を訪問し、排せつの介護、日常生活上の緊急時の対応を行う
認知症の人に、特別養護老人ホームまたは老人デイサービスセンターにおいて、入浴、排せつ、食事等の介護、その他の日常生活上の世話や機能訓練を行う
認知症の人に対し、共同生活を営むべく住居において、家庭的な環境と地域住民との交流の下で、入浴、排せつ、食事等の介護、その他の日常生活上の世話や機能訓練を行う
入所・入居を要する人に対し、小規模型（定員30人未満）の施設において、入浴、排せつ、食事等の介護、その他の日常生活上の世話、機能訓練、および療養上の世話を行う
小規模多機能型居宅介護と訪問看護など、複数の既存の在宅サービスを組み合わせて提供する。

資料：厚生労働統計協会編集『厚生の指標増刊　国民の福祉と介護の動向』2012/2013年度版より

第10章 知っておきたい「生・活」知識　＜介護保険と介護編＞

3 介護保険での施設入所サービス

学習のポイント
さまざまな理由で、介護が必要になったときに施設生活を選ぶ場合に、利用できる介護保険施設について整理してみましょう。

[介護保険施設利用の状況]
介護保険施設利用者は、2011年度で114万人で、全介護保険サービス利用者の約27％を占めています。※1

※1 厚生労働省「介護給付費実態調査の概況（平成23年5月審査分～平成24年4月審査分）」

①介護保険で利用できる施設の種類

介護保険制度には、現在、「介護老人福祉施設」「介護老人保健施設」「介護療養型医療施設」の3種類の介護保険施設があります。

【表3】介護保険施設の種類

介護老人福祉施設 （特別養護老人ホーム）	特別養護老人ホームと呼ばれてきたもので、常時介護が必要であるにもかかわらず、自宅で介護が受けられない人が入所し生活する施設です。 また老人福祉法の上では、この施設は老人福祉施設としても定められています。
介護老人保健施設	介護老人保健施設は看護、介護、機能訓練等を行うことで、自宅復帰を目指す施設です。
介護療養型医療施設	介護療養型医療施設は、病状が安定し、長期間の療養が必要な人が入所し、療養上の管理、看護、介護、機能訓練等を行う長期療養施設です。

介護保険施設を利用した場合の自己負担は、要介護度によってあらかじめ決められている介護報酬単位に基づく基準額の1割に加え、居住費・食費等については全額自己負担（低所得者については補足給付により自己負担を軽減）となっています。施設入所の方法は、利用者自ら希望する施設に入所申請をするか、介護支援専門員（ケアマネジャー）を介して希望施設に申請します。要支援と認定された人は、施設サービスは利用できません。

②介護保険施設以外の入所施設と高齢者住宅

　介護保険施設以外にも、高齢者が利用できる施設として、老人福祉法で老人福祉施設になっている養護老人ホームと、軽費老人ホームがあります（軽費老人ホームは、ケアハウス、軽費老人ホームA型、軽費老人ホームB型に分けられます）。さらに、老人福祉法では、有料老人ホームも老人福祉を向上させる施設として位置付けています。

　上記の施設の中では、養護老人ホームのみが市区町村がサービス利用を決定する措置施設で、入所要件に経済的な理由が必要となります。それ以外の軽費老人ホームと有料老人ホームは、利用者と施設間の契約で利用でき、これらの施設が特定施設入居者生活介護事業所として指定を受けていれば、要介護や要支援の認定者は介護保険での特定施設入所者生活介護サービスを受けることができます。

③質の高いQOLを確保するための施設ケア

　介護保険施設の介護支援専門員（ケアマネジャー）が作成する「施設サービス計画」は、入居者からの同意を得て、実施することが義務付けられています。「施設サービス計画」の目的は、一人ひとりの入所者が高い生活の質（QOL）を確保することです。生命や身体を保護するために緊急やむを得ない場合を除き、身体拘束を行ってはならないことが介護保険に明記され、1999年度から「身体拘束ゼロ作戦」がスタートしました。

　さらに、最近では「ユニットケア」という名称でハード面およびソフト面での改善が図られています。できる限り自宅に近い個別的ケアを目指して、ハード面では、従来のような2人部屋とか4人部屋だけでなく、個室と共有スペースを別に有し、ソフト面では個々の入居者のニーズに合った個別支援を行っています。介護保険施設では、高齢者の人権を守って高齢者の自立性、安全性、快適性を目標にした支援が進められています。

10章

[養護老人ホームの入所要件]

　心身・環境上の理由と経済上の理由により、家庭で養護を受けることが困難な高齢者が入所する施設です。

●心身・環境上の理由として
①心身上の障害のため、日常生活を送ることが困難で、かつ世話をしてくれる人がいないとき（寝たきりは除く）
②家族との折り合いがよくないとき
③住む家がなかったり、住む家があっても極めて環境が悪いとき

●経済的理由として
①本人のいる世帯が生活保護を受給している
②本人および世帯の生計中心者が市区町村民税の所得割を課税されていない
③災害などのため、生活が困窮していると認められるとき

[軽費老人ホームとは]

　原則として60歳以上（夫婦の場合はどちらかが60歳以上）で、無料または低額な料金で利用でき、家庭の状況などにより、自宅での生活が困難な人を対象としています。ただし健康状態が悪くなり日常生活で介護が必要となった場合には退去しなければなりません。軽費老人ホームには、給食サービスのあるA型、自炊を原則とするB型、全室個室で、食事・入浴・緊急時の対応を行うケアハウスの3種類があります。

[ユニットケア]

　利用者の看護・介護などで個別的に対応ができるように、規模を縮小した看護・介護の提供方式。入居者を10人程度の小さなユニットとして、看護・介護を行います。

第10章 知っておきたい「生・活」知識 <介護保険と介護編>

4 認知症の人への介護の方法

学習のポイント
認知症の人へのケアは、本人の介護にとどまらず、介護している家族の健康管理も大切です。ここでは認知症の人を介護するのに必要な心構えについて述べます。

①認知症ケアの基本理念

認知症は、認知機能、行動、ADL（日常生活動作）が障害されることで、日常生活を営む上でケアが必要となるものです。しかし、そのケアは一方的な介助の押しつけでは決してなく、たとえ認知症であっても、その人が持っている能力を最大限に発揮しながら、快適な毎日を送れるように支援することです。この意味で認知症の人のケアには、「エンパワメント」（相手の能力を高める支援）と、「アドボカシー」（相手の権利を擁護する支援）という基本理念がまず挙げられます。

我が国で認知症の人に対するケアの理念を初めて提唱した室伏君士は、著書『痴呆老人の理解とケア』※1の中で、認知症の人の尊厳を保ち、その人の生き方を支えるケアを行うためには、日々の認知症の人同士の会話や仲間関係を注意深く観察する必要性を説いています。そして、彼らの安寧や良好な「なじみの関係」を見つけて、それをケアに積極的に取り入れることを勧めています。

また認知症研究の第一人者でもある長谷川和夫は、認知症ケア標準テキスト※2の中で「認知症を持つ人も、そうでない人と同じように独自の個性と自分を持っている。その個別的な姿こそがその人らしさであり、個人の持つ尊厳である」と、高齢者の尊厳をパーソン・センタード・ケアの理念から説明しています。約20年前に室伏君士が語ったことを、長谷川和夫は「独自の個性」「個別的なその人らしさ」といった言葉に置き換えてはいますが、表現が変わっても基本的理念は変わっていません。

そのほかにも、多くの専門家が認知症の人の介護について述べていますが、誰の言葉でも語られるキーワードは、「生活主体」「エンパワメント」そして「尊厳」です。すなわち認知症ケアの基盤には、

エンパワメント
組織的、社会的に、相手の能力を高めるように行う支援のこと。対義語はディスエンパワメント。

アドボカシー
アドボカシーとは、「擁護」や「支持」などの意味を持つ言葉。日本では、「権利擁護」の意味で用いられます。

パーソン・センタード・ケア
イギリスの臨床心理学者トム・キッドウッドが提唱した、「パーソンフッド＝その人らしさ」を中心とした介護のこと。認知症の人の尊厳を守り、信頼関係をつなぎ、質のよい介護を行うための考え方。

※1 金剛出版 1985年
※2 ワールドプランニング 2004年

「常にその人らしさを中心に置き、本人の尊厳を支える心と、認知症高齢者自身の能力を支える心」が最も重要だということです。

認知症ケアは、認知機能障害による記憶障害やBPSD（行動・心理症状）といった日常生活上の混乱を受け止めながらケアする必要があります。そのケアが、本人の意思決定やサービス選択の代諾にも深くかかわってきます。これが身体ケアと異なる点です。

②認知症ケアの実践に当たって〜介護専門職の立場から〜

質の高いサービスを提供するために、介護専門職の人々は常に以下のことに留意をして、介護に当たっています。

アドボケイト（権利擁護の支援）

認知症の人やその家族の知る権利、自己決定権、プライバシーを守る権利、人格が尊重される権利、財産を守る権利等の権利を保障・擁護することを明言した上で、サービスを提供します。

生活能力の客観的評価

できること、できないことを明らかにして、できるだけ自らの力でこれまでと変わらない生活を営んでいける介護プランを実践し、その効果を再評価しながら進めています。

インフォームド・コンセント

すべての援助行為についてわかりやすく説明し、同意を得ます。たとえ重度の認知症であっても、説明と同意は必須です。やむを得ず本人からの同意が不可能な場合は、家族あるいは後見人の同意を得ます。

BPSD（行動・心理症状）への対応

転居などの環境の変化による不安からBPSDが発生していると思われるときは、不安を和らげるケアプランを立てます。また、せん妄のような脳の器質性要因が疑われるときは、いち早く専門医を受診し、薬物療法の相談を進めます。

[認知症ケアにかかわる専門職]

●認知症ケア専門士

日本認知症ケア学会が認定する更新制の資格（民間資格）。介護を行う専門職の人に向けた資格です。

介護環境の調整

生活や住まい、環境、家族、経済状態などから介護の弊害となっているものを見いだし、その人らしい生活環境を提供するために家族と話し合います。

家族の健康管理と心理的サポート

常に家族介護者の健康状態に留意し、毎日の介護の負担を聞きながら、その解決法を探ります。

家族の介護力の評価

介護する家族の時間的、身体的状況を見極め、今どのような支援が必要かを把握し、介護計画を立てます。

地域の介護支援サービスとの連携

家族の方々の介護負担を軽減させるために、地域の社会資源の有効的な利用法などの知識を持ち、サービスにつなげます。

③介護する家族に負担をもたらす要因

以下に挙げた3つのことは、認知症の人の状態にかかわらず、介護する人の状況によって、介護の負担感が増す要因です。

● 健康状態（体調不良）

多くの人は日々の介護で身体的、または、精神的に大きなストレスを感じています。そのストレスから、体調不良や疲労感、不眠やイライラ感を抱いて、介護の負担を強く感じ、入所を希望する人が多くなります。

● 補助介護者の有無

ほかの家族や近所の人に積極的に支援を求めることができる人は、介護負担は少ないといわれています。裏返すと介護を手伝う人や相談相手が身近にいないと、孤立感が深まり、ますます負担感が大きくなり、最後には燃え尽きやすくなります。

[認知症サポーター]

認知症サポーターとは、認知症について正しく理解し、認知症の人やその家族を温かく見守り、支援する応援者のことです。都道府県等の自治体が、地域住民や学校、地元企業等を対象に養成講座を開催しており、受講すると認知症サポーターの証としてオレンジリングと呼ばれるブレスレットが授与されます。

サポーター養成講座は、全国キャラバン・メイト連絡協議会による所定の講習を受けたキャラバン・メイトと呼ばれる講師が行っています。2013年3月末現在、約8万5,000人の講師がいます。

認知症サポーターの育成は全国規模の企業・団体等、また小中学校でも推進され、2013年3月末現在、410万人に達しています。

[2015年の高齢者介護
～高齢者の尊厳を
支えるケアの確立～]

2007年6月に厚生労働省は、「2015年の高齢者介護～高齢者の尊厳を支えるケアの確立～」の報告書を発表し、認知症の人を中心とした新しい高齢者ケアモデルを確立するとともに、介護予防のための早期発見と、地域で支えるシステムづくりを2015年までに整備することを明確にしました。まさに今、高齢者在宅ケアの新しい取り組みが始まったと言っても過言ではありません。そして、新たな課題は、認知症の人やその家族のために、地域における効率的な医療と介護の協働支援体制を整えることです。

●認知症の人との以前からの関係

　認知症の人とその介護をしている人との関係が介護の負担感に大きく影響します。以前からよい関係なら、積極的に介護を行い、自然な思いで世話ができますが、よくない関係ですと些細なことでも負担に感じてしまいます。後者の場合、ケアマネジャーを含め地域資源を活用しながらよい関係を樹立する努力が大切です。

10章

家族の方へ　困ったときのお世話の方法

●「まだごはんを食べていない」といわれたら……

　これは、食事をしたことを忘れているだけでなく、多くは脳の満腹中枢が麻痺して満腹感を感じないことによるものです。だからといって好きなだけ食事を与えるのも健康によくありません。そこで、すでに終わった食事のことを説明するより、次の食事の時間を伝え、それまでの間にお菓子などを与えてみてはいかがでしょうか。また、どうしても食べる量が多くなりますので、1回の量を少なめに調整し、何回かに分けて食事を出すこともよい方法かもしれません。

●だまって外に出て迷子になってしまう……

　本人が外出する理由は定かでありませんが、多くの場合、説得しても無駄です。まずは、本人が家から出たときに家族がわかるような工夫が必要です。また、万が一黙って外に出ても慌てなくてすむように、近所の人やお店の人などに、一人で歩いているのを見たら連絡してもらうようにお願いしておきましょう。交番や警察にもあらかじめ事情を説明しておきましょう。またデイサービスの利用もよい方法だと思います。

●大声を出して攻撃的になったら……

　意のままにならないことに立腹しているのだと思いますが、その原因を突き止めるのはなかなか難しく、認知症の人の脳の混乱や訳のわからない不安感がもとにあるようです。対応としては、まず話題や状況を変えてみてください。例えば「お茶でも飲みましょうか」「今日の夕食は何にしましょうか」など、本人の気持ちをほかに向けてみます。本人が言っていることを否定したり、制止したりすると、ますます怒りがこみ上げてくるようです。それでも介護する人に向かって攻撃を続ける場合は、「ちょっとトイレに行きますので待っていてくださいね」と、その場をしばらく離れて本人を観察してください。

●夜間に突然見られる奇妙な行動や、家の中を歩き回る……

　そのときは、日中の本人とまるで別人のような行動や様相を示すことがあります。朝や昼間はとても穏やかだったのに、夕方頃から落ち着きがなくなり、奇妙な行動をしたり、夜間に目を覚まし、台所や家の中をうろうろしたりするときは、高血圧や糖尿病などの病気や、飲んでいる薬の影響を考えて、専門医に相談してください。夜間せん妄という軽い意識障害が原因の場合は、お世話で何とかなるものではありません。

第10章 知っておきたい「生・活」知識 ＜介護保険と介護編＞

5 在宅でのターミナルケアの方法

> **学習のポイント**
> 住み慣れた自宅で最後を迎えたいと願う高齢者は増加傾向にあります。ここでは、在宅でのターミナルケアの具体的なポイントを紹介します。

[ターミナルケアの成立条件]

〈必須条件〉
- 療養者自身が在宅を希望すること
- 家族も納得して、在宅療養を受け入れる意思があること

〈あれば望ましい条件〉
- ある程度、症状が緩和されていること
- その地域に医療・看護の提供されるサポート体制があること
- 療養できる住環境が整備されていること

①ターミナルケアとは

　高齢化が進み、高齢者の多くは、さまざまな慢性疾患を抱えて死に至るようになりました。もともとターミナルケアは、がん患者中心に展開されてきましたが、高齢者の終末期は慢性疾患や老衰、認知症などによる長期の要介護状態を経て死を迎える状況が多く、長期にわたる生活支援が必要となっています。ターミナルは「終点」「終着駅」「末期」の意味で、ラテン語の"terminus"（境界）からきており、この世と死後の世界の境という意味です。従ってターミナルケアは、この世との別れである死が迫っている人を、できるだけ苦痛を少なくして、新しい世界への境界を渡れるように行う支援で、高度な専門性が要求されます。ターミナル期の基本的な知識とケア技術に加え、さまざまな専門職やボランティアによるチームアプローチが必要となってきます。

　ケアの対象者は、ターミナル期にある人とその家族です。死を前にして、人生に一度しかない身体的、精神的、社会的経験やスピリチュアル（霊的）な体験をしていることから、さまざまなニーズが混在しています。ターミナルケアにかかわる多様な専門職は、療養者自身や家族が「今何を必要としているのか」の理解が必要となります。目標は、最後までその人らしく生きることができるように支援することです。自宅で、家族と過ごすために、対象者と家族の痛みの緩和とQOL（生活の質）の向上を目指します。

②ターミナルケアへのアプローチ法

●精神ケア

　在宅に戻っての孤独感や痛みへの不安感は、療養者の心理状態に

よって違います。また、日ごとに変化するものでもあります。キューブラー・ロスの『死の受容までの５段階』による心理過程（「①否認」「②怒り」「③取り引き」「④抑うつ」「⑤受容」）は、すべての療養者に適応するものではありませんが、療養者の言動からそのときの心理状態を理解する目安になります（76～77頁参照）。

●身体症状に対するケア

がんのターミナル期は、がんの進行に伴い、痛みのほかに倦怠感、食欲不振、呼吸困難、吐き気、浮腫、口腔内トラブルと、さまざまな身体症状が出現します。医師や看護職・介護職等との連携体制により、できるだけ安楽に過ごせるよう援助していきます。

●日常生活・行動に対してのケア

自宅での過ごし方を療養者と家族に決めていただき、好きなように過ごしていただきます。必要時には酸素の使用も行います。また状態や希望により、旅行する場合には、必要に応じて医師に病状証明書を書いてもらい、携帯するなどのアドバイスも行います。病状が進行した場合でも、入浴や排せつは家族の協力の下に、療養者の希望する方法で行えるように援助していきます。

●家族ケア

療養者へのケアとともに重視している支援です。家族がその役割を果たしながら、死が受け入れられるように援助していきます。

●緊急時の対応

ターミナル期の療養者の変化に、昼夜問わず対応できる体制を整備するため、安心できるような看護・介護・在宅療養支援診療所との連携を整えます。

●チームケア

ターミナル期には、経済的な問題や介護力の問題などさまざまな問題もあります。在宅でのターミナルケアに必要なアセスメントを行い、制度や社会資源を活用しながら、医療・福祉・介護・ボランティア等、他職種と情報を共有し、連携できるチームケアで臨みます。

10章

[身体症状に対する具体的なケア]

①全身倦怠感へのケア
「さする」程度の軽いマッサージが血流やリンパの流れをよくします。オイルを使って末梢からゆっくりリンパの流れに沿って行いますが、不快感がないような香りのオイルを選びましょう。また出血傾向のある人の場合は、必ず医師に相談を。体の位置が定まらないときは、クッションや枕などを使って療養者によい体位をとってもらいます。気分転換に外出することもよいでしょう。

②呼吸困難へのケア
死への恐怖につながる場合もあり、手を握ったり背中をさすったり、できるだけ家族の誰かがそばにいてあげたほうが楽になります。呼吸が楽になるように座位等の体位を工夫し、呼吸困難が強くなる場合は、薬剤投与、酸素の使用を医師と相談します。

③食欲不振のケア
嚥下困難がある場合は、きざみ食、ペースト食、トロミ剤の使用など形態の工夫を。家族と一緒に食べるなど和やかな環境づくりも大事です。無理に勧めず、食べたいときに欲しいものを欲しい量だけ食べられるような準備が必要です。

④口腔内のケア
口腔内は、清潔と湿潤を保つことが大切。口腔内が乾燥しているときは、水や酸味のあるジュースか氷水を。氷片を口に含ませてあげるのもよい方法。舌苔がある場合は、ガーゼや歯ブラシで軽く取り、重曹などでのうがいも可。カンジダ、ヘルペス、口角炎などの感染症は、医師と相談し早期に薬剤の使用を。

237

第10章　要点整理

- 介護保険制度は、高齢者が要介護状態になっても、できる限り住み慣れた地域で生活を続けることを目的につくられたものである。

- 介護保険財源は、保険料が50％、公費が50％で賄われている。

- 介護保険サービスの流れは、申請→認定→介護サービス計画（ケアプラン）の作成・介護サービスの利用→要介護認定更新・ケアプランの変更、となる。

- 介護保険サービス利用者の約78.7％に当たる330万人（地域密着型サービス利用者40万人を含む）が在宅介護サービスを利用している。

- 居宅サービスにはそれぞれ時間数や回数等により介護報酬が決められており、要介護度によって1割負担で利用できる単位数が違う。

- 要介護者を地域社会で支えていくためには、公的なサービスだけではなく、家族や親族、近隣や友人、ボランティアなどの人々からの支援も不可欠である。

- 介護保険で利用できる介護保険施設には、「介護老人福祉施設」「介護老人保健施設」「介護療養型医療施設」の3種類がある。

- 介護保険施設を利用した場合、自己負担は要介護度によって決められている介護報酬単位に基づく基準額の1割に加え、居住費や食費等を全額自己負担する。

- 認知症ケアの基本理念として「エンパワメント」と「アドボカシー」が挙げられる。

- 介護専門職の立場から認知症ケアを見ると「アドボケイト」「生活能力の客観的評価」「インフォームド・コンセント」「BPSDへの対応」「介護環境の調整」「家族の健康管理と心理的サポート」「家族の介護力の評価」「地域の介護サービスとの連携」に留意する。

- ターミナルケアのアプローチは、「精神ケア」「身体症状に対するケア」「日常生活・行動に対してのケア」「家族ケア」「緊急時の対応」「チームケア」が大切である。

第11章

知っておきたい「生・活(いきいき)」知識

医療と年金編

1 日本の公的医療保険制度の仕組み
2 現在の高齢者医療制度の仕組み
3 高齢社会と公的医療保険制度の課題
4 医療費適正化のために
5 公的年金の概要
6 ねんきん定期便

第11章 知っておきたい「生・活（いきいき）」知識 ＜医療と年金編＞

1 日本の公的医療保険制度の仕組み

学習のポイント

安心して医療にかかれること。これこそ、幸せに暮らすためにはなくてはならない条件です。改めて、日本の公的医療保険制度について、確認をしてみましょう。

①日本は「国民皆保険」

保険証1枚で

国民がいずれかの公的医療保険制度に加入して保険料を納め、医療機関で保険証を提示すれば、一定の自己負担のみで必要な医療を受けることができる国民皆保険制度。

保険証1枚で、いつでも、誰でも、どこでも、必要な医療を受けられるこの制度は、世界に冠たる日本の財産ともいえるもの。国内に暮らしているとそれが当たり前のように思えますが、諸外国の公的医療保険制度に接したことのある人は、多くがこの制度の大切さを指摘します。

「国民皆保険」。つまり、日本ではすべての国民が公的医療保険を利用して、安心して医療を受けることができます。そのために、生活保護受給者などの一部を除き、日本に住所を有する人はすべて何らかの形で公的医療保険制度に加入するように定められています。なお、外国人については、被用者は国籍に関係なく被用者保険に、それ以外の人も、原則として在留期間が3カ月以上の人や3カ月を超えて滞在することが見込まれる人は国民健康保険に加入することとされています。

最初の医療保険制度は、1922（大正11）年に制定され、1927（昭和2）年に施行された民間企業労働者を対象とする健康保険で、その後の普及を経て、1961（昭和36）年4月には国民健康保険の実施が市町村に義務化され、国民皆保険が達成されました。

【表1】公的医療保険制度の種類

	制度名	運営者	加入者
国民健康保険	国民健康保険	市町村	自営業者などの住民で下記以外の人
	国民健康保険組合	国民健康保険組合	医師、建設業など、特定の職業の人
被用者保険	組合管掌健康保険（健康保険組合）	健康保険組合	主に大企業の従業員
	全国健康保険協会（協会けんぽ）	全国健康保険協会	主に中小企業の従業員
	共済組合	共済組合、日本私立学校振興・共済事業団	国家公務員、地方公務員、私立学校教職員
	船員保険	全国健康保険協会	船員
高齢者	後期高齢者医療制度	後期高齢者医療広域連合	・75歳以上の人 ・65歳以上で一定の障害の状態にある人

②医療保険制度の種類

医療保険制度は、被用者保険と国民健康保険に大別されます。

被用者保険には民間企業の従業員を対象とする健康保険と公務員等が対象の共済組合があり、健康保険は主に大企業の従業員を対象とする組合管掌健康保険（健康保険組合）と中小企業の従業員を対象とする全国健康保険協会（協会けんぽ）に分かれます。その他に船員を対象とする船員保険があります。

国民健康保険には、自営業者、農業・漁業従事者、無職者等の地域の一般住民を対象とする市町村国民健康保険と医師、土木建設業などの特定の職業の人で組織する国民健康保険組合があります。

さらに、75歳以上の人と65歳以上75歳未満で一定の障害状態にある人を対象とする後期高齢者医療制度があります。

[医療保険制度の加入者数（平成24年3月末）]

●被用者保険 7,372万人

健康保険組合	2,950万人
協会けんぽ	3,488万人
共済組合	919万人
船員保険	13万人

●国民健康保険 3,831万人

市町村国保	3,520万人
国民健康保険組合	312万人

●後期高齢者医療制度 1,473万人

（厚生労働省）

③医療保険制度の給付と負担

医療保険制度の給付には医療給付と休業・出産などに対する現金給付があります。医療では、患者の自己負担を除く費用は医療保険制度から給付されます。自己負担割合は、義務教育就学後〜69歳が3割で、その他の子どもや高齢者の人は1〜2割（ただし、高齢者であっても現役並みの所得がある人は3割）とされています。

医療保険制度の給付に要する費用は、保険料と公費によって賄われます。被用者の保険料は労使折半が原則です。公費の割合は、国民健康保険と後期高齢者医療制度では2分の1程度、協会けんぽでは16.4％となっています。

【表2】患者負担

- 年齢別に3割〜1割負担＋入院時の食費標準負担
- 高額療養費の負担軽減：所得階層別＋世帯合算、多数該当、長期高額疾病の軽減措置
- 医療と介護の合算：高額介護合算療養費（介護保険では高額医療合算介護サービス費）

■医療保険制度の自己負担割合

対象者	自己負担割合
後期高齢者医療制度：75歳以上	一般：1割 現役並み所得者：3割
70歳〜74歳	一般：2割（経過措置として1割） 現役並み所得者：3割
義務教育就学後〜69歳	3割
義務教育就学前	2割

第11章 知っておきたい「生・活（いきいき）」知識 <医療と年金編>

2 現在の高齢者医療制度の仕組み

学習のポイント　現在の公的医療保険制度において、65歳以上の高齢者の医療費は国民全体で負担する仕組みが設けられています。その概要をまとめました。

①新たな高齢者医療制度の創設

　2006（平成18）年の改正により、老人保健法が廃止され新たな高齢者医療制度が創設され、2008（平成20）年4月から施行されました。

　新制度では、75歳以上の後期高齢者については、老人保健制度を発展的に継承させた独立した医療制度を創設し、高齢者の保険料と現役世代の負担の明確化を図り、都道府県単位ですべての市町村が加入する広域連合を運営主体（保険者）としました。

　一方、65歳から74歳までの前期高齢者については、従来通り国民健康保険または被用者保険に加入したままで、加入者が偏在することによる保険者間の負担の不均衡を、各保険者の加入者数に応じて調整する仕組みを創設しました。

　なお、退職者医療制度は廃止されますが、従来の制度からの円滑な移行を図るため、2014（平成26）年度までの間、65歳未満の退職者を対象として従来の制度を存続させることとしました。

　これらの改正にともなって、従来の老人保健法は「高齢者の医療の確保に関する法律（高齢者医療確保法）」に名称が変更され、医療費適正化計画や医療保険者に対する検診・保健指導等の義務付けに関する規定もこの法律の中に設けられました。

②後期高齢者医療制度

　75歳以上等が加入する後期高齢者医療制度は、独立した医療保険制度です。このため、75歳になるとそれまで加入していた制度を脱退し、全員が後期高齢者医療制度に加入することとなります。加入者は、後期高齢者医療制度に保険料を支払い、後期高齢者医療

制度から医療給付を受けます。運営主体は、各都道府県に設立された広域連合（後期高齢者医療広域連合）であり、広域連合には都道府県内の全市町村（特別区を含む）が加入しています。後期高齢者医療制度の財源は、加入者の支払う保険料1割、公費約5割、74歳以下の人が支払う支援金（後期高齢者支援金）約4割となっています。支援金の割り当ては、各医療保険者ごとに行われます。

[広域連合]
地方自治法に定める特別地方自治体。都道府県、市町村、特別区が設置することができ、これらの関係する事務のうち、広域で処理することが適当であると認められるものに関して設立されるものです。

【図1】新たな高齢者医療制度の創設
- 75歳以上の後期高齢者は、老人保健制度から後期高齢者医療制度へ移行
- 前期高齢者については、医療費負担を公平化するため保険者間で財政調整
- 退職者医療制度は、円滑な移行のため経過措置として平成26年まで存続

〈高齢者の医療の確保に関する法律〉

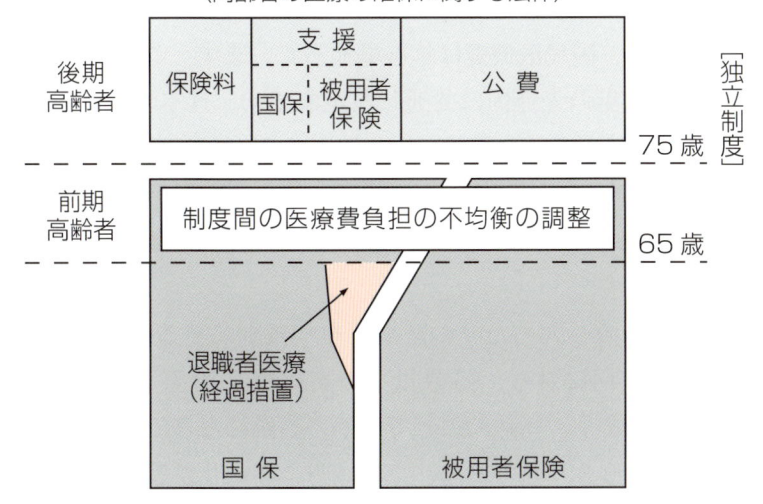

【図2】後期高齢者医療制度の運営の仕組み

（厚生労働省資料をもとに作成）

第11章 知っておきたい「生・活(いきいき)」知識 ＜医療と年金編＞

3 高齢社会と公的医療保険制度の課題

学習のポイント　社会の高齢化による医療費の増大。公的医療保険制度が抱える課題と医療費適正化の必要性についてまとめました。

①増える国民医療費と、高齢者の医療費の占める割合

　医学の進歩とともに、先進国においては、人口に占める高齢者の割合が増大し、国民医療費は年々増加しています。これは日本だけではなく、近年の先進国に共通した現象です。日本の平成22年度の国民医療費を見ると、37兆4,202億円で、前年に比べて1兆4,135億円の増加となっています。このうち、高齢者の医療費が医療費全体に占める割合を見ると、65歳以上が20兆7,176億円で、55.4％を占めています。

　また、同年の一人当たりの医療費を年齢別に見ると、65歳未満の16万9,400円に対し、65歳以上の高齢者は70万2,700円で約4倍となっています。当然のことですが、高齢になるほど医療費がかかる傾向がはっきりしており、今後さらに高齢化が進むことが予想される日本においては、医療費も増大傾向にあるといえます。

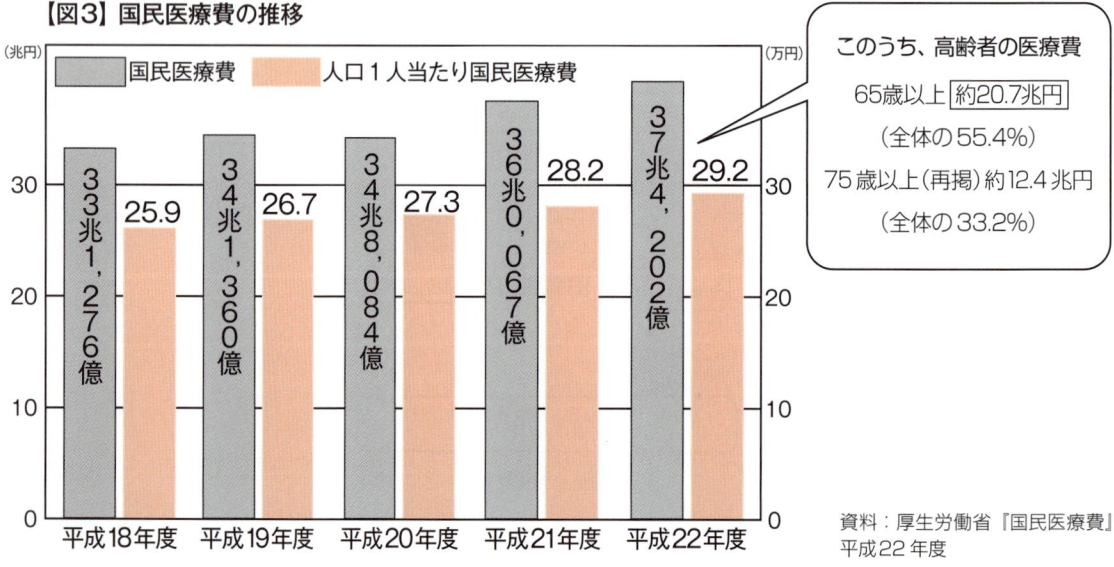

【図3】国民医療費の推移

年度	国民医療費	人口1人当たり国民医療費（万円）
平成18年度	33兆1,276億	25.9
平成19年度	34兆1,360億	26.7
平成20年度	34兆8,084億	27.3
平成21年度	36兆0,067億	28.2
平成22年度	37兆4,202億	29.2

このうち、高齢者の医療費
65歳以上　約20.7兆円
（全体の55.4％）
75歳以上（再掲）約12.4兆円
（全体の33.2％）

資料：厚生労働省『国民医療費』平成22年度

②世代間・制度間の相互援助への課題

すでに、制度の垣根を越えて、現役世代が高齢者の医療費の一部を負担する世代間の助け合いの仕組みや、高齢者の加入割合が高い制度を加入割合が低い制度が財政的に支援する仕組みが導入されている日本では、保険料には自分が加入する医療保険の運営分に加え、高齢者の医療費を支える費用も含まれています。今後さらに高齢者の医療費増加が見込まれるため、世代間（高齢者と現役世代）および制度間でどのように負担するか、これが大きな課題となっています。

③医療費抑制政策への課題

一方、高齢化に伴う医療費増大の問題は1980年代頃から指摘され、現在に至るまでに、医療制度改革や公的支援の縮小・廃止等、さまざまな施策が講じられています。しかし、これら医療費抑制政策による医師数の抑制や診療報酬の度重なる引下げ等から、医師不足や病院経営の悪化による基幹病院の閉鎖等の問題も浮上しています。さらに医師の新しい臨床研修制度の導入等を発端に地域間で医師の偏在が起こり、診療科を維持できない病院も登場。地理的要因で適切な科にかかれないケースも出始めています。

そこで、医師不足や医療機関の赤字経営の改善策として、医師養成数の増加政策への転換が図られ、さらに2010年度の診療報酬改定では10年ぶりのプラス改定が行われています。また、医療情報の標準化・透明化により、医療機関の適性な評価等を行うために導入された診断群分類包括評価（DPC）についても、病院経営にプラスの影響を与えています。

④国民一人ひとりへの課題

安心して長寿を享受し、医療格差のない平等な医療を受けられる社会を何とか維持していきたい。これは誰もが願っている共通の課題です。そのためには、医療費の増大に歯止めをかける努力ももちろん大切ですが、一方的に医療費抑制政策を進めても、さまざまなゆがみが避けられません。ゆがみを生まないためには、やはり、一人ひとりが病気の予防を心掛けるとともに、できる範囲で医療費の無駄を削り、医療費の適正化に努めることも大切です。

[健康格差]

最近では「健康格差」という新たな問題も指摘され始めています。健康格差とは、高学歴、所得が高い人ほど健康で、低学歴、所得が低い人ほど健康障害を持っている、といった健康に対する格差をいい、現在さまざまな角度から検証・分析が行われています。

例えば、高齢期に20本以上歯が残存している人の割合も所得差により違っている（【図4】）といったデータがあります。

【図4】
年齢階層別所得と残存歯数との関連

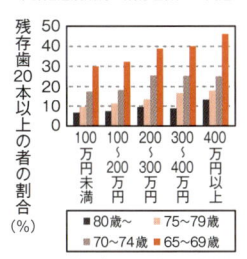

※世帯所得（万円）を世帯人数の平方根で除したもの

出典：近藤克則編集『検証「健康格差社会」』医学書院 2007

[診断群分類包括評価（DPC）とは]

2003年4月より全国82の特定機能病院等において開始され、2010年8月現在1,390施設に達しています。これまでの出来高払い制度が治療にどれだけの費用がかかったかで診療報酬が決まっていたのに対し、患者が何の病気であったか（診断群分類）によって診療報酬が決まる制度で、以下のようなメリットが期待されています。
①無駄な治療を防ぎ、効率的治療につながる
②医療情報の標準化により医療の質が評価・比較可能に
③医療サービス標準化による医療費抑制効果

第11章　知っておきたい「生・活（いき・いき）」知識　＜医療と年金編＞

4 医療費適正化のために

> **学習のポイント**
> わたしたち一人ひとりが、医療機関に上手にかかることが医療費適正化につながります。その方法をまとめました。

[医療費の一部負担金]

保険診療の場合、健康保険から費用が出され、原則、義務教育就学前は医療費の2割、義務教育就学～69歳の患者は3割、70歳以上の高齢者は1割※（所得によっては3割）を窓口で自己負担額として支払う仕組みになっています。なお、美容整形や歯科矯正などの保険対象外の自由診療（保険外診療）の場合は全額自己負担になります。

※ 70～74歳は、法律上は2割ですが、予算措置により1割となっています。

①高齢化だけではない、医療費増大の原因

　わたしたちが病院などの窓口で支払っているのは医療費の一部で、残りは医療保険が負担しています。近年、医療費は毎年1兆円規模で増え続けており、医療保険財政の圧迫が叫ばれています。医療保険の財政圧迫が続けば、医療保険制度そのものが立ち行かなくなり、身近なところでは、保険料の引き上げ等を招くことにつながります。

　医療費増大の原因は、下記のように社会の高齢化だけではなく、生活習慣病の増加や、医療技術や医療機器の進歩による治療費の高額化、さらには現役世代も含めた一人ひとりの医療機関へのかかり方などさまざまな要因が含まれています。

医療費増大の主な原因

● 医療機関へのかかり方
　軽い症状にもかかわらず、最初から大病院で受診したり、同じ症状でいくつもの医療機関にかかったりすると医療費がかさみます。

● 生活習慣病の増加
　生活習慣病のような慢性疾患は治療に長い期間がかかるため、医療費がかさみます。

● 社会の高齢化
　医療を受ける回数が増えたり、治療期間が長引いたりする高齢者が増えたことによって、医療費も増えています。

● 医療技術の進歩
　医療機器や薬の開発で、治療が難しかった病気も治すことができるようになりましたが、治療にかかる費用も増えています。

②一人ひとりにできること

医療費の増大を抑え、医療費適正化を図るためにわたしたち一人ひとりにできることとして、以下のようなことが挙げられます。

●かかりつけ医・かかりつけ歯科医を持ちましょう

日頃から家族ぐるみで診療や健康管理をしてもらっている身近なお医者さんなら、病歴や薬歴も知っているので、きめこまやかな対応をしてもらえます。精密検査や高度な医療が必要な場合は適切な医療機関を紹介し、介護保険サービス利用の場合には「医師の意見書」も提出してもらえます。

●診療時間内に受診しましょう

緊急の場合以外に、休日や夜間に救急医療機関を受診すると、本来の診療費のほかに別料金も加算され、自己負担額を含む医療費全体が高くなります。また、本当に急救医療を必要としている急病人などへの対応が遅れる原因にもなります。

●重複受診をやめましょう

同じ病気で複数の医療機関にかかると、そのつど初診料がかかり、医療費の無駄が発生します。また、何度も同じ検査や処置・投薬などを行うため、体にも負担がかかり、薬のもらい過ぎなどの危険を招く恐れもあります。

●薬を正しく使いましょう

薬は飲み合わせが悪かったりすると、副作用を生じることがあります。おくすり手帳に体質や服薬歴などを記録しておけば、医師や薬剤師から副作用を避ける適切なアドバイスを受けることができます。また、薬を必要以上に要求すると、医療費の無駄につながります。必要な分だけ処方してもらいましょう。

●ジェネリック医薬品を使いましょう

ジェネリック医薬品を使用すると、薬代を新薬の3～7割程度に抑えることができるため、薬代の節約につながります。すべての医薬品にジェネリック医薬品があるわけではありませんが、医師が処方箋に「ジェネリック医薬品への変更不可」と署名または記名・押印している場合以外は変更することができます。

[休日や夜間に子どもの容態が急変したら…]

まずは小児救急電話相談をご利用ください。

電話番号

♯8000

[ジェネリック医薬品とは]

新薬の製造・販売の特許期間が終了したあとに、新薬と同じ有効成分でつくられる後発の医薬品のことです。薬事法に基づいて厚生労働省から承認されており、新薬と同様にさまざまな基準を遵守して製造・販売されるので、安全性は十分に確かめられています。

しかし、製造会社ごとに添加物が異なることがありますので、新薬とは飲み合わせなどが異なる場合があります。服用前にかかりつけ医やかかりつけ薬局に相談しましょう。

5 公的年金の概要

> **学習のポイント**
> 年金は、老後の生活を支える重要な柱の一つです。一般的によく"3階建て"とも称される、日本の公的年金制度の概要を正しく理解しておきましょう。

①世代間で支える社会全体の仕組み

産業構造が変化し、都市化、核家族化が進行してきた日本では、家族内だけで高齢となった親の生活を支えることは困難となっています。公的年金制度は、安心・自立して老後を暮らすために、社会全体の現役世代が高齢者を支える世代と世代の支え合い（世代間扶養）の仕組みで、基本的に20歳以上60歳未満の全国民が加入して保険料を納め、原則として65歳から年金を受給します。

②3階建ての制度体系

公的年金制度の骨格は、1階部分が基礎的給付を行う国民年金（基礎年金）、上乗せ部分である2階部分が報酬比例の年金を支給する厚生年金および共済年金、3階部分が厚生年金の上乗せ年金である厚生年金基金等および共済年金の職域加算部分となっています。なお、自営業者等に対する基礎年金の上乗せ年金としては、国民年金基金があります。

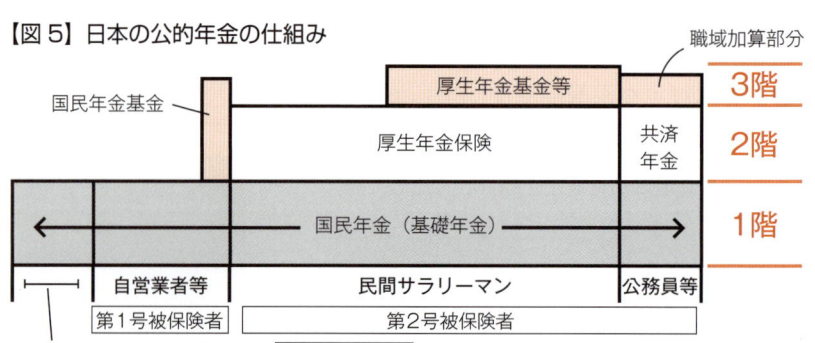

【図5】日本の公的年金の仕組み

	自営業者等	民間サラリーマン	公務員等	
3階		厚生年金基金等	共済年金（職域加算部分）	
2階	国民年金基金	厚生年金保険	共済年金	
1階	国民年金（基礎年金）			
	第1号被保険者	第2号被保険者		
		第2号被保険者の被扶養配偶者＝第3号被保険者		

※被保険者の種類については右頁の欄外を参照してください

（厚生労働省資料をもとに作成）

[賦課方式と積立方式]
賦課方式とは、そのときに必要な年金原資を、そのときの現役世代の保険料で賄う仕組みです。これに対し、将来の年金給付に必要な原資をあらかじめ保険料で積み立てていく方式を積立方式といいます。日本の公的年金制度は、賦課方式を基本とした財政方式です。

[強制加入と任意加入]
第1号～第3号被保険者に該当する人（【図5】参照）は、公的年金への加入が義務付けられている強制加入の被保険者です。海外に居住している人や、60歳以上65歳未満の人などは、任意加入することができます。

[被用者年金一元化]
2012年の被用者年金一元化法により、2015年10月より公務員等も厚生年金に加入します。これにより公的年金としての共済年金職域加算部分は廃止されます。

[国民年金基金]
国民年金だけに加入している第1号被保険者が国民年金に上乗せできる制度として、国民年金基金があります。

③老齢・退職年金、障害年金、遺族年金の3種類の給付

公的年金では、受給資格期間を満たす人が65歳に達すると老齢基礎年金が支給されます。また、障害者になった場合には障害基礎年金が、死亡した場合には遺族に遺族基礎年金が支給されます。

厚生年金の加入者である民間サラリーマンおよび共済年金の加入者である公務員等には、1階部分の基礎年金に加えて、2階部分の老齢厚生年金、障害厚生年金、遺族厚生年金（公務員等は、退職共済年金、障害共済年金、遺族共済年金）が支給されます。なお、老齢厚生年金、退職共済年金は、生年月日によっては、65歳に達する前から年金を受け取ることができます。

④保険料と年金額

第1号被保険者の保険料は、定額で月額1万5,040円（平成25年度額）となっています。第2号被保険者の保険料は収入に応じた額となり、給料とボーナスから天引きされます。第3号被保険者の保険料は、第2号被保険者全体で負担することとなっているため、個別に納める必要はありません。なお、第2号被保険者は、1階部分と2・3階部分の保険料を合わせた額を納めるため、1階部分の基礎年金に係る保険料を個別に納める必要はありません。

年金額は、納めた保険料に応じた額となります。このため、保険料を納めた期間が長いほど、また、保険料を納めた額が多いほど、支給される年金額が多くなります。なお、年金を受け取るには、受給資格期間を満たす必要があります。

⑤終身年金で、物価に合わせて額を見直し

公的年金は、生涯受け取ることができる終身年金です。また、年金額の実質価値を維持するため、毎年、物価の変動に応じて年金額が見直されることが民間の年金保険にはない大きな特徴です。

このため、公的年金は老後の生活を支える大きな柱になるといえます。受け取る年金の見込み額は、次頁に掲載するねんきん定期便で知ることができます。

11章

[受給資格期間]
年金を受けるために必要な公的年金制度（国民年金・厚生年金・共済年金）の加入期間で、現在は25年が基本ですが、2012年の改正により2015年10月から10年に短縮されます。

[被保険者の種類]
加入者は次の3種類に分かれています。

第1号被保険者
自営業者、農業者、学生など

第2号被保険者
厚生年金（民間サラリーマン）・共済年金（公務員、私立学校教職員）の加入者

第3号被保険者
第2号被保険者の被扶養配偶者

[被扶養配偶者]
第2号被保険者の配偶者であって、主として第2号被保険者の収入により生計を維持する人。

[育児休業期間中の保険料]
第2号被保険者が、3歳未満の子を養育するために取得する育児休業期間中の保険料については免除されます。ただし、保険料が免除された期間分も、年金額には反映されます。

第11章 知っておきたい「生・活（いきいき）」知識 ＜医療と年金編＞

6 ねんきん定期便

> **学習のポイント**
> ねんきん定期便は、年金額の見込みなどを毎年の誕生月に知らせてくれるもの。その見方や利用法について、簡単にご説明します。

①ねんきん定期便とは

年金記録問題を解決するための取り組みの一つ。平成21年4月から、すべての現役世代の加入者に対し、国が管理している年金加入期間などの記録や年金見込額を毎年の誕生月に送付し加入者に確認してもらうものです。加入者から記録にもれや誤りがあると回答があった場合は、記録の確認作業を行った結果が送付されます。

②ねんきん定期便の内容

内容は、次のとおりです。

1 これまでの年金加入期間　　2 老齢年金の見込額
3 これまでの保険料納付額　　4 これまでの年金加入履歴
5 厚生年金保険の標準報酬月額と保険料納付額の月別状況
6 これまでの国民年金保険料の納付状況

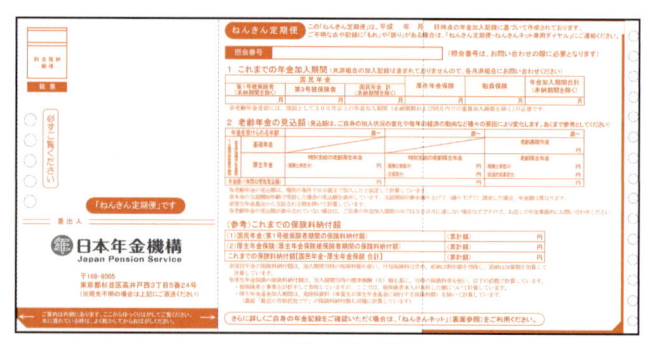

※年齢により、送られてくる書類が異なります。

※2の年金見込額は、50歳未満はこれまでの加入実績に応じた年金見込額、50歳以上は「ねんきん定期便」作成時点の加入制度に引き続き加入した場合の将来の年金見込額。
※4については、節目年齢時（35歳、45歳、59歳）のみ。5、6については節目年齢以外は直近1年分のみ。

[公務員ねんきん定期便]
公務員等の共済年金にも同様の仕組みがあります。

[年金記録問題]
国が管理している年金記録が間違っていたり、もれていたりする問題。
主な年金記録問題
●保険料を納めたにもかかわらず、年金記録がもれている「消えた年金（宙に浮いた記録）問題」。
●会社に勤めていた間の給与額の記録が低く不正に変えられていたり、会社勤めの期間が短くなっている「消された年金問題」。
●昭和50年代後半、年金記録をコンピューター管理に移管する際に正しく移されなかった「誤ったコンピューター記録の問題」。

[日本年金機構]
社会保険庁廃止後、公的年金業務の適正な運営と国民の信頼の確保を図るため、公的年金業務の運営を担う組織として平成22年1月1日に発足しました。
国から委任・委託を受けて、公的年金に係る一連の運営業務（適用・徴収・記録管理・相談・裁定・給付など）を担う非公務員型の公法人（特殊法人）です。

250

③内容に漏れや誤りがあったら訂正依頼を

前述のとおり、年金額は加入期間や保険料を納めた額によって計算されます。また、必要な加入期間を満たしていなければ受給することができません。ねんきん定期便の内容をよく確認し、漏れや誤りがあったら同封されている回答票に記入・訂正して返信します。

④自動的には支給されない

年金は、支給開始年齢になると自動的に支給されるわけではありません。年金を受け取るためには、申請が必要となります。申請は、年金事務所などへ行います。

⑤保険料を忘れずに納めましょう

年金の記録が正確でも、保険料を納めていない期間が長ければ受給資格期間が満たされませんし、受給資格期間を満たしても受け取る年金額は減ってしまいます。第2号被保険者や第3号被保険者は、給料やボーナスから天引きされるため納め忘れの心配はありませんが、自営業者などの第1号被保険者は自分で金融機関などに納めるため、口座振替にするなど納め忘れに注意しましょう。

なお、国民年金の保険料を納めた期間などが足りず受給資格期間が25年に達しない場合などは、65歳（昭和40年4月1日以前に生まれた人は70歳）になるまで国民年金に任意加入できます。

保険料の免除（第1号被保険者）

国民年金の第1号被保険者が、(1)所得が低いとき、(2)本人またはその世帯の人が生活保護の生活扶助以外の扶助を受けているとき、(3)保険料の納付が著しく困難なときなどに、市町村に申請して認定を受ければ、保険料の納付が免除されます。これを申請免除といいます。

申請免除には免除額によって、全額免除、4分の3免除、半額免除、4分の1免除があり免除された期間の年金は、減額して計算されます。

また、障害年金を受けている場合や生活保護の生活扶助を受けている場合などは、法定免除となり、届け出れば保険料が自動的に免除されます。法定免除の期間も年金額は減額して計算されます。

⑥年金の受け取り方あれこれ

●繰り上げ・繰り下げ支給

　年金は、本来の支給開始年齢（原則65歳）よりも繰り上げて（早く）または繰り下げて（遅く）受給を開始することができます。ただし、繰り上げた場合は、その分年金額は少なくなりますし、繰り下げた場合は、その分、年金額は多くなります。

【表3】繰り上げ支給の減額率

受給開始	昭和16年4月1日以前生	昭和16年4月2日以後生
60歳	－42％	－30％
61歳	－35％	－24％
62歳	－28％	－18％
63歳	－20％	－12％
64歳	－11％	－6％

【表4】繰り下げ支給の増額率

受給開始	昭和16年4月1日以前生	昭和16年4月2日以後生
66歳	＋12％	＋8.4％
67歳	＋26％	＋16.8％
68歳	＋43％	＋25.2％
69歳	＋64％	＋33.6％
70歳以上	＋88％	＋42.0％

●在職老齢年金（60歳以降も働き続ける方へ）

　60歳以降も働き続ける方が受ける老齢厚生年金を在職老齢年金といいます。この制度は60歳以降の労働を阻害しないためにつくられた制度で、共済年金にも同様の仕組みがあります。受け取る年金は、賃金と年金額の合計額に応じて下表のとおり支給停止されますが、逆にいうと、賃金があまり多くない場合は、年金の一部または全部が支給されます。ねんきん定期便で年金の見込額を確認し、また60歳以降のライフプランを立てる際の参考にしてみましょう。

【表5】60歳以降の在職中の年金支給

賃金＋年金額 ＼ 年齢	60歳〜64歳	65歳以上
28万円以下	全額支給	全額支給
28万円超 47万円以下	賃金増加分の2分の1を支給停止	全額支給
47万円超	賃金が増加した分だけ支給停止	賃金が増加した分だけ支給停止

知っておきたい個人年金の基礎知識

公的年金だけでは不安。そんな方々のために、
自分で補足する個人年金の基礎知識をご紹介します。
※個人年金保険は、郵便局や銀行、信金、農協、証券会社などで販売されています。

[定額型個人年金保険]

　将来受け取る年金額が契約時にあらかじめ決まっています。一時払いや積立で保険料を払い、満期、例えば60歳になったときから、一定期間（5年、10年など）あるいは終身で毎年、年金を受け取る仕組みです。金額が決まっているので、老後の生活設計は立てやすい反面、インフレ等による将来的な貨幣価値の変動には対応できません。また、外貨建ての金融商品で契約すれば、為替変動のリスクを伴います。

[変額型個人年金保険]

　一時払いや積立で払い込んだ保険料が基本的に複数のファンドで運用され、運用実績によって将来受け取る年金額が変動します。運用実績によっては、払い込んだ保険料より年金が下回るリスクがあります。また、国内外複数の株式や債券などを組み合わせて運用されるため、その組み合わせや比率は実にさまざま。価格変動リスク、為替変動リスク、信用リスク、金利変動リスクなどが異なりますから、選ぶ目も必要です。

自宅を担保に年金をつくる、リバースモーゲージ

自宅に住みながら年金方式で融資を受け、借入者の死亡時に住宅を処分して返済するのがリバースモーゲージ。自治体主導の公的プランと民間金融機関の商品があります。

自治体主導のリバースモーゲージ

　低所得高齢世帯への「長期生活支援資金制度」として、1981年に武蔵野市が導入したのがきっかけで、2002年に厚生労働省が導入し、原則的には都道府県社会福祉協議会が実施しています。貸付には65歳以上で、市町村民税の非課税世帯であることなど、さまざまな条件があり、貸付限度額や運営形態も民間への委託まで種々です。2007年からは「要保護世帯長期生活資金融資制度」としてのリバースモーゲージが整備され、生活保護の受給を要する世帯が評価額500万円以上の居住用不動産を有していれば対象になるなど、生活保護の適正化対策としても利用されています。

民間金融機関のリバースモーゲージ

　公的プランのリバースモーゲージが低所得者向け制度であるのに対し、民間のプランはその制約はなく、取り扱い金融機関によって担保になる所有不動産の限度額から、契約可能年齢、融資方法、返済方式もさまざまです。自宅に住み続けながら住まいを担保にさまざまな資金不安を解消する方法として利用範囲も広がっていますが、「金利上昇リスク」により担保割れが生じたり、存命中に借入残高が不動産評価額に達してしまう「長生きリスク」が生じたり、「不動産価格下落リスク」により、担保割れが生じてしまうなどのリスクもあるので、金融機関とよく相談をしてプランを選ぶことが大切です。

第11章　要点整理

- 日本は「国民皆保険」。国内に住所を有する全国民と、原則として在留期間が3カ月以上等の外国人は、何らかの公的医療保険に加入するよう定められている。

- 日本の公的医療保険の種類は、「被用者保険」と「国民健康保険」に大別される。

- 65歳以上の高齢者の医療費を国民全体で負担する仕組みとして、わが国には、前期高齢者に向けた「財政調整」制度や、「後期高齢者支援金」が設けられている。

- 65～74歳の人は、これまで加入していた医療保険制度に引き続き加入する。75歳以上の人はこれまで加入していた医療保険を脱退し、後期高齢者医療制度に加入する。

- 65歳以上の人の医療費は、国民医療費全体の約55%を占め、75歳以上の人の医療費は、国民医療費全体の約33%を占める。

- 最近指摘されている新たな問題として「健康格差」がある。

- 医療費増大の原因は高齢化だけでなく、生活習慣病の増加や医療技術・医療機器の進歩、一人ひとりの医療機関へのかかり方など、さまざまな要因が含まれている。

- ジェネリック医薬品とは、新薬の製造・販売の特許期間が終了したあとに、新薬と同じ有効成分でつくられる後発の医薬品。新薬と比べ安価なため、薬代の節約につながる。

- 日本では基本的に20歳以上60歳未満の国民は公的年金制度への加入が義務付けられている。「賦課方式」とは、必要な年金の原資を現役世代の年金保険料で賄う仕組み。これに対し、将来の年金給付に必要な資金をあらかじめ積み立てていく方式を「積立方式」という。日本の年金制度は賦課方式を基本とした財政方式である。

- 年金記録問題を解決するための取り組みとして、「ねんきん定期便」がある。

- 年金を受け取るためには原則として25年以上の公的年金の加入期間が必要だったが、2012年の改正により10年に短縮される予定。また、支給開始年齢になっても自動的には支給されないので、受け取るためには申請が必要である。

第12章

知っておきたい「生・活(いきいき)」知識

暮らしの安全・安心編

1 高齢者虐待とは
2 悪質商法とは
3 振り込め詐欺にご用心
4 成年後見制度の仕組み
5 地域の"つながり"と"見守り力"を高めよう!!

第12章 知っておきたい「生・活」知識　＜暮らしの安全・安心編＞

1 高齢者虐待とは

> **学習のポイント**
> 高齢者への虐待が増えています。無意識の虐待も少なくありません。どのような行為が虐待に当たるのか、高齢者の尊厳について改めて考えてみましょう。

①高齢者虐待の増加

　5人に1人以上が高齢者であるという本格的な高齢社会の中で、介護を必要とする高齢者が増加し、その一方で、高齢者への虐待件数も増えています。

　高齢者への虐待の背景には、介護疲れや責任の重さ、協力者や相談者がいない孤独感や介護によるストレスなど、介護者の心身にかかる負担の増大があります。虐待をしてしまっている側の約75％、つまり4人に3人は自覚なく高齢者の心身を傷つけています。

　こうした状況を打破するために、虐待された高齢者を保護するための措置、介護をする養護者の負担を軽減するための支援などを定めた「高齢者虐待防止法」が施行されています。この法律の中で、虐待を受けていると思われる高齢者を発見した場合は、通報（通報者の秘密は厳守されます）することが義務付けられています。

②高齢者虐待の種類

　高齢者虐待には、身体的虐待、心理的虐待、介護等放棄（ネグレクト）、経済的虐待、性的虐待の5種類があり、身体的虐待がいちばん多いのが特徴です。中には虐待が重複しているケースもあります。

【図1】養護者による虐待の種別・類型（複数回答）

種別	割合	例
身体的虐待	64.5%	※拘束する、叩く、無理矢理引っぱる　など
心理的虐待	37.4%	※怒鳴る、ののしる、侮辱する　など
経済的虐待	25.0%	※お金を勝手に使う　など
介護等放棄	24.8%	※世話をしない、放置する　など
性的虐待	0.6%	※わいせつな行為をする・させる　など

資料：厚生労働省『高齢者虐待の防止、高齢者の養護者に対する支援等に関する法律に基づく対応状況等に関する調査結果』平成23年度

［高齢者虐待防止法］

高齢者虐待の防止、高齢者の養護者に対する支援等に関する法律

　高齢者虐待への公的責任が明確化され、在宅での養護者による虐待は、市町村・地域包括支援センターが対応、養介護施設事業者等による虐待は、都道府県・市町村が対応し高齢者を保護します。

　内容については、発見者の通報義務や立ち入り調査権などが記載され、国と自治体の連携強化についても記載されています。

［重複する高齢者虐待］

　高齢者虐待の内容は、重複することが多く、さらに重度化していく傾向があります。2つ以上の虐待が重複しているケースは全体の約3割に上ります。

③認知症と高齢者虐待の関係

虐待を受けている高齢者の48.0%には、認知症の症状が見られるという調査結果が出ています。つまり虐待を受けている約2人に1人は、認知症の高齢者です。介護をする人にかかる負担の大きさと虐待発生の関係の強さがわかります。

【図2】虐待を受けた高齢者の認知症の割合

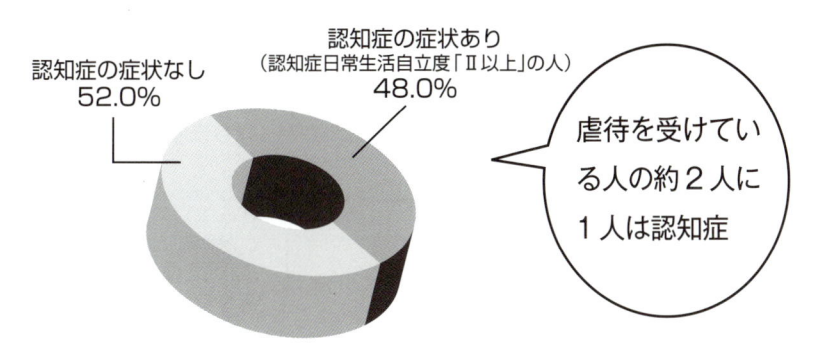

- 認知症の症状なし 52.0%
- 認知症の症状あり（認知症日常生活自立度「Ⅱ以上」の人） 48.0%

虐待を受けている人の約2人に1人は認知症

出典：厚生労働省『高齢者虐待の防止、高齢者の養護者に対する支援等に関する法律に基づく対応状況等に関する調査結果』平成23年度

④高齢者の尊厳を大切に

認知機能や身体機能が低下してくれば、日常の食事や排泄、着替えなどがうまくできなくなったり、やらなければいけないことを理解できなくなったりします。このようなときに介護する側のペースで接していると、どうしてもイライラしてしまいがちになります。

しかしそのようなときに怒ったり、責めたり、しつけだといって厳しく対処しても、それで介護者の負担が楽になることは決してありません。それより、介護される側の心にできる限り寄り添って、接してみましょう。たとえ体が若いときのように動かなくなっても、心の中に息づく一人の人間としての尊厳は変わってはいません。相手のペースを受け入れ、高齢者の尊厳を敬って接したときに、介護する側とされる側の信頼関係が生まれます。

介護される側に、また叱られるのか、また荒っぽく扱われるのか、といった不安感があるうちは、お互いの心が行き違い、介護は楽になりません。認知症の行動・心理症状の背景には、介護を受けている側にこのような心の不安があることがわかってきました。安心して心身を委ねてもらえるようになったときに、虐待の芽は摘み取られます。

12章

[高齢者虐待の特徴]

●本人の否認
虐待されている高齢者自身に認知症などがあり、虐待をされているという自覚がなく、虐待を否認します。

●被害者の約8割が女性 加害者の約8割が同居人
虐待のあった世帯では、実の息子が虐待をしているケースが多く、約4割近くを占めています。

[こんな接し方を]

高齢者は、赤ちゃんとは違います。高齢者に対する接し方では、高齢者自身の意思をしっかりと尊重することが大切。また、認知症を有している人も多いため、パーソン・センタード・ケアの考え方も重要です。

[高齢者虐待について相談したい・知りたいとき]

●日本高齢者虐待防止学会
日本高齢者虐待防止学会では、定期的に大会やワークショップ、市民公開講座などを開いています。

●日本高齢者虐待防止センター
日本高齢者虐待防止センターでは、高齢者虐待に関する無料電話相談を行っています。
毎週月・水・金
10時〜16時
TEL 042-462-1585
メール s@jcpea.net

[権利擁護の精神で]

それは、その人らしい生活や人生を送ってもらえるように接し、ケアをするということ。人としての尊厳を守るということは、一人ひとりの個性やその人らしさを認め、敬いながら接していくということです。

⑤ケースで見る高齢者虐待

1　身体的虐待

　身体的虐待では、介護者がしつけと勘違いしながら、暴行を加えるケースが多くあります。例えば、高齢者がごはんをこぼした際に、「何度注意しても改善されないから、殴ってわからせるしかない」とか、「小さいときに自分も厳しく育てられたんだから、そうしているだけだ」という気持ちの人もいます。しかし厳しくしつけられた経験があればこそ、身体的虐待がいかに相手の気持ちを傷つけるかということを振り返りながらケアをしたいものです。また、高齢者のためと思って、無理やり散歩させるなどの行為も身体的虐待となります。

[無自覚な虐待を減らすために]
介護側が知らず知らずのうちに虐待をしているケースが多く、何が虐待に当たるのかを知っておくことが重要です。

例
殴る、蹴る、平手打ち、食事を無理やり食べさせる、やけどさせる、打撲を与える、ベッドに縛り付けて拘束する、薬を意図的に過剰服用させるなど

2　心理的虐待

　ほかの虐待といちばん重複しやすいのが、この心理的虐待です。高齢者が身支度に手間取っているところに、「早くしろよ！　邪魔なんだよ」とか、「うっとうしい、何でババァがここにいるんだよ」などとののしり、「言葉の暴力」で高齢者に精神的苦痛を与えるケースがあります。
　そして、虐待が重複するときには、ここで殴ったり、体を引っ張ったりなどの身体的虐待が加えられることが多く発生しています。

例
怒鳴る、ののしる、悪口を言う、子どものように扱う、高齢者が話しかけても意図的に無視をするなど

言葉の暴力

3　介護等放棄（ネグレクト）

オムツをはかせっぱなしにして、かぶれや褥瘡ができていても放っておいたり、「うちでちゃんとみている」と言い張って、本人に必要な医療や介護のサービスを受けさせないことなど、「必要なサービスの利用を妨げること、世話をしないことなどにより、高齢者の生活環境や身体的・精神的状態を悪化させること」が、介護等放棄に当たります。高齢者の服装がいつも同じだということに気がついたり、身体の状態を見て発見されたりすることもあります。

例
入浴しておらず異臭がする、皮膚が汚れていたり、髪が伸び放題、栄養失調状態で放置している、部屋が汚れ放題、必要な介護・医療サービスを理由もなく制限したり、使わせなかったりするなど

4　経済的虐待

経済的虐待とは、本人の合意なしに財産や金銭を使用し、本人が希望する金銭の使用を理由なく制限することです。年金等が入り、必要な介護サービスへの支払いに充てるはずのお金を、同居人などが「ちょっと物入だから、借りるわ」などと強制的に奪ったり、介護サービスそのものを受けさせないなどがこれに当たります。

例
日常生活に必要な金銭を使わせない・渡さない、本人の自宅等を無断で売却する、年金や預貯金を本人に断りもなく勝手に使うなど

5　性的虐待

直接的な性的接触強要のほかに、高齢者が尿失禁をした際、「しつけのため」と下半身を裸にしてそのまま放置したりすることも性的虐待に当たります。家族だから、高齢者だから抗議をしないなどと考えてしまい、あまり発見されにくい虐待です。

例
排泄の失敗に対し、懲罰的に下半身を裸にして放置する、キスや性器への接触、性的行為の強要など

12章

[こんなケースも虐待に]

虐待だと思っていないことが、実は虐待というケースが少なくありません。以下のようなことも虐待になります。

●**身体的虐待**
高齢者を車いすに乗せ、拘束ベルトをきつく締めて安全を確保。しかし、高齢者側から見るときつ過ぎて不快。高齢者の意思を尊重せずに養護者の意見を強要していることで、虐待になります。

●**心理的虐待**
高齢者の部屋に入ったときに、悪気なく、「うわっ、この部屋におうね。よくいられるなぁ〜」などの発言をし、意図せずに発した言葉が心を傷つけてしまうことがあります。これも心理的虐待に当たります。

●**介護等放棄**
養護者側にも病気などがあり、高齢者の介護まで手が回らず、放置していても介護等放棄（ネグレクト）による虐待になります。この判断は難しく、1回だけ放置した場合などでは、虐待には当たりません。

●**経済的虐待**
高齢者の年金などを、家計費の中に入れて、勝手に子どもの学費などに充ててしまう。高齢者のお金を勝手に使っていることで、これも経済的虐待になります。

●**性的虐待**
たとえ夫婦であっても、相手の合意がなく、嫌がっているのに性的行為を強要すれば、性的虐待に当たります。

第12章 知っておきたい「生・活（いき・いき）」知識　＜暮らしの安全・安心編＞

2 悪質商法とは

> **学習のポイント**
> 高齢者を狙う悪質商法は年々増加しています。特に判断能力の低下した高齢者を狙うもの、利殖関係の被害が多くなっています。

①高齢社会と悪質商法

悪質商法とは、その人に不必要なものを強引に、あるいはウソをついたりして売り付けるものを指します。高齢者を狙う悪質商法には、親切を装うもの、不安を煽るもの、強引なものが目につきます。詐欺的なものも急増しています。

近年では、変化が激しく、これまでの生活の知恵や常識が通用しないことも少なくありません。悪質商法は、こんな情報格差に付け込んできます。また、老後のための蓄え、退職金、年金などが狙われています。最近では、判断力の低下した高齢者を狙う訪問勧誘・電話勧誘被害が多発していますが、自分で被害を自覚できない人たちを集中的に狙っていると指摘されています。

[被害の実態]
悪質商法の被害は消費生活センターへの相談件数で示されます。しかし、被害に遭った人で相談する人は1％からせいぜい6％程度に過ぎません。特に、高齢者には相談しない人が多く、これも狙われやすい理由だといわれています。

[判断能力の低下]
この場合には本人が自衛することは難しいので、家族・地域などの見守りネットワークが重要ですが、さらに、成年後見制度を利用すると被害の防止と救済に効果的です。

● 悪質商法の手口

【表1】
高齢者の被害には、下記のものが多く見られます。電話勧誘販売、訪問販売など、不意打ち的な手口が多いのが特徴です。

悪質商法の種類	手口
電話勧誘販売	かかってきた電話や、勧誘と知らずにかけさせた電話で勧誘する販売方法。被害が最も多い
家庭訪販	訪問販売のうち、家庭に販売しにくるもの。買うまで帰ってくれないことも
利殖商法	「必ずもうかる」など、利益になることを強調し、投資や出資を勧誘する
二次被害	過去の契約が継続しているなどと言って、新たな契約の勧誘や、退会手数料の請求などをする
次々販売	同じ消費者に、商品を次々と販売する手法
当選商法	電話で連絡したり街頭でくじを引かせたりし、「当選しました」と言って手数料の振り込みや、無料で渡した機器の月額使用料の契約をさせたりする
インターネット通販	オンラインショッピングなど、インターネット等を利用して行われる取引。無料だと思って登録したアダルト情報サイトが有料だったり、利用した覚えのないサイト利用料を請求されたりする
無料商法	無料であることを強調して勧誘し、最終的に商品やサービスの契約をさせようとする
販売目的隠匿	販売目的であることを隠して安心させ、契約を結ぼうと勧誘すること
点検商法	無料点検と称し訪問などをし、「配管の水漏れ」など、事実とは異なる説明により、契約を勧める

資料：国民生活センターホームページ「高齢者の消費者被害」より

② 消費者保護ルール

特定商取引法では、訪問販売をする場合のルールを定めています。概要は下記の通りです。

【表2】

1	勧誘しようとするときは業者名、取扱商品の種類、セールスであることを明示すること。
2	断られたら、居座って勧誘したり、何度も訪問したりしないこと。
3	勧誘の際に、ウソをついたり威したりしないこと。
4	非常識に大量な商品やサービスを販売しないこと（過量販売の禁止）。該当した場合には契約締結から一年間は契約を解除できる。
5	申し込み・契約のときには、内容を明示した書面を渡すこと。
6	5の書面を渡した日から8日間のクーリング・オフ制度がある。

●クーリング・オフ制度とは

訪問販売は、消費者にとって不意打ち的な取引です。あらかじめ調べたり、よく考えて選ぶことができません。そこで、特定商取引法では、訪問販売などで申し込みや契約をしたら、業者は、消費者に対してその内容を記載した申し込み書や契約書（記載すべきことを法律で定めている。この書面を「法定書面」という）を渡すことを義務付け、この書類を受け取った日から8日間の熟慮期間を保証しています。

いったん契約したら、守る義務があるのが原則です。しかし、訪問販売などでは、契約内容をすべて記載した書類（法定書面）をよく読んで、もう一度調べたり考えたりして、契約を続けるかどうかを選び直せる制度を設けたわけです。つまり、契約しても頭を冷やして考え直す期間を保証したのです。

クーリング・オフはハガキに書いて発信すれば、業者の了解がなくても契約は解消されます。ハガキはコピーを取り保管しておきます。

被害を防ぐポイント

見知らぬ人や業者は、相手にしないではっきり断ることが大切です。悪質業者は、いろいろな口実で親切を装い近づいてきます。家に上げたりすると断れなくなってしまいます。

もし、被害に遭ってもあきらめてはいけません。次々と狙われる危険があります。少しでもヘンだと思ったら、ただちに、最寄りの消費生活センターに相談してください。解決できる場合も多く、また、被害の拡大を防止できます。

[特定商取引法]

訪問販売、電話勧誘販売、通信販売、マルチ商法、内職商法などの規制をする法律。クーリング・オフ制度が有名です。違法業者には業務停止できるなどの行政処分の制度もあります。

[消費生活センター]

地方自治体が設置している消費者相談窓口。消費者の相談や問い合わせに助言をしてくれます。被害を受けた消費者が業者と話し合って解決することが難しい場合には、話し合いの調整（あっせん）をしてくれる場合もあります。相談対応は、行政職員や消費者問題の専門家の消費生活相談員が担当します。

[消費者ホットライン]

自宅の最寄りの消費生活センターがわからない場合に電話をすると、最寄りの相談窓口につないでくれるシステム。消費者庁の事業として行われています。
全国どこでも同一の番号にかければよい仕組み。
電話番号
0570-064-370
（ゼロ・ゴー・ナナ・ゼロ　守ろうよ、みんなを）

③最近の悪質商法あれこれ

1　点検商法

　訪問販売被害では、勧誘目的を告げず点検を装ってくるものが典型的です。「点検」は、最近の話題などから不安をあおるものを口実に使います。最近では、布団、床下や建物の強度、火災警報装置、地デジ、太陽光発電装置、浄水器などの水回り関係、消火器など。家に入れると不安をあおり契約を迫ります。

対処法

点検業者は断固として断る。ドアをあけない。

2　催眠商法（SF商法）

　無料説明会などの口実で高齢者を集め、おもしろおかしい巧みな話題で夢中にさせ、最後に高額な健康食品や医療用具などを買わせます。最初は激安商品を販売したりすることも。口コミで人を集めるケースもあります。「タダでもらうだけなら」と参加するのは、「サクラ」を務めることになります。

対処法

会場に行かないことが大切。「サクラ」になったりしないように。

3　押し買い

　「不要の呉服を買い取りにうかがいます」と電話で勧誘します。来てもらうと、貴金属類も見せるように迫り、わずかなお金を置いて全部持って行ってしまいます。あとで返すよう要求しても「貴金属は溶かした」などと返してくれません。平成25年2月よりクーリング・オフが適用されました。

対処法

知らない業者は相手にしないこと。

[悪質商法撃退10箇条]

1. 何の用？　しっかり聞こう身分と用件
2. おかしいと思ったときはドア閉めて
3. もうかります！　だったらあなた（業者）がやればいい
4. あやしいぞ人のフトコロ聞く業者
5. 勇気だしハッキリ言おう"いりません"
6. しつこいなそんな相手は110番
7. 迷ったらその場で決めずまず相談
8. サインして後で"しまった"もう遅い
9. 契約はしてもお金は後払い
10. あなたです!! 自分の財産守るのは

※緊急でない場合相談窓口として警察相談専用電話 **♯9110**（全国共通ダイヤル）や最寄りの警察署に相談してください。

※千葉県警察ホームページより

[クーリング・オフの期間]

　クーリング・オフの期間は一般的には法定書面交付の当日から計算して8日間ですが、取引内容によって異なるものもあります。長いものではマルチ商法などは20日間となるものもあります。

劇場型利殖商法

　未公開株、社債、ファンドなどを「預貯金より利回りがよく安全」などと言って契約させる詐欺商法が拡大しています。これらは、大変複雑で危険な取引で、素人は絶対に手を出してはいけないものです。「安全・確実」というセールストークは真っ赤なうそです。

　最近では、こうした注意が行き届いてきたせいか「劇場型」という手の込んだ手口が出てきました。

　勧誘電話やDMが来ます。その前後に「○○を買い集めている。持っているなら高く買いたい」などと言ってきます。「自分はわからないけど、欲しがっている人がいるなら契約して、高く売ればよい」と思わせる手口です。もちろん、買い取ってはくれません。

　公的な機関を装うケースもあります。金融庁・消費者庁・国民生活センターなどをかたり「未公開株詐欺の調査をしている」などと電話をしてきます。「被害には遭っていないけど、勧誘されたことはある」と言うと「それはすばらしい。それは詐欺ではない。自分だったら絶対買うのに。あなたは運がいいですね」などと言います。公的機関のお墨付きと思って契約して被害に遭うわけです。

　現在では、銀行でも、株やファンド、変額個人年金保険などのリスクの高い金融商品を取り扱っています。金融商品は、たとえ銀行で勧められても、自分で勉強して内容を理解し、自分の運用目的にマッチしていると判断できるもの以外は、絶対に手を出してはいけません。業者の説明を頼りに選ぶのは間違いです。

対処法
自分で判断できないものには絶対に手を出さない。

見守り新鮮情報

　高齢者にかかわる悪質商法や危害の情報をリアルタイムで提供するために国民生活センターが配信しているもの。悪質商法などは変化が激しく最新情報を知らないと被害防止は難しいこともあります。パソコンや携帯電話で登録しておくと、新しい情報を自動的に送信してもらえます。下記HPから登録手続きがとれます。
http://www.kokusen.go.jp/mimamori/index.html

消費者庁

　国のレベルで一元的に消費者情報を収集し、国民に対する情報提供などの施策を行っている省庁。2009年9月に設立されました。
　消費者問題に関するさまざまな情報がアップされています。
　同庁HPには、消費生活センターに相談すると、国民生活センターを経由して消費者庁にも情報が一元的に収集され、国の消費者行政に反映される仕組みになっています。
http://www.caa.go.jp/

第12章　知っておきたい「生・活(いきいき)」知識　＜暮らしの安全・安心編＞

3 振り込め詐欺にご用心

学習のポイント
高齢者を狙う振り込め詐欺。「オレオレ詐欺」や「架空請求詐欺」の名で広く知られ、警戒が深まる中で、その手口は多様化・巧妙化の一途をたどっています。

①多様化する振り込め詐欺

近年、振り込め詐欺の手口は、ますます多様化しています。振り込め詐欺とは、電話や手紙などで相手をだまし、金銭を振り込ませるというもの。架空請求やオレオレ詐欺が流行し、広く一般的に耳にするようになりました。振り込め詐欺には、大きく分けて「オレオレ詐欺」「架空請求詐欺」「融資保証金詐欺」「還付金等詐欺」の4種類があります。

これら4種の中ではオレオレ詐欺が被害額の8割を占めています。被害者の9割以上は高齢者で、特にオレオレ詐欺や還付金等詐欺にだまされることが多くなっています。また、最近では個人名を先に調べ、「オレオレ」ではなく、子どもの名前を名乗って最初から子どもになりすます詐欺なども多くなり、ますます巧妙になっています。

［振り込め詐欺救済法］
この法律の正式名称は「犯罪利用預金口座等に係る資金による被害回復分配金の支払等に関する法律」といいます。この法律では振り込め詐欺等の被害者に対する、被害回復分配金の支払い手続き等を定めています。
具体的には、金融機関が振り込め詐欺等により資金が振り込まれた口座を凍結し、預金保険機構のホームページで口座名義人の権利を消滅させる公告手続きを行ったあと、被害者の方から支払申請を受け付け、被害回復分配金を支払うことなどが定められています。
被害者の方へ分配される額は、振込先口座が凍結されたときの残高が上限となります。被害額の全額を国や金融機関が補填するというものではありません。

［母さん助けて詐欺］
近年の振り込ませない手口の増加に対応するため、警視庁は「振り込め詐欺」に替わる新たな名称を募集。「母さん助けて詐欺」など3案が選ばれました。なお、統計などでは引き続き「振り込め詐欺」の名称が使用されます。

要注意!!
時代によって変化を見せる振り込め詐欺
振り込め詐欺でありながら、口座への振り込みではなく、その他の方法でお金を受け取る"振り込まない詐欺"も増えています。266〜267頁のケースなどを参考に、くれぐれもご用心を！

傾向を知って本人が注意することはもちろん、周りも含めて予防と早期の対策をとれるように見守りの体制整備が重要です。

264

（1）オレオレ詐欺とは

電話を利用して息子、孫等を装い、会社でのトラブル、横領等の補填金名目、サラ金等借金返済名目や警察官や弁護士等を名乗り、交通事故示談金名目等で現金を預金口座に振り込ませる等の方法によりだまし取る詐欺。

被害者層は、60歳代以上が全体の90％以上となっています。キーワードは、電話番号が変わった、借金の保証人になった、キャッシュカードを預かる。

（2）架空請求詐欺とは

不特定多数の人に対し、有料サイト利用料金名目、訴訟関係費用名目等架空の事実を口実とした料金を請求する文書、メール等を送付するなどして、振り込みや送付などの方法により、現金をだまし取る詐欺。

被害者層は、全年齢層に分散しています。キーワードは、総合情報サイトの利用料金、延滞金が発生。

（3）融資保証金詐欺とは

ダイレクトメール、ＦＡＸ、電話等を利用して融資を誘い、融資を申し込んできた人に対し、保証金等を名目に現金を預金口座等に振り込ませるなどの方法によりだまし取る詐欺。

被害者層は、40歳代以上の男性が全体の55％以上となっています。キーワードは、借金の一本化、会社の運転資金、融資の前に保証金。

（4）還付金等詐欺とは

年金事務所や自治体の職員等を名乗り、年金や税金などの還付金手続きであるかのように装って、ＡＴＭまで誘導し、ＡＴＭを操作させて、自己の口座から相手方の口座へ現金を振り込ませる詐欺。

被害者層は、60歳代以上が全体の90％以上となっています。キーワードは、医療費の還付、医療費控除、税金の還付。

資料：警察庁振り込め詐欺対策ホームページより

[詐欺と悪質商法の違い]

詐欺と悪質商法の違いは、詐欺は相手をだましてお金を奪い取りますが、悪質商法は、うそにならないギリギリの範囲での契約を結ぶことです。契約を結んでしまうと被害者も契約に納得したことになるので、簡単には犯罪と断定できません。

②ケースで見る振り込め詐欺

1　オレオレ詐欺

　警察官や銀行協会職員等を名乗って暗証番号を聞き出し、キャッシュカードをだまし取る手口が多く発生しています。警察や銀行職員等が暗証番号を聞くことは絶対にありません！　この手口の被害者のほとんどが、個人名の電話帳（ハローページ）に電話番号を掲載していました。掲載削除を希望する方は局番なしの「116」へ！

　警察官(捜査2課の刑事)や銀行協会職員を名乗り、「あなたの口座が振り込め詐欺に使われていた。暗証番号を変更しないといけないので番号を教えてほしい、キャッシュカードを取りに行く」などと言い、自宅まで来てキャッシュカードをだまし取り、カードで現金を引き出す手口です。

振り込まない詐欺（手渡しによるオレオレ詐欺）
　現金の振り込みを要求せずに、「上司が取りに行く」、「バイク便業者を向かわせる」などと言って、自宅まで直接現金を取りに来る手口もあります。

2　架空請求詐欺

　携帯電話やパソコンに「総合情報サイト利用料金未納」「無料期間が過ぎても退会手続きがされていない」「身辺調査開始・訴訟手続き開始・自宅・会社への訪問」等不安にさせる内容のメールが届きます（ハガキの場合もあります）。

　文中の連絡電話番号に電話をすると「本日中なら間に合う」「延滞料金は毎日加算される」「払わないと裁判になる」「アクセスログが残っている」等と丁寧な口調で説明され、記載してある額面の他、延滞料、調査料、退会料などを上乗せして、多額の料金を請求されます。

最近は口座振り込みだけでなく、レターパック等で送金させる手口もあります。

　一度現金を振り込むと「他のサイトの運営者からも請求がきている」「訴訟準備が進んでしまい追加費用がかかる」とさらに請求されたり、別業者を名乗る犯人からも請求を受けたりします。レターパックで現金送れ、は詐欺です！　レターパックに現金を入れポストに投函するように指示してきます。

3　融資保証金詐欺

　ダイレクトメールに「誰でも融資」「簡単審査」「担保不要」などと記載して融資を誘い、融資を申し込んだ被害者に対して「保証金が必要です」「信用実績が必要です」等と口実をつけ、料金の振り込みを要求しだまし取る手口です。

　会社にＦＡＸなどを送信し、「300万円まで融資可能」「中小企業支援団体です」等と記載して、会社運転資金の融資を誘います。融資を申し込んだ会社経営者に対して「組合登録料が必要です」「保証金が必要です」などと口実をつけ、料金の振り込みを要求し、だまし取る手口です。

注　意　！

　実在する金融機関や貸金業者、あるいはその関係会社を装って融資を持ちかける偽ダイレクトメール、折込広告、雑誌広告などもあります。これらの偽広告には、実在する業者の商号、ロゴマーク、登録番号等を盗用し、極めて精巧に作られたものもあり、中には「悪質な手口にご注意下さい」「当○○社の名前をかたる悪質な業者にご注意下さい」などといった文言を記載してあるものもあります。

4　還付金等詐欺

　税務署、日本年金機構、区役所などの職員を名乗る者から「税金の返還金がある」「医療費の還付がある」などと言って電話がかかってきます。その際に「以前通知を出したが、返信されないので電話した」「封書が届いているはずです」などと言って、いきなり電話をかけたのではないことを強調し、信用させようとします。

　その後、「今日中に手続きをしなければ、期限が切れてしまいます」などと言って焦らせた後、「手続きをするのでキャッシュカードと携帯電話を持ってＡＴＭに行ってください」「ＡＴＭについたら受領方法を説明しますのでこちらの番号に電話してください」と言ってＡＴＭに向かわせます。被害者に携帯電話で「これから振り込みを行いますので【お振り込み】ボタンを押してください」「今から言うお客様番号を入力してください」なとど言ってＡＴＭを操作させ、お金をだまし取ります。

最近の傾向

　還付金等詐欺は、機械の操作に不慣れな高齢者を狙った卑劣な犯罪で、「銀行のＡＴＭは混みますのでコンビニのＡＴＭに行ってください」「無人ＡＴＭの方がすいていて、早く手続きができます」などと言って、ＡＴＭ管理者等の注意が行き届きにくい場所を指定しています。
　※　携帯電話をかけながらＡＴＭを操作しているご高齢の方を見かけたら一声かけてあげましょう。

（ケース１～４）資料：警察庁振り込め詐欺対策ホームページより

第12章 知っておきたい「生・活」知識 ＜暮らしの安全・安心編＞

4 成年後見制度の仕組み

学習のポイント
「成年後見制度」は判断能力が不十分な人を保護し、本人の意思を尊重しながら支援する制度です。安全・安心に暮らすためにその内容を知っておきましょう。

①成年後見制度

　高齢者の安全・安心な暮らしを守り、「高齢社会を支える車の両輪」が介護保険制度と成年後見制度であるといわれています。介護保険制度は、適切な居宅サービスや施設サービスを受けることができるというものですが、高齢者本人の自己決定に基づく契約が必要です。契約には適切な判断力が必要ですが、認知症などで判断能力が十分でない人には難しい場合があります。ほかにも、財産管理や遺産分割協議など、本人の判断が問われる機会があり、このような状況を想定して誕生した制度が成年後見制度です。

　成年後見制度は、判断能力が不十分な人々を法的に保護し、本人の希望を尊重しながら支援する制度で、家庭裁判所によって選任された成年後見人等（成年後見人・保佐人・補助人の総称。右頁参照）が、本人に代わって財産の管理や契約の代理・取り消し、介護・医療のサポートなどを行う制度です。

②成年後見制度のあらまし

　本人に代わってこうした役割を果たしてくれる後見人は、本人の希望を尊重し（自己決定の尊重）、家庭環境や生活状況、体力や精神状態を配慮（身上配慮義務）するなど、常に本人にとって最適な方法を選んで財産や権利を守り、支援します。

　成年後見制度は「法定後見制度」と「任意後見制度」の二つに分かれており、判断能力の程度など本人の事情に応じて選べます。

成年後見制度 ─ 法定後見制度（判断能力がすでに衰えている人）
　　　　　　 ─ 任意後見制度（将来判断能力が衰えたときのために備えておきたい人）

[措置から契約へ]

　従来、高齢者や障害を持つ人たちは、保護の対象と位置付けられてきました。このため、福祉面においても、地方公共団体が、これらの人たちを施設などに入所させるといった「措置制度」がとられてきました。
　しかし、誰もができる限り普通の生活を送れるようにしようというノーマライゼーションの理念が重視されるようになり、自分のことは自分で決めて生活したいという自己決定権を尊重する動きが広がってきました。このため、介護保険制度のサービスの提供についても、利用者とサービス提供事業者が「契約」をするという形態がとられています。つまり、「措置から契約へ」という形に移行してきたのです。

[ノーマライゼーション]

　1950年代にデンマークから始まった社会福祉をめぐる社会理念の一つで、高齢者や障害を持つ人など社会的に不利を負う人々が、社会から隔離されることなく、家庭や地域において、あるがままに普通に暮らせるように改善していこうとする営みのすべてをいいます。

③法定後見制度とは

　法定後見制度は、判断能力がすでに不十分である人が利用する制度で、「補助」「保佐」「後見」の三つに分かれ（【図3】）、どれに該当するかは本人の判断能力に応じて家庭裁判所が決定します。

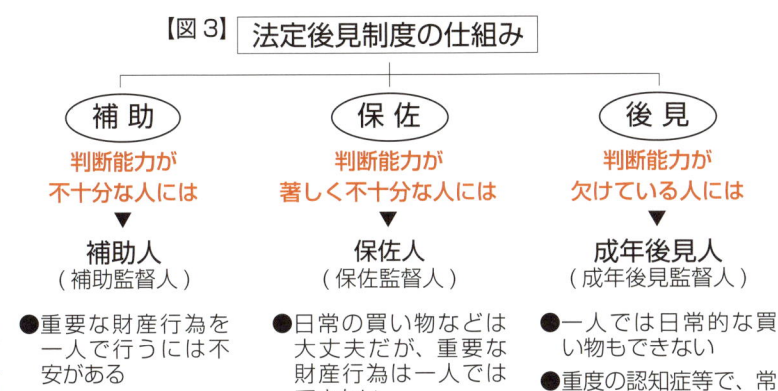

【図3】法定後見制度の仕組み

	補 助	保 佐	後 見
	判断能力が不十分な人には▼	判断能力が著しく不十分な人には▼	判断能力が欠けている人には▼
	補助人（補助監督人）	保佐人（保佐監督人）	成年後見人（成年後見監督人）
本人の状態	●重要な財産行為を一人で行うには不安がある ●物忘れがあり、本人にもその自覚がある	●日常の買い物などは大丈夫だが、重要な財産行為は一人ではできない ●しばしば物忘れがあるのに、本人に自覚がない	●一人では日常的な買い物もできない ●重度の認知症等で、常に援助が必要な状態

※補助監督人、保佐監督人、成年後見監督人は必ず要するわけではありません。

　この制度を利用するには、家庭裁判所への申し立て（【図4】）が必要です。主に本人や配偶者、または四親等内の親族等の申し立てによって、家庭裁判所が法律の定めに従って、本人を援助する成年後見人等を選任し、本人を代理する権限等を与えることにより判断能力が不十分である人を保護・支援します。なお、事情によっては市町村長が申し立てることができます。

【図4】法定後見開始の申し立てから法定後見開始まで

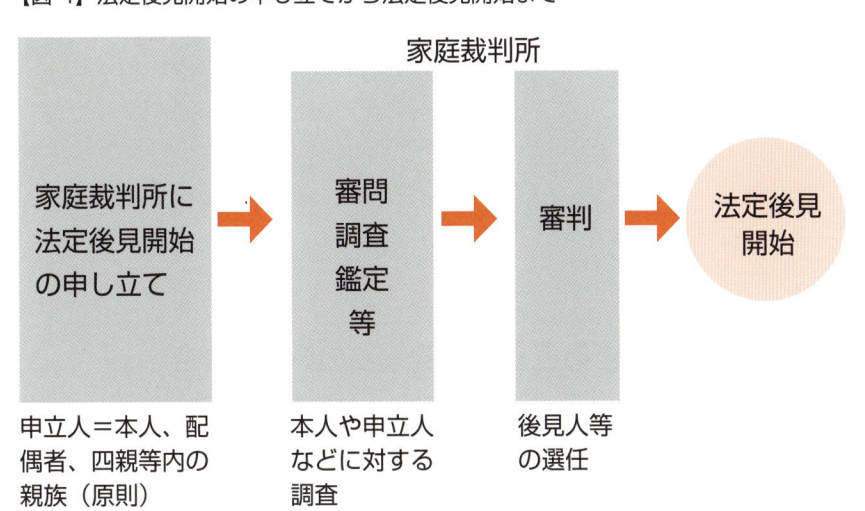

家庭裁判所

家庭裁判所に法定後見開始の申し立て → 審問・調査・鑑定等 → 審判 → 法定後見開始

- 申立人＝本人、配偶者、四親等内の親族（原則）
- 本人や申立人などに対する調査
- 後見人等の選任

12章

[禁治産と成年後見制度]

　従来の制度で「禁治産」および「準禁治産」の宣告を受けている人は、法改正により2000年から、それぞれ「成年被後見人」「被保佐人」に名称変更されています。また、従来の戸籍への記載も廃止され、本人、配偶者、四親等内の親族または、成年後見人・保佐人が登記の申請をすることで、禁治産および準禁治産の記載のない新しい戸籍をつくることができます（一部例外あり）。

　補助は新しく設けられた類型で、判断能力が不十分ではあるが、その状態が後見や保佐の対象となる程度には至っていない人を対象としています。

④任意後見制度とは

　任意後見制度は、判断能力が十分ある人が将来、認知症などによって判断能力が低下した場合に備えて利用する制度です。判断能力があるうちに、財産管理などを任せられる任意後見人を自分で選び、その権限内容（代理権）を定めておき、あらかじめ本人が契約（任意後見契約）を結んでおきます。その契約書は公証役場で公証人が作成し、契約内容は公証人によって法務局に登記されます。そうすることで、本人の判断能力が低下した場合、家庭裁判所が選任した「任意後見監督人」の監督の下、任意後見人が任意後見契約に従って任意後見を開始します（【図6】）。

[任意後見契約の効力]

　この制度は、契約を結んだだけではすぐに効力は生じません。本人の判断能力が低下した場合に、家庭裁判所によって任意後見人を監督する任意後見監督人が選任されて初めて、契約の効力が生じる仕組みになっています（効力が生じるまでは、任意後見人は「任意後見受任者」と呼ばれます）。任意後見人には、先に結んだ任意後見契約で定められた代理権のみが与えられますから、本人も安心して財産管理などを任せることができるというわけです。

[任意後見監督人]

　任意後見人が行う後見事務を監督する役目を家庭裁判所が選任したのが、任意後見監督人です。これは、任意後見人の委任事務を開始する前に選任されます。

【図5】任意後見制度のしくみ

任意後見契約
契約時には判断能力がある人に
▼
任意後見人
任意後見監督人

（判断能力が不十分となった段階で本人が申請し、任意後見人の委任事務が開始されます。）

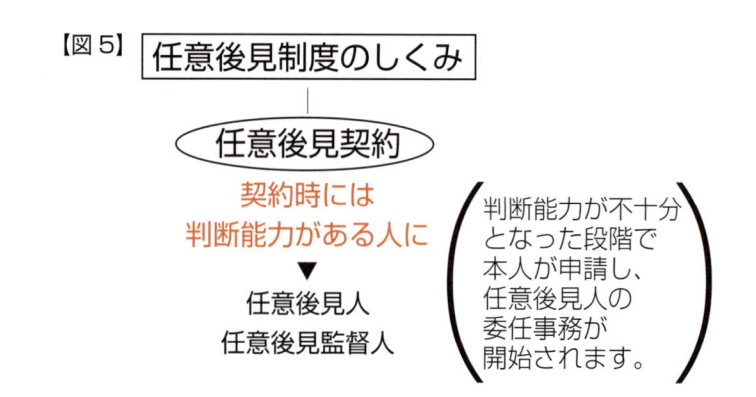

【図6】任意後見申し立てから後見開始まで

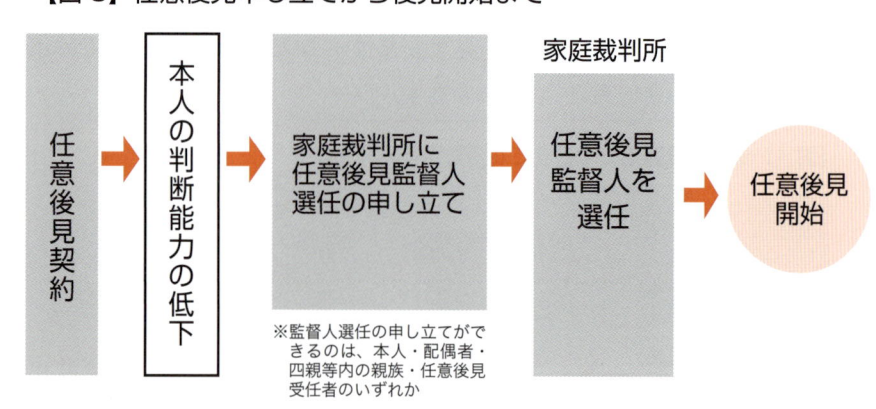

任意後見契約 → 本人の判断能力の低下 → 家庭裁判所に任意後見監督人選任の申し立て → 家庭裁判所　任意後見監督人を選任 → 任意後見開始

※監督人選任の申し立てができるのは、本人・配偶者・四親等内の親族・任意後見受任者のいずれか

⑤後見人のできること（後見事務の具体的内容）

　補助人、保佐人、成年後見人、任意後見人などの後見人は右頁の2つの視点で、判断能力が不十分になった人々をサポートします。

（1）財産管理

金銭・預金・有価証券・住居など、土地・その他の財産の管理。

- ①不動産に代表される財産の管理・保存・処分など
- ②銀行など金融機関との取引
- ③年金や、土地・貸家の賃料など定期的な収入の管理や、ローン返済、家賃の支払い、税金、社会保険、公共料金など定期的な支出の管理
- ④日常的な生活費の送金や、日用品などの購入
- ⑤遺産相続などの協議や手続き
- ⑥生命保険などの加入や、保険料の支払い
- ⑦これら財産に関する権利証や通帳など証書類の保管や、各種行政上の手続き　など

（2）身上監護

入院などの医療や、介護保険などの福祉サービスの利用、施設への入所など、生活について配慮すること。

- ①介護保険など福祉サービス利用の契約や管理、要介護認定の手続き、施設入所契約など、福祉サービス利用に関する諸手続き
- ②本人の住居の確保のための不動産の購入や賃借、家屋の増改築など
- ③医療サービス契約や、入院に関する諸手続き。また、介護や医療に関するサービスの提供を受けるため本人に代わって事業者と契約を結び、利用料を支払うだけでなく、そのサービスの質や内容のチェック

❻同意権・取消権、代理権など

任意後見人には、任意後見契約で定められた代理権のみが与えられます。成年後見人等については以下のとおりです。

【表3】

同意権・取消権の範囲	補助人	申し立ての範囲内で家庭裁判所が審判で定める「特定の法律行為」
	保佐人	民法第13条第1項に定められた行為 家庭裁判所が特に同意権を付与した行為
	成年後見人	「日常生活に関する行為」以外の法律行為全般 同意権については認められていない
代理権の範囲	補助人	申し立ての範囲内で家庭裁判所が審判で定める「特定の法律行為」
	保佐人	申し立ての範囲内で家庭裁判所が審判で定める「特定の法律行為」
	成年後見人	「日常生活に関する行為」を除き、金銭・財産に関する法律行為全般

［同意権・取消権］

成年後見制度においては、同意権とは、被補助人・被保佐人が行う契約に同意する権利。取消権とは、補助人・保佐人が同意権を持つ行為について、それらの人が同意せずに成立した契約を取り消すことができる権利。

［代理権］

成年後見制度においては、補助人・保佐人・成年後見人が、認められている範囲内で、被補助人・被保佐人・成年被後見人の代理で契約をする権利。

［民法第13条第1項］

保佐人の同意が必要な行為について定めた条項。この条項に定められた行為を被保佐人が行うときは、保佐人の同意を得なければならないとされています。次頁「同意のない契約」の注を参照。

⑦ケースで見る成年後見制度の利用の仕方

1　法定後見制度が適用できる場合

Q1 認知症で寝たきりの父の面倒を見ていて、財産管理もしているが、ほかの兄弟からお金を自分で使い込んでいないかなどと疑われている。また、父の不動産を売り、入院費用に充てたい。

A 法定後見制度に基づき成年後見人を決めれば、成年後見人が行使できる代理権を使うことで、家庭裁判所の許可を得て不動産などを代わりに売却できるようになります。また、成年後見人がいれば、財産管理などもしっかりと行わなければならないため、勝手に使い込みなどはできず、兄弟間の不信感等もなくなります。

Q2 認知症の母が、知らないあいだにまったく必要のない高額なリフォームの契約などをしてしまい困っている。

A 法定後見制度に基づき、成年後見人を決めれば、成年後見人が行使できる取消権を使うことで、成年後見人の同意なしに行ったリフォーム工事契約を取り消すことができます。
　リフォーム工事だけではなく、さまざまな悪質商法などにだまされて印鑑を押してしまった契約も、成年後見人がすべて取り消すことができるので安心です。

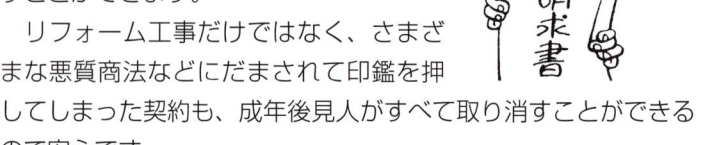

Q3 私は以前脳梗塞になり、下肢にマヒがあり、歩行に少し支障が残った。また、後遺症で財産の管理や契約手続き関係についての判断は困難な状況だ。

A 法定後見制度に基づき、身体能力の低下だけでなく判断能力が不十分であるなら、保佐人を選任することができます。老人保健施設や特別養護老人ホームなどの介護施設との契約をする場合でも、本人自身ではできないように思われることは、保佐人が代わりに契約を行ってくれます。

【成年後見人等に選ばれる人】

配偶者と四親等内の成人している親族、弁護士や司法書士、社会福祉士などの専門家が選ばれます。最近は一定の研修を受けた市民が選ばれることがあります（市民後見人）。また、複数選任されることもあり、法人が選任されることもあります。

【同意のない契約】

同意権を持つ保佐人、補助人が、契約時にご本人と一緒に契約に同意しなければ、その契約は取り消しを行うことができます。

同意が必要な行為
1. 貸金の元本の返済を受けたり、預貯金の払い戻しを受けたりすること。
2. 金銭を借り入れたり、保証人になること。
3. 不動産をはじめとする重要な財産について、手に入れたり、手放したりすること。
4. 民事訴訟で原告となる訴訟行為をすること。
5. 贈与すること、和解・仲裁合意をすること。
6. 相続の承認・放棄をしたり、遺産分割をすること。
7. 贈与・遺贈を拒絶したり、不利な条件がついた贈与や遺贈を受けること。
8. 新築・改築・増築や大修繕をすること。
9. 一定の期間を超える賃貸借契約をすること。

出典：（社）成年後見センター・リーガルサポートホームページ

2　任意後見制度が適用できる場合

Q1 今は独り暮らしをしているが、70歳を超え、将来施設に入る手続きや、これまで経営してきたマンションの管理が今後不安。誰かに任せる方法はないか？

A 任意後見制度に基づき、任意後見人を立てておけば、自分自身の認知判断能力が低下したときに、本人の意思で定めた代理権に従って家庭裁判所が選任した任意後見監督人の（監督の）下、任意後見人が実務を開始します。上記の場合、マンションの管理や施設への入所手続き・支払い等を任せる任意後見契約を結んでおけば安心です。

Q2 自分たち夫婦には、子どもがいないので、高齢になって判断能力が低下してからの、二人の生活や財産管理に不安がある。

A 子どもがいない夫婦等は、任意後見制度に基づく任意後見人を決めておき、後々の財産管理等を行ってもらう契約をしておくと老後が安心です。
　任意後見契約は、自分たちに認知判断能力があるときはまだ任意後見人による実務は始まらず、判断能力が落ちてきたと感じて申請したときから任意後見人が実務を開始する契約です。

[任意後見契約の範囲]
　任意後見契約の範囲としては、任意後見契約を結ぶときに事前に決めた内容についてのみ、後見事務をしてもらうことが可能です。

「法テラス」へご相談を！

　成年後見制度の利用には、申請の手続き事務費用や、場合によっては本人の判断能力の鑑定料などの費用がかかります。日本司法支援センター、通称「法テラス」では、成年後見制度の利用の仕方から、費用（利用しようとする制度や手続きによって幅があります）のことまで相談ができますので、活用してみましょう。

※費用につきましては、ご本人の状況などによって変わります。また、司法書士や弁護士等に依頼した場合には別途費用がかかることがあります。

電話相談：法テラス／**0570-078374**（おなやみなし）
PHS・IP電話からは、**03-6745-5600**
平日9：00～21：00　土曜日9：00～17：00
ホームページ　http://www.houterasu.or.jp/

第12章 知っておきたい「生・活(いきいき)」知識　＜暮らしの安全・安心編＞

5 地域の"つながり"と"見守り力"を高めよう!!

学習のポイント

独り暮らしや夫婦のみの高齢者世帯が増えています。高齢者が安全・安心に暮らすためには、地域の方々の「気付き」と「見守り力」が不可欠となっています。

[核家族化]

核家族とは、夫婦のみ、夫婦と子どものみ、父親または母親と子どものみの3種類があります。今、日本では約56％がこの核家族に当たります。

※1 内閣府『高齢社会白書』平成22年版

①お年寄りを孤立・孤独にしていませんか？

高齢社会が進む中、家族の形態も大きく変化しています。「65歳以上の高齢者について子どもとの同居率」を見ると1980年には69.0％でしたが、2010年には42.2％となり、高齢者の独り暮らしも増加傾向にあります。また諸外国と比べて別居している子との接触頻度が低いとのデータもあります[※1]。このような現状では、高齢者を孤立・孤独やトラブルから守るには、地域の力が必要です。身の回りに困っている方はいないか、今一度振り返ってみましょう。

②地域でつながる"輪"を大切に

まずは、お隣・ご近所同士のあいさつなど小さいことから地域の輪を広げることが大切。最近では、それぞれの地域でNPOなども発足し、地域で高齢者を見守るための「見守りネットワーク」という活動も増えてきています。

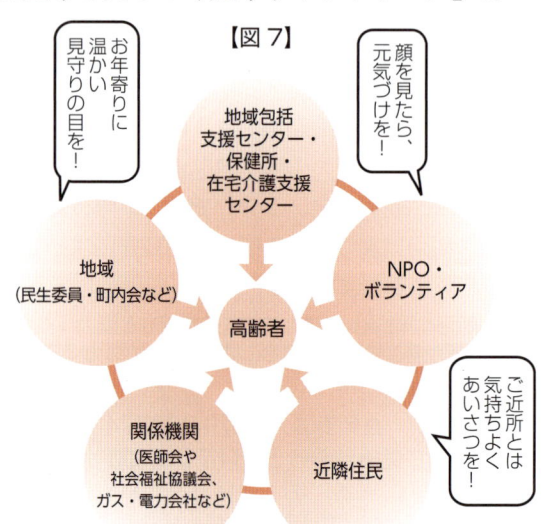

自分が住んでいる地域に、高齢者支援や地域支援、見守りネットワークがあるかどうかを調べてみましょう。そうすれば自分にできることが何か、具体的に見えてきます。自分でできることから実践

【図7】

- お年寄りに温かい見守りの目を！
- 顔を見たら、元気づけを！
- ご近所とは気持ちよくあいさつを！

地域包括支援センター・保健所・在宅介護支援センター / NPO・ボランティア / 近隣住民 / 関係機関（医師会や社会福祉協議会、ガス・電力会社など） / 地域（民生委員・町内会など） → 高齢者

して地域の「見守り力」アップにつなげましょう。

身の回りに気になるご高齢の方はいませんか？ 右記のようなケースを見かけたら、まず声掛けをしてみましょう。その一声が高齢者虐待や消費者トラブルなどの早期発見につながります。

こんなケースを見かけませんか？
① 不審なセールスマンが出入りしている
② 新聞や郵便物がたまったまま
③ 道がわからなくて困っている
④ 顔色が悪い。家に閉じこもっている
⑤ 急にお金に困り出した
など

[孤住化]

孤住化とは、一人世帯となること。高齢者の孤住化が増えてきています。これに伴い、孤独死（孤立死）なども増えているのが現状です。

[見守りネットワークの仕組み]

見守りネットワークとは、各地域ごとに、高齢者や子どもたちが安心して暮らせるまちづくりを目的として、取り組んでいる運動やコミュニティネットワークのこと。

主に、独り暮らしなどの高齢者に対して、声掛けや見守りを行い、援助が必要な高齢者を発見したら、地域包括支援センターや在宅介護支援センターなどに連絡・相談します。センターはその高齢者の状況を確認し、意向を聞きながら保健・福祉サービスの調整を行い、見守り体制を整えます。

実例　地域本来のつながりを　東京都大田区の見守り力

東京都大田区にある地域包括支援センターの呼び掛けで、民間企業や公的機関等の協働・後援の下、2008年に発足された**「おおた高齢者見守りネットワーク」**。地域のすべての人による見守り・支え合いによって、高齢者が安心して暮らし続けることのできる地域づくりを目指して、さまざまな活動を行っています。

ネットワークの柱となるのは以下の3つの活動です。

・地域づくりセミナー：地域住民が、医療・保健・介護の各分野の専門家や警察・消防などから、地域全体での見守りの重要性や気付きの視点を学ぶことを目的としています。
・SOSみま〜もキーホルダー登録システム：65歳以上を対象とし、救急搬送時などに身元確認を迅速に行えるようにするためのもの。利用するには地域包括支援センターでの事前登録が必要です。
・みま〜もステーション：絵本の読み聞かせ講座をはじめとする各種講座や食事会、体操教室を開催するサロンで、地域の人が気軽に集うことのできる場を提供しています。

いずれの活動も、地域の人と専門家とが顔を見せ合うことで、専門家の存在を知る機会となり、困ったときに相談しやすい環境づくりにつながっています。

地域の見守り力において大切なのは、地域の人が、地域全体での見守りの重要性に気付いて、実際に見守りを行うこと。地域を見守ることができるのは、地域の人です。そのような地域の人と地域包括支援センターなど専門家とがつながり、常日頃からの見守りを行うことが、今後の高齢者の見守りの基本となってくるはずです。

第12章　要点整理

- 高齢者虐待の加害者の4人に3人は自覚なく行っている。

- 高齢者虐待の被害者の約8割は女性で、加害者の約8割は同居人である。

- 高齢者虐待は、大きく分けて、「身体的虐待」「心理的虐待」「介護等放棄（ネグレクト）」「経済的虐待」「性的虐待」があり、「身体的虐待」が最も多い。重複するケースが多く、2つ以上の虐待が重なっているのは全体の約3割に上る。

- 悪質商法の手口で最も多いのは電話勧誘販売で、かかってきた電話や、勧誘と知らずにかけられた電話で勧誘する販売方法である。

- クーリング・オフとは、特定商取引法で規定する取引である場合、一定の期間であれば消費者と事業者との間で申し込みまたは締結した契約を無理由・無条件で撤回・解除できる権利のこと。

- 振り込め詐欺は、高齢者をターゲットにするケースが多い。大きく分けて、「オレオレ詐欺」「架空請求詐欺」「融資保証金詐欺」「還付金等詐欺」の4つがある。

- 成年後見制度とは、判断能力が不十分な人を法的に保護し、本人の希望を尊重しながら支援する制度で、大きく分けて「法定後見制度」と「任意後見制度」がある。

- 法定後見制度は判断能力がすでに不十分な人が利用する制度で、本人の判断能力に応じて「補助」「保佐」「後見」の3つに分かれ、どれに該当するかは家庭裁判所が決定する。成年後見人等に選ばれる人は、配偶者、4親等内の成人している親族、弁護士や司法書士、社会福祉士などの専門家だが、一定の研修を受けた「市民後見人」が選ばれることもある。

- 任意後見制度は将来、認知症などによって判断能力が低下した場合に備えて利用する制度で、判断能力があるうちに財産管理などを任せられる任意後見人を自分で選び、契約を結んでおく制度。契約内容は公証役場で公証人が作成し、法務局に登記しておく。

- 高齢社会の安全・安心を守るためには、地域で高齢者を見守る「見守りネットワーク」などがますます大切になっている。

高齢社会の道案内

ジェロントロジー入門　索引

●数字順●

3階建ての制度体系 ── 248
3つの「こ」食 ── 98
60代女性の美容や装いの現状 ── 146
65歳以上の高齢者の身体活動の目安 ── 110
2015年の高齢者介護～高齢者の尊厳を支えるケアの確立～ ── 234

●アルファベット順　A to Z●

ADL（日常生活動作）19、32、36、44、104、107、232
AXA リタイアメントスコープ ── 173
Aβ（アミロイド・ベータ）── 214
BPSD（行動・心理症状）への対応 ── 72、73、84、233、238
COPD ── 128、129
DPC ── 245
Ex ── 110、142
Fraboni エイジズム尺度 ── 88、89
HbA1c（ヘモグロビン・エー・ワン・シー）── 57
HDL コレステロール ── 56、57、132
IADL（手段的日常生活動作）- 19、32、36、44
I ターン現象 ── 192、200
JAHEAD ── 21
JHFA ── 136、137、142
JJC ── 121
J カーブ ── 126
J ターン現象 ── 192、200
LDL コレステロール ── 56、57
METs ── 110、142
MSSC ── 79
NGO ── 188、189
NPO ── 11、35、93、121、188、189、195、197、199、226、274
NPO 法人生きがいの会 ── 199
NPO 法人市民シアター・エフ ── 195
NPO 法人流山ユー・アイ・ネット ── 195
QOL ── 21、35、36、38、39、41、44、48、72、148、159、216、227、231、236
QOLの向上 ── 38、39、44、148、159
QOL プロモーション ── 41
ROM ── 62
RSST ── 61
SAS ── 117
senescence ── 46
SF 商法 ── 262
Sir2 ── 46
Sirt1 ── 46
SNS（ソーシャルネットワーキングサービス）── 196
TDS ── 129
TOT 現象 ── 68
Twitter（ツイッター）── 196
U ターン現象 ── 192、200
WAC ── 193、194、195
WHO（世界保健機関）── 35、36、48

●50音順●

あ

悪質商法 ── 255、260、262、263、265、272、276
悪質商法撃退10箇条 ── 262
悪質商法の種類 ── 260
悪質商法の手口 ── 260、276
悪性新生物（がん）── 48、55、202
アクティブ・エイジング ── 35
アクティビティ・ケア ── 159
握力 ── 81、111、216、217
アサーション ── 93
浅い睡眠（レム睡眠）── 54、116
脚の筋力 ── 111、208、209
新しい働き方 ── 197、200
新しい老化モデル（直角型モデル）── 36、37、44
アドボカシー ── 232、238
アドボケイト（権利擁護の支援）- 233、238
アニマルセラピー ── 95、96、198
新たな高齢者医療制度の創設 ── 242、243
アルコール ── 52、75、82、117、126、127、135、142
アルコールと薬 ── 135
アルコールとの上手な付き合い方 - 127
アルツハイマー病 ── 54、72、214
アルブミン ── 49、104、111、204、205、207
アルブミンを作る食品 ── 104
安全な入浴 ── 119
アンチ・エイジング ── 35、116
アンチエイジングドック ── 133

い

生きがい ── 11、41、44、91、121、188、192、195、196、199、200
生きがいづくり - 11、41、44、195、200
生きる力と性 ── 27
育児休業期間中の保険料 ── 249
医原病 ── 49、59、64
遺族年金 ── 178、249
痛み止め ── 52、59
一期一会 ── 115
一次予防 ── 186、203、219
一病息災 ── 36、140、141
一酸化炭素 ── 128
一般的な生理的老化 ── 47
意味記憶 ── 54、68、69
意欲・思考・行動の低下 ── 74、84
遺留分 ── 179
医療安全支援センター ── 131
医療機関の種類 ── 131
医療相談窓口 ── 131
医療と介護の連携 ── 131
医療費 ── 40、239、242、243、244、245、246、247、254、265、267
医療費増大 ── 245、246、254
医療費適正化 - 239、242、244、246、247
医療費の一部負担金 ── 246
医療費抑制政策 ── 245
医療保険 ── 170、172、224、239、240、241、242、243、244、245、246、254
医療保険制度 ── 239、240、241、242、244、246、254
医療保険制度の加入者数 ── 241
医療保険制度の自己負担割合 ── 241
いろどり ── 197
色使い ── 145、149
色の効用 ── 144
いわゆる健康食品 ── 136、137
飲酒と死亡率 ── 126
身上監護 ── 271
インターネット通販 ── 260
インフォームド・コンセント　130、131、233、238
インフラ整備 ── 25

う

ウェル・ビーイング ── 8、9、11、33、

277

34、35、36、38、39、40、41、42、44
ウェル・ビーイングの3つの条件 ── 33、38、44
ウェル・ビーイングプロモーション ── 41
動きが減った ── 75
うつ ── 21、26、39、47、51、54、59、63、73、74、75、77、82、84、112、134、135、148、185、201、204、212、218、219、220、221、222、237
うつ病 ── 54、59、63、74、75、82、212、220、221
ウラジミール・ジャンケレヴィッチ ── 76
運動機能障害 ── 62
運動器の健康チェック ── 62
運動時の安全の注意 ── 107
運動習慣 ── 97、106、107、137
運動との相乗効果 ── 103

え

園芸セラピー ── 125
エイジズム ── 31、88、89、96
エイジズム尺度 ── 88、89
エイジング ── 28、35、40、46、66、80、87、88、107、116、133、226
エイジング・イン・プレイス ── 226
栄養機能食品 ── 136、137、139、142
栄養効率 ── 103
栄養バランス ── 59、99、100、102、138、150、153
笑顔 ── 85、94、95、96、147
エクササイズ ── 108、110、142
エナジーボディ ── 122
エピソード記憶 ── 54、68、69、73、84、215、222
エリクソン ── 43、44
嚥下 ── 49、51、59、61、63、216、237
嚥下機能のチェックテスト ── 61、63
嚥下障害 ── 49、51、216
円背 ── 47、111
エンディングノート ── 143、174、175、176、182
エンパワメント ── 232、238
延命治療 ── 175、177、182

お

老いとは ── 18
横断法 ── 71
お酒 ── 82、97、101、119、126、127、135
お酒の適量 ── 127
おしゃれ ── 143、144、145、146、182、213
おたっしゃ21 ── 80、81、84
お茶と薬 ── 135

お墓 ── 175、177、180、181
オレオレ詐欺 ── 264、265、266
温度 ── 116、117、118、124、142、157、159

か

ガーデニング ── 125
母さん助けて詐欺 ── 264
介護環境の調整 ── 234、238
介護サービス情報の公表 ── 227
介護支援専門員 ── 225、227、229、230、231
介護等放棄（ネグレクト）── 256、259、276
介護報酬 ── 226、230、238
介護保険 ── 77、131、160、162、163、165、172、174、182、195、223、224、225、226、227、228、230、231、238、241、247、268、271
介護保険以外のサービス ── 227
介護保険サービス ── 165、225、226、227、230、238、247
介護保険施設 ── 230、231、238
介護保険制度 ── 77、160、162、163、223、224、226、227、230、238、268
介護保険で利用できる福祉用具 ── 162
介護保険の財源 ── 224
介護保険法の改正 ── 226
介護予防 ── 48、64、80、81、84、133、141、201、202、203、216、218、219、222、225、226、227、234
介護予防健診 ── 80、81、84、133
介護予防サービス ── 203、225、226
介護予防の対象者 ── 203
介護予防プログラム ── 203、227
介護予防・日常生活支援総合事業 ── 203
介護療養型医療施設 ── 229、230、238
介護老人福祉施設（特別養護老人ホーム）── 228、230、238
介護老人保健施設 ── 229、230、238
概日リズム ── 47、112、142
回想心理学 ── 26
回想的記憶 ── 69
開発途上国 ── 24、25、32、204
戒名 ── 177、180、181
過活動膀胱 ── 212
かかりつけ医 ── 59、130、131、176、209、219、247
かかりつけ歯科医 ── 130、247
架空請求詐欺 ── 264、265、266、276
核家族化 ── 156、175、177、180、248、274
学際的な学問 ── 42
拡張期血圧 ── 56、132
〈家計調査〉に見る高齢者の貯蓄と資産 ── 30
家計の見直し ── 166

火災保険 ── 172、177
賢い受診の5カ条 ── 130
家族葬 ── 180
家族の介護力の評価 ── 234、238
家族の健康管理と心理的サポート ── 234、238
片足バランス立ち ── 209、216
肩こり、手足の関節痛 ── 52
活動強度 ── 110、142
家庭裁判所 ── 178、268、269、270、271、272、273、276
家庭内事故 ── 159、160、182
家庭訪販 ── 260
家庭料理 ── 150
カテコールアミン ── 114
神谷美恵子 ── 41
かむ力を強くする体操 ── 217
カラーコーディネーター ── 145
カラーセラピー ── 143、144、182
体の訴え ── 74、84
体の健康チェック ── 45、60
加齢 aging ── 26、35、42、43、46、48、53、54、55、57、60、62、64、66、68、69、70、71、72、87、89、108、116、117、146、147、148、152、153、158、159、182、208、212、216、220
加齢黄斑変性 ── 54
加齢性難聴 ── 53、60
加齢と言語能力 ── 87
加齢に伴う睡眠の変化 ── 116
加齢配慮 ── 182
がん ── 48、53、55、57、58、63、77、126、128、129、131、133、138、142、171、172、202、224、236、237
肝機能 ── 47、101、135
環境コミュニティビジネス ── 194
がん検診 ── 133
冠婚葬祭互助会 ── 181
感謝の念 ── 115
関節可動域（ROM）── 47、62
感染症 ── 49、51、53、57、59、101、104、114、237
感染症の予防 ── 59
感染症予防の3原則 ── 59
還付金等詐欺 ── 264、265、267、276
がん保険 ── 172

き

記憶障害 ── 52、54、73、75、233
記憶のプロセス ── 68
記憶力チェック ── 79
聞き書きボランティア ── 93、96
聞こえにくい（聴覚障害）── 52、53
義歯 ── 61、205、216
基準値の目安 ── 56
亀背 ── 111
基礎年金 ── 248、249

気付き —— 47、82、132、133、198、274、275
機能性成分 —— 138
気分・感情の変化 —— 74、84
基本チェックリスト —— 219
キャラバン・メイト —— 234
嗅覚の変化 —— 102
救急医療の利用法 —— 131
牛乳と薬 —— 135
キューブラー・ロス —— 77、84、237
休養 —— 58、97、116、120、121、124、137、209
共感的応答 —— 92
共済年金 —— 248、249、250、252
共助 —— 20、21、27、32、192、203
強制加入 —— 248
居宅介護支援 —— 225、227、228、229
居宅介護支援事業者 —— 225、227
居宅サービス —— 162、225、227、228、238、268
居宅療養管理指導 —— 228
禁煙外来 —— 129
禁煙教室 —— 129
禁煙補助剤 —— 129
禁治産 —— 269
筋力 —— 47、62、70、103、104、106、108、109、111、152、153、159、201、204、206、207、208、209、210、213、216、217、219、222
筋力アップ体操 —— 210
筋力トレーニング —— 108、109、206、207、222

く

クーリング・オフ —— 261、262、276
クオリティーオブライフ —— 39
薬の安全な利用法 —— 97、134
薬の影響による老年症候群 —— 49
薬の副作用 —— 53、59、63、208
クラインガルテン —— 125
繰り上げ支給 —— 252
繰り下げ支給 —— 252
グリル調理 —— 152、182
グループホーム —— 228
グループリビング —— 165
クレアチニン —— 58
グレープフルーツと薬 —— 135
グローバルな人口学 —— 24

け

ケア —— 20、36、39、40、51、58、59、61、72、73、76、131、140、146、148、149、159、162、182、187、201、216、217、223、225、226、227、228、229、230、231、232、233、234、235、236、237、238、257、258

ケアハウス —— 231
ケアプラン —— 225、227、228、229、233、238
ケアマネジャー —— 162、182、225、227、228、229、230、231、235
計画力 —— 73、215、222
経済的虐待 —— 256、259、276
継続的生活習慣型運動 —— 108
傾聴法 —— 92、96
軽費老人ホーム —— 229、231
軽費老人ホームとは —— 231
劇場型利殖商法 —— 263
化粧アクティビティー —— 148
化粧セラピー —— 146、148
化粧療法 —— 148
血圧 —— 47、48、50、55、56、64、78、101、108、112、113、114、119、131、132、134、135、159、235
血液の健康チェック —— 61
結果重視 —— 189、190
結晶性知能 —— 37、71、84
血糖値 —— 57、132
健康格差 —— 245、254
健康寿命 —— 80、205
健康食品 —— 97、103、136、137、142、262
健康診断 —— 71、97、132、133、142
健康づくり —— 41、44、108、125、141
健康日本21 —— 106
健康被害 —— 136、137
健康余命 —— 102
言語性知能（結晶性知能） —— 37、71
健診 —— 56、61、80、81、84、104、130、132、133、219
権利擁護 —— 227、232、233
権利擁護の支援 —— 233

こ

語彙能力 —— 87
広域連合 —— 240、242、243
公益財団法人すこやか食生活協会 —— 155
高温浴の禁止 —— 119
光覚 —— 70
後期高齢者 —— 87、132、240、241、242、243、254
後期高齢者医療健康診査 —— 132
後期高齢者医療制度 —— 132、240、241、242、243、254
口腔機能 —— 49、216、217、219、222
口腔ケア —— 59、201、216、217
口腔の健康チェック —— 61
合計特殊出生率 —— 23、24
高血圧症 —— 50、56
後見 —— 227、233、255、260、268、269、270、271、272、273、276
後見人 —— 233、268、269、270、271、272、273、276
抗酸化成分 —— 54、138
抗酸化対策 —— 138
抗重力筋 —— 206
公助 —— 20、32、192
甲状腺機能低下 —— 54、59、63
厚生年金 —— 248、249、250、252
厚生労働省「食品安全情報」健康食品のホームページ —— 137
公正証書遺言 —— 178、179
公的医療保険制度の種類 —— 240、254
行動・心理症状（BPSD） —— 72、73、84、233、257
行動特性でみるストレス度（タイプA傾向） —— 78
公務員ねんきん定期便 —— 250
高齢化社会 —— 22、32
高齢期のうつ予防 —— 221
高齢期の栄養 —— 100
高齢期の感覚・知覚 —— 65、70
高齢期の記憶 —— 68
高齢期の薬の影響 —— 134
高齢期の心の諸問題 —— 74
高齢期の心の病 —— 65、72
高齢期の疾病 —— 45、50、64
高齢期の心理 —— 65、66
高齢期の知能 —— 71、84
高齢期の認知機能 —— 69
高齢者医療制度 —— 132、239、240、241、242、243、254
高齢者がうつになる原因 —— 220
高齢者虐待 —— 89、227、255、256、257、258、275、276
高齢者虐待防止法 —— 227、256
高齢者傾聴士 —— 93、96
高齢者コミュニケーター —— 93、96
高齢者専用賃貸住宅 —— 165
高齢者に多い疾病の特徴 —— 51
高齢者に対して特に慎重な投与を要する薬物のリスト —— 135
高齢者の医療費 —— 242、244、245、254
高齢者の会話頻度 —— 90
高齢者の家族・友人・隣人関係 —— 90、96
高齢者の経済力 —— 17、30
高齢者の健康 —— 21、33、36、108、150、203
高齢者の死因 —— 202
高齢者の社会貢献（プロダクティビティ）の内容 —— 28、38、39、40、90
高齢者の消費行動 —— 31、32
高齢者の視力矯正 —— 70
高齢者の住まい選びのポイント —— 165
高齢者の「住まい」の種類 —— 165
高齢者の尊厳 —— 86、96、232、234、256、257
高齢者のプライド —— 26
高齢者の入浴事故とその予防 —— 119
高齢者への話し方の注意 —— 86

279

高齢者問題世界会議 ── 25、35	登録基準 ── 165	自動車保険 ── 172、177
高齢女性の料理意識 ── 150	財産管理 ── 175、268、270、271、272、273、276	死と死別 ── 76
高齢人口 ── 24、25		身体症状でみるストレス度 ── 78
高齢世代の機能 ── 28	在職老齢年金 ── 252	シニア・マーケット ── 9、11、30、31、32、89
コエンザイムQ10 ── 138、139	財政調整 ── 243、254	
誤嚥性肺炎 ── 48、51、61、216、222	最大歩行速度 ── 111、207	シニアメイク ── 146、182
誤嚥性肺炎の予防 ── 61	在宅支援 ── 226	シニアルネサンス財団 ── 193
呼吸器の健康チェック ── 62	㈶日本健康・栄養食品協会 ── 136、137、142	死の受容までの5段階 ── 77
国民年金基金 ── 248		自筆証書遺言 ── 178、179
国民医療費 ── 244、254	催眠商法（SF商法） ── 262	持病のある人 ── 108
国民健康保険 ── 240、241、242、254	詐欺と悪質商法の違い ── 265	自分再発見 ── 189
国民生活センター ── 260、263	サクセスフル・エイジング ── 35、107	自分史ノート ── 175
国民年金 ── 27、248、249、250、251	作動記憶（ワーキングメモリ） ── 68、69	死亡保障 ── 170、171、172
国民皆保険 ── 240、254	サプリメント ── 97、136、137、138、139、151	死亡率 ── 23、24、36、48、55、57、77、126、133
心と体のエイジングチェック ── 80		市民参加 ── 188、189、196
こころの健康相談統一ダイヤル ── 83	サプリメントと薬 ── 139	市民参加4つの領域 ── 189
心の健康チェック ── 65、78	サムエル・ウルマン ── 18	視野 ── 39、42、51、54、60、64、70、158
心の病の早期発見 ── 65、78	サルコペニア ── 103	
孤住化 ── 275	三次救急 ── 131	社会貢献（プロダクティビティ） ── 19、28、32、37、38、39、40、41、44、121、196、197、200
互助 ── 20、32、181、203	三大栄養素のとり方 ── 99	
互助会（冠婚葬祭互助会） ── 181	三大死因の変化とその背景 ── 48	
固食 ── 98	三大認知症 ── 159	社会参加 ── 21、35、48、121、185、186、193
孤食 ── 98		
粉食 ── 98		社会性と老後観 ── 91
個人年金 ── 177、253、263	**し**	社会的孤立 ── 53、75、184
骨折 48、49、51、58、59、64、80、111、202、204、208、218、222	シアン化水素 ── 128	社会的役割 ── 28、29、32、36、67
	ジーン・D・コーエン ── 28	自由時間倶楽部（JJC） ── 121
骨粗しょう症 ── 47、48、49、50、52、56、58、59、101、139、206、208	ジェネリック医薬品 ── 247、254	収縮期血圧 ── 55、56、132
	ジェロントロジー ── 42、44、149	終身年金 ── 249
骨盤底筋体操 ── 213	視覚 ── 52、54、57、60、70、144、155	終身保険 ── 172、180
孤独と孤立 ── 185		「住生活基本法」とは ── 158
言葉以外の伝達法 ── 94	視覚障害 ── 52、54、57、155	住生活基本法の基本理念 ── 158
コホート効果 ── 71	自覚症状が多い疾病 ── 52	住宅改修 ── 160、228、229
五味五色 ── 102	自覚症状と病歴 ── 130、131	住宅改修費（住宅改修）の支給 ── 160、228、229
コミュニケーション ── 49、53、85、86、87、89、90、91、92、93、94、95、96、103、144、148、159、196、217	色覚 ── 70	
	色彩心理 ── 145	住宅数、世帯数、世帯人数の推移 ── 156
	自己高年視 ── 66	
コミュニティカフェ ── 194、195、200	自己若年視 ── 67、84	住宅に対する評価 ── 157
コミュニティシネマ ── 195、200	自己の成熟 ── 67	住宅のバリアフリー化 ── 158
コミュニティビジネス ── 191、194、195、196、200	死後の手続き ── 174、175	縦断研究　JAHEAD ── 21
	自殺 ── 55、57、74、82、83、84、220、222	縦断法 ── 71
孤立（社会的孤立） ── 184		収入保障保険 ── 172
孤立化 ── 144、184、185、186、187、190	自殺のサイン ── 82	周辺症状 ── 73、159
	自殺予防いのちの電話 ── 83	終末期 ── 39、175、177、236
孤立化予防ツール・見守りシステム ── 187	自殺予防総合対策センター ── 83	終末低下理論 ── 37
	時差ボケ ── 112	従来の老化モデル ── 37
孤立予防における三層の防御網 ── 186	脂質 ── 50、56、99、101、105、108、132	主観的幸福感 ── 21、32、39、44
コルチゾール ── 114、124		主観年齢 ── 66、67、84
コレクティブハウジング ── 165	脂質異常症 ── 50、56、101、105、132	受給資格期間 ── 249、251
「コレクティブハウジング」と、「グループリビング」 ── 165	脂質系検査 ── 56	主契約 ── 171
	自助 ── 20、32、130、173、192	「主契約」＋「特約」で成り立つ保険 ── 171
コレステロール ── 50、55、56、57、64、105、132、204	姿勢 ── 52、62、76、87、111、123、210	
	施設ケア ── 231	主体的患者 ── 130
	施設サービス ── 225、228、230、231、268	主体的「個人」 ── 188
さ		手段的自立 ── 29、36、44
サーチュイン（Sirt1） ── 46	施設サービス計画 ── 231	手段的日常生活動作 ── 19、32、36、44
サーツー（Sir2） ── 46	自然環境 ── 157	出生率 ── 22、23、24
サービス付き高齢者向け住宅の	自治会 ── 186、187、189、193	受動喫煙 ── 128
	自伝的記憶 ── 69	

寿命 ── 22、23、32、35、37、38、39、46、80、104、167、205
純音可聴域値 ── 71
循環器の健康チェック ── 62
生涯体育 ── 107
障害年金 ── 249、251
生涯発達 ── 42、43、44、66、71、84、115
生涯発達理論 ── 43、44、115
消化器の健康チェック ── 63
小規模多機能型居宅介護 ── 228、229
少産 ── 22
少死 ── 22
少子高齢化 ── 22、40、156
上手な医者のかかり方 ── 97、130
脂溶性ビタミン ── 139、142
小児救急電話相談 ── 247
消費者庁 ── 136、261、263
消費者保護ルール ── 261
消費者ホットライン ── 261
消費生活センター ── 260、261、263
ショートステイ ── 228
初期救急 ── 131
職域加算部分 ── 248
食育 ── 28、40、98
食事補助用具 ── 154
職住分離 ── 186
食生活の欧米化 ── 23、32
食生活の補助 ── 137
食の安全ダイヤル ── 137
「食」のバリアフリー ── 154
植物性たんぱく質 ── 99、104
食物繊維 ── 57、100、101
食糧問題 ── 24
除脂肪体重 ── 103
自立と共生 ── 20
自立とは ── 19、48
視力 ── 54、60、70、144、152、159、208
シルバー人材センター ── 199
腎機能 ── 52、58、101
人口学の直角型老化理論 ── 37
心疾患 ── 23、48、55、101、202
人生の第9ステージ ── 115
人生の知恵 ── 115
身体活動 ── 99、100、107、108、110、142、206
身体活動量 ── 99、110、142、206
身体的虐待 ── 256、258、259、276
腎・泌尿器疾患 ── 58
心理的虐待 ── 256、258、259、276
診療所 ── 131、133、229、237
森林セラピー ── 124
森林セラピー基地＆ロード ── 124
森林浴 ── 124

す

水圧 ── 118
睡眠・覚醒のリズム ── 112
睡眠環境 ── 117
睡眠時無呼吸症候群（SAS）── 54、117
睡眠障害 ── 47、49、52、54、73、74、148
睡眠の役割 ── 116
ステレオタイプ・エイジズム ── 31
ストレスコントロール ── 97、114、115
ストレス度チェック ── 78
ストレスホルモン ── 114、121、124
ストレッサー ── 78
ストレッチ体操 ── 109、142
住まいと暮らし ── 156
住まいと自然環境 ── 157
住まいと社会環境 ── 157
住まいとは ── 156
「住まい」の改修 ── 160

せ

成果主義 ── 189
生活活動 ── 110
生活機能 ── 19、28、35、36、39、41、47、48、49、50、51、58、62、64、99、104、108、133、202、205、206、222、226
生活機能の7段階の階層モデル ── 28、36
生活機能の自律と自立 ── 48
生活機能評価 ── 133
生活体力 ── 111
生活能力の客観的評価 ── 233、238
生活の質（QOL）── 21、35、38、39、44、48、72、206、227、231、236
生活補助用具 ── 155
生活満足度 ── 21、39
生活予備資金 ── 167
生活リズム ── 73、97、112、113、186
性差で見る要介護の原因 ── 202
成熟したパーソナリティ ── 67
青春 ── 18、113
青春の詩と青春の会 ── 18
生体時計 ── 112
生体リズム ── 112、113、142
性的虐待 ── 256、259、276
成年後見制度 ── 227、255、260、268、271、272、273、276
成年後見人 ── 268、269、271、272、276
成年後見人等 ── 268、269、270、276、271、272
生命保険 ── 166、167、170、171、173、177、178、271
生命保険と損害保険 ── 170
生理的老化（ノーマルエイジング）── 46、47、64
世界一の長寿国 ── 22、23
世界の人口 ── 24
セカンド・オピニオン ── 130、131
せき ── 52、53、59、62、63、212
脊椎椎体骨折の疑い ── 58
せき止め ── 53
せきや痰 ── 53、62
世代間交流 ── 93、198
世代間コミュニケーション ── 92、93
積極的休養 ── 97、120、121
摂食・嚥下機能の強化 ── 61
切迫性尿失禁 ── 212
セラピー犬 ── 95
世話 ── 43、91、125、229、231、256、259
前期高齢者 ── 39、87、242、243、254
全人的医療 ── 51
選択的注意 ── 69
前立腺肥大症 ── 53、58、63、212

そ

総コレステロール ── 56、57、105
葬式 ── 172、174、175、176、177、180、181
相続 ── 172、174、175、176、177、178、179、180、271、272
相続人 ── 176、177、178、179
ソーシャル・サポートのバランス ── 21
ソーシャルネットワーキングサービス ── 196
咀嚼能力 ── 61、102
その他の高齢期に多い疾患 ── 59
損害保険 ── 167、170、177
損害補償 ── 172

た

ターミナル期 ── 236、237
ターミナルケア ── 51、223、236、237、238
タール ── 128
第1号被保険者 ── 224、248、249、251
第2号被保険者 ── 224、248、249、251
第3号被保険者 ── 248、249、251
第一人称の死 ── 76
「第一分野」の保険 ── 170
大学病院 ── 131
「第三分野」の保険 ── 170
体重減少 ── 63、204
帯状疱疹 ── 59、61
大豆イソフラボン ── 138、139
体内周期 ── 113
第二人称の死 ── 76
「第二分野」の保険 ── 170
耐容上限量 ── 139
代理権 ── 270、271、272、273
助けられ上手と助けられ下手 ── 91
正しい入浴法 ── 118
正しい服薬 ── 134

正しい服薬の3カ条 ── 134	長寿遺伝子 ── 46	転倒注意10のポイント ── 211
楽しい食環境 ── 98	長寿社会文化協会（WAC）── 193、194、195	転倒の原因 ── 58、208
タバコ ── 97、126、128、129	長寿と栄養 ── 101	転倒予防 ── 58、108、161、201、208、209、210、222
タバコとがんの関係 ── 129	町内会 ── 157、186、189、193、203、274	転倒予防体操 ── 209、210、222
食べる機能 ── 102	聴力 ── 53、60、64、71、87、159	展望的記憶 ── 69
食べる楽しみ ── 143、150、152、154、216	貯金 ── 29、81、180、259、263、272	電話勧誘販売 ── 260、261、276
だらしなくなった ── 75	直葬 ── 180	
痰 ── 50、52、53、62、128、129、133	直角型モデル ── 37、44	**と**
団塊の世代 ── 146、192		同意が必要な行為 ── 271、272
短期記憶 ── 63、68	**つ**	同意権 ── 271、272
短期的トレーニング型運動 ── 108	ツイッター（Twitter）── 196	同意のない契約 ── 271、272
短期入所生活介護（ショートステイ） ── 228	通所介護（デイサービス）── 228	動作性知能（流動性知能）── 37、71
短期入所療養介護（ショートステイ） ── 228	通所リハビリテーション（デイケア） ── 228	当選商法 ── 260
炭水化物（糖質）── 99	次々販売 ── 260	糖代謝系検査 ── 57
たんぱく質 ── 46、99、100、101、103、104、135、204、205、207、214、216、222	つくる楽しみ ── 143、150	同調志向 ── 91
	つながり ── 82、86、102、106、107、108、120、131、144、145、152、160、183、184、185、186、187、188、189、190、195、196、197、198、203、206、216、219、246、247、255、274、275	糖尿病 ── 48、50、53、54、55、56、57、58、59、64、101、114、132、135、235
ち		糖尿病性腎症 ── 57、58
チアノーゼ ── 62		糖尿病性網膜症 ── 57
地域活性化 ── 28、93、191、192、193、194、196、200		糖尿病の三大合併症 ── 57
地域活動 ── 108、188、203		動物介在活動 ── 95
地域コミュニティ ── 186、188、189、191、194、196、197	**て**	動物介在教育 ── 95
地域コミュニティの活性化とNPO ── 188	低栄養 ── 48、49、56、57、59、63、80、81、101、104、135、154、201、204、205、207、219、222	動物介在療法 ── 95
地域コミュニティの衰退と再構築 ── 186	低栄養予防の食生活指針14カ条 ── 205	動物性たんぱく質 ── 99、101、104、135、205
地域支援事業 ── 203	定額型個人年金保険 ── 253	特定機能病院 ── 131、245
地域デビュー ── 191、192、193、200	定期巡回・随時対応型訪問介護看護 ── 165、226、228、229	特定健康診査 ── 132、142
地域デビュー危険度チェック ── 193	デイケア ── 228	特定施設入居者生活介護（有料老人ホーム等）── 228
地域デビューするときの心得 ── 193	低血糖 ── 58、63、135	特定疾病 ── 224
地域包括支援センター ── 186、187、203、225、226、227、256、274、275	抵抗 ── 59、101、118、152、163、174、204	特定商取引法 ── 261
地域密着型介護老人福祉施設入所者生活介護 ── 228	低コレステロールに注意！── 57	特定福祉用具販売 ── 163、228
地域密着型サービス ── 226、227、228、238	デイサービス ── 228、229、235	特定福祉用具販売の対象種目 ── 163
地域密着型特定施設入居者生活介護 ── 228	テーマ・コミュニティ ── 189	特定保健指導 ── 132
地球上の人口 ── 24	テオフィリン ── 135	特定保健用食品（トクホ）── 136、142
地球の自転 ── 112	適度な運動 ── 56、108、111、120	特別養護老人ホーム ── 165、229、230、272
知的能動性 ── 29、36	鉄剤 ── 135	トクホ ── 136、137、139
注意機能 ── 69	手続き記憶 ── 54、69	トクホマーク ── 136
注意分割 ── 69、215、222	手のひら秤 ── 100	特約 ── 171
中核症状 ── 72、84	転換 ── 28、40、67、89、107、158、221、237、245	独立行政法人　国立健康・栄養研究所「健康食品」の安全性・有効性情報 ── 137
中性脂肪（トリグリセライド）── 56、57、132	点検商法 ── 260、262	独居高齢者 ── 184
聴覚 ── 52、53、60、70、71	電子レンジ調理 ── 152、153、182	閉じこもり症候群 ── 218
聴覚障害 ── 52、53	電子レンジ調理器具 ── 153	ドライアイ ── 54
長期記憶 ── 63、68	電子レンジ調理法 ── 152	トリグリセライド ── 56
長期生活支援資金制度 ── 253	転倒 ── 48、49、51、56、57、58、59、80、81、107、108、111、119、159、161、171、185、201、202、204、206、208、209、210、211、218、222	
長寿 ── 22、23、28、38、40、41、44、46、80、81、101、103、104、119、185、186、193、194、195、217、245		**に**
		ニコチン ── 128、129
		ニコチン依存症診断用のスクリーニングテスト（TDS）── 129
		二次救急 ── 131、142
	転倒しやすい身体機能 ── 209	二次被害 ── 260
		虹の七色 ── 145
		二次予防 ── 186、203、219

日常生活自立支援事業 ──── 227
日常生活動作 ──── 19、32、36、44、106、119、232
日本高齢者虐待防止学会 ──── 257
日本高齢者虐待防止センター ──── 257
日本認知症ケア学会 ──── 233
日本年金機構 ──── 250、267
日本老年医学会 ──── 135
入眠剤 ──── 54、59、117
入浴 ──── 36、44、61、108、116、118、119、120、142、163、165、225、228、229、231、237、259
入浴剤 ──── 118
入浴中の急死を予防するためのポイント ──── 119
入浴に伴う高齢者の転倒や死亡事故 ──── 119
尿失禁 ──── 47、49、53、58、63、80、81、135、201、212、213、222、259
尿失禁の問題点 ──── 212
尿失禁の予防 ──── 58、201、212、213、222
尿たんぱく・尿潜血 ──── 58
尿閉 ──── 63
尿もれ ──── 212、213
任意加入 ──── 248、251
任意後見監督人 ──── 270、273
任意後見契約 ──── 270、271、273
任意後見制度 ──── 268、270、273、276
任意後見人 ──── 270、271、273、276
人間関係縮小志向 ──── 91
人間ドック ──── 56、57、133
認知症 ──── 26、27、38、49、51、54、55、57、59、63、68、72、73、74、75、79、80、81、84、95、148、151、156、159、163、175、201、202、206、214、215、217、218、219、220、222、223、227、228、229、232、233、234、235、236、238、257、268、269、270、272、276
認知症ケア ──── 232、233、238
認知症ケア専門士 ──── 233
認知症高齢者のための住環境整備のポイント ──── 159
認知症サポーター ──── 234
認知症対応型共同生活介護（グループホーム） ──── 228
認知症対応型通所介護 ──── 228
認知症チェック ──── 79
認知症と高齢者虐待の関係 ──── 257
認知症と人格の変化 ──── 27
認知症の原因 ──── 55、202、214
認知症の症状 ──── 72、84、214、215、257
認知症予防 ──── 148、151、201、214、215
認知症ライフパートナー ──── 159

ね

ネグレクト ──── 256、259
寝酒 ──── 54、117
年金 ──── 20、27、29、30、31、35、166、167、168、171、172、173、174、176、177、178、196、224、239、243、248、249、250、251、252、253、254、259、260、263、265、267、271
年金額 ──── 224、249、250、251、252、253
ねんきん定期便 ──── 173、239、249、250、251、252、254
年齢アイデンティティ ──── 66、67
年齢階級別有訴者率 ──── 52

の

脳血管疾患 ──── 23、48、55、119、159、202
脳血管性認知症 ──── 54、55、72、159、214
脳・神経機能の健康チェック ──── 63
脳卒中 ──── 55、101、119、134、202、220、218
脳ドック ──── 133
脳トレ ──── 151
脳の健康 ──── 79
ノーマライゼーション ──── 226、268
ノーマルエイジング ──── 46
飲み忘れ防止法 ──── 134
ノンバーバルコミュニケーション（言葉以外の伝達法） ──── 94
ノンレム睡眠 ──── 116

は

パーソナルカラー ──── 145、182
パーソン・センタード・ケア ──── 232、257
配偶者の税額軽減 ──── 178
排尿困難 ──── 63
排便困難 ──── 63
廃用症候群 ──── 48、218
白内障 ──── 49、56、54、60、64、70
長谷川和夫 ──── 232
発声・呼吸機能の強化 ──── 61
発達心理学 ──── 66、84
バトラーの回想法 ──── 26
パラダイムシフト ──── 188、190
バランス感覚 ──── 106、108
バランス強化体操 ──── 209、210
バランス訓練 ──── 109
バランス能力 ──── 62、109、111、208、209
バランス能力のテスト ──── 62
バランスよく食べる工夫 ──── 152
バリアフリー ──── 154、157、158、159、165、169、182、208
バリアフリーデザイン ──── 158
バルテス ──── 43、44、66
判断能力 ──── 227、260、268、269、270、272、273、276
判断能力の低下 ──── 260、270
ハンドラー ──── 95
販売目的隠匿 ──── 260
反復唾液嚥下テスト（RSST） ──── 61

ひ

ヒートショック ──── 159
被害の実態 ──── 260
ビタミン ──── 52、100、101、105、128、135、136、138、139、142
ビタミンA ──── 138、139、142
ビタミンD ──── 52、139
ビタミンE ──── 139、142
ビタミンK ──── 139
ビタミン・ミネラル・食物繊維のとり方 ──── 100
必要なエネルギー ──── 99
一口30回 ──── 102
一人当たりの医療費 ──── 244
独り暮らしによる妄想 ──── 75
独り言を言う ──── 75
泌尿器系の健康チェック ──── 63
皮膚感覚や体感による妄想 ──── 75
皮膚の健康チェック ──── 61
被扶養配偶者 ──── 248、249
被保険者証 ──── 225
百年草 ──── 197
美容と福祉の融合 ──── 149
美容福祉 ──── 146、149
美容福祉士 ──── 149
美容福祉の概念 ──── 149
百薬の長 ──── 126
病気の早期発見 ──── 45、60
病気の予防と食生活 ──── 101
被用者保険 ──── 240、241、242、243、254
表情が乏しくなった ──── 75
表情筋 ──── 74、147
病的老化 ──── 46、64、114、117
開かれた質問 ──── 92
ピラミッド的上下関係 ──── 189、190
ピロリ菌 ──── 55
貧血 ──── 47、61、63、101、119、135
頻尿 ──── 50、52、53、58、63、64、135、212

ふ

フィジカルボディ ──── 122
フィトケミカル（機能性成分） ──── 138
フィトンチッド ──── 124
フードファディズム ──── 103、205
深い睡眠（ノンレム睡眠） ──── 54、116
賦課方式 ──── 27、248、254
腹圧性尿失禁 ──── 47、63、212

複合型サービス ─── 226、228
福祉住環境コーディネーター ───
　164、182
福祉住環境コーディネーター検定 ───
　164
福祉住環境コーディネーターとは ───
　164
福祉用具 ─── 160、161、162、163、164、
　182、228
福祉用具貸与 ─── 161、162、228
福祉用具のレンタル・販売対象種目 ───
　163
福祉用具レンタルの対象種目 ─── 163
福祉用具レンタル利用でのメリット ───
　162
節目健康診査 ─── 132
不眠（睡眠障害）52、53、54、59、82、
　112、116、234
フラットな関係 ─── 189、190
振り込まない詐欺 ─── 264、266
振り込め詐欺 ─── 255、264、265、266、
　267、274、276
振り込め詐欺救済法 ─── 264
浮力 ─── 118
ふれあい切符 ─── 195、200
プロセス重視 ─── 189、190
プロダクティビティ ─── 28、40
プロダクティブ・エイジング ─── 40
プロボノ ─── 197、200

へ

平均寿命 ─── 22、23、38、80、167
平均余命 ─── 22
平準定期保険 ─── 172
ベビートーク ─── 86
ヘモグロビン・エー・ワン・シー ─── 57
ヘルシー・エイジング ─── 35
ヘルスプロモーション ─── 41
変額型個人年金保険 ─── 253
変化志向 ─── 91

ほ

法定後見制度 ─── 268、269、272、276
法定相続分 ─── 178、179
法テラス ─── 83、273
訪問介護（ホームヘルプサービス）
　─── 131、165、226、228、229
訪問看護 ─── 131、228、229
訪問入浴介護 ─── 228
訪問リハビリテーション ─── 228
ホームヘルプサービス ─── 228
保健機能食品 ─── 136、137、139、142
保険証 ─── 174、240
保険とは ─── 170
保険料 ─── 27、170、171、172、224、
　238、240、241、242、243、245、246、
　248、249、250、251、253、254、
　271
保険料の免除（第1号被保険者）─── 251
歩行速度 ─── 62、107、111、206、207、
　209
歩行速度と転倒リスク ─── 209
歩行能力 ─── 48、103、209
保佐 ─── 268、269、270、271、272、276
保佐人 ─── 268、269、270、271、272
ポジティブ立体メイク ─── 148、149、182
補助 ─── 129、133、137、138、142、
　154、155、161、162、163、195、229、
　234、268、269、270、271、272、
　276
補助人 ─── 268、269、270
菩提寺 ─── 175、177、180
補聴器 ─── 53、60
骨・運動器疾患 ─── 52、58、64
歩幅 ─── 47、62、106、107、208、210
ホメオスタシス ─── 78、134
ボランティア活動 ─── 28、38、40、44、
　93、108、176、193、219

ま

埋葬 ─── 174、177、180、181
毎日食べたい10品目 ─── 99、100、205、
　222
マゴニワヤサシイ ─── 100
マジカルナンバー7 ─── 68
末梢神経障害 ─── 57、64
マネー ─── 143、166、167、182
慢性的な妄想 ─── 75
慢性閉塞性肺疾患（COPD）─── 128、129

み

味覚 ─── 47、60、61、63、70、71、102
味覚障害 ─── 63
味覚の変化 ─── 102
みとり ─── 76、77、84
ミネラル ─── 100、101、136、138、139
見守り新鮮情報 ─── 263
見守りネットワーク ─── 260、274、275、
　276
見守りネットワークの仕組み ─── 275
見守り力 ─── 255、274、275
耳・鼻の健康チェック ─── 60
民法第13条第1項 ─── 271

む

無自覚な虐待 ─── 258
無料商法 ─── 260
室伏君士 ─── 232

め

メタ記憶 ─── 79
メタ記憶の自信度尺度（MSSC）─── 79

メタボリックシンドロームの診断基準
　─── 132
目のかすみ（視覚障害）─── 50、52、54、
　64
目の健康チェック ─── 60
メンタルボディ ─── 122

も

妄想 ─── 73、75、84、148、214
網膜症 ─── 54、57、64
物忘れ（記憶障害）─── 50、52、54、
　152、214、220、269
物忘れ外来やドック ─── 54
問診 ─── 104、130、131

や

夜間対応型訪問介護 ─── 228
夜勤明け ─── 113
薬物有害作用 ─── 134
「休む」＋「養う」 ─── 120
山野美容芸術短期大学 ─── 149

ゆ

遺言 ─── 174、175、177、178、179、182
遺言ノート ─── 174、175
有酸素運動 ─── 106、108、215
融資保証金詐欺 ─── 264、265、267、276
有訴者率 ─── 52
悠々自適志向 ─── 91
有料老人ホーム ─── 165、228、229、231
有料老人ホーム等 ─── 228
ユニットケア ─── 231
ユニバーサルデザイン ─── 154、158

よ

要介護者 ─── 159、202、224、
　225、226、227、229、238
要介護・要支援認定 ─── 225
養護老人ホーム ─── 165、229、230、
　231、272
養護老人ホームの入所要件 ─── 231
要支援 ─── 19、32、62、133、160、
　162、163、203、218、219、222、224、
　225、226、227、230、231
要支援者 ─── 203、224、225、226、227
腰痛 ─── 49、50、52、56、64、74
要点の繰り返し ─── 92
要保護世帯長期生活資金融資制度
　─── 253
ヨーガ体操 ─── 122

ら

ライフイベント ─── 166、167、168、169、
　187

ライフプラン ── 143、166、167、168、169、182、252
ライフプラン表 ── 166、167、168、169、182
罹患率 ──────── 36
利殖商法 ──────── 260、263
リファンピシン ──────── 135

り

利殖商法 ──────── 260、263
リスクマネジメント ── 140、141
りせっとかふぇ ──────── 198
リタイア世代 ──────── 199
リバースモーゲージ ──────── 253
リフの6つの条件 ──────── 67
流動性知能 ──────── 37、71、84
緑内障 ──────── 54

れ

レビー小体型認知症 ── 159、214
レビー小体病 ──────── 72
レミニッセンス・バンプ ── 69

レム睡眠 ──────── 116
連帯保証人 ──────── 176

ろ

老化 senescence ── 19、28、33、35、36、37、43、44、45、46、47、50、51、54、64、66、68、78、80、89、97、104、105、107、108、111、114、117、121、126、128、132、133、134、138、141、144、153、204、212、214、218、220
老会話 ──────── 89
老化仮説 ──────── 46
老化とは ── 28、35、45、46
老化のかたち ──────── 33、36
老化防止 ──────── 121
老眼 ── 46、47、60、64、70
老研式活動能力指標 ── 28、29、32、36、105
労働安全衛生法に基づく定期健康診断 ──────── 132
労働者協同組合 ──────── 197
老年学（ジェロントロジー） ── 21、28、33、35、36、37、40、41、42、43、44、76、149
老年学の課題 ──────── 42
老年症候群 ── 45、48、49、50、64、80、130
老年症候群と医原病 ──────── 49
老齢・退職年金 ──────── 249
老年的超越 ──────── 115
ロートン ── 28、36、39
ロコモティブシンドロームのチェック ──────── 62
ロバート・バトラー ── 26、40、89

わ

ワーカーズコープ（労働者協同組合） ──────── 197、200
ワーカーズコープの基本理念 ── 197
ワーキングメモリ ── 68、69、79
ワークシェアリング ──────── 30
ワークショップ ──────── 198、257
若さとは ──────── 18
ワルファリン ── 135、139、142
ワルファリンの薬剤相互作用 ── 135

「生・活」知識検定試験公式テキスト	高齢社会の道案内
（いき・いき）	ジェロントロジー入門

2013年9月26日　初版第1刷発行

編著者 —— NPO法人 生活・福祉環境づくり21・日本応用老年学会
発行者 —— 髙本哲史
発行所 —— 株式会社社会保険出版社
〒101-0064　東京都千代田区猿楽町1-5-18
TEL　03（3291）9841（代）
FAX　03（3291）9847

印刷所 ——— 近代美術株式会社

本書の内容の一部または全部を無断で複写複製（コピー）することは、法律で認められた場合を除き、著作者および出版者の権利の侵害となりますので、あらかじめ小社あて許諾を求めてください。

ISBN-978-4-7846-0267-4 C3036
落丁・乱丁はおとりかえします。
© 社会保険出版社 2013　PRINTED IN JAPAN

［社会保険出版社　出版物のご案内］

〈国保制度のすべてがわかる担当者必携の書〉

11241 年度版
国保担当者ハンドブック
（平成25年6月発行）

■監修　(公社)国民健康保険中央会
■A5判／840頁1色　■改訂17版
■ISBN978-4-7846-0263-6

定価　4,410円
（本体4,200円+税）

〈社会保障制度の知識から国保制度を紐解く構成〉

11271 年度版
運営協議会委員のための国民健康保険必携
（平成25年6月発行）

■監修　(公社)国民健康保険中央会
■A5判／180頁1色　■改訂19版
■ISBN978-4-7846-0264-3

定価　2,940円
（本体2,800円+税）

〈運営主体～医療給付についてわかりやすく解説〉

11146 年度版
後期高齢者医療制度担当者ハンドブック
（平成25年6月発行）

■編集部　編
■A4判／410頁2色・1色　■改訂6版
■ISBN978-4-7846-0265-0

定価　4,620円
（本体4,400円+税）

〈基本的考えから実施要件まで解説〉

11193 第2期対応版
特定健診・特定保健指導の手引
（平成25年6月発行）

■A4判／432頁2色・1色　■改訂3版
■ISBN978-4-7846-0262-9

定価　3,780円
（本体3,600円+税）

〈特定健診・特定保健指導担当者必携の書〉

11431
標準的な健診・保健指導プログラム
（平成25年4月）
〈巻頭解説：改正のポイントと活用アドバイス〉
（平成25年6月発行）

■巻頭解説　津下一代
　（あいち健康の森 健康科学総合センター センター長・医学博士）
■A4判／306頁2色
■ISBN978-4-7846-0261-2

定価　2,730円
（本体2,600円+税）

〈公衆衛生担当者必携のデータ集〉

11512 年度版
生活習慣病のしおり
（平成24年10月発行）

■A4判／62頁カラー・116頁1色
■ISBN978-4-7846-0259-9

定価　1,365円
（本体1,300円+税）

〈がんに関する情報を網羅した資料集〉

11613 年度版
がんのしおり
（平成25年2月発行）

■A4判／64頁カラー・50頁1色
■ISBN978-4-7846-0260-5

定価　1,365円
（本体1,300円+税）

〈カリキュラムに沿った解説書〉

11015
難病患者等ホームヘルパー養成研修テキスト

■総監修　中島 孝（国立病院機構新潟病院副院長）
■A4判／136頁2色
■改訂第8版【平成20年改訂】
■ISBN978-4-7846-0227-8

定価　1,785円
（本体1,700円+税）

〈老年学に教わる、自由で幸せな老後〉

13421
よりよく老いる技術
―体験から学ぶ　老年学長寿法―

■山本思外里　著
■四六判／272頁
■ISBN978-4-7846-0253-7

定価　1,575円
（本体1,500円+税）

〈介護にかかわる相談事例をまとめた一冊〉

86201
日本図書館協会選定図書
ぼけ老人110番

■編著　笹森貞子（呆け老人をかかえる家族の会理事・東京都支部代表）
■A5判／224頁【平成13年発行】
■ISBN4-7846-0177-5

定価　1,575円
（本体1,500円+税）

● リーフレット・パンフレットは書店販売をしておりません。ご注文は直接弊社までお問い合わせください。
● 特に記載のないものは税抜き表示となっております。
● 監修・著者等の所属・肩書きは、刊行・改訂時のもので記載しております。

リーフレット・パンフレット

87231
認知症をくいとめる 毎日の習慣 虎ノ巻
- A4判／8頁カラー
- 監修 髙瀬義昌
  （医療法人社団至髙会 たかせクリニック理事長）

定価 80円

87081
認知症ケア新時代 地域で支える認知症 虎ノ巻
- A4判／20頁カラー
- 監修 髙瀬義昌
  （医療法人社団至髙会 たかせクリニック理事長）
  永田久美子
  （浴風会認知症介護研究・研修東京センター研究部 副部長）

定価 200円

87092
家族で実践！ 認知症の気づき方・接し方 虎ノ巻
- A4判／16頁カラー
- 指導・監修 髙瀬義昌（たかせクリニック院長）
  岩崎靖雄（岩崎クリニック院長）

定価 150円

87151
認知症予防の虎ノ巻
- A4判／16頁カラー
- 監修 山口晴保
  （群馬大学医学部教授）

定価 150円

86501
すてきな80代になろう 健康長寿のための基礎知識
- A4判／20頁カラー
- 監修 鈴木隆雄
  （国立長寿医療センター研究所 所長）

定価 200円

86131
ロコモ体操
- A4判／16頁カラー
- 監修・指導 佐々木信之
  （佐々木整形外科麻酔科クリニック院長・ロコモアドバイスドクター）
  鈴木玲子
  （東北福祉大学 予防福祉健康増進推進室 特任准教授）

定価 150円

87622
元気を持続！ いきいき生活
- A4判／4頁カラー／リーフレット
- 監修 鈴木隆雄
  （国立長寿医療センター研究所 副所長）

定価 40円

42111
健康・長寿・元気のための かかりつけ歯科医のススメ
- A4判／8頁カラー／リーフレット
- 推薦 社団法人日本歯科医師会
- 監修・制作 社団法人東京都港区芝歯科医師会・芝エビ研究会

定価 80円

87074
元気なうちからはじめよう 介護予防
- A4判／20頁カラー
- 監修 高橋龍太郎
  （東京都健康長寿医療センター研究所副所長）

定価 150円

87062
介護予防 みんなで実践！
- A4判／6頁カラー／リーフレット
- 監修 辻 一郎
  （東北大学大学院医学系研究科教授）

定価 50円

商品に関するお問い合わせ

株式会社 社会保険出版社
http://www.shaho-net.co.jp

本　社　東京都千代田区猿楽町1-5-18　千代田ビル　〒101-0064
　　　　Tel.03-3291-9841（代）　Fax.03-3291-9847
大阪支局　大阪市中央区博労町4-7-5　本町TSビル　〒541-0059
　　　　Tel.06-6245-0804　Fax.06-6245-0805
九州支局　福岡市博多区博多駅前3-27-24　博多タナカビル　〒812-0011
　　　　Tel.092-413-7407　Fax.092-413-7417

ホームページでも商品をご覧いただけます。　http://www.shaho-net.co.jp

10190884(03)
「プライバシーポリシー（個人情報保護方針）」および「個人情報の利用目的」につきましては、弊社ホームページをご参照ください。